Nueva Internacional

UNA REVISTA DE POLITICA Y TEORIA MARXISTAS

NUMERO 3   1994

En este número	*3*
Mapa	*68*
Lista de siglas	*69*

1. EL TRIUNFO DE LA REVOLUCION NICARAGÜENSE

1979: El carácter revolucionario del FSLN *Jack Barnes*	*77*
Cómo llegó al poder el gobierno obrero y campesino *Partido Socialista de los Trabajadores*	*101*
La confrontación que se avecina en el Caribe *Partido Socialista de los Trabajadores*	*153*
El Programa Histórico del FSLN *Carlos Fonseca*	*165*

2. LA GUERRA CONTRARREVOLUCIONARIA DE WASHINGTON Y LA TAREA DE FORJAR UNA DIRECCION PROLETARIA

Guerra y revolución en Centroamérica y el Caribe *Partido Socialista de los Trabajadores*	*185*
Los acuerdos de paz de 1987: una nueva situación *Partido Socialista de los Trabajadores*	*221*

3. LA DEGENERACION POLITICA DEL FSLN Y EL FIN DEL GOBIERNO OBRERO Y CAMPESINO

Defendamos a Nicaragua revolucionaria: la erosión de los cimientos del gobierno obrero y campesino *Partido Socialista de los Trabajadores*	*235*
Se está perdiendo una oportunidad histórica *Larry Seigle*	*287*
El gobierno obrero y campesino: una poderosa arma anticapitalista para el pueblo trabajador *Larry Seigle*	*331*
Notas	*377*
Indice	*415*

DIRECTOR Martín Koppel
SUBDIRECTOR Luis Madrid

DIRECTORES CONTRIBUYENTES Jack Barnes, Sigurlaug Gunnlaugsdóttir, Carl-Erik Isacsson, Russell Johnson, Nat London, Steve Penner, Ron Poulsen, Samad Sharif, Jonathan Silberman, James Mac Warren

Nueva Internacional se edita en colaboración con *New International,* Mary-Alice Waters, directora, Steve Clark, subdirector, *Nouvelle Internationale,* Michel Prairie, director, y *Ny International,* Carl-Erik Isacsson, director.

Muchos de los artículos que aquí aparecen en español se pueden obtener en inglés, francés y sueco. Las cuatro publicaciones se pueden conseguir a través de Pathfinder, pathfinderpress.com.

Foto de la portada: Combatientes sandinistas, al entrar a Managua el 19 de julio de 1979, celebran el triunfo de la revolución.
Diseño de la portada: Toni Gorton

Copyright © 1994 por *New International*
All rights reserved. Derechos reservados conforme la ley.

ISSN 1056-8921
ISBN 978-0-87348-772-6
Impreso y hecho en Canada.
Manufactured in Canada.

Décima impresión, 2025

EN ESTE NUMERO

EL 26 DE JULIO de 1980, el presidente cubano Fidel Castro habló ante una multitud de 100 mil personas con motivo del aniversario del asalto al cuartel Moncada en 1953, que diera inicio a la revolución cubana. Describiendo su visita a Nicaragua una semana antes para participar en la celebración del primer aniversario de la revolución en ese país, dijo: "Comprenderán ustedes el significado y a la vez la impresión, la alegría, el entusiasmo, el optimismo, la emoción de llegar al segundo país latinoamericano que se libera del imperialismo.

"En el ámbito hemisférico ya no solo somos dos; somos tres, puesto que hay que incluir a Granada", dijo Castro a los participantes, entre los cuales había delegaciones entusiastas de invitados internacionales. "Somos tres los que hemos sacudido el yugo del imperialismo en los últimos veinte años en una manera radical y definitiva", puntualizó.[1]

"Hay que tener sentido de la historia para ver lo que eso significa, lo que significan las revoluciones aquí, al

LAS NOTAS PARA ESTE ARTICULO COMIENZAN EN LA PAGINA 377

lado del monstruo imperialista", dijo Castro a las delegadas al Tercer Congreso de la Federación de Mujeres Cubanas unos meses antes, en marzo de 1980. "Sí, lo que significó la revolución cubana y su línea firme, su línea inclaudicable, indoblegable. Hay que tener sentido de la historia y de las realidades para comprender el mérito que tiene la revolución sandinista y el mérito que tiene la revolución granadina.

"Granada, Nicaragua y Cuba son tres gigantes que se levantan para defender su derecho a la independencia, a la soberanía y a la justicia, en las puertas mismas del imperialismo".[2]

Lo que había "sacudido el yugo del imperialismo en una manera radical" era la expansión de la revolución socialista en el continente americano, la revolución socialista que había empezado dos décadas antes con el triunfo de los obreros y campesinos de Cuba. Esta victoria inspiró a los trabajadores, campesinos y jóvenes revolucionarios de toda América. En contraste, la burguesía más rica y poderosa del mundo, respondiendo desde Washington hasta Wall Street con una sola voz bipartidista, reaccionó a la victoria de los trabajadores cubanos —y a la expropiación, por parte de su gobierno, de los explotadores norteamericanos y cubanos— con una implacable hostilidad que desde entonces caracteriza la política del gobierno norteamericano hacia Cuba.

EN 1979 LOS OBREROS Y CAMPESINOS en Nicaragua y Granada hicieron más que derribar a tiranos corruptos y brutales que habían vendido a Washington el patrimonio de estas naciones. Desplazaron del poder político a toda la clase de grandes terratenientes y empresarios explotadores, reemplazándolos con gobiernos populares revolucionarios. Estos gobiernos empezaron a atacar los privilegios y las relaciones sociales capitalistas, que despojan a las mayorías trabajadoras de la riqueza social que ellas producen y que reproducen los horrores del capitalismo de una generación a otra. Los trabajadores de Granada, dirigidos por el Movimiento de la Nueva Joya, así como los de Nicaragua, dirigidos por el Frente Sandinista de Liberación Nacional (FSLN), reavivaron el entusiasmo y compromiso revolucionario nacido de la revolución cubana, confirmando en carne y hueso que "solo los obreros y campesinos irán hasta el fin", el grito de batalla de Augusto César Sandino, quien condujera la lucha por la soberanía nacional de Nicaragua contra la dominación yanqui en los años veinte y comienzos de los treinta.

Por otro lado, los gobernantes norteamericanos estaban empeñados en impedir la peor amenaza imaginable al poderío y a los privilegios de los oligarcas de América: el desarrollo de dos "Cubas nuevas" en el hemisferio occidental.

Durante los primeros años de la revolución nicaragüense, los dirigentes del FSLN, a pesar de vacilaciones y errores políticos, siguieron una orientación que promovía la organización y movilización de los obreros y campesinos de Nicaragua. El nuevo gobierno utilizó su poder para impulsar los intereses de los trabajadores contra los explotadores tanto dentro como fuera del país. Estas acciones alentaron a las luchas populares contra las tiranías latifundistas-capitalistas apoyadas por Washington en El Salvador y Guatemala; se vincularon a la revolución en Granada y dieron un gran ímpetu a los avances políticos de los trabajadores en Cuba.

"Hoy son los heroicos obreros y campesinos de Nicaragua los que están en las primeras trincheras de la revolución socialista mundial que avanza hoy día", afirmó el

Partido Socialista de los Trabajadores (PST) de Estados Unidos en una resolución sobre la revolución nicaragüense, adoptada poco después del triunfo en julio de 1979 y reproducida en esta edición de *Nueva Internacional.* "Nosotros seremos juzgados por nuestra capacidad de responder con valor y decisión, de lanzar nuestras fuerzas a la batalla sin vacilación ni demora, de movilizar y dirigir a todos los que podamos influenciar".

Jack Barnes, secretario nacional del PST, reiteró en un informe, presentado en 1979 y reproducido también en esta edición, que el partido se consideraba entre aquellas fuerzas del movimiento internacional obrero "que hicieron suya la revolución, percibieron su carácter obrero y campesino, reconocieron las cualidades de su dirección, trataron de aprender de ella y reflejaron este enfoque en su prensa y sus actividades políticas".

Pocas semanas después del triunfo de julio de 1979, el semanario en inglés *The Militant* y la revista *Perspectiva Mundial* abrieron una oficina de prensa en Managua. Durante los diez años siguientes, estos dos periódicos socialistas publicaron numerosos artículos, entrevistas y documentos, escritos o preparados por trabajadores desde el seno mismo de la revolución. Así ayudaron a sus lectores a seguir y entender los acontecimientos en Nicaragua, así como aprender de ellos y, lo que es más importante, responder a ellos.

New International, una revista en inglés de política y teoría marxistas, empezó a publicarse de nuevo en 1983, mayormente en respuesta a los avances revolucionarios en el continente americano a partir de 1979. La primera edición de *New International* explicaba que la revista "se enfocará especialmente en las actuales luchas revolucionarias en Centroamérica y el Caribe. Estas luchas ya extendieron la revolución socialista americana —iniciada hace un cuarto de siglo en Cuba— a Nicaragua y a Granada. También causaron una guerra que Washington y las fuerzas contrarrevolucionarias de la región están escalando con miras a aplastar a los obreros y campesinos rebeldes y a echar atrás sus conquistas".

La editorial Pathfinder Press, que publica las obras de líderes revolucionarios y comunistas y distribuye *Nueva Internacional* así como sus revistas hermanas —*New International* en inglés, *Nouvelle Internationale* en francés y *Ny International* en sueco—, ha publicado y reeditado dos colecciones de discursos y escritos de los líderes sandinistas desde los primeros años de la revolución: *Sandinistas Speak* (Hablan los sandinistas) y *Nicaragua: The Sandinista People's Revolution* (Nicaragua: la revolución popular sandinista). Pathfinder también publicará próximamente *Carlos Fonseca Speaks: Building Nicaragua's Sandinista National Liberation Front, 1960–1976* (Habla Carlos Fonseca: la construcción del Frente Sandinista de Liberación Nacional, 1960–1976), una colección de escritos y discursos de este líder comunista que fundó el FSLN y murió en combate tres años antes del triunfo de la revolución.

Jóvenes, sindicalistas, pequeños agricultores y otras personas en Estados Unidos y otros países se movilizaron para defender a la revolución nicaragüense de los contrarrevolucionarios organizados por Washington. Decenas de miles de personas que emprendieron el "Camino a Managua" visitaron a Nicaragua por su propia cuenta o como parte de brigadas de trabajo o en giras destinadas a ayudarles a participar en la revolución y aprender de ella. Gracias a estas experiencias, especialmente durante los primeros años de la revolución, los más resueltos y conscientes de estos individuos fueron reclutados al movimiento comunista.

Trabajadores y jóvenes revolucionarios en todas partes del mundo procuraron aprender las lecciones del proceso de transformaciones políticas y sociales en Nicaragua y Granada y del impulso que éstas le daban a la revolución cubana. En una conferencia socialista, auspiciada en Ohio por el Partido Socialista de los Trabajadores y por la Alianza de la Juventud Socialista en agosto de 1980, Mary-Alice Waters, dirigente del PST y actualmente directora de *New International,* dio una presentación titulada "Proletarian Leadership in Power: What We Can Learn from Lenin, Castro, and the FSLN" (El liderazgo proletario en el poder: lo que podemos aprender de Lenin, Castro y el FSLN), que luego fue publicada por Pathfinder. "Nos dirigimos a la revolución nicaragüense, a la revolución cubana, a la revolución granadina para aprender, no para enseñar", dijo Waters, "a fin de asimilar todo lo que podamos para prepararnos mejor para las luchas venideras.

"No es porque pensemos que no tenemos nada que ofrecer. Pero cada revolución", señaló, "es un organismo viviente, muy complejo y con su propio conjunto específico de relaciones de clase.... Para aplicar la ciencia del marxismo, no podemos simplemente leer un libro o estudiar la última revolución y copiar mecánicamente sus tácticas. Tenemos que comprender que la revolución es una unidad orgánica y viviente".[3]

Los informes y las resoluciones recogidos en esta edición, que abarca toda la década desde el ascenso de la revolución hasta su decadencia, fueron debatidos y adoptados por las direcciones del Partido Socialista de los Trabajadores en Estados Unidos y las ligas comunistas en Australia, Gran Bretaña, Canadá, Francia, Islandia, Nueva Zelanda y Suecia. El tema medular de estos documentos es el impacto que la revolución nicaragüense representó al brindar nuevas posibilidades para reforzar la dirección comunista a nivel internacional y para construir partidos obreros revolucionarios y organizaciones de jóvenes socialistas en Estados Unidos y otras partes del mundo.

Derrotas de los años ochenta

En menos de una década desde que llegaron al poder, los gobiernos obrero-campesinos en Nicaragua y en Granada fueron derrotados. Al término de los años ochenta, Cuba se encontraba sola nuevamente, siendo el único gobierno obrero y campesino en el mundo.

Entre mucha de la gente que en una época anterior se había movilizado en apoyo a estas revoluciones, todavía se considera de mal gusto evaluar las causas políticas de estas derrotas o incluso, en muchos casos, reconocer el hecho mismo de que ocurrieron estas derrotas.

En el caso de Granada, algunos de los anteriores partidarios de la revolución atribuyen el estrangulamiento de ésta a la invasión y ocupación de la isla por parte de Washington a fines de octubre de 1983. Lo que no se dice —o lo que muy oportunamente se borra de la memoria— es que *dos semanas antes* el gobierno obrero y campesino encabezado por Maurice Bishop ya había sido destruido en un golpe de estado asesino y contrarrevolucionario, dirigido por una agrupación estalinista. Durante los más de cuatro años que duró este gobierno popular revolucionario, Washington se había visto forzado a limitar sus acciones contra esta revolución anticapitalista a una campaña de mentiras y propaganda hostil, a presiones económicas y políticas, a operaciones terroristas brutales pero aisladas, y a amenazas y provocaciones militares. Los gobernantes norteamericanos sabían que los trabajadores granadinos estaban listos a defender sus conquistas con las armas ante toda intervención imperialista.

Sin embargo, cuando los marines y *rangers* norteamericanos desembarcaron en Granada en Point Salines el 25 de octubre, la isla ya no contaba con "un gobierno que pudiera ser defendido, que tuviera el apoyo del pueblo", dijo Fidel Castro en una entrevista en 1985. Ya se había abierto la puerta a la derrota y a la desmoralización, representadas por la invasión y ocupación norteamericana. Los logros del gobierno obrero y campesino en Granada y la verdad sobre su derrocamiento están detallados en el artículo "El segundo asesinato de Maurice Bishop" por Steve Clark, que apareció en *Perspectiva Mundial* en el número de agosto de 1987.[4]

En lo que se refiere a Nicaragua, los dirigentes del FSLN, así como mucha de la gente en Estados Unidos y otros países que justifica la actual perspectiva política de esa organización, niegan el hecho de que los cimientos del gobierno revolucionario se habían corroído totalmente antes de la derrota electoral del FSLN en febrero de 1990. Mucho menos atribuyen esa erosión a la degeneración política del propio FSLN, que —habiendo comenzado como una intransigente organización revolucionaria que emprendiera un rumbo antiimperialista y anticapitalista en 1961 y que más adelante condujera a los obreros y campesinos a la insurrección victoriosa de 1979— se transformó a fines de los años ochenta en un partido burgués electoral de izquierda. Hacen caso omiso de las presiones estalinistas, socialdemócratas y pequeñoburguesas que influenciaron progresivamente a la dirección sandinista.

En cambio, los líderes del FSLN y sus partidarios reducen la derrota de la revolución nicaragüense a una simple derrota electoral orquestada por Washington. Al mismo tiempo, la revolución sandinista —caracterizada ahora como la conquista de una "democracia" sin clases, despojada de toda dinámica anticapitalista y de todo carácter popular y revolucionario— queda congelada en el tiempo y el espacio, aguardando las elecciones de 1996, cuando esperan que el FSLN regrese triunfalmente al gobierno.

Pocas semanas después de las elecciones de febrero de 1990, Víctor Tirado, integrante de la Dirección Nacional del FSLN, pretendió justificar esta derrota y aplicar esa apología a toda América Latina y al resto del mundo semicolonial.

"Se acabó el ciclo de las revoluciones antiimperialistas como las concebimos en la década del cincuenta", afirmó Tirado. "A lo más que se puede aspirar hoy es a la convivencia con el imperialismo, aunque nos duela y nos cueste decirlo. Tener buenas relaciones con ellos y que nos dejen desarrollarnos". (Al hablar en términos de "nos" o "nosotros", Tirado se refiere a una Nicaragua donde supuestamente no hay distinciones de clases.)[5]

Noam Chomsky, profesor del Instituto Técnico de Massachusetts (MIT) y conocido opositor de la intervención militar norteamericana en el Tercer Mundo, ha presentado una versión más sistemática de este punto de vista en sus giras de conferencias universitarias y en una serie de libros y folletos. De acuerdo a Chomsky —un anarquista, o según se autodenomina a veces, un partidario del "socialismo libertario"— los acontecimientos en Nicaragua confirman la conclusión que él ya había sacado a raíz de la guerra en Vietnam: que es imposible el triunfo de las revoluciones populares hasta que el gobierno norteamericano no haya sido debilitado cualitativamente en su propio país. "Al contrario de lo que dicen casi todos

—tanto de izquierda como de derecha—, Estados Unidos logró sus principales objetivos en Indochina", insiste Chomsky en un folleto publicado en 1992 bajo el título *What Uncle Sam Really Wants* (Lo que realmente quiere el tío Sam). "Vietnam fue demolido. No hay peligro de que logre desarrollarse y sirva de modelo para otras naciones en la región.... Vietnam es un caso perdido.... El Tercer Mundo debe aprender que nadie debe atreverse a erguir la cabeza. El policía global los perseguirá implacablemente si cometen tal crimen imperdonable".

Lo mismo sucedió en Nicaragua, afirma Chomsky. "En 1981", escribe Chomsky, "un funcionario del Departamento de Estado se jactaba de que 'convertiremos a Nicaragua en la Albania de Centroamérica' —es decir, pobre, aislada y políticamente radical— para dejar en ruinas el sueño sandinista de crear un modelo político nuevo y más ejemplar para América Latina....

"Los éxitos logrados por Estados Unidos en Centroamérica", dice Chomsky, son "una tragedia mayor, no solo por el horrendo costo humano sino porque hace una década existía la posibilidad de progresar hacia una democracia real y la satisfacción de algunas necesidades sociales.... Estos esfuerzos pudieron haberse realizado y pudieron haber brindado lecciones útiles a otros que sufren problemas similares, que por supuesto era precisamente lo que temían los políticos norteamericanos. Han logrado abortar esta amenaza, quizás para siempre".

¡Para siempre! En resumidas cuentas, es inútil que en el mundo de hoy los trabajadores se organicen y luchen para llevar a cabo una revolución social que sea verdaderamente radical.

La presente edición de *Nueva Internacional* plantea una perspectiva completamente diferente, una perspectiva obrera, sobre los logros históricos de la revolución nicaragüense y las lecciones que pueden aprender los trabajadores no solo de su ascenso y desarrollo sino de su degeneración y decadencia. Las derrotas sufridas no eran inevitables. A costa de decenas de miles de vidas y la devastación de la economía, los trabajadores nicaragüenses habían defendido valerosamente su revolución frente a la contrarrevolución organizada por el imperialismo norteamericano. A fines de 1987, templados por su victoria sobre los "contras", cientos de miles de obreros y campesinos nicaragüenses —entre ellos lo mejor de la juventud— esperaban ansiosamente una dirección capaz de profundizar la lucha y consolidar un estado obrero, un estado que actuara consecuentemente en defensa de los intereses de clase de los trabajadores contra los capitalistas terratenientes y dueños de fábricas. La derrota de esta perspectiva anticapitalista, y del gobierno revolucionario que pudo haberla hecho realidad, fue producto de la estrategia que adoptaron los dirigentes del FSLN frente a las presiones de clase y las divisiones internas que culminaron a fines de los años ochenta.

Julio de 1979: una revolución anticapitalista

La revolución que triunfó en Nicaragua en julio de 1979 nació de una insurrección popular en las ciudades y de levantamientos en el campo contra el dictador Anastasio Somoza, último representante de una despótica dinastía latifundista-capitalista instalada por los marines norteamericanos en los años treinta. Un núcleo de jóvenes nicaragüenses, inspirados por la revolución cubana y decididos a emularla, habían fundado el FSLN a comienzos de los años sesenta y habían lanzado acciones guerrilleras contra la Guardia Nacional somocista. En las batallas finales de 1979, ya estaban participando decenas de miles de trabajadores, mucho más que el número de combatientes organizados del FSLN.

El nuevo gobierno que llegó al poder con la insurrección en julio de 1979 estimuló la formación de sindicatos, grupos campesinos, organizaciones de mujeres y grupos juveniles. Nacionalizó los bancos y las compañías de seguros, impuso controles al comercio de exportación y expropió varias fábricas. Reemplazó la Guardia Nacional somocista con el Ejército Popular Sandinista y la Policía Sandinista y comenzó a formar milicias populares en las comunidades rurales y en centros de trabajo y barrios urbanos.

Por la acumulación de medidas tomadas durante las semanas y los meses iniciales —medidas que empezaron a atacar la propiedad y las prerrogativas de los capitalistas— el nuevo poder dirigido por el FSLN se convirtió rápidamente en un gobierno obrero y campesino. Los documentos recogidos en esta edición detallan concretamente las distintas etapas y coyunturas en el desarrollo de esta revolución anticapitalista, impulsada por la dirección del FSLN en respuesta a la movilización en gran escala y a la creciente organización de los trabajadores.

Los campesinos pobres y los trabajadores agrícolas, al disponer de un gobierno que aliaba sus intereses a los de los trabajadores urbanos, comenzaron a integrarse a la vida política. Lucharon para adelantar la reforma agraria, los derechos de los trabajadores agrícolas y la electrificación. Participaron masivamente en la campaña de alfabetización. Construyeron sus propias organizaciones de lucha. En las ciudades, los obreros no tardaron en formar sindicatos. Crearon comités en los barrios para defender la revolución y hacer valer las medidas promulgadas por el nuevo gobierno. Exigieron que el gobierno se apoderara de las fábricas donde el propietario, aun si no fuera un somocista declarado, estuviera reduciendo la producción y las inversiones de capital o estuviera realizando otras formas de sabotaje económico; varias de estas empresas fueron nacionalizadas.

Las mujeres se organizaron para promover su lucha por la igualdad tanto en el campo como en la ciudad. En la Costa Atlántica, donde vive la mayoría de los nicaragüenses que son indígenas o negros, floreció la vida política en cientos de pequeñas comunidades pesqueras y agrícolas tras la caída de Somoza. Los costeños entablaron una lucha contra la discriminación racial y por la autonomía política, económica y cultural de su región, que durante mucho tiempo había quedado aislada, saqueada por compañías estadounidenses y canadienses, abandonada por Managua y, en consecuencia, completamente subdesarrollada.

El gobierno revolucionario tomó medidas para poner la enseñanza y la atención médica al alcance de todos. Emprendió proyectos para bregar con la crisis de la vivienda que agobiaba a la gran mayoría de los trabajadores en Nicaragua. Por ejemplo, empezó a controlar las rentas, construir sistemas de agua y alcantarillado y construir viviendas a bajo precio, especialmente en el campo.

Pero la dirección del FSLN no respondió en forma revolucionaria a todas las demandas y aspiraciones populares que afloraron al caer la odiada tiranía somocista. Según lo describen los documentos en esta edición, la política agraria del nuevo gobierno durante los primeros años de la revolución —ante las movilizaciones y ocupaciones de tierras por los campesinos pobres, por un lado, y las presiones de los grandes latifundistas "patrióticos", por el otro— a veces avanzó y luego, más y más, vaciló y se estancó.

Asimismo, la dirección sandinista al principio se mantuvo ciega —y en el caso de ciertos dirigentes se opuso categóricamente— a las aspiraciones de los indígenas y de los negros de la Costa Atlántica por la eliminación de las desigualdades raciales y nacionales, que entre otras cosas significaba la subordinación política y económica de esa región a la zona del Pacífico, lo cual había perdurado por muchos años. La contrarrevolución aprovechó la falta de atención inicial por parte de los sandinistas. Varias organizaciones basadas entre los indígenas y otros costeños se alzaron en armas contra el gobierno revolucionario, formando alianzas con las bandas de los contras. Al final, a mediados de los años ochenta, el gobierno del FSLN accedió a la demanda de un proyecto de autonomía en la región, lo cual fortaleció cualitativamente la unidad de la revolución.

Al intensificarse la guerra contra el ejército mercenario organizado por Washington, el gobierno sandinista abandonó su orientación anterior, que se basaba en un ejército voluntario motivado por conciencia política para derrotar a la contrarrevolución. El servicio militar obligatorio iniciado en 1983 —que no había ganado el apoyo de la gran mayoría de obreros y campesinos— fue otro de los problemas políticos que los contras pudieron aprovechar con cierto éxito.

Ayuda internacionalista de Cuba

Desde el origen de la lucha dirigida por el FSLN en los años sesenta, Cuba revolucionaria brindó una irremplazable ayuda internacionalista. Luego de la victoria de 1979, el pueblo cubano respondió a toda solicitud que le hiciera el gobierno de Nicaragua.

Mil maestros cubanos participaron en la cruzada de alfabetización de 1980, trayendo la experiencia de su propia campaña de 1961 y los esfuerzos constantes de Cuba para elevar el nivel educacional y cultural del pueblo trabajador. Para 1982, unos dos mil maestros cubanos habían cruzado el Caribe a Centroamérica; la mayoría de ellos trabajaron en las zonas rurales más empobrecidas y militarmente más peligrosas, entrenando a maestros nicaragüenses, quienes gradualmente los reemplazaron en los años siguientes. Cuba construyó un hospital de 150 camas en Managua; proporcionó mil médicos, enfermeras y técnicos para trabajar en todas partes del país, y entrenó a personal médico nicaragüense para la salud pública y la medicina preventiva.

Unos quinientos constructores cubanos ayudaron a construir un moderno ingenio azucarero para que el gobierno de Nicaragua procesara uno de los principales productos de exportación del país; el gobierno cubano contribuyó no solo la mano de obra sino toda la maquinaria, los materiales de construcción y otros insumos. Asimismo, obreros, ingenieros y técnicos cubanos ayudaron en la construcción de otras fábricas, carreteras, puentes e instalaciones agrícolas y pesqueras. En la última mitad de los años ochenta, Cuba enviaba anualmente cuatro cargamentos de alimentos, ropa y otros artículos de primera necesidad a la zona económicamente atrasada del norte de la Costa Atlántica; esta solidaridad era de tal envergadura que satisfacía las necesidades de 50 mil personas, la tercera parte de la población. Cuando un huracán arrasó el pueblo costeño de Bluefields en 1989, el gobierno cubano envió a 300 voluntarios a ayudar a construir mil casas para reemplazar algunas de las seis mil viviendas destruidas en la tormenta.

Siguiendo esta política internacionalista y proletaria, el gobierno cubano también ofreció toda clase de asistencia militar a sus compañeros nicaragüenses, quienes afrontaban el desafío de armar y entrenar a un ejército revolucionario y a milicias obreras y campesinas al defender al nuevo gobierno del terror contrarrevolucionario y del sabotaje organizados por Washington. El gobierno cubano proporcionó los muy necesitados armamentos pesados y ligeros, así como instructores y asesores militares. Los sandinistas, dijo Fidel Castro a un periodista español en 1985, "han tenido que hacer un ejército nuevo, preparar a cientos de miles de ciudadanos para la defensa y entonces necesitaban profesores, instructores y asesores; nosotros se los hemos brindado".

Gobierno obrero y campesino
Reconocer la dinámica anticapitalista de un gobierno obrero y campesino como el que surgió de la revolución nicaragüense de 1979 "no significa expresar la certeza de que esté predestinado en toda circunstancia a expropiar a la burguesía y convertirse en un estado obrero", explicó el dirigente del PST Jack Barnes en su informe de 1979. "Significa reconocer una tendencia y un hecho, con el fin de aprovechar lo que nos enseña y ofrecer nuestro apoyo a la dirección revolucionaria para ayudarla a impulsar este proceso".

"Dicha situación es inestable por naturaleza", señaló el dirigente del PST. "Surgirán confrontaciones de clase que serán decisivas para dictar el rumbo del proceso. Conforme surge cada una de ellas, el gobierno se dedica a resolverlas por una vía proletaria —hacia el socialismo— o por una vía burguesa, hacia la erosión de los logros de los trabajadores. Hasta ahora el rumbo en Nicaragua ha sido inequívoco.

"Esta caracterización requiere que reconozcamos que el futuro depara otros desafíos decisivos para el FSLN", dijo Barnes. "El proceso en Nicaragua avanzará hasta la instauración de un estado obrero o retrocederá hasta el derrocamiento del gobierno obrero y campesino y la consolidación de un gobierno burgués y del estado capitalista. Este gobierno apoyará y dirigirá a las masas hasta establecer un estado obrero o se erosionará, se debilitará y será derrocado".

El rumbo inicial de la dirección sandinista representaba una continuidad con las casi dos décadas de actividad política revolucionaria del FSLN, codificada en su Programa Histórico, que había sido redactado por Carlos Fonseca y publicado en 1969.

Antes del triunfo cubano en 1959, Fonseca y otros jóvenes luchadores se habían afiliado al Partido Socialista Nicaragüense (PSN) —un partido orientado hacia Moscú— con la esperanza de hallar una organización que promoviera la lucha por la liberación nacional y el socialismo. Pero estos revolucionarios nicaragüenses se vieron profundamente influenciados por los logros políticos de la dirección cubana, la cual tuvo que circunvenir al Partido Popular Socialista, el grupo pro-Moscú, para seguir un camino que lograra derribar a la dictadura de Fulgencio Batista. Habiendo asimilado las lecciones de la revolución cubana, Fonseca se convenció de la necesidad de romper con los estalinistas y su dogma oportunista, doctrina que planteaba que una revolución obrero-campesina de corte anticapitalista no estaba históricamente al orden del día en América Latina y el Caribe.

La dirección del PSN, escribió Fonseca en 1969, "no supo distinguir entre la justeza de la oposición antisomocista y las maniobras" de su burguesía, la cual "practicaba todo tipo de componendas con el régimen somocista". Tras la fundación del FSLN en 1961, dijo Fonseca, algunos de los que se vieron atraídos a la nueva organización conservaron ilusiones en el Partido Socialista por unos cuantos años, mientras que otros rechazaron el marxismo porque lo asociaban mentalmente con el fraccionalismo sectario y el colaboracionismo de clases del PSN. Pero "bastaba únicamente que transcurriera cierto tiempo para que la juventud y el pueblo de Nicaragua comenzaran a distinguir entre los falsos marxistas y los verdaderos marxistas", escribió Fonseca.[6]

Programa Histórico del FSLN

El Programa Histórico del FSLN, reproducido en estas páginas, prometió "la destrucción del aparato militar y burocrático de la dictadura somocista y el establecimiento de un gobierno revolucionario basado en la alianza obrero-campesina y el concurso de todas las fuerzas patrióticas antiimperialistas y antioligárquicas del país". El nuevo gobierno, decía el programa, garantizaría amplios derechos democráticos y promulgaría medidas sociales, políticas y económicas para "forja[r] una Nicaragua sin explotación, sin opresión, sin atraso". El programa abogaba por "una reforma agraria auténtica que en forma inmediata logre la redistribución masiva de la tierra, liquidando la usurpación latifundista en beneficio de los trabajadores (pequeños productores) que laboran la tierra". Prometió "una campaña masiva para exterminar en forma inmediata el analfabetismo" y medidas para eliminar la "odiosa discriminación" que padecen las mujeres así como los negros e indígenas que viven en la Costa Atlántica y otras zonas.

Sobre el plano internacional, el programa declaraba que un gobierno obrero y campesino "liquidará la política exterior de sumisión al imperialismo yanqui" y "apoyará activamente la lucha de los pueblos de Asia, Africa y América Latina contra el nuevo y viejo colonialismo y contra el enemigo común: el imperialismo yanqui". Además, agregó, "apoyará la lucha del pueblo negro y de todo el pueblo de los Estados Unidos por una auténtica democracia y la igualdad de derechos".

El Programa Histórico del FSLN afirmó que un gobierno revolucionario "expropiará los latifundios, fábricas, empresas, edificios, medios de transporte y demás bienes usurpados por la familia Somoza... y todo tipo de cómplices"; "nacionalizará los bienes de todas las compañías extranjeras que se dediquen a la explotación de los recursos minerales, forestales, marítimos y de otra índole; establecerá el control obrero en la gestión administrativa de las empresas"; y "planificará la economía nacional, poniendo fin a la anarquía característica del sistema capitalista de producción".

Washington organiza contrarrevolución

Los pasos que dio el gobierno revolucionario a fin de organizar a los obreros y campesinos para consolidar este programa electrizaron a los obreros, campesinos y jóvenes en toda la región y hasta a nivel mundial. Los gobernantes imperialistas de Estados Unidos, que habían defendido a Somoza hasta el final, intentaron presionar económica y políticamente al nuevo gobierno para hacerlo retroceder de este camino. Al fracasar también en este esfuerzo, Washington empezó, a fines de 1981, a entrenar y financiar un ejército contrarrevolucionario encabezado por ex oficiales militares de Somoza.

Durante los próximos seis años, los contras, organizados por Washington, lanzaron ataques armados y desataron una guerra salvaje para tratar de destruir la revolución. Washington orquestó esta fuerza mercenaria desde su Comando Sur en la Zona del Canal de Panamá y desde una red de bases militares norteamericanas establecidas rápidamente en Honduras, cerca de la frontera norte de

Nicaragua. La CIA y el Pentágono organizaron operaciones secretas: pusieron minas en los puertos de Nicaragua (dañando por lo menos siete barcos extranjeros), bombardearon depósitos de petróleo y oleoductos y destruyeron cosechas y maquinaria e instalaciones agrícolas. Estas acciones terroristas no solamente fueron obra de los ex Guardias Nacionales y otros nicaragüenses organizados por Washington, sino que involucraron a agentes norteamericanos y cubanos contrarrevolucionarios a sueldo de la CIA. Por ejemplo, vuelos cargados de municiones y provisiones para las bandas de la contra que operaban dentro de Nicaragua salían del aeropuerto de Ilopango en El Salvador bajo la dirección de Luis Posada, conocido por haber organizado (junto con Orlando Bosch) el bombardeo en 1976 del vuelo de Cubana de Aviación en que murieron los 73 pasajeros a bordo tras su despegue de Barbados. La captura del mercenario norteamericano Eugene Hasenfus, cuyo avión fue derribado por el ejército nicaragüense en octubre de 1986, reveló un poco más sobre la participación directa de Washington en la guerra de los contras, obligándolos a trasladar sus operaciones logísticas de Ilopango a otro sitio.

Confrontación en el Caribe

El inicio de la guerra de los contras por Washington se vio acompañado de intensos preparativos para lanzar una agresión militar contra Granada y Cuba, así como un incremento en la ayuda militar a la tambaleante dictadura salvadoreña. Las bases militares norteamericanas fueron renovadas y ampliadas: no solo el Destacamento Caribeño de las fuerzas armadas estadounidenses en Cayo Hueso, Florida (creado por la administración Carter en respuesta a las revoluciones en Nicaragua y Granada), sino las instalaciones militares en Puerto Rico, la Zona del Canal de Panamá y otros países de la región. En Honduras, los contras también colaboraban con el gobierno derechista de ese país para asesinar a sus opositores en los sindicatos y las universidades.

"A los imperialistas no les queda más alternativa que luchar por revertir esta nueva correlación de fuerzas de clases, producto de los avances revolucionarios en la región", advirtió el Partido Socialista de los Trabajadores en una resolución, adoptada en 1985 y reproducida en esta edición de *Nueva Internacional*. "Con el apoyo de ambos partidos del imperialismo estadounidense, el Pentágono está escalando gradualmente su intervención militar en El Salvador. . . . El gobierno de Estados Unidos está desplegando un ejército mercenario somocista para debilitar y, de ser posible, derrocar al gobierno obrero y campesino en Nicaragua. . . . Washington está tratando de convertir Honduras en una virtual base militar norteamericana. Pretende transformar toda la región, incluso la colonia estadounidense de Puerto Rico, en plataforma militar para su guerra contrarrevolucionaria".

La intensificación de las presiones militares, tras las revoluciones en Nicaragua y Granada, generó nuevas amenazas y provocaciones contra Cuba, incluso un ensayo de invasión a la isla efectuado por marines en las playas de la base naval de Guantánamo —territorio ocupado por el gobierno norteamericano— en la parte oriental de la isla.

"Al negarse tercamente a que los pueblos de Centroamérica y del Caribe manejen sus propios gobiernos, controlen sus propios recursos naturales y decidan su propio destino, Washington está creando un grave peligro de guerra" en toda la región, afirmó el Comité Nacional del Partido Socialista de los Trabajadores en una declaración titulada "La confrontación que se avecina en el Caribe", adoptada el 24 de mayo de 1980 y reproducida en este número de *Nueva Internacional*. Frente a esta creciente amenaza imperialista, el gobierno cubano respondió con la movilización de obreros y campesinos para defender sus conquistas revolucionarias y su soberanía nacional. En abril y mayo de 1980, hubo tres gigantescas movilizaciones populares en Cuba, sobre todo la Marcha del Pueblo Combatiente, en la que cinco millones de personas —la mitad de la población de la isla— participaron en La Habana y otras ciudades.

"Es indudable que Carter no puede movilizar a cinco millones de norteamericanos —ni siquiera una fracción de esa cifra— en apoyo a su política en América Latina", afirmó la declaración del Comité Nacional del PST en 1980. "Y esto no debe extrañar a nadie. ¿Por qué deberíamos los trabajadores en Estados Unidos luchar contra nuestros hermanos y hermanas en América Latina? El saqueo y la explotación imperialista solo hacen más fuertes a las mismas corporaciones gigantes norteamericanas que atacan nuestros salarios, nuestros empleos y nuestros derechos sindicales en este país".

En enero de 1981, el gobierno cubano inauguró las Milicias de Tropas Territoriales; durante los cinco años siguientes, un millón y medio de obreros, campesinos, estudiantes y otros voluntarios se armaron y recibieron entrenamiento militar. Las contribuciones voluntarias del pueblo cubano financiaron las armas y los uniformes de las milicias.

P<small>ARA COMPLEMENTAR</small> estas medidas revolucionarias de autodefensa, la dirección comunista de Cuba también buscó una garantía de asistencia militar del gobierno de la Unión Soviética. Pero nuevamente descubrieron —como habían hecho durante la llamada crisis de los misiles en octubre de 1962— que no podían confiar en lo más mínimo en la casta burocrática privilegiada de Moscú como aliado internacionalista.[7] En una entrevista realizada en 1993, Raúl Castro, ministro de las fuerzas armadas de Cuba, describió su visita oficial a Moscú a comienzos de los años ochenta para "plantearle a la dirección soviética la opinión de la nuestra acerca de la urgencia de desarrollar acciones políticas y diplomáticas extraordinarias que lograran el propósito de frenar las renovadas intenciones yanquis de golpear militarmente a Cuba". La delegación cubana se reunió con un alto funcionario del gobierno soviético y del Partido Comunista.

"La respuesta del máximo dirigente soviético fue tajante", dijo Raúl Castro. "En caso de agresión norteamericana a Cuba, nosotros no podemos combatir en Cuba —afirmó textualmente— porque ustedes están a 11 mil kilómetros de nosotros, y agregó: ¿vamos a ir allá para que nos partan la cara? . . .

"Aunque desde mucho antes nosotros habíamos partido de la convicción de que la URSS no iría a una guerra por Cuba y sabíamos que solo podríamos contar con nuestras propias fuerzas para defendernos", dijo Raúl Castro, "fue precisamente en ese momento de mayor peligro que la dirección soviética nos hizo saber solemne, clara y oficialmente que frente a una eventual agresión militar del Pentágono, Cuba se vería dramáticamente sola".

Los dirigentes centrales de la revolución, agregó, "sufrimos en silencio la amargura, asimilamos la experiencia y de todo ello sacamos mayores energías para preparanos para asumir solos nuestra misión histórica".

"Como la antigua URSS desapareció y sus archivos más confidenciales han dejado de serlo, no tiene sentido seguir guardándolo", dijo Raúl Castro al periodista.[8]

Reveses y derrotas en los años ochenta

Para mediados de los años ochenta, las luchas revolucionarias en Centroamérica y el Caribe habían sufrido una serie de reveses y derrotas.

En Guatemala, el régimen apoyado por Washington había asestado duros golpes a los guerrilleros que dirigían una lucha contra esa dictadura.

En El Salvador había fracasado la "ofensiva final" lanzada en 1981 por el Frente Farabundo Martí para la Liberación Nacional (FMLN). Los sindicatos y otras organizaciones políticas tuvieron que irse a la clandestinidad. Los opositores del régimen eran torturados y arrojados a los callejones diariamente por los escuadrones de la muerte dirigidos por los militares. En el campo, batallones entrenados en Estados Unidos masacraban a campesinos con miras a eliminar el apoyo popular al FMLN. Esta represión feroz no logró aplastar la resistencia popular, pero la guerra civil llegó a un punto muerto, sin que un bando pudiera derrotar al otro. Además, en 1983, una fracción estalinista encabezada por Salvador Cayetano Carpio, fundador de una de las organizaciones que integraban el FMLN, orquestó el asesinato en Nicaragua de Mélida Anaya Montes (la Comandante Ana María), quien había roto con los intentos de Carpio de obstruir la unificación de estos grupos. Cuando la policía sandinista reveló la verdad de este crimen, Carpio se suicidó y sus partidarios se separaron del FMLN y formaron su propio grupo estalinista.

El revés más grave fue el asesinato del primer ministro granadino Maurice Bishop en 1983 a manos de una fracción estalinista en el seno de la dirección del gobernante Movimiento de la Nueva Joya —fracción que mediante sus acciones derrocó al gobierno obrero y campesino— y la posterior invasión y ocupación norteamericana de la isla. Con el asesinato de Bishop y la invasión norteamericana, uno de los "tres gigantes" fue derrotado. El profundo impacto de esta derrota se sintió en Cuba, en Nicaragua, en todo el Caribe y entre los revolucionarios en Estados Unidos y otros países que se habían inspirado con la revolución granadina.

'Irán-contra', operaciones secretas y la presidencia imperial

A pesar de la voluntad bipartidista en Washington de hacer retroceder la revolución nicaragüense, ya en 1984 estaban surgiendo divisiones tácticas entre los gobernantes norteamericanos por el precio político que comenzaban a pagar, tanto dentro de Estados Unidos como en América Latina, por su financiamiento público y su involucramiento directo con las bandas mercenarias que cometían actos terroristas contra un gobierno popular. En Estados Unidos estaban creciendo las protestas contra la guerra y, a diferencia del comienzo del movimiento contra la guerra en Vietnam, "una parte del movimiento obrero ha participado desde un principio en la oposición a las medidas bélicas de Washington", según apuntaba la resolución de 1985 del PST.

En 1984 el Congreso adoptó la llamada Enmienda Boland, que suspendió la ayuda militar a los mercenarios. En respuesta, los dos partidos guerreristas en Washington iniciaron una operación secreta, dirigida por el teniente coronel Oliver North desde el sótano de la Casa Blanca con la colaboración estrecha del director de la CIA, William Casey. Durante los años posteriores, vertieron millones de dólares en las arcas de la contra. Recabaron fondos de diversas fuentes: contribuciones de capitalistas individuales como el notorio magnate antisindical Joseph

Coors, así como enormes sumas de dinero donadas por la familia real de Arabia Saudita y la venta clandestina de armamentos a Irán. Al revelarse la llamada operación "Irán-contra" o *Contragate*, quedó expuesto en público el hecho de que este tipo de operaciones militares secretas se habían convertido en métodos necesarios e institucionalizados del gobierno bipartidista para llevar a cabo su política exterior.

EN ENERO DE 1994, pocas semanas antes de publicarse la versión en inglés de este número de *Nueva Internacional*, Lawrence Walsh, el fiscal especial nombrado por el presidente Ronald Reagan, hizo público su informe final sobre *Contragate*. Esta investigación, que había comenzado bajo el impacto espectacular de una crisis gubernamental a fines de 1986, terminó casi silenciosamente siete años más tarde. De los catorce miembros de la administración Reagan contra los cuales Walsh había presentado cargos por su participación en la operación Irán-contra o en el encubrimiento de ésta, once fueron sentenciados o se declararon culpables. Sin embargo, los tribunales superiores anularon las condenas de Oliver North y de John Poindexter, asesor de seguridad nacional de la Casa Blanca. Y en las últimas semanas de su administración, el presidente George Bush —a quien el informe final de Walsh implicaba claramente por haber participado en el encubrimiento mientras era vicepresidente de Reagan— aprovechó Nochebuena para indultar al ex secretario de defensa Caspar Weinberger y a otros cinco individuos. En el caso de Weinberger, era la primera vez en la historia de Estados Unidos que un presidente había indultado a un acusado sin que el juicio hubiera comenzado.

El informe de Walsh declara que "funcionarios de la

administración Reagan concertaron un esfuerzo para engañar al Congreso y al público sobre su conocimiento y respaldo" del operativo de North y agrega que Reagan "participó o por lo menos consintió" en el encubrimiento.

El informe también dice que la Casa Blanca convirtió a North y a dos ex asesores de seguridad nacional, Poindexter y Robert McFarlane, en "chivos expiatorios cuyo sacrificio protegería a la administración Reagan en sus dos últimos años".

Todo esto es cierto. Pero el significado del escándalo Irán-contra no tiene nada que ver con determinar quién es más culpable o más responsable dentro del poder ejecutivo del gobierno, ni tampoco con un supuesto conflicto entre la Casa Blanca y el Congreso, como han insistido los liberales, los socialdemócratas y los estalinistas.

De hecho, congresistas tanto del Partido Demócrata como del Republicano habían apoyado abiertamente el financiamiento de los contras entre 1981 y 1984. Luego, durante la "prohibición" congresional al envío de fondos estatales a los contras, dirigentes de ambos partidos hicieron la vista gorda a la ayuda material que continuó siendo canalizada a los contras, un operativo de tal envergadura que hubiera sido imposible mantenerlo de otra forma. En su libro *Under Fire: An American Story* (Bajo el fuego: una historia americana), publicado en 1991, Oliver North dice no solo que "el presidente Reagan lo sabía todo", sino que aun tras la suspensión congresional de fondos a la contra, él siguió dando "numerosos informes sobre la resistencia" a miembros del Comité de Inteligencia de la Cámara de Representantes —comité dominado por los demócratas— "y a decenas de sus colegas congresistas".

"Muchos de ellos habían visitado la región", escribió North. "Habían visitado los campamentos, habían conocido a los líderes de la resistencia y habían visto las barracas en la Base Aérea de Ilopango, donde estaban estacionados los aviones de la resistencia. Ellos durante varios años habían interrogado a los portavoces de la CIA sobre las posibles fuentes de apoyo a los contras, y al parecer habían aceptado las declaraciones de la Agencia, que decía desconocer esas fuentes".

La revista *New Yorker*, comentando el libro de North cuando se publicó a fines de 1991, dijo plañideramente que las actividades del teniente coronel, "a pesar de que violaban la Enmienda Boland, eran un secreto abierto en Washington. (Como sucede a menudo, hacen que la política sea encubierta para removerla del debate público)".

Esto, por supuesto, es el propósito del carácter secreto de estos operativos.

Para colmo, pocos meses antes de que *Contragate* saliera a la luz pública y que el avión de Eugene Hasenfus fuera derribado en Nicaragua, el Congreso bipartidista votó a favor de reanudar la ayuda militar abierta y la ayuda "humanitaria" a los contras. A partir de entonces y hasta las vísperas mismas de las elecciones nicaragüenses de febrero de 1990, les proporcionaron a los contras más de 200 millones de dólares.

Con razón Theodore Draper —un conocido historiador liberal que fue el principal cronista de los numerosos relatos del caso Irán-contra— escribió el siguiente epitafio a la investigación de Walsh: "¿Es posible que vuelva a producirse en Estados Unidos una situación de la magnitud de Irán-contra? No estoy convencido de que nos hayamos vacunado contra una repetición de esto". Draper concluye, "Quizás los acontecimientos de Irán-contra resulten más importantes como advertencia de lo que puede fallar en el sistema norteamericano que como freno para que no vuelva a fallar".[9]

El carácter secreto de cada vez más aspectos del funcionamiento del gobierno, así como el fortalecimiento progresivo de la rama ejecutiva del gobierno, reflejan la realidad de la evolución del estado imperialista estadounidense y su política exterior bipartidista en las últimas décadas de este siglo. El informe de Walsh es una crónica de acciones "encubiertas" anunciadas, no prevenidas.

Entre los miembros del Congreso y las familias capitalistas que ellos representan, las operaciones militares secretas se han convertido en un elemento tan institucionalizado y necesario que los gobernantes, al atravesar la crisis gubernamental provocada por las revelaciones de Irán-contra, salieron con apenas unos rasguños. En contraste, dos décadas antes, Watergate los dañó mucho más. Ese escándalo fue producto de profundas divisiones dentro de la clase gobernante sobre cómo responder a los grandes cambios en la política estadounidense reflejados por la masiva movilización pública de oposición a la guerra de Vietnam, y las repercusiones de las luchas populares por los derechos de los negros durante los quince años anteriores. Además, el allanamiento de las oficinas de la campaña electoral del Partido Demócrata —el incidente instigado por la Casa Blanca que desató el escándalo— fue un abuso tan descaradamente fraccional dentro de la clase gobernante y sus instituciones que, dado el ambiente político de esa época, la grieta se ensanchó más de lo deseado.

Para la clase obrera y sus aliados, el caso Irán-contra resalta cómo están creciendo las amenazas a los derechos democráticos en Estados Unidos, a medida que los gobernantes capitalistas en ambos partidos se ven obligados cada vez más a guardar en secreto las medidas que deben tomar para proteger sus intereses de clase frente al creciente desorden mundial.[10]

Más recientemente, por ejemplo, los gobernantes de Estados Unidos recurrieron a mentiras descaradas y verdades a medias para justificar sus preparativos de guerra contra Iraq a fines de 1990. Luego, a principios de 1991, fabricaron un chorro de "noticias" durante las seis semanas de bombardeos contra Iraq y la posterior invasión a ese país, pretendiendo encubrir la escala masiva y el carácter atroz de la matanza. Dos años después, con la complicidad de los medios noticiosos capitalistas, Washington aún suprime los hechos sobre la "caza de conejos" perpetrada por el ejército norteamericano contra los soldados iraquíes y los civiles que huían a lo largo de la carretera de Kuwait a Basra; sobre cómo sepultaron vivos en el desierto a soldados iraquíes que no estaban equipados para combatir y que intentaban rendirse; así como otros horrores que han sido totalmente encubiertos. (Washington también quisiera que el ministerio de defensa de Israel dejara de hablar sobre el hecho de que los tan cacareados cohetes antiaéreos Patriot, en vez de desviar y destruir los misiles iraquíes Scud, más bien aumentaron los daños y las muertes sobre la tierra.)[11]

Derrota de los contras

Sin embargo, la crisis del gobierno norteamericano tras las revelaciones del caso Irán-contra sí debilitó los intentos imperialistas de aplastar la revolución nicaragüense.

Los obreros, campesinos y jóvenes del ejército sandinista pelearon valerosamente y cobraron confianza y experiencia en el combate con la contra. Se perdieron en la lucha unas 30 mil vidas, de una población de 3.5 millones, equivalente a más de 2 millones de muertes en Estados Unidos y cinco veces más que el número total de soldados norteamericanos caídos en combate durante la Segunda

Guerra Mundial, la guerra de Corea y la guerra de Vietnam juntas. Decenas de miles de nicaragüenses fueron mutilados y cientos de miles quedaron sin hogar.

No obstante, para fines de 1987, el gobierno de Nicaragua había frenado el ímpetu del ejército contrarrevolucionario y lo había derrotado. En los años que siguieron, las bandas mercenarias nunca pudieron entablar una batalla más allá de actos terroristas. El gobierno de Cuba contribuyó considerablemente a este triunfo de los obreros y campesinos nicaragüenses. Por razones concretas de orden político y militar, nunca se mandaron unidades de voluntarios cubanos a pelear contra el ejército mercenario como se había hecho en Angola contra las tropas invasoras del apartheid y los derechistas angolanos financiados por la CIA. Pero el compromiso práctico e internacionalista de Cuba con la victoria de Nicaragua en la guerra revolucionaria representó el Cuito Cuanavale de las Américas.[12]

La victoria sobre los contras quedó codificada en el acuerdo firmado por los presidentes de Nicaragua, Honduras, Costa Rica, El Salvador y Guatemala el 7 de agosto de 1987 en Ciudad de Guatemala. El convenio estipulaba que para el 7 de noviembre de 1987, cada uno de los cinco gobiernos establecería un alto el fuego con fuerzas armadas "irregulares" en su país, otorgaría plena amnistía a los alzados y eliminaría todas las restricciones a los derechos democráticos. El gobierno de Nicaragua inmediatamente puso en práctica el acuerdo.

Ese año el Comité Político del PST adoptó una resolución, publicada en estas páginas, que aclamaba la victoria revolucionaria sobre los contras y explicaba cómo este triunfo permitía que los trabajadores nicaragüenses dieran nuevos pasos para hacer avanzar la revolución en defensa de sus propios intereses de clase. La decisión de los dirigentes del FSLN tras el acuerdo de Guatemala de eliminar las medidas de urgencia impuestas durante la guerra —tales como la censura y la suspensión del derecho del hábeas corpus— facilitaría nuevos avances, siguiendo el rumbo anticapitalista que el gobierno obrero y campesino había emprendido al principio, afirmaba la resolución. Algunas de estas medidas habían sido necesarias para enfrentar las exigencias de la guerra. Sin embargo, señalaba la resolución, la prolongación de las restricciones bajo las nuevas condiciones, "al desarrollarse la lucha de clases en Nicaragua, [sería] un obstáculo para la educación, orientación y organización política de los trabajadores en la ciudad y el campo".

Frente a la embestida imperialista y la propaganda incesante de Washington contra el gobierno sandinista, la mayoría de los obreros conscientes en Nicaragua habían apoyado los intentos del FSLN de mantener un frente único con el número cada vez menor de capitalistas y terratenientes que estaban dispuestos a respaldar la guerra contra los mercenarios. Las medidas anticapitalistas que caracterizaron los primeros años de la revolución no se expandieron durante la segunda mitad de los años ochenta. Sin embargo, sí se hicieron ciertos avances democráticos, como la entrega intermitente de tierras a campesinos y a trabajadores del campo, así como el inicio del proceso de autonomía en la Costa Atlántica.

Ahora, decía la resolución adoptada en septiembre de 1987, con la derrota de los contras, "veremos más claramente, con menos disimulos, lo que significa un gobierno obrero y campesino: ni un estado obrero ni un régimen capitalista. Dentro y fuera de Nicaragua será más visible la realidad fundamental de que la lucha entre las clases trabajadoras y las explotadoras es la fuerza motriz, la dinámica, de los cambios en la sociedad nicaragüense".

La resolución señalaba que, hasta que fueron derrotados los contras, "la administración Reagan había logrado mantener la iniciativa, presionando mucho desde la derecha al consenso derechizante de los dos partidos capitalistas sobre la necesidad de derrocar al gobierno de Nicaragua. Esa iniciativa se estrelló tras las revelaciones de Irán-contra y los acuerdos de Guatemala". Sin embargo, afirmaba, Washington "no va a 'hacer las paces' con la revolución nicaragüense —ni puede hacerlas— mientras ésta sea una revolución. Nicaragua no puede 'comprar paz' con medidas encaminadas a preservar la economía mixta, restaurar las libertades democráticas u otros pasos". Todo esto se convertiría en una amarga verdad.

Guerra revolucionaria forjó a los cuadros obreros

La guerra revolucionaria que los sandinistas libraron y ganaron había forjado a los cuadros que ahora podían ser movilizados de nuevo para ayudar a dirigir la lucha de clases en la situación de posguerra. A través de la guerra, miles de obreros, campesinos y jóvenes habían adquirido confianza y experiencia como dirigentes. Al desmovilizarse el ejército, estos cuadros empezaron a regresar a las fábricas, a los campos, a los barrios obreros y a las aldeas rurales.

Si el FSLN los hubiera dirigido conscientemente para profundizar una trayectoria anticapitalista, estos cuadros podrían haber aplicado sus energías y muy rápidamente habrían adquirido más experiencia clasista y revolucionaria en las luchas para ampliar los derechos sindicales y el control obrero en las fábricas; para adelantar la lucha de los campesinos pobres por la tierra y por los recursos necesarios para trabajarla; para organizar a los trabajadores agrícolas en defensa de sus intereses de clase; y para integrar a más mujeres a la fuerza laboral y promover su lucha por la igualdad de derechos, incluso el derecho al aborto y otras demandas. También se podría haber movilizado a los trabajadores en la Costa Atlántica para utilizar el proceso de autonomía —que había contribuido de manera decisiva a que la mayoría de la población costeña se uniera a la lucha contra los mercenarios— para mejorar las condiciones sociales y culturales en esta región, económicamente la más atrasada en el país.

Además de sufrir los efectos del legado imperialista de subdesarrollo, la producción económica de Nicaragua había quedado devastada en los años ochenta por la destrucción de siembras, cosechas y maquinaria e instalaciones agrícolas a consecuencia de la guerra, así como la suspensión de la ayuda norteamericana, la interrupción del comercio con Estados Unidos en 1985, el sabotaje de los puertos y de la infraestructura por parte de Washington, y la muerte y mutilación de decenas de miles de campesinos y trabajadores. A fines de 1987, el gobierno sandinista calculó que la destrucción le había causado a Nicaragua casi 700 millones de dólares en costos directos de capacidad productiva y una pérdida económica total de 3700 millones de dólares, teniendo en cuenta la pérdida de ayuda y de intercambio comercial. Estas son cifras abrumadoras para una economía y una población del tamaño de Nicaragua.

A mediados de los años ochenta, el gobierno soviético estaba proporcionando ayuda económica a Nicaragua, mayormente en forma de créditos comerciales bilaterales, librando al gobierno sandinista de la necesidad de agotar sus reservas de dólares y otras divisas convertibles que eran difíciles de obtener. A pesar de que esta ayuda estaba muy por debajo de las necesidades de Nicaragua, por lo menos satisfacía la mayor parte de las necesidades petroleras del país y era una de sus principales fuentes de ayuda internacional y de relaciones comerciales. Sin embargo, en 1987, cuando el régimen estalinista comenzó a caer en una profunda crisis y a buscar más y más desesperadamente ser integrado al orden capitalista mundial, Moscú empezó a reducir el suministro de petróleo al gobierno sandinista y disminuyó drásticamente la compra de productos nicaragüenses. La crisis energética en Nicaragua en aquel año se alivió parcialmente gracias a la respuesta internacionalista de Cuba, que le donó más combustible.

Las crecientes presiones económicas le crearon obstáculos al progreso de Nicaragua. Estos obstáculos no podían ser superados, apuntó la resolución del Partido Socialista de los Trabajadores de 1987, si se mantenía "una especie de 'comunismo de guerra' pero sin las bases económicas de un estado obrero". Era indudable que el gobierno revolucionario tendría que cambiar de tácticas, maniobrar y a veces retroceder frente al poderío del imperialismo y de los enemigos de clase de los trabajadores en Nicaragua.

Pero las maniobras y los retrocesos necesarios tenían que ser explicados abierta y claramente al pueblo trabajador, incluso las razones de estas medidas, así como sus objetivos y los peligros que supondrían para las clases explotadas. Había que organizar a los obreros y campesinos para luchar por soluciones que protegieran su nivel de vida fundamental, dentro de lo posible, y que fortalecieran su alianza y su posición social frente a los explotadores.

Durante los años 1988 y 1989, los obreros y campesinos entraron más y más en conflicto con los propietarios de las fábricas, las enormes fincas y las empresas comerciales. Sin embargo, a medida que los intereses de clase de los explotados y de los explotadores fueron chocando cada vez más, quedó claro que la dirección del FSLN —por las decisiones que tomaba en cada coyuntura— había rechazado una perspectiva anticapitalista. Como lo explicó el informe presentado por Larry Seigle al Comité Nacional del PST en agosto de 1989, publicado en las últimas páginas de esta edición de *Nueva Internacional*, "Los problemas que hoy enfrentan los trabajadores no se deben al hecho de que el gobierno sandinista no haya expropiado más rápidamente la propiedad capitalista en 1979, en 1980 y en 1981. El problema es que el gobierno del FSLN ya no sigue el camino que seguía en 1979, en 1980 y en 1981. Ya no está preparando a los trabajadores nicaragüenses para seguir la vía de la revolución socialista. Ahora va en dirección opuesta".

El FSLN abandonó la perspectiva de integrar a la vanguardia de la clase obrera y de los productores agrícolas a la dirección del movimiento sandinista y de construir una organización revolucionaria, un partido comunista, que los condujera, empleando el gobierno obrero y campesino para defender sus intereses de clase. Dicha estrategia habría conducido inevitablemente —independientemente del ritmo y de las etapas concretas, y también independientemente de las explosivas e incontenibles confrontaciones de clase— a nuevos y mayores ataques contra la propiedad y las prerrogativas de los capitalistas.

Dirección del FSLN rechaza trayectoria obrera

La degeneración política de la dirección del FSLN ante estos nuevos desafíos está detallada en la resolución adoptada por el PST en 1989, "Defendamos a Nicaragua revolucionaria: la erosión de los cimientos del gobierno obrero y campesino", y en los dos informes sobre esa resolución presentados por Larry Seigle, dirigente del PST a cargo de la oficina de prensa de *Perspectiva Mundial* y del *Militant* en Managua en aquel entonces. Estos documentos completan esta edición de *Nueva Internacional.*

La reforma agraria quedó estancada; el FSLN entregó la dirección de las organizaciones campesinas sandinistas a los agricultores capitalistas y les garantizó que no habría más confiscaciones de terrenos para satisfacer las necesidades de los campesinos sin tierra. En enero de 1989, el gobierno proclamó el fin de todas las expropiaciones de tierra.

El gobierno impuso límites a los salarios y severas medidas de austeridad, haciendo que la crisis económica capitalista en las ciudades recayera sobre la clase obrera. A principios 1990, el *New York Times* comentó que la dirección del FSLN había decidido "reanimar su economía arruinada con un programa de austeridad tan tradicional y tan orientado al mercado que lo han comparado con los métodos del Fondo Monetario Internacional".

La dirección sindical sandinista retrocedió en gran medida a una posición de apologista de la política del gobierno ante la clase obrera. Las organizaciones de barrios, de mujeres y de jóvenes —que a mediados de los años ochenta ya estaban debilitadas— se degeneraron, reduciéndose a organizaciones de carácter administrativo, mientras que las milicias populares ya habían dejado de funcionar salvo en las zonas rurales que se hallaban amenazadas directamente por los contras. La dirección del FSLN se replegó de la lucha por la igualdad de la mujer y de la lucha contra la discriminación racial y opresión nacional en la Costa Atlántica. Como resultado de esta política, quedó socavada la alianza obrero-campesina, que había formado el fundamento social del gobierno revolucionario.

Los líderes sandinistas presentaban ahora la lucha por la unidad nacional para derrotar a los contras como una justificación política de la conciliación de clases, puesta en práctica mediante su política de "concertación" con los grandes terratenientes y capitalistas. Toda la cúpula del FSLN empezó a defender más y más el uso de las relaciones del mercado capitalista y la integración al sistema capitalista mundial como la solución a la crisis económica de Nicaragua y como el camino necesario para el desarrollo económico y social. Llegó a ser común que los dirigentes del FSLN expresaran su rechazo al marxismo y al comunismo —calificándolo como anticuado, en el mejor de los casos— y que presentaran la revolución de Nicaragua como ejemplo de un supuesto "tercer camino" entre el capitalismo y el socialismo.

Al acelerarse esta evolución política, el gobierno de Nicaragua firmó un acuerdo en diciembre de 1989, junto con otros gobiernos centroamericanos, exigiendo que el FMLN en El Salvador "inmediata y efectivamente cese las hostilidades" y diera pasos hacia la "desmovilización". El acuerdo también prometió su "apoyo decidido al Presidente de El Salvador, Alfredo Cristiani y a su Gobierno".

Impacto del estalinismo

En todos estos casos, los dirigentes sandinistas se alejaron de una perspectiva basada en la organización, la movilización y la conciencia política de los obreros y campesinos, la misma perspectiva que tres décadas antes, bajo el impacto de la revolución cubana, había hecho que los dirigentes fundadores del FSLN rompieran con el estalinismo. Esa orientación revolucionaria era la que había sentado las bases políticas para la insurrección obrera y campesina que derribara a la tiranía somocista y que al principio guiara al gobierno hacia una estrategia revolucionaria y proletaria.

No obstante, a fines de los años ochenta, al mismo tiempo que los regímenes y aparatos antiobreros de Europa oriental y la Unión Soviética empezaban a desmoronarse, la dirección del FSLN retornaba políticamente a las justificaciones estalinistas que los luchadores más conscientes en Nicaragua y Cuba habían rechazado con miras a llevar a cabo una revolución. Bajo distintas consignas, los partidos estalinistas en esos países y en toda América Latina y otras regiones habían insistido durante muchas décadas que las revoluciones anticapitalistas eran imposibles en el mundo colonial y semicolonial. Los manuales estalinistas enseñaban que históricamente lo único que estaba al orden del día en esos países era la lucha por la "democracia" y que para lograr ese objetivo la clase obrera y los movimientos de liberación nacional debían seguir una estrategia de colaboración con los sectores "progresistas" de los explotadores nacionales y de subordinación a la política capitalista de estos explotadores. Desde mediados de los años treinta, esta perspectiva colaboracionista ha desarmado a muchos obreros, campesinos y jóvenes revolucionarios en América y otras partes del mundo, siendo la causa de numerosas oportunidades perdidas y derrotas sangrientas.[13]

La revolución socialista en Cuba expuso la mentira de esta justificación estalinista de la colaboración de clases. "Si nosotros nos hubiésemos dejado llevar por los esquemas, no estaríamos reunidos hoy aquí", dijo Fidel Castro el 26 de julio de 1988 en la conmemoración anual del asalto al cuartel Moncada realizado en 1953. "No habría habido un 26 de julio, no habría habido una revolución socialista en este hemisferio, todavía no habría habido tal vez ninguna. Si nosotros nos hubiésemos dejado llevar por esquemas, la teoría decía que no podía hacerse revolución aquí . . . es lo que decían los manuales".

Casi tres décadas después de la victoria en Cuba, dijo Castro, se había hecho "una revolución verdadera y profunda" en un solo país nuevo de América donde —a diferencia de Granada en ese entonces— había sobrevivido. Era la revolución nicaragüense. "En el resto de América Latina no ha habido ninguna. . . . El raquitismo, la desnutrición, los niños sin escuelas, los jóvenes sin empleo, sin universidades, están por ahí por todas partes, y no ha habido una revolución".

En Cuba, dijo Castro, "nosotros a partir de los principios del socialismo" —y no de los manuales— "sacamos nuestras conclusiones". Los luchadores cubanos dijeron que "en Cuba hay condiciones objetivas para la revolución, faltan las condiciones subjetivas. . . . Partiendo de una valoración correcta de nuestro pueblo, de su idiosincrasia, de su historia, de las realidades objetivas que sufría, aunque no fueran tan terribles como las que padecen otros países de nuestro continente", dijo Castro, "llegamos a la conclusión de que la revolución era posible en nuestro país, y por eso, nuestro país que fue el último,¡el último!, en independizarse de España, fue el primero en independizarse del imperialismo yanqui en este hemisferio, ¡el primero!, y el primero en llevar a cabo una revolución socialista".[14]

Los revolucionarios en muchos países de América estudiaron las experiencias de la revolución en Cuba para tratar de trazar un nuevo camino. Maurice Bishop y sus compañeros lo hicieron en Granada, como lo hicieron Carlos Fonseca y sus compañeros en Nicaragua, creando las condiciones políticas para las victorias de 1979, que inauguraron una nueva época en el avance de la revolución socialista en las Américas.

Derrota del gobierno obrero y campesino
Esta fue la trayectoria revolucionaria que el liderazgo del FSLN rechazó al salir victorioso de la guerra contra los mercenarios en 1987. La degeneración política de la dirección del FSLN se aceleró en 1988 y 1989, causando la derrota del gobierno obrero y campesino que había subido al poder diez años antes.

Antes de la revolución nicaragüense, ningún otro régimen obrero y campesino había existido por más de un año o dos —a lo sumo tres o cuatro años— sin que tomara uno de dos rumbos: o bien que avanzara a la expropiación de la burguesía y a la creación de un estado obrero (por ejemplo, Rusia en 1918, Yugoslavia en 1947, China cerca de 1952, Cuba en 1960 y Vietnam del sur en 1978), o bien que retrocediera a la reconsolidación de un gobierno burgués y un estado capitalista. Los documentos al final de esta edición explican por qué el proceso en Nicaragua se prolongó más, hasta finalmente resolverse esa situación.

También fue singular la forma que asumió la derrota del gobierno obrero y campesino en Nicaragua. En Hungría y en Baviera en 1919, los efímeros regímenes obrero-campesinos fueron aplastados por sangrientas contrarrevoluciones lanzadas por los terratenientes y capitalistas. En Argelia en 1965 y en Granada en 1983, los gobiernos obrero-campesinos fueron derrocados en golpes militares organizados por sectores de la dirección de las organizaciones pequeñoburguesas radicales que habían encabezado estas revoluciones; pero en ambos casos fueron derrocados los principales dirigentes en esos gobiernos revolucionarios: Ahmed Ben Bella en Argelia, Maurice Bishop en Granada. Ben Bella fue encarcelado; Bishop y decenas de otros revolucionarios granadinos fueron masacrados por la fracción estalinista de Bernard Coard.[15]

En cambio, en Nicaragua, toda la dirección del FSLN se unió en torno a la trayectoria política que para fines de 1989 había liquidado el gobierno obrero y campesino. No hubo golpe de estado, ni encarcelamientos o asesinatos, ni siquiera un recambio de personal.

El régimen del FSLN que fue derrotado en los comicios de febrero de 1990 ya había dejado de ser un gobierno obrero y campesino.

Elecciones de febrero de 1990

Los dirigentes sandinistas transformaron al FSLN en un aparato electoral burgués en 1989 y principios de 1990. Participaron en las elecciones de febrero de 1990 con la anticipación de que ganarían, pero al mismo tiempo prepararon el camino para un gobierno de coalición al cual integrarían a algunas figuras de la oposición burguesa. Los últimos documentos de esta edición, preparados a fines de 1989, daban por sentado que el FSLN ganaría la mayoría de los votos en las elecciones.

Sin embargo, el hecho de que la dirección sandinista se había desviado de su trayectoria anticapitalista no bastaba para convencer a Washington de que el gobierno dirigido por el FSLN —que muchos trabajadores aún consideraban como un liderazgo que usaría el ímpetu de su victoria electoral para regresar a una vía revolucionaria— sería un fiel servidor de los intereses imperialistas en esa región. Washington ayudó a confeccionar y financiar una coalición de partidos burgueses para oponerse al FSLN en las elecciones. La Unión Nacional Opositora (UNO) era una agrupación heterogénea que incluía fuerzas burguesas liberales que habían participado en la lucha antisomocista en los años setenta (algunas de éstas se habían alineado momentáneamente con el FSLN), políticos y empresarios conservadores, líderes de los contras y dos grupos estalinistas en el movimiento obrero que por mucho tiempo habían sido opositores del FSLN.

Para los trabajadores en Nicaragua y a nivel mundial, había intereses importantes en juego en las elecciones. Según lo señaló el *Militant* en un editorial publicado la misma semana de la votación, la UNO "no oculta sus lazos con Washington. Todo lo contrario. Si triunfa, establecerá un gobierno sometido a los intereses económicos y políticos de los gobernantes estadounidenses.... El FSLN mantiene una posición clara a favor del derecho del pueblo nicaragüense a la soberanía y autodeterminación. La victoria electoral sobre la UNO sería una muestra más de que el pueblo trabajador en ese país rehusa doblegarse a las órdenes de Washington". En cambio, la victoria de la UNO perjudicaría a los obreros y campesinos, reduciendo su espacio político para poder oponerse a la eliminación de los logros conquistados luego de la revolución de 1979.

Pero la trayectoria social y política del liderazgo del FSLN tras la derrota de los contras había desmovilizado y desorientado cada vez más al pueblo trabajador de Nicaragua. Dadas las acciones del gobierno, el lema electoral del FSLN —"Con Daniel [Ortega], todo será mejor"— le sonaba vacío a un número creciente de trabajadores. Por lo tanto, la UNO ganó apoyo para su argumento demagógico de que la única salida era la elección de un nuevo gobierno que fuera capaz de negociar ayuda e inversiones capitalistas de Estados Unidos y otras potencias imperialistas, a fin de frenar la crisis precipitosa que estaba arruinando a los trabajadores de las ciudades y del campo. El FSLN no logró el apoyo de grandes sectores de la clase media; la gran mayoría de la pequeña burguesía se adhirió también a la campaña electoral de la UNO. A pesar de que el FSLN recibió más votos que cualquier otro partido, la coalición de partidos que formaron la UNO ganó las elecciones, colocando en la presidencia a Violeta Chamorro, figura principal de la oposición burguesa liberal.

LA DIRECCION DEL FSLN muy rápidamente se comprometió a conducir una transición ordenada al nuevo régimen. El presidente saliente, Daniel Ortega, declaró que los resultados de la elección eran un paso hacia "la consolidación de la democracia" y les aseguró a sus partidarios que la revolución no se había terminado. Dijo que el FSLN continuaría gobernando "desde abajo", frase que muy rápidamente sonaría carente de contenido revolucionario y chocante para el pueblo trabajador en Nicaragua.

"Por el momento estamos resueltos a contribuir a que se mantenga la estabilidad", dijo Tomás Borge, comandante del FSLN y ex ministro del interior, en una entrevista por la televisión cubana en mayo de 1990, "y a contribuir a que se mantenga este gobierno durante los seis años que le toca gobernar a Nicaragua de acuerdo con la ley".

Los líderes del FSLN trataron de disuadir a los trabajadores de realizar huelgas u otras protestas, planteando que debían confiar en los diputados sandinistas en la Asamblea Nacional para actuar a su favor. Todo lo que amenazara la "estabilidad", sostenían, podría perjudicar las posibilidades de inversiones capitalistas y hasta podría provocar una agresión norteamericana.

En abril de 1990 los partidarios de Chamorro formaron una coalición gubernamental basada en las fuerzas de la UNO, con liberales, conservadores y algunos ex contras. Como parte del acuerdo de transición con la dirección del FSLN, algunos de los líderes del Frente Sandinista permanecieron en el gobierno, particularmente el general Humberto Ortega, quien se quedó como jefe del ejército. Algunos de los altos oficiales policiales que eran miembros del FSLN también mantuvieron sus cargos. La decisión del nuevo gobierno burgués de retener a ciertos sandinistas en estos puestos obedecía a dos factores combinados: primero, la correlación de fuerzas en Nicaragua, once años después de una revolución popular de masas que había destruido al antiguo ejército burgués sustituyéndolo con un nuevo ejército bajo el mando del FSLN; y segundo, la rotunda reorientación política de la dirección del FSLN, culminando con su decisión de servir como punto de apoyo al gobierno capitalista y como defensor del estado burgués en Nicaragua.

Sin embargo, a Washington y a los aliados más conservadores de Chamorro les desagradó la retención de Humberto Ortega como jefe del ejército. Los gobernantes estadounidenses han utilizado esto como uno de sus pretextos para entregarle ayuda al nuevo gobierno nicaragüense con cuentagotas, y hasta estas gotitas las conceden o niegan como recompensa o castigo, dependiendo del grado de sumisión del régimen.

El hecho de que Washington no ha entregado ningún paquete importante de ayuda y préstamos durante los cuatro años desde las elecciones, al tiempo que Nicaragua se hunde cada vez más en la miseria, también ha acelerado las riñas entre las fuerzas burguesas rivales que integran la UNO. En septiembre de 1992, la delegación de la UNO en la Asamblea Nacional expulsó de la coalición a los miembros más allegados a la presidenta Chamorro y a su principal asesor del gabinete, Antonio Lacayo, y abandonó la legislatura en enero de 1993, privándola así de quórum por todo un año. Solo en enero de 1994, tras una nueva serie de divisiones en el seno de la UNO, pudo volver a funcionar normalmente la Asamblea Nacional.

El futuro de la revolución cubana

El triunfo de las revoluciones en Granada y Nicaragua en 1979 había dado un enorme ímpetu a la revolución socialista en Cuba. Las movilizaciones de masas contra las amenazas y provocaciones norteamericanas a principios de los años ochenta, así como la formación de las Milicias de Tropas Territoriales en 1981, incorporaron a millones de obreros y campesinos a la actividad política revolucionaria, mediante formas que habían ido decayendo durante la década anterior. A pesar de una creciente productividad y de mejoras al nivel de vida en los años setenta, Cuba había sufrido una creciente estratificación social así como la desmovilización y el repliegue políticos del pueblo trabajador, en gran parte porque el gobierno había adoptado métodos de planificación económica y administración, junto con otras políticas relacionadas, copiados del régimen burocrático soviético.

Los comunistas cubanos nunca se habían replegado de su compromiso internacionalista de ayudar a los que luchan contra la opresión imperialista en cualquier parte del mundo, como lo demostraron los cientos de miles de cubanos que se ofrecieron como voluntarios en Angola a partir de 1975. Pero las oportunidades revolucionarias que se abrieron en las Américas a principios de los años ochenta crearon las condiciones para empezar a combatir las crecientes consecuencias negativas de la política interna realizada durante la década anterior sobre los planos económico, social y político. La dirección empezó a trazar un nuevo camino, efectuando cambios políticos en las prioridades económicas a fines de 1984, lo cual dio inicio a lo que se conoció como el proceso de rectificación a comienzos de 1986. El presidente cubano Fidel Castro volvió a plantear, como modelo a estudiar y emular, la estrategia política que Ernesto Che Guevara había defendido a principios de los años sesenta y que se había implementado de forma limitada en esos años.

A fines de los años ochenta se volvieron a poner en marcha brigadas de trabajo voluntario para resolver necesidades sociales apremiantes como la vivienda y las guarderías infantiles. Se tomaron medidas para comenzar a reducir la brecha entre los trabajadores mejor y menos remunerados, elevando el nivel de vida de las capas más pobres de la población en el campo y en las ciudades. Se iniciaron medidas para contrarrestar la proliferación de los especuladores que se enriquecían gracias a la escasez de viviendas y alimentos. Se dieron pasos para eliminar privilegios y se organizaron movilizaciones contra abusos, desperdicio y corrupción por parte de las crecientes capas pequeñoburguesas en las empresas estatales y en el aparato del partido y del estado.

La dirección planteó la autosuficiencia alimentaria como prioridad urgente, como lo había sido antes de la decisión —tomada en los años setenta— de aceptar las prioridades inversionistas y políticas comerciales que les había dictado el Consejo de Asistencia Mutua Económica (CAME), un bloque comercial dominado por Moscú. Se lanzaron nuevos proyectos para desarrollar y diversificar la producción industrial. Se empezaron a organizar contingentes especiales de trabajo voluntario como vanguardia política dentro de la clase obrera. En su conjunto, la dinámica política de estas medidas apuntaba a la renovación y al fortalecimiento de la organización y movilización de crecientes sectores de la clase obrera, como dirección comunista consciente del pueblo trabajador cubano. La victoria decisiva de las fuerzas cubanas, angolanas y namibias en Cuito Cuanavale a comienzos de 1988, y la decisión consiguiente del régimen del apartheid en Sudáfrica de iniciar negociaciones que condujeron a su retirada de Angola y a la independencia de Namibia, dieron otro gigantesco impulso a la confianza y combatividad de la vanguardia comunista en Cuba.

No obstante, los efectos acumulativos de las derrotas de los gobiernos obrero-campesinos durante los años ochenta, primero en Granada y luego en Nicaragua, así como su impacto negativo sobre las luchas revolucionarias en otras partes de Centroamérica y el Caribe, asestaron un golpe político a la revolución cubana. Ya no existía en el continente americano, o en el resto del mundo, lo que Fidel Castro había llamado una nueva "revolución verdadera y profunda" que avanzara hacia el socialismo. Después de que los estalinistas destruyeran sangrientamente al Movimiento de la Nueva Joya encabezado por Maurice Bishop en Granada, y que el FSLN rechazara una orientación proletaria, ya no existía otra dirección revolucionaria que estuviera en el poder y que utilizara este poder para promover los intereses de clase de los obreros y campesinos tanto a nivel nacional como internacional. Los comunistas cubanos se encontraban nuevamente solos.

Encima de estos reveses políticos, Cuba tuvo que enfrentar, a comienzos de los años noventa, la repentina interrupción de la ayuda de la Unión Soviética, que consistía mayormente en subsidios de productos importados y en precios de exportación más favorables que los que se podían obtener en el mercado mundial capitalista de divisas. Esto provocó escaseces y trastornos económicos, poniendo fin a muchas de las iniciativas que representaban el meollo del proceso de rectificación —sobre todo las microbrigadas voluntarias de construcción y los contingentes de vanguardia— y cercenó severamente las condiciones de vida del pueblo trabajador así como la capacidad productiva de la agricultura y la industria del país.

Sin embargo, el futuro de la revolución cubana —que hoy se ve forzada a replegarse frente a las condiciones económicas más difíciles que jamás ha enfrentado— no será decidido exclusivamente en Cuba. En los próximos años, las luchas de los obreros y campesinos en América Latina y el Caribe, en Estados Unidos y en el resto del mundo tendrán un impacto decisivo en las posibilidades de la clase obrera cubana de defender sus conquistas socialistas. Una nueva generación de revolucionarios cubanos afronta el desafío de reforzar la vanguardia social y política de la clase obrera; su éxito dictará las posibilidades de reconquistar las políticas socialistas de las cuales la revolución cubana hoy tiene que replegarse. Estas posibilidades mejorarán a medida que los conflictos y las crisis, engendrados por el creciente desorden del sistema capitalista mundial, produzcan condiciones propicias en América y otras regiones para impulsar luchas y rebeliones populares, para forjar nuevos lidcrazgos de la clase obrera y para lograr nuevas victorias revolucionarias.

Evolución del FSLN desde 1990

Hoy día el FSLN actúa como un partido burgués opositor, cuya meta es de volver a ocupar el gobierno en las elecciones de 1996. Dentro de este marco electorero, la dirección del FSLN responde a las huelgas y a otros conflictos sociales presentándose como instrumento para la reconciliación entre las clases, como organización que se basa en las masas populares y simpatiza con ellas, pero que habla y actúa en nombre de la estabilidad de la nación en su conjunto. El FSLN reafirmó y profundizó este carácter político de la organización en su congreso de julio de 1991, donde reemplazó oficialmente como guía al Programa Histórico con un nuevo documento, "Principios y Programa", destinado explícitamente a lograr la "estabilidad" y la paz entre las clases.

Debido a la crisis económica las huelgas obreras son inevitables, dijo el ex presidente Daniel Ortega en su discurso de clausura al congreso, pero agregó: "Hay que encontrar las causas de las huelgas para entonces lograr que no se produzcan las huelgas, para evitar que se produzcan mayores tensiones". El objetivo del FSLN, dijo Ortega, debe ser de "sumar a personas de los diferentes estratos económicos, de los diferentes sectores sociales . . . para poder convertir al Frente Sandinista de Liberación Nacional en esta nueva etapa en una fuerza política que logre representar . . . a todos los sectores sociales, a todos los sectores económicos de nuestra nación".

E<small>N EL CONGRESO</small> del FSLN habló también Antonio Lacayo, jefe del gabinete de Chamorro. Ahí resaltó que él veía con agrado la política de reconciliación nacional y la promesa de trabajar para llevar adelante un pacto social y económico entre las clases en pugna.

Una resolución presentada en febrero de 1994 para el debate previo al congreso del FSLN declaraba: "El FSLN es un partido abierto a todos los sectores de la sociedad nicaragüense y aspira a representar, en la oposición o en el gobierno, a toda la sociedad en su conjunto, en la búsqueda de la democracia, el desarrollo económico y la justicia social, colocando en el centro de sus preocupaciones a los pobres y desempleados, que son la mayoría de los nicaragüenses". Tratando de ratificar su estrategia de colaboración de clases, a mediados de 1990 el FSLN solicitó ingreso como miembro pleno a la Internacional Socialista, asociación de partidos burgueses socialdemócratas dominados por los partidos laboristas imperialistas de Inglaterra, Alemania, Francia, España, Suecia y otros países de Europa occidental. *La Prensa*, el diario en Managua que por mucho tiempo ha sido vocero de la burguesía de Nicaragua, aplaudió la gestión de los líderes del FSLN, calificándola como noticia "magnífica".

A mediados de los años ochenta, al ir decayendo el ímpetu de la revolución, se empezó a abrir un abismo de clases entre la cúpula del FSLN y los obreros y campesinos. Como en otros países del Tercer Mundo caracterizados por un desarrollo limitado de clases modernas y por altos niveles de analfabetismo, un número desproporcionado de los principales dirigentes del FSLN provenían de la clase media y algunos provenían de las principales familias latifundistas y capitalistas del país. Aunque en los últimos 150 años han surgido destacados líderes proletarios individuales de tales orígenes sociales, las presiones y los valores de clases ajenas siempre crecen dentro de liderazgos con esa composición social, sobre todo cuando la clase obrera y otros trabajadores se ven más y más marginados del escenario político y no pueden influir en la organización o en sus comités directivos.

Eso fue lo que pasó en Nicaragua durante la segunda mitad de los años ochenta. La orientación del FSLN obstruyó la integración de más trabajadores a la dirección. Inevitablemente, la creciente polarización de clases dentro del movimiento sandinista engendró capas sociales cuyos intereses materiales obedecían a la preservación de sus posiciones relativamente privilegiadas. Esta corrupción llegó a su punto extremo en las últimas semanas antes de la inauguración de Chamorro en 1990, cuando muchos funcionarios sandinistas se apropiaron descaradamente de casas, terrenos y otros recursos estatales para uso personal. Este latrocinio al por mayor se llegó a conocer en Nicaragua como la "piñata". Entretanto, la mayoría de los soldados desmovilizados tanto del ejército sandinista como de los contras habían quedado abandonados con escasos medios de sustento.

Aparte de alguna que otra crítica menor, la dirección del FSLN ha apoyado las medidas antiobreras y anticampesinas de austeridad impuestas por el gobierno de Chamorro. Los líderes sandinistas han apoyado la devolución de las fábricas expropiadas a los antiguos dueños capitalistas, con tal que no sean somocistas declarados. En una entrevista concedida en noviembre de 1993 al periódico nicaragüense *El Semanario,* el comandante Bayardo Arce del FSLN dijo que el proceso de privatización de los servicios telefónicos y postales, del Instituto Nicaragüense de Energía y del sistema de agua y alcantarillado era "absolutamente necesario", a la vez que se opuso a la privatización de los servicios de salud pública, educación y seguridad social. Arce dijo que "Daniel [Ortega] ha sido muy claro, ya que a veces lo identifican a él como vocero [del FSLN]. El ha dicho que no quiere que volvamos ni a la década del 70 y que está claro que no se trata de volver a la del 80".

Pero toda la palabrería acerca de concertación y paz entre las clases, y todos los esfuerzos para imponerla, no han traído estabilidad económica y política a Nicaragua. Un 60 por ciento de la población está desempleada o subempleada. Los salarios reales, la salud pública, y la educación están yéndose a pique. Decenas de miles de familias campesinas que se convirtieron en refugiados durante la guerra, así como muchos de los soldados del ejército sandinista y de la contra, se quedaron sin hogar y muchas veces sin tierra, en tanto que algunos ex oficiales de la contra y políticos de la oposición burguesa que se habían exiliado después de 1979 regresaron y recibieron abundantes tierras y otras propiedades. La ínfima ayuda externa que el gobierno de Chamorro había prometido atraer disminuyó aún más en 1993; asimismo, los gobiernos e instituciones imperialistas como el Banco Mundial y el Fondo Monetario Internacional exigieron cortes más severos de servicios sociales y subsidios alimentarios y una mayor privatización de propiedades estatales. Los imperialistas no han querido invertir en las industrias nicaragüenses, que son anticuadas, poco competitivas y cuya fuerza laboral está sindicalizada, se templó en una revolución y, pese a los recientes reveses, se mantiene más combativa y consciente que la de los países vecinos. La deuda a los bancos imperialistas y a las instituciones financieras internacionales asciende a 10 mil millones de dólares; todos los años estas instituciones se llevan decenas de millones de dólares por concepto de intereses, robando las riquezas producidas por los obreros y campesinos nicaragüenses.

Reacción a la trayectoria de la dirección del FSLN

Bajo estas condiciones de repliegue y privación, no puede surgir de las masas populares una alternativa política coherente de carácter clasista. Sin embargo, ha continuado la resistencia de ciertos sectores de obreros y campesinos ante el deterioro de sus condiciones de vida a raíz de la crisis capitalista y las medidas de austeridad impuestas por el gobierno. En el último año, por ejemplo, algunos sindicalistas se han pronunciado en contra de la decisión de la cúpula del FSLN de apoyar, con leves reformas superficiales, la política de privatización del gobierno. Aún más importante es el hecho de que los trabajadores del transporte público emprendieron una reñida huelga en septiembre de 1993, en la que obligaron al gobierno a anular un nuevo impuesto a los vehículos y a reducir el aumento del precio de la gasolina. Ante el incumplimiento del convenio en enero de 1994, los trabajadores nuevamente salieron en huelga, suspendiéndola a principios de febrero cuando el gobierno acordó volver a la mesa de negociaciones y liberar a los huelguistas encarcelados sin represalias.

En una entrevista concedida el 31 de diciembre de 1993, el general Humberto Ortega pretendió justificar el uso del ejército —que en otra época había sido revolucionario— para defender los intereses del gobierno burgués y de la clase explotadora de terratenientes y fabricantes que éste representa. "Es importante entender que el nuestro es un ejército nacional", dijo Ortega al canal 4 de televisión en Managua. "Ya no es un ejército que responde a un partido político, como lo fue antes. Antes éramos una expresión directa del Frente Sandinista de Liberación Nacional, un partido. Ya no es así. Entendemos que es importante ser una institución del estado nicaragüense que está al servicio de todos los nicaragüenses, sin importar su posición política, ideológica o religiosa".

O RTEGA NO MENCIONO que en el capitalismo, cuando uno está al servicio de "todos", los más ricos consiguen el mejor servicio.

Hasta los que pretenden justificar la estrategia de los dirigentes sandinistas se han visto desconcertados por estas acciones cada vez más abiertas en defensa de los privilegios, ganancias y propiedades capitalistas. Por ejemplo, en un informe de fin de año publicado en su edición en inglés en enero de 1994, *Barricada Internacional* —publicada por cuadros del FSLN junto con sus simpatizantes en el exterior— se lamentaba de que "el apoyo tácito que el FSLN le ha ofrecido al gobierno le ha costado simpatizantes al partido y ha dañado el prestigio tanto suyo como de sus dirigentes ante los ojos de mucha gente, ya que ha alcanzado niveles insoportables el deterioro de los servicios sociales y de la miseria que conlleva". Y, refiriéndose a la supresión militar de una rebelión de ex soldados sandinistas en Estelí en julio de 1993, donde murieron unos sesenta alzados, *Barricada Internacional* comenta que "al parecer, Humberto Ortega quería demostrarle a la sociedad que él podía restaurar el orden, pero fue muy criticado por la brutalidad de la respuesta. Los militantes de base del Frente Sandinista fueron los que más se indignaron".[16]

Están surgiendo debates en la prensa y en otras publicaciones nicaragüenses sobre el rumbo de la dirigencia del FSLN. Por ejemplo, en *El Nuevo Diario* apareció un artículo en diciembre de 1993 sobre el anuncio hecho por la presidenta Chamorro, durante una celebración de las fuerzas armadas dos meses antes, de que Humberto Ortega se retiraría de su puesto en 1994.[17] El anuncio presidencial, aparentemente inesperado, del retiro del general "demostró [la falta de] peso real del sandinismo en sus relaciones con el gobierno, tan penosa y costosamente trabajadas por la dirección nacional con el argumento —negado por la práctica— de preservar al máximo las conquistas de la revolución", dijo el comentarista. "La Dirección Nacional se enredó —aparentemente sin posibilidades de retorno— en la búsqueda vana de una alternativa al neoliberalismo, renunciando

. . . al proyecto político del Frente Sandinista, que nunca perdió vigencia".

Nadie plantea alternativa

A pesar de los diversos grados de decepción y desilusión, no hay ninguna voz política organizada en el FSLN o en el movimiento obrero en Nicaragua, o en ninguna corriente política amplia en el movimiento obrero mundial, que enfrente directamente la realidad de que el FSLN de hoy ya no es una organización revolucionaria. Su dirección central la ha transformado en un partido burgués radical y electoral que representa un obstáculo en el camino de la clase obrera hacia la recuperación de la independencia de clase, la organización y la confianza que necesitará a fin de librar las batallas necesarias para construir un partido comunista y derrocar nuevamente al poder capitalista.

Como lo explican los documentos que conforman esta edición, no existe ningún atajo hacia esa meta. El FSLN se ganó el derecho de ser la vanguardia de los obreros y campesinos de Nicaragua gracias a enormes esfuerzos y sacrificios; los condujo a la victoriosa insurrección popular de julio de 1979 y a seguir el camino anticapitalista durante los primeros años de la revolución, promoviendo los intereses de clase del pueblo trabajador y posibilitándole que derrotara a los contrarrevolucionarios apoyados por Washington. Todo tipo de fuerzas estalinistas y ultraizquierdistas se descalificaron como dirigentes, proclamando críticas sectarias contra el FSLN pero manteniéndose al margen de las tareas fundamentales de la lucha. Algunas de estas fuerzas han terminado en las filas de la UNO; otras siguen como sectas ultraizquierdistas. Ninguna de ellas muestra un camino hacia la construcción de un partido comunista proletario en Nicaragua.

No obstante, al igual que los trabajadores en otros países, los obreros y campesinos en Nicaragua hoy viven y trabajan en un mundo marcado por una depresión económica, una crisis social, crecientes conflictos comerciales capitalistas, presiones hacia la intervención militar y guerras imperialistas, y crecientes tensiones de clase y polarización política que inevitablemente acompañan tal inestabilidad. Los acontecimientos de los últimos meses de 1993 y los primeros de 1994 desmienten el mito —promovido tanto por el actual gobierno burgués en Nicaragua como por la dirección del FSLN, cada uno a su manera— de que el capitalismo puede de alguna manera traer desarrollo económico, paz social y democracia política a los pueblos de América Latina.

En diciembre de 1993, en la provincia norteña de Santiago del Estero en Argentina, miles de trabajadores estatales se rebelaron, ocupando los edificios del gobierno porque no les habían pagado desde agosto. Ante esta rebelión el presidente argentino Carlos Menem envió a la policía federal. En los meses posteriores, nuevas explosiones y protestas obreras sacudieron varias provincias argentinas: Tucumán, Salta, Jujuy, Córdoba y Tierra del Fuego, entre otras.

En enero de 1994, tropas mexicanas desataron una represión sangrienta en el estado sureño de Chiapas después de una serie de ataques guerrilleros que habían recibido mucha publicidad. Estos acontecimientos llamaron la atención pública a las intolerables condiciones de vida y a la discriminación de la población mayoritariamente indígena de Chiapas, que en gran parte son campesinos pobres y trabajadores agrícolas, así como a la política represiva del régimen mexicano.

Estos conflictos de clase se agudizaron en los dos países latinoamericanos que hoy casi siempre son colocados entre los "milagros económicos" del sistema del mercado capitalista, dos de los países donde más capitales están ingresando. En cambio, Nicaragua ahora se ha convertido, junto a Haití, en uno de los dos países más pobres de América.

Recuperando la continuidad revolucionaria

De la profunda crisis económica capitalista y la resistencia que esta crisis provocará, surgirá una nueva generación de luchadores obreros en Nicaragua que volverán a encontrar su continuidad con el camino marxista trazado por Carlos Fonseca y codificado en el Programa Histórico del FSLN en los años sesenta y setenta. Nadie puede predecir las formas o el ritmo de estas luchas. Pero, al igual que los trabajadores en otros países, los luchadores en Nicaragua descubrirán las lecciones de la revolución socialista en Cuba, los escritos y discursos de líderes comunistas tales como Ernesto Che Guevara y Fidel Castro. Aprenderán de la acumulación de experiencias de lucha de la clase obrera de otros tiempos y otras partes del mundo: de los escritos de V.I. Lenin, León Trotsky y otros dirigentes bolcheviques de la revolución rusa; de los escritos de Carlos Marx y Federico Engels, fundadores del movimiento comunista obrero en la época moderna.

Las experiencias de la lucha para hacer una revolución socialista en las Américas son de gran importancia para los trabajadores, agricultores y jóvenes de espíritu revolucionario en todo el mundo. Las lecciones del asunto *Contragate* confirman nuevamente que toda profunda lucha popular, no importa donde suceda, provocará el odio implacable de las familias gobernantes capitalistas de Estados Unidos, que utilizarán su gigantesco poderío económico y militar —secreta y abiertamente— para defender sus intereses de clase.

Pero las derrotas no son inevitables, a pesar de lo que predican los dirigentes pequeñoburgueses a los trabajadores y a la juventud rebelde de todo el mundo. Todos —sea la clásica variante estalinista, sea con la envoltura anarquista libertaria de un Noam Chomsky, sea con las justificaciones de un Daniel Ortega— predican el mismo sermón: Hoy no es aconsejable seguir un camino revolucionario en ninguna parte del mundo. Ustedes están en desventaja. Los ricos y los poderosos los castigarán. Las victorias perdurables no son posibles. La lucha por el socialismo es una utopía. Así que reduzcan sus aspiraciones a lo que realmente sean capaces de hacer.

En cambio, para los comunistas la posibilidad de revoluciones anticapitalistas victoriosas es una cuestión eminentemente práctica. Ya existen las condiciones objetivas de la revolución proletaria, y esas condiciones han madurado en más y más regiones del mundo desde las primeras décadas de este siglo. La clase obrera es más grande y más fuerte que nunca. Tiene un carácter más internacional, extendiéndose a todos los continentes habitados de la tierra. En todos los principales países imperialistas, la clase obrera es más indiferente al color de la piel, es más multilingüe y es más multinacional. En mayor número que nunca antes, las mujeres se han integrado a todos los aspectos de la producción económica y vida social, desde Managua hasta Manitoba.

Además, se ha desmoronado el mayor obstáculo a los triunfos y avances de la clase obrera: la falsificación estalinista del marxismo que millones de personas aceptaron como auténtica durante seis décadas. Se han desplomado los aparatos de estado policiacos de las castas privilegiadas en los estados obreros grotescamente deformados de Europa oriental y la URSS, junto con la máquina asesina internacional que cumplía las órdenes del régimen de

Moscú por todo el mundo.

Para los marxistas la mayoría de las victorias y derrotas no tienen nada de inevitable. El desenlace depende sobre todo de la valentía, la capacidad, la asimilación de experiencias en la lucha de clases, y la claridad política de una vanguardia comunista forjada por obreros revolucionarios en el transcurso de batallas de la clase obrera, pequeños agricultores y jóvenes.

Cuando los trabajadores y sus aliados oprimidos y explotados se incorporan a la lucha revolucionaria, nunca existen garantías de una victoria perdurable, y nunca pueden existir. El camino histórico de los obreros a nivel mundial es largo y accidentado. En el sentido más fundamental, nunca podrá haber una victoria perdurable hasta que la revolución proletaria haya triunfado a nivel internacional, se haya empezado a construir el socialismo y hayan comenzado a desaparecer el estado y otras instituciones de la sociedad de clases.

En toda revolución concreta, jamás existe forma de saber de antemano cuántas fuerzas sociales, políticas y militares pesarán sobre los obreros triunfantes y sus organizaciones políticas de vanguardia. Hasta los más destacados liderazgos surgidos de la clase obrera se han quebrantado bajo tales presiones, o se han visto forzados a replegarse inesperadamente.

¿Valió la pena la revolución de octubre de 1917, a pesar de que prevaleció la contrarrevolución estalinista en menos de una década? ¿Valió la pena la revolución vietnamita, pese al terrible precio humano que Washington les impuso a los obreros y campesinos antes y después de la guerra? ¿Valió la pena la revolución en Granada, conociendo ahora el desenlace provocado por los crímenes de los asesinos estalinistas? ¿Valió la pena la revolución cubana, ante las actuales presiones económicas y sociales que pesan sobre los trabajadores, sin que se sepa cuándo o cómo se acabará el repliegue? ¿Valió la pena la revolución nicaragüense, dada la historia documentada en las páginas a continuación?

Los obreros comunistas decimos "sí", inequívocamente, en cada uno de estos casos. Porque el verdadero resultado perdurable de toda revolución profunda y popular —y lo decisivo para el futuro de las mayorías laboriosas de la humanidad— es la acumulación de las experiencias revolucionarias de la vanguardia obrera, su continuidad de luchas y las lecciones de esas victorias y derrotas, asimiladas a lo largo de las generaciones.

L0 QUE LOGRARON hace 75 años los obreros y campesinos en Rusia, dirigidos por los bolcheviques, cambió para siempre la lucha de clases en el mundo y el futuro del pueblo trabajador. A principio de los años sesenta, los jóvenes que tenían aspiraciones revolucionarias en Estados Unidos y otros países se unieron al movimiento comunista gracias a lo que vieron suceder en Cuba, y desde entonces esa revolución socialista ha engrosado las filas de las luchas por la liberación nacional y el socialismo en todo el mundo. Varias generaciones fueron atraídas a la acción política por las luchas de los vietnamitas, los granadinos y los nicaragüenses; miles de ellos han sido atraídos a organizaciones comunistas a través de estas experiencias.

Los escritos de Marx, Engels, Lenin, Trotsky, Rosa Luxemburgo, Fidel Castro, Ernesto Che Guevara, Maurice Bishop y otros revolucionarios y comunistas; los documentos programáticos del movimiento obrero mundial, desde la Asociación Internacional de los Trabajadores de Marx y Engels hasta la Internacional Comunista en la época de Lenin y aquellos que lucharon para continuar su labor luego de la degeneración estalinista: todo esto es un legado permanente de las luchas revolucionarias de la clase obrera. Estas armas son parte del arsenal político del movimiento obrero internacional que abarca las obras de destacados revolucionarios como Malcolm X, Nelson Mandela y Thomas Sankara, así como los dirigentes del movimiento comunista en Estados Unidos.

CARLOS MARX, escribiendo después de la derrota del primer gobierno obrero en el mundo —la Comuna de París, que fuera ahogada en sangre en 1871 por la burguesía francesa tras mantenerse en el poder por apenas 72 días—, señaló: "La clase obrera no esperaba de la Comuna ningún milagro. Los obreros no tienen ninguna utopía lista para implantarla *par décret du peuple* [por decreto del pueblo]. Saben que para conseguir su propia emancipación, y con ella esa forma superior de vida hacia la que tiende irresistiblemente la sociedad actual por su propio desarrollo económico, tendrán que pasar por largas luchas, por toda una serie de procesos históricos, que transformarán completamente las circunstancias y los hombres. Ellos no tienen que realizar ningunos ideales, sino simplemente dar rienda suelta a los elementos de la nueva sociedad que la vieja sociedad burguesa agonizante lleva en su seno".

En este sentido fundamental, dijo Marx, "La gran medida social de la Comuna fue su propia existencia, su labor".[18]

Un cuarto de siglo antes, el joven revolucionario Marx resumió en las siguientes palabras el germen de una nueva perspectiva mundial, gracias a la cual lo reclutó un grupo de trabajadores revolucionarios, uniéndose para fundar la primera organización comunista moderna: "Los filósofos no han hecho más que *interpretar* de diversos modos el mundo, pero de lo que se trata es de *transformarlo*".[19]

Más de un siglo después, en febrero de 1962, la asamblea general de la recién triunfante revolución socialista en Cuba propugnó la misma perspectiva en una declaración a los oprimidos y explotados de América y de todo el mundo: "El deber de todo revolucionario es hacer la revolución".[20]

La orientación estratégica —formulada de distintas maneras pero derivada de las experiencias prácticas de la clase obrera mundial a lo largo de un siglo y medio de lucha— continúa siendo el punto de partida de los comunistas hasta el día de hoy. Es inevitable la victoria de la dictadura del proletariado, que iniciará la construcción del socialismo a escala mundial. Sin embargo, no podemos saber cómo y cuándo triunfarán la clase obrera y sus aliados. Pero sí sabemos que el camino será más largo y más sangriento si los revolucionarios no se orientan, ante todo, a la construcción de una organización comunista para hacer la revolución y atreverse a aprovechar la oportunidad cuando se presente.

Por más de media década después de las revoluciones de Nicaragua y Granada en 1979, el gobierno revolucionario de Cuba dejó de ser el único ejemplo de un gobierno obrero y campesino como lo había sido durante los veinte años anteriores. Una comprensión de las lecciones de las conquistas y, luego, de las derrotas de estos dos gobiernos de obreros y campesinos, forma parte de la preparación necesaria para defender las conquistas de la revolución cubana de la forma más eficaz: construyendo partidos comunistas en todo el continente americano y el resto del mundo que sean capaces de hacer en esos países lo que han hecho los trabajadores cubanos. Las resoluciones y los informes que aparecen en este número de *Nueva Internacional* sirven de historia documentada de cómo un partido de obreros industriales en Estados Unidos, el Partido Socialista de los Trabajadores, junto con las ligas comunistas en otros países imperialistas, respondieron como comunistas a la revolución nicaragüense, participaron en ella, la defendieron y procuraron aprender de ella y compartir sus lecciones con otros trabajadores. Estos documentos son también una tremenda confirmación del valor del periodismo revolucionario. Porque todos estos documentos son fruto de los reportajes semanales producidos a lo largo de una década —desde adentro de la revolución nicaragüense y desde adentro de las clases trabajadoras de Nicaragua— por la oficina de prensa en Managua del *Militant* y *Perspectiva Mundial*. Las conclusiones prácticas y teóricas presentadas en estas páginas son producto de la labor no solamente de más de veinte redactores voluntarios que trabajaron en esa oficina durante esos diez años, sino de todos aquellos cuyas contribuciones económicas y cuyo empeño en vender publicaciones obreras y ponerlas en manos del mayor número posible de lectores permitieron mantener estas publicaciones.

Ninguno de los documentos ha sido corregido o modificado de la forma en que apareció por primera vez entre 1979 y 1989, con excepción de algunos subtítulos, la corrección de errores gramaticales y ortográficos, y unas pocas fechas u otros datos erróneos, así como la preparación de notas aclaratorias para ayudar a los lectores. La lectura de estos diez años de resoluciones e informes no solo es una de las mejores formas de estudiar la revolución nicaragüense y sus momentos decisivos. Para los luchadores obreros y jóvenes —dondequiera que vivan y trabajen— es también una forma de comprender la importancia de forjar un partido comunista para prepararse para las batallas venideras con los patrones y sus gobiernos.

Steve Clark
julio de 1994

Nota del director: Esta edición se publica gracias a la colaboración de un equipo de voluntarios en muchas ciudades que tradujeron los documentos del inglés: Virginia Angeles, Hilda Cuzco, Charles Germany, Blanca Machado, Selva Nebbia, Ismael Ortega, Andrés Pérez, Duane Stilwell, Mirta Vidal, Jacquie Villagómez, Juan Villagómez y Patricio Villagómez.

NICARAGUA

LISTA DE SIGLAS

AJS	Alianza de la Juventud Socialista (Estados Unidos)
AMNLAE	Asociación de Mujeres Nicaragüenses "Luisa Amanda Espinoza"
AMPRONAC	Asociación de Mujeres Ante la Problemática Nacional
ANDEN	Asociación Nacional de Educadores de Nicaragua
ATC	Asociación de Trabajadores del Campo
CDC	Comités de Defensa Civil
CDS	Comités de Defensa Sandinista
CDTS	Comités de Defensa de Trabajadores Sandinistas
CST	Central Sandinista de Trabajadores
ENABAS	Empresa Nicaragüense de Alimentos Básicos
EPS	Ejército Popular Sandinista
FDR	Frente Democrático Revolucionario (El Salvador)
FLN	Frente de Liberación Nacional (Argelia)
FMLN	Frente Farabundo Martí para la Liberación Nacional (El Salvador)
FSLN	Frente Sandinista de Liberación Nacional
INRA	Instituto Nacional de Reforma Agraria (Cuba)
INRA	Instituto Nicaragüense de Reforma Agraria
JGRN	Junta de Gobierno de Reconstrucción Nacional
LMR	Liga Marxista Revolucionaria
MAP	Movimiento de Acción Popular
MILPAS	Milicias Populares Antisomocistas
NEP	Nueva Política Económica (URSS)
NJM	Movimiento de la Nueva Joya (Granada)
OST	Organización Socialista de los Trabajadores (Costa Rica)
PCN	Partido Comunista de Nicaragua
PSN	Partido Socialista Nicaragüense
PST	Partido Socialista de los Trabajadores (Estados Unidos)
UNAG	Unión Nacional de Agricultores y Ganaderos
UNO	Unión Nacional Opositora

LA CRISIS CAPITALISTA Y LA LUCHA POR EL PODER OBRERO

Ya superamos el punto más bajo de la resistencia del pueblo trabajador
El Partido Socialista de los Trabajadores mira hacia adelante
JACK BARNES, MARY-ALICE WATERS STEVE CLARK

El orden global impuesto por Washington tras su victoria en la II Guerra Mundial se está desmoronando. Se acabó el largo repliegue de la clase obrera y los sindicatos. Los patrones y su gobierno aumentan sus ataques a nuestros salarios, condiciones y derechos constitucionales. Las oportunidades para forjar un partido obrero capaz de dirigir una lucha que ponga fin al dominio capitalista están creciendo. US$10. También en inglés, francés y griego.

¿Son ricos porque son inteligentes?
Clase, privilegio y aprendizaje en el capitalismo
JACK BARNES

Expone las crecientes desigualdades de clase en EEUU y las justificaciones de las capas profesionales bien remuneradas que creen que su "brillantez" las califica para "regular" a los trabajadores, quienes supuestamente no sabemos lo que nos conviene. US$10. También en inglés, francés, persa, árabe y griego.

¿Es posible una revolución socialista en Estados Unidos?
Un debate necesario entre el pueblo trabajador
MARY-ALICE WATERS

Un rotundo "sí" es la respuesta que se presenta aquí. Posible, pero no inevitable. Eso depende de lo que haga el pueblo trabajador. US$7. También en inglés, francés y persa.

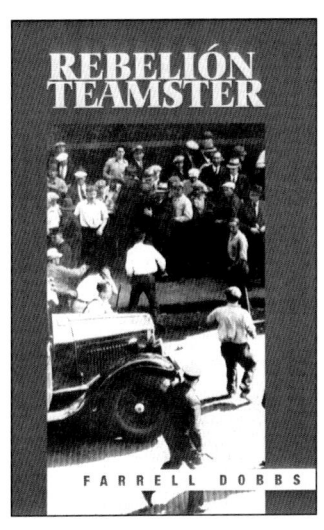

Rebelión Teamster
FARRELL DOBBS

Sobre las huelgas de 1934 que lograron la sindicalización de camioneros y trabajadores de depósitos en Minneapolis y allanaron el camino para el movimiento social obrero que forjó los sindicatos industriales. El primero de cuatro tomos narrados por un dirigente central de estas batallas. US$16. También en inglés, francés, persa y griego.

Malcolm X, la liberación de los negros y el camino al poder obrero
JACK BARNES

"El poder estatal conquistado por una vanguardia consciente de la clase trabajadora es el arma más poderosa posible en la lucha contra la opresión de los negros, la subyugación de la mujer, el odio a los judíos y toda forma de degradación humana heredada de la sociedad de clases". US$20. También en inglés, francés, persa, árabe y griego.

El historial antiobrero de los Clinton
Por qué Washington le teme al pueblo trabajador
JACK BARNES

Lo que el pueblo trabajador necesita saber sobre el curso, impulsado por el lucro, que han seguido los demócratas y republicanos por igual en los últimos 30 años. Y el despertar político de los trabajadores que buscan entender y resistir los ataques de los gobernantes capitalistas. US$10. También en inglés, francés, persa y griego.

PATHFINDERPRESS.COM

LA CUESTIÓN JUDÍA, LA LUCHA CONTRA

La lucha contra el odio antijudío y los pogromos en la época imperialista
Lo que está en juego para la clase trabajadora internacional
V.I. LENIN, LEÓN TROTSKY
FARRELL DOBBS, JAMES P. CANNON
JACK BARNES, DAVE PRINCE

El odio antijudío y los pogromos —como el que realizó Hamás el 7 de octubre de 2023— ya son parte de las permanentes convulsiones y guerras de la época imperialista. Los autores explican la necesidad de que la clase trabajadora y las naciones oprimidas del mundo combatan el odio antijudío. *Y qué hacer para ponerle fin.* US$10. También en inglés, francés y griego.

El desorden mundial del capitalismo
Política obrera al milenio
JACK BARNES

"El fascismo es un movimiento iniciado por la clase gobernante para mantener el dominio capitalista. No es una forma de régimen capitalista", dice Barnes. "Una vez que los trabajadores entienden a cabalidad lo que es el fascismo, la magnitud de la responsabilidad de combatirlo se vuelve más clara". US$20. También en inglés y francés.

What Is American Fascism?
(¿Qué es el fascismo norteamericano?)
JAMES P. CANNON, JOSEPH HANSEN

Analiza corrientes fascistas en el siglo 20 en Estados Unidos. "Un movimiento fascista, para ser exitoso necesita un chivo expiatorio contra el cual las masas pequeñoburguesas puedan descargar su ira en vez de dirigirla contra los capitalistas que se la merecen", escribió Hansen sobre el movimiento antisemita "Justicia Social" del padre Charles Coughlin a fines de los años 30. "Coughlin, al igual que Hitler y Mussolini, ha escogido al judío". En inglés. US$5

EL FASCISMO Y LA CLASE TRABAJADORA

La cuestión judía
Una interpretación marxista
ABRAM LEON

La batalla contra las fuerzas reaccionarias que buscan exterminar a los judíos sigue siendo crucial en la política mundial, como lo demostró el pogromo genocida en octubre de 2023 en Israel. ¿Por qué sigue resurgiendo el odio antijudío? ¿Cuáles son sus raíces de clase? Por qué, como explica Abram Leon, no hay solución "independientemente de la revolución proletaria mundial"? Con una traducción revisada, nueva introducción, 40 páginas de ilustraciones y mapas. US$17. También en inglés, francés y griego.

Fascism: What It Is and How to Fight It
(Fascismo: qué es y cómo combatirlo)
LEÓN TROTSKY

Escribiendo al calor de la lucha contra el ascenso del fascismo en Alemania, Francia y España en la década de 1930, Trotsky examina los orígenes y carácter de clase de los movimientos fascistas. Valiéndose de las bases sentadas por la Internacional Comunista en la época de Lenin, Trotsky impulsa una estrategia obrera para combatir y derrotar este maligno peligro para el movimiento obrero y la civilización humana. En inglés y persa. US$5

The Founding of the Socialist Workers Party
(La fundación del Partido Socialista de los Trabajadores)
JAMES P. CANNON

Al fundar el Partido Socialista de los Trabajadores en 1938–39, los revolucionarios en EEUU se basaron en dos décadas de experiencia en forjar un partido comunista. Trazaron una perspectiva obrera para resistir la inminente guerra imperialista, combatir el fascismo y el odio antijudío, luchar por los derechos de los negros, forjar una alianza con los agricultores e impulsar la batalla por transformar los sindicatos en instrumentos revolucionarios de lucha. En inglés. US$23

PATHFINDERPRESS.COM

1. EL TRIUNFO DE LA REVOLUCION NICARAGÜENSE

MICHAEL BAUMANN / MILITANTE

El triunfo del gobierno del FSLN dio un gran impulso a las luchas obreras y campesinas en Nicaragua. **Arriba:** campesinos en Santo Tomás, miembros de la Unión Nacional del Agricultores y Ganaderos, manifiestan su apoyo a la entrega de títulos de tierra en diciembre de 1983. Los campesinos y trabajadores del campo lucharon por una extensa reforma agraria y mejores condiciones de vida.

1979:

EL CARACTER REVOLUCIONARIO DEL FRENTE SANDINISTA DE LIBERACION NACIONAL

por Jack Barnes

L AS REVOLUCIONES SON PRUEBAS DE FUEGO. Las debilidades ocultas afloran repentinamente al calor de la lucha de las grandes fuerzas de clase, que están más allá del control de nadie.

La revolución nicaragüense precipitó una gran escisión a nivel mundial entre los que se autodenominan trotskistas.[1] Algunas de estas corrientes reaccionaron a la revolución de una manera completamente sectaria, poniendo sus propios intereses organizativos y esquemas rígidos por encima de los intereses de los trabajadores nicaragüenses y de la revolución mundial.

Entre estas agrupaciones estaban la Fracción Bolchevique de Nahuel Moreno, que fraguó la aventura criminal

---

Este informe del secretario nacional del Partido Socialista de los Trabajadores en Estados Unidos se basa en la resolución "Nicaragua: Cómo llegó al poder el gobierno obrero y campesino", que fue aprobada en enero de 1980 por el Comité Nacional del PST y que aparece en este número. El informe se presentó ante el congreso mundial de la Cuarta Internacional celebrado en noviembre de 1979.

LAS NOTAS PARA ESTE ARTICULO COMIENZAN EN LA PAGINA 382

de la Brigada Simón Bolívar en Nicaragua; el llamado Comité Organizador para la Reconstrucción de la Cuarta Internacional; y otros grupos sectarios.[2]

Ya que los dirigentes de estos grupos, que eran también dirigentes electos de la Cuarta Internacional, persistieron en sus maniobras contra la revolución nicaragüense, contra la dirección sandinista y contra la Cuarta Internacional, hicimos lo correcto al expulsarlos hace unos días. Ahora están celebrando actos públicos contra la supuesta represión política en Nicaragua, alimentando la campaña imperialista contra Nicaragua.

P ERO LA REVOLUCION NICARAGÜENSE también ha precipitado importantes divisiones dentro del Secretariado Unificado de la Cuarta Internacional. Cuando se produjo la revolución el verano pasado, teníamos la esperanza de que tal cosa no sucediera. A principios de agosto [de 1979], la mayoría dentro del Buró del Secretariado llegó a un acuerdo sobre una declaración acerca de la revolución, y una delegación numerosa viajó a Nicaragua. Ahí pareció consolidarse más el acuerdo; se adoptó una posición común de condena a la aventura de la Brigada Simón Bolívar y una postura política común respecto a las medidas necesarias que tomó el Frente Sandinista de Liberación Nacional (FSLN) para afrontar este problema.[3]

No obstante, comenzaron a brotar divergencias poco después del viaje a Nicaragua. Y no se enfocan en la designación de "gobierno obrero y campesino". Tienen que ver con la postura política que hay que tomar frente a esta revolución y a su dirección.

Por un lado estaban los que hicieron suya la revolución, los que percibieron su carácter obrero y campesino, reconocieron las cualidades de su dirección, trataron de aprender de ella y reflejaron este enfoque en su prensa y sus actividades políticas. Por el otro, estaban los que, por sus doctrinas preconcebidas o preocupaciones estrechas, se adaptaron al sectarismo y, en mayor o menor medida, se negaron a identificarse con la dirección sandinista.

La esencia de este debate de hoy es esta postura política frente a la dirección nicaragüense. Y esto tiene mucho que ver con los distintos enfoques que se expresan dentro de nuestro movimiento mundial respecto a la dirección cubana y a la corriente política en el Caribe y Centroamérica que se orienta hacia la revolución socialista cubana y su equipo directivo.

Es de una importancia decisiva la forma en que nuestro movimiento encara esta corriente. Porque una posición equivocada representará un obstáculo para lograr la meta que justifica nuestra propia existencia: la construcción de una internacional revolucionaria, proletaria y de masas.

Este es el debate que hoy se inicia aquí.

La revolución nicaragüense sacudió a todas las clases gobernantes imperialistas y éstas han comenzado a responder. En los pocos días que hemos estado en el Congreso Mundial los imperialistas y ciertos sectores de la burguesía nicaragüense ya han hecho una serie de tanteos, y podemos anticipar muchos más conforme avance y se profundice la revolución.

Al mismo tiempo, en Estados Unidos está sucediendo algo totalmente imprevisto, provocado por lo que pasó en una embajada en Irán, a miles de kilómetros de distancia.[4] La administración Carter ha lanzado una campaña de propaganda chovinista y guerrerista. Esto elevará a una nueva etapa la batalla por las mentes de los obreros norteamericanos, la batalla en torno a la capacidad *política* del imperialismo de usar su poderío militar mientras la clase gobernante tantea sus posibilidades. Y esto, a su vez, tendrá mucho que ver con las confrontaciones que se aproximan en Centroamérica y el Caribe.

Este es el tipo de cosa que no podemos pronosticar. No podemos predecir todas las jugadas de la burguesía o la reacción que tendrán ante las luchas que se volverán cada vez más encarnizadas. No podemos ni pronosticar ni controlar las acciones de las masas. Tampoco podemos pronosticar las maniobras tácticas que hará un imperialismo pragmático.

El imperialismo no se limita a usar una sola táctica contra Nicaragua libre. Cuando Washington fue sorprendido por la forma en que el régimen de Somoza fue derrocado y en que los sandinistas tomaron el poder, los imperialistas retrocedieron tácticamente de sus intentos de impedir que el FSLN ejerciera el poder gubernamental. Pero les negaron ayuda económica y continúan apoyando tanteos reaccionarios; además, permanece el peligro constante de una eventual acción militar.

Me concentraré en cuatro aspectos fundamentales de lo que debe ser la posición de la Cuarta Internacional sobre (1) la naturaleza del gobierno después de julio de 1979, (2) la dirección del FSLN y nuestra actitud hacia ésta, (3) las contradicciones que heredan los trabajadores nicaragüenses y cómo se están resolviendo para que avance la revolución y (4) nuestras responsabilidades desde la óptica de las oportunidades que se presentan para construir un partido mundial de la revolución socialista.

Para entender el carácter del actual gobierno de Nicaragua, tenemos que empezar con el hecho de que nadie, ni siquiera el FSLN, previó lo que iba a suceder en julio [de 1979]. Se produjo un levantamiento y una insurrección de masas ante las maniobras de última hora por parte del imperialismo y de un sector de la oposición burguesa no somocista, los cuales pretendían impedir esta poderosa intervención de las masas. Incluso trataron de hacer que el FSLN depusiera las armas, mientras que los somocistas hicieron un último intento de aferrarse al poder cuando huyó Somoza.

La envergadura y la fuerza de este levantamiento popular finalmente provocaron la desmoralización y la desintegración de la Guardia Nacional. Durante este proceso, no solo se destruyó el aparato estatal somocista, sino que quedó desprestigiada gran parte de la oposición burguesa. En consecuencia, a partir del 19 de julio el FSLN, que había dirigido la insurrección, se enfrentó con una situación imprevista.

Antes del 19 de julio la dirección sandinista pensaba que, dada la correlación de fuerzas, sería necesario incorporar a un cierto número de miembros de la Guardia Nacional al nuevo ejército y a la policía. Estaban convencidos de que el gobierno revolucionario provisional en el cual participarían sería al principio un régimen de coalición con una considerable mayoría burguesa. En los acuerdos formales con las fuerzas opositoras burguesas, ya se había esbozado un régimen de ese tipo.

La primera prueba importante

Pero sucedió algo distinto. El FSLN, gracias a la intervención de las masas, tuvo otra opción. Y ésta fue la primera prueba importante tras la insurrección que el FSLN debió afrontar.

No establecieron un régimen burgués de coalición. Tomaron el poder y usaron este poder para comenzar la reconstrucción nacional de una Nicaragua devastada.

¿Qué era este régimen burgués que pensaron que se formaría y al cual habían accedido en San José, Costa Rica, apenas diez días antes del triunfo insurreccional? No se basaba únicamente en la proyectada junta de cinco personas, sino en esta junta combinada con un Consejo de Estado. Se suponía que el Consejo de Estado no solo compartiera con la junta todos los poderes legislativos, sino que tuviera derecho de vetar cualquier decisión de la junta, aprobara sus propias leyes con dos terceras partes de los votos, redactara una constitución, elaborara leyes electorales, creara toda la estructura judicial y estableciera el ministerio del interior y todos los cuerpos policiales del país.

E STE CONSEJO DE ESTADO iba a tener una abrumadora mayoría burguesa. De los 33 escaños proyectados para el Consejo de Estado, entre seis y nueve serían partidarios del FSLN. La burguesía, mediante sus propios partidos, la Cámara del Comercio, las organizaciones de manufactureros y la jerarquía católica, habría dominado el gobierno. Todos éstos habrían tenido representación con plenos derechos de voto.

Pero esta institución dominada por la burguesía nunca llegó a existir.

En las cuatro o seis semanas posteriores al 19 de julio, se le presentó al FSLN la oportunidad de seguir otro rumbo. Y el FSLN lo siguió.

En Nicaragua existía un régimen burgués de coalición . . . por escrito. Se había creado en Costa Rica. Pero fue abortado violentamente antes de nacer.

En su lugar, la junta dirigida por el FSLN fue la que nombró a los ministros. La convocación del Consejo de Estado se postergó repetidas veces. Por último, en octubre se anunció que este consejo se establecería al cabo de unos meses, probablemente en mayo de 1980, pero que, a raíz de la revolución, su composición original era totalmente inválida. La composición del consejo reflejaría ahora el peso preponderante que tenían las nuevas organizaciones de masas en Nicaragua.

A la luz de esta evolución, surgió un debate entre los partidarios de la revolución nicaragüense respecto a si la junta gobierna por voto mayoritario o por voto unánime. La verdad es que no gobierna ni por un método ni por el otro. Gobierna de acuerdo a la correlación de fuerzas de clase. Tres miembros de la junta son partidarios del FSLN, dos son figuras burguesas.[5] El FSLN controla el ministerio del interior, el ejército, la policía, la reforma agraria. Dirige las organizaciones de masas.

A diferencia de Cuba a principios de 1959, los ministros no integran un gabinete legislativo; no existe un presidente burgués con derecho de veto.

El ejército revolucionario dirigido por el FSLN no forma parte de un poder paralelo que esté más allá de la estructura gubernamental. Todas y cada una de las acciones del ejército sandinista, todas y cada una de las decisiones, han sido ratificadas por el gobierno. Lo mismo ha sucedido con medidas tales como la creación del Instituto Nicaragüense de Reforma Agraria (INRA), lo cual ocurrió inmediatamente después de la insurrección, en las mismas semanas en que se decidió abortar al régimen burgués de coalición.

Entonces, para comprender lo que sucedió, hay que entender que antes del 19 de julio el FSLN había acordado que tenía que formarse un gobierno de coalición, dominado en gran medida por la burguesía. Este gobierno se iba a enfrentar a toda una serie de contradicciones con el ejército rebelde, un ejército que los sandinistas pensaban defender y construir a toda costa. En muchos sentidos, esto se habría asemejado a lo que sucedió en Cuba durante varios meses a partir de enero de 1959.

Pero en las semanas de furia en julio, las propias masas impusieron una correlación de fuerzas de clase que era totalmente imprevista y derrotaron las maniobras de los imperialistas. Ante estas nuevas oportunidades, el FSLN hizo algo distinto de lo que tenía pensado. Y así nació un poder estatal distinto.

Medidas revolucionarias

Empero, el carácter de este nuevo poder solo podía definirse por lo que hacía. Y lo que hizo está delineado en nuestra resolución, que tienen ante ustedes.[6]

Hasta la fecha, entre las medidas tomadas por el nuevo gobierno están las siguientes: la nacionalización de todos los bienes de Somoza y de sus socios; la nacionalización de la banca nacional y la imposición de controles a la banca extranjera; el inicio de la reforma agraria bajo el control del INRA; el énfasis en el cooperativismo dentro de la reforma agraria; los primeros pasos en la organización de los trabajadores agrícolas; el control estatal sobre la exportación de los productos agropecuarios[7]; la nacionalización del transporte terrestre, marítimo y aéreo; el control del equipo necesario para que el FSLN disponga de uno de los dos diarios de mayor tiraje en el país así como emisoras de radio y televisión; el inicio de amplios programas de educación, salud y seguro social, bajo condiciones de severa austeridad. Se promulgó una carta de derechos donde predominan los intereses de los obreros y campesinos. Y el nuevo gobierno ha adoptado una firme postura antiimperialista e internacionalista respecto a Indochina, el Medio Oriente y las maniobras guerreristas de [James] Carter en el Caribe.[8] Respondió al golpe [de octubre de 1979] en El Salvador dando su apoyo inmediato e incondicional a los revolucionarios y a las masas contra el nuevo régimen.[9] El FSLN ha dirigido la movilización de las masas, incluso grandes manifestaciones como la que recibió al primer ministro Pham Van Dong y a la delegación vietnamita. El 7 de noviembre se movilizaron en Managua 100 mil nicaragüenses para rendir homenaje a Carlos Fonseca, el líder fundador del FSLN que cayó en la lucha. Esta manifestación también representó una respuesta a la participación de fuerzas derechistas en la manifestación que había ocurrido unos días antes donde 8 ó 10 mil personas habían recibido al arzobispo de Managua.

El gobierno dirigido por el FSLN creó un ejército sandinista centralizado. La dirección seleccionó a los combatientes más fiables de las filas milicianas y guerrilleras, integrándolos como cuadros político-militares para desempeñar la labor necesaria de crear un ejército revolucionario eficaz.

Al mismo tiempo el gobierno se ha comprometido en público a crear milicias con amplia participación. Estas fuerzas voluntarias estarán basadas en los centros de trabajo y recibirán adiestramiento profesional.

Ha continuado la organización de los Comités de Defensa Sandinista (CDS) y de los sindicatos. Tras la nacionalización de los bancos, fueron nacionalizadas las empresas de seguros. Hace un par de semanas se asestó el primer golpe contra una propiedad imperialista al nacionalizarse las minas de oro y otras minas dominadas por intereses norteamericanos y canadienses. Ha comenzado la reconstrucción de viviendas.

La resolución contiene la lista de los logros del nuevo gobierno nicaragüense, así que no intentaré repetirlos todos. Sin embargo, cabe señalar que la campaña nacional de alfabetización tiene una importancia especial, no solo como forma de eliminar el analfabetismo —precondición para ampliar el control obrero— sino como vía para llevar la revolución al campo y forjar un vínculo entre el campesinado y el gobierno y las masas urbanas. Y también como forma de concientizar a la juventud revolucionaria acerca de las verdaderas condiciones de vida de las masas trabajadoras en el campo. Asimismo, juega un papel en la organización de la defensa nacional frente a las fuerzas contrarrevolucionarias a lo largo de la frontera hondureña.

Estas no son las medidas que llevaría a cabo un Consejo de Estado dominado por la Cámara del Comercio, las organizaciones de fabricantes, la jerarquía católica y los partidos burgueses.

No son las acciones iniciales de un gobierno burgués de coalición en un país devastado y empobrecido.

Son las acciones de un gobierno obrero y campesino.

Hay una cosa que debe quedar clara. Reconocer que un régimen es un gobierno obrero y campesino no implica elogiarlo u otorgarle una medalla. No significa atribuirle méritos morales, si es que alguien tiene la arrogancia de pensar que esto se puede otorgar desde el exterior. No significa expresar la certeza de que esté predestinado en toda circunstancia a expropiar a la burguesía y convertirse en un estado obrero. Significa reconocer una tendencia y un hecho, con el fin de aprovechar lo que nos enseña y ofrecer nuestro apoyo a la dirección revolucionaria para ayudarla a impulsar este proceso.

Puede existir un gobierno obrero y campesino en una situación donde un análisis objetivo de los hechos nos lleve a conclusiones pesimistas sobre su capacidad de avanzar, de movilizar a las masas para expropiar a los explotadores y de gobernar cada vez más directamente. Pero en todo caso es importante reconocer la existencia de un gobierno obrero y campesino.

El gobierno obrero y campesino en Nicaragua se originó en un movimiento con un programa político radical, antidictatorial y antiimperialista. El nuevo gobierno aún no ha proclamado a la revolución como socialista pero sí se ha expresado más claramente en términos clasistas que la dirección cubana durante los primeros nueve meses de la revolución cubana.

El gobierno dirigido por el FSLN llegó al poder como resultado de una lucha popular de masas que culminó en una guerra civil. El FSLN estaba resuelto a combatir el poder armado burgués, a desarmarlo, a llamar a las masas a que se armaran y a organizar un ejército revolucionario para defender las conquistas populares. Ha organizado y movilizado a los CDS, a los sindicatos, a la juventud y a las organizaciones de mujeres, a los trabajadores agrícolas. Le ha declarado la guerra al analfabetismo lanzando una intensa campaña para aplastar la contrarrevolución y preparar al pueblo trabajador para gobernar.

La tendencia del nuevo gobierno no es de atacar a las masas. Su tendencia es de responder a las masas y a sus iniciativas para avanzar.

Capacidad y tendencia

La definición de que el nuevo gobierno es un gobierno obrero y campesino no puede hacerse midiendo el grado de nacionalizaciones o la envergadura de los demás problemas y dificultades, aunque éstos son muy reales. Como dijo Joe Hansen hace diecinueve años, refiriéndose a Cuba, esta definición debe basarse en la "tendencia [del gobierno] de responder a la presión popular a favor de medidas contra la burguesía y sus agentes, así como su capacidad, independientemente de sus motivos inmediatos y sus vacilaciones, de tomar medidas contra el poder político de la burguesía y contra las relaciones burguesas de propiedad.

"La envergadura de estas medidas," dijo Joe, "no es decisiva para determinar la naturaleza del régimen. Lo decisivo es la capacidad y la tendencia", tal como lo demuestre *con los hechos*.[10]

Desde la semana que ocurrió la insurrección hasta las medidas que tomó la semana pasada, este nuevo gobierno ha actuado precisamente de esa forma. No existe ningún gobierno burgués de coalición que haya actuado de esta forma, ni que *pueda* actuar de esta forma.

Confrontaciones por venir

No es un gobierno burgués ni es aún un gobierno proletario. Es un gobierno obrero y campesino, en un país donde la propiedad burguesa y las relaciones sociales burguesas tienen gran peso.

Dicha situación es inestable por naturaleza. Surgirán confrontaciones de clase que serán decisivas para dictar el rumbo del proceso. Conforme surge cada una de ellas, el gobierno se dedica a resolverlas por una vía proletaria —hacia el socialismo— o por una vía burguesa, hacia la erosión de los logros de los trabajadores. Hasta ahora el rumbo en Nicaragua ha sido inequívoco.

Esta caracterización requiere que reconozcamos que el futuro depara otros desafíos decisivos para el FSLN. Lo mismo ocurrió en Argelia: nuestro reconocimiento de que el gobierno de Ben Bella se había convertido en un gobierno obrero y campesino no implicaba la certeza de que el Frente de Liberación Nacional (FLN) conduciría la revolución socialista hasta la victoria. Caracterizar de igual forma al gobierno cubano a partir del verano de

1959 tampoco significó confiar en la probabilidad, en esa etapa, de que el Movimiento 26 de Julio haría culminar ese proceso en la revolución socialista. Los fidelistas en esa época ni siquiera se reclamaban socialistas. Ellos negaban ser marxistas en el momento cuando el gobierno se convirtió en un gobierno obrero y campesino.[11]

El proceso en Nicaragua avanzará hasta la instauración de un estado obrero o retrocederá hasta el derrocamiento del gobierno obrero y campesino y la consolidación de un gobierno burgués y del estado capitalista. Este gobierno apoyará y dirigirá a las masas hasta establecer un estado obrero o se erosionará, se debilitará y será derrocado.

Pero esta realidad —de que los conflictos decisivos se darán entre las masas y los bastiones restantes del poder capitalista— no niega el hecho de que el carácter de clase del gobierno es crucial. Su influencia en las luchas que se avecinan será decisiva. El gobierno es un gobierno apoyado por las masas, y apoyado con mucha razón. Las masas lo consideran un gobierno que responde a sus intereses, que puede ayudarlos a avanzar. Es una percepción correcta, no una percepción incorrecta.

Cuba 1959–Nicaragua 1979

Es aleccionador comparar el nuevo gobierno nicaragüense con el gobierno revolucionario provisional que se formó en Cuba en enero de 1959, antes de que se estableciera un gobierno obrero y campesino. Aun los que anteriormente atravesamos por esa temprana experiencia cubana tenemos la tendencia de comprimir las distintas etapas en nuestra memoria.

La situación en Cuba a principios de 1959 era, en cierto modo, una dualidad de poderes.[12] Pero no principalmente una dualidad de poderes sobre el plano militar. De hecho, si solo nos refiriéramos a dos poderes militares opuestos, no existía mucha dualidad de poderes, porque el Ejército Rebelde estaba bajo el control del Movimiento 26 de Julio.

La dualidad no se hallaba en el ámbito militar sino en el conflicto entre dos verdaderos poderes políticos. El gobierno, sobre el cual se basaba la soberanía y legitimidad, actuaba como un poder político cuyo rumbo no coincidía con el rumbo que había emprendido el Movimiento 26 de Julio. Los dos rumbos se apartaban cada vez más. La mayoría dentro del gobierno —el presidente Manuel Urrutia, muchos de los ministros, el sistema judicial— se convirtió cada vez más en *antagonista* de los dirigentes de la revolución, tanto dentro como fuera del gobierno, y no uno de los *elementos constituyentes* de la revolución.

En gran medida, entonces, teníamos lo que genuinamente se podría llamar una dualidad de poderes, que fue resuelta por la acción de las masas y que se vio reflejada a nivel del gobierno. No se resuelve esta clase de dualidad de poderes con el simple acto de despedir a algunos ministros. La destitución de los ministros burgueses reflejó un cambio en el carácter de clase del gobierno y en la correlación de fuerzas entre las clases en el país.

¿Cuál era la verdadera situación en Cuba? Al principio, la policía estaba prácticamente exenta de purgas. La primera depuración de la policía no se hizo sino hasta el verano y otoño de 1959.

El sistema judicial también permaneció relativamente intacto. La burguesía lo *utilizó* para bloquear las medidas de reforma agraria y otros cambios. Sí existió un doble sistema judicial durante las primeras semanas que se necesitaron para enjuiciar a los torturadores y asesinos batistianos, pero la primera depuración del aparato judicial no se llevó a cabo sino hasta noviembre de 1959;

posteriormente hubo otra. En Nicaragua el FSLN ha impedido que surja un sistema judicial independiente que pueda bloquear las decisiones revolucionarias, a pesar de que eso mismo lo exigían los acuerdos previos al 19 de julio. Muchos asuntos judiciales los maneja el ministerio del interior, controlado por el FSLN.

EN CUBA no fue sino hasta fines de octubre de 1959 que se planteó la creación de una milicia. Se creó durante los tres meses siguientes sin un verdadero adiestramiento militar, como señaló Fidel Castro más adelante, y esto solamente cambió después de Playa Girón.[13]

La G-2, la policía secreta, pasó a manos del Movimiento 26 de Julio solo en junio de 1959, cuando Ramiro Valdés tomó el mando, que estaba en manos de un oficial del ejército burgués. Ni siquiera se formó el Instituto Nacional de Reforma Agraria (INRA) sino hasta fines de mayo o principios de junio. El Movimiento 26 de Julio no hizo esfuerzos para organizar sindicatos sino hasta fines de mayo, cuando quedó constituido el Frente Humanista de los Trabajadores. Solo más tarde se empezó a organizar sindicatos en el campo, cuando el INRA inició las estructuras sindicales.

No había nada parecido a los CDS, ya que la victoria contra Batista no fue resultado de una insurrección urbana de masas. No existía algo equivalente a la formación de la Central Sandinista de Trabajadores (CST) y de la Asociación de Trabajadores del Campo (ATC). No había nada comparable a la creación inmediata de una organización de mujeres a nivel de masas o a la formación de una organización revolucionaria de jóvenes. Y el último ministro burgués importante, Rufo López-Fresquet, no fue destituido sino hasta febrero de 1960, muchos meses después de que en Cuba surgiera un gobierno obrero y campesino.

Estas diferencias entre las primeras etapas de la revolución cubana y la nueva revolución nicaragüense no quieren decir que el FSLN sea "mejor" que el equipo directivo de Castro. No. Estas diferencias significan que en Cuba hubo un conflicto real, con un verdadero gobierno burgués de coalición enfrentado a otro centro de poder: las fuerzas armadas revolucionarias, apoyadas cada vez más por las movilizaciones de masas. Este conflicto y contradicción se resolvió entre junio y octubre de 1959.

La realidad actual en Nicaragua es todo lo contrario.

Carácter de la dirección del FSLN

Hablemos ahora del carácter de la dirección del FSLN y la actitud que debemos asumir ante ésta.

Ellos tienen una gran ventaja en comparación con los cubanos de 1959: pueden basarse en las experiencias de los cubanos.

Su herencia no es solamente sandinista, no es solamente antiimperialista. Se entrenaron, se formaron, e inclusive libraron luchas fraccionales en un contexto donde consideraban a los cubanos como dirigentes de una corriente marxista de la cual formaban parte los sandinistas.

Uno no puede leer los discursos de dirigentes sandinistas como Carlos Fonseca —discursos pronunciados a fines de los años sesenta y principios de los setenta, los cuales se han publicado y ahora circulan en Nicaragua— sin notar cómo el FSLN planteaba los problemas de clase en contraste con las posiciones del Movimiento 26 de Julio en sus inicios.

Los dirigentes del FSLN han demostrado que son revolucionarios. No solo respondieron a la presión de las masas, sino que aprovecharon la oportunidad creada por las masas, tomaron el poder y han dirigido el avance de la revolución.

La tarea por venir no será la creación de un gobierno obrero y campesino. Consistirá en utilizar ese poder gubernamental para actuar de forma decisiva contra el poder económico y político de la burguesía cuando ésta trate de obstruir la revolución. En el campo este poder se ve representado por la propiedad del algodón y el café; en las ciudades se ve representado por la propiedad y el control burgués de la industria y del comercio.

No habrá forma de evitar esta confrontación porque la burguesía comenzará a reaccionar a los ataques contra sus privilegios. Será éste el objeto de la confrontación.

Por supuesto que son enormes las dificultades a las que se enfrenta la revolución. El alcance de la propiedad controlada por la burguesía, su fuerza en el campo, la influencia que ejerce no solo en estos ámbitos sino a través de sus vínculos —especialmente sus vínculos monetarios a nivel internacional— con aliados imperialistas: todo estos son problemas reales. La burguesía también ejerce cierto poder de decisión cotidiano a través de los tecnócratas y en los ministerios económicos.

Al mismo tiempo, los trabajadores dirigidos por el FSLN son objeto de una austeridad atroz, producto de la destrucción heredada del somocismo y del imperialismo. No obstante, sería erróneo deducir de estas dificultades objetivas que la revolución se va a detener o que va a fracasar. En absoluto. Será la movilización y la organización de las masas, y las capacidades del liderazgo, lo que determinará la forma en que se resolverán los conflictos venideros.

Ni Alfonso Robelo ni otra figura política dicta las acciones de los imperialistas o de la burguesía nicaragüense. No serán permanentes las tácticas que ahora emplean el imperialismo y la burguesía nacional "antisomocista". Una cosa son las tácticas que empleen en un momento determinado. Otra son los conflictos que se avecinan, en los cuales habrá elementos incontrolables.

También las masas tendrán una influencia decisiva en estas confrontaciones. Ellas van a responder. Se han integrado a las organizaciones de masas y las están desarrollando para poder responder a los desafíos de los capitalistas. Sus dirigentes les han enseñado que para eso sirven las organizaciones de masas y van a intentar usarlas como instrumento para promover sus propios intereses de clase. Sus acciones pueden inclusive ir más allá de lo que el FSLN considere posible. La última vez que sucedió algo así, en la insurrección, el mismo FSLN respondió a las acciones de las masas.

Es importante no hacer una estimación errónea de la etapa actual de la revolución y, por ende, de las tareas que le corresponden. El gobierno no es el centro del poder burgués, enfrentado a un centro de poder del pueblo trabajador. Al contrario, por sus acciones el gobierno demuestra que *armoniza* con —y no que *se opone* a— la orientación y tendencia proletaria del liderazgo de lo que Lenin llamaba una auténtica revolución popular.

Este hecho plantea la siguiente alternativa: o bien la burguesía se verá obligada a cambiar el gobierno, o bien su poder económico será aplastado progresivamente y se establecerá un estado obrero.

Si uno toma una posición equivocada respecto al gobierno, si uno piensa que el nuevo gobierno nicaragüense es más o menos el mismo tipo de gobierno que existió en Cuba durante los primeros seis meses de 1959, si uno piensa que la contradicción fundamental es este tipo de conflicto, entonces se equivocará respecto al ritmo de desarrollo de la revolución y, finalmente, respecto a las propias tareas de la revolución nicaragüense. Se juzgará mal a la dirección; se dará una orientación errada a nuestros militantes. Se inculcará una postura cada vez más sectaria.

Cuba revolucionaria y la confrontación que se avecina

Uno de los factores que serán decisivos para el futuro de este gobierno es la forma en que Cuba responderá a los futuros conflictos y confrontaciones. Las personas que, a diferencia de mí, son pesimistas al respecto, deberían sentirse aún más obligadas a hacer todo lo posible por movilizar fuerzas amplias en defensa de la revolución nicaragüense, porque si resulta cierta esa perspectiva pesimista, los retos que enfrentará Nicaragua serán gigantescos.

Al igual que a los demás, estos acontecimientos nos están poniendo a prueba.

Consideramos que es importantísimo lo que está en juego en Nicaragua. Se trata de una lucha que decidirá si se logra o no extender en este hemisferio la revolución socialista iniciada con el triunfo cubano y si se logra o no consolidar el segundo estado obrero en el continente americano.

Si el resultado de esta lucha es positivo, tendrá un inmenso impacto en Centroamérica, en el Caribe, en Latinoamérica, en Norteamérica. Es inconcebible que esto suceda sin que el imperialismo yanqui intente detenerlo. Independientemente de las tácticas que empleen, no se van a quedar de brazos cruzados y permitirlo. Aunque ahora no están en muy buenas condiciones, dada la actual correlación de fuerzas de clase a nivel mundial, es la lucha la que decidirá exactamente en qué condiciones políticas se encontrarán cuando se produzca esta confrontación decisiva.

Debemos dar por sentado, como lo hacen los nicaragüenses, y como lo hacen los cubanos, que cuando llegue la etapa de confrontación de la revolución, la cual podría coincidir con la lucha por el poder en otras partes de Latinoamérica, Washington responderá desplegando su poder. Y en este conflicto, la ayuda de Cuba será importantísima.

Estoy convencido de que los cubanos acudirán a la defensa de Nicaragua cuando se llegue a una confrontación, incluso a una guerra, con el imperialismo norteamericano. Estoy absolutamente convencido, no solo de que las masas cubanas están dispuestas a morir por Nicaragua, sino que la dirección bajo Castro responderá de forma decisiva al uso de la fuerza militar norteamericana. Pienso que lo harán independientemente de la posición de Moscú.

Los destinos de la revolución cubana y de la nicaragüense están ahora entrelazados. Es demasiado tarde para separarlos. Y este entrelazamiento abarca a Granada y en el futuro podría abarcar a El Salvador y a Guatemala.

Es importante reconocer —como insisten los cubanos— que esta relación no es unilateral.

Si Nicaragua avanza hacia una mayor democracia obrera, y hacia formas de participación obrera en el gobierno, hacia un mayor desarrollo de las organizaciones de masas, tendrá un fuerte impacto en Cuba.

Si se extiende la revolución socialista, aumentará el espíritu y ambiente revolucionario en Cuba. Y si los cubanos tienen que acudir en ayuda de Nicaragua en esa confrontación internacional, se verá afectada la correlación de fuerzas entre las clases a escala mundial. Tendrá un gran impacto sobre la lucha de clases en Estados Unidos. Porque toda confrontación de esta índole le planteará a la clase obrera norteamericana la cuestión de la guerra o la paz. Pondrá a prueba lo que nosotros afirmamos respecto a los profundos sentimientos antibélicos de los obreros norteamericanos.

Implicará también cambios rotundos que favorecerán la construcción de un movimiento mundial de la revolución socialista.

Si se sufre una derrota, también serán inmensas las consecuencias.

Estamos convencidos de que es mucho lo que está en juego en Centroamérica. Estamos convencidos de que esa confrontación no se puede evitar, aunque no se sepa exactamente cuándo se producirá. Hay que suponer que el imperialismo va a intervenir, y hay que dar por sentado que Cuba responderá. Y debemos obrar conforme a esa suposición.

Esto contribuye a explicar el profundo internacionalismo de la dirección nicaragüense.

Construcción de un partido revolucionario mundial

¿Cómo podemos aprovechar esta oportunidad, cumplir con esta responsabilidad planteada por el surgimiento de una nueva leva de revolucionarios en el escenario mundial, para construir el partido mundial de la revolución socialista?

Para nosotros esta cuestión no es nueva. Hemos estado bregando con esta cuestión, y respondiendo a ella, desde que surgió hace dos décadas la dirección de Castro, una dirección antiestalinista y revolucionaria. Pero el triunfo sandinista marca una ampliación importante de lo que Joe Hansen describió —en su prefacio al libro *Che Guevara Speaks* [Habla Che Guevara] en 1967— como "el surgimiento de una generación de combatientes revolucionarios . . . dirigentes eficaces, comprometidos con el objetivo socialista, cuya perspectiva coincidió cada vez más con la clásica tradición marxista y revolucionaria que caracterizó a la revolución rusa de octubre de 1917".[14]

¿Qué significa esto para nuestro movimiento? ¿Cómo debemos responder frente a esta oportunidad?

Nos ponemos del lado de los dirigentes del FSLN, de los militantes, de los obreros, en el camino a la reconstrucción de Nicaragua, a la expropiación de la burguesía, a la derrota del imperialismo y a la extensión de la revolución. Es el camino que compartimos con ellos: la eliminación del poder burgués y la derrota del imperialismo. Dentro de ese marco común, aprendemos, aportamos nuestras ideas, aplicamos nuestro programa.

EN ESTE ASPECTO EXISTE una gran diferencia entre la resolución presentada por la mayoría y la resolución a favor de la cual estoy dando este informe. Las discrepancias no tienen que ver fundamentalmente con las contradicciones objetivas que enfrenta la revolución, ya que las dos resoluciones coinciden en cuanto a eso. Tienen que ver con una apreciación de dónde se encuentran el gobierno y las masas dentro del proceso revolucionario, del carácter de la dirección, de lo que significa esto para las confrontaciones futuras, y cómo actuamos nosotros como parte integral de este proceso.

La Cuarta Internacional tiene que volcarse hacia la revolución nicaragüense y su dirección revolucionaria, evitando responder a presiones sectarias y preocupaciones estrechas. Si escribimos una sola palabra en una sola resolución porque algún sectario nos acuse de "liquidacionismo" o de no querer construir un partido, constituye una traición, el abandono de nuestro deber como revolucionarios. Decimos de la revolución nicaragüense lo que debemos decir, no para responder a los sectarios, no para protegernos en caso de que el FSLN no esté a la altura de sus responsabilidades históricas —hasta el momento ha cumplido muy bien— sino para formar a los cuadros de la Internacional como parte de la vanguardia de la clase obrera mundial, mostrándoles cómo en una situación como ésta deben aunarse con otros revolucionarios en la construcción de una corriente internacional que sea capaz de avanzar hacia un verdadero partido internacional de masas de la revolución socialista.

Esto significa abordar a estos líderes como compañeros revolucionarios, como compañeros que son dirigentes revolucionarios que están demostrando su capacidad con los hechos y que muy correctamente esperan de nosotros que hagamos lo mismo donde tengamos una presencia. Significa abandonar la actual subestimación de la dirección cubana, subestimación que es peligrosamente sectaria e ignorante. Significa aceptar con mucho gusto, en vez de resistirse, cuando se presenta la oportunidad de no ir contra la corriente.

Tenemos que considerar la revolución nicaragüense como *nuestra* revolución. *Nuestro* futuro está profundamente vinculado al desenlace en Nicaragua. La revolución nicaragüense tendrá mucho que ver con la edificación de la Cuarta Internacional no solo en Estados Unidos y Canadá, o en Colombia y México, sino en el mundo entero.

No fueron ni los fidelistas ni los sandinistas los que se resquebrajaron con reacciones sectarias ante los acontecimientos revolucionarios en Nicaragua: fue la Cuarta Internacional. No solo los fidelistas y la dirección sandinista serán puestos a la prueba por los acontecimientos futuros; nosotros también seremos puestos a la prueba. Ellos ya han superado pruebas enormes; debemos reconocer esta realidad para que podamos hacer lo mismo nosotros. Si somos capaces de hacerlo, si podemos *aprender* de las revoluciones vivientes, si podemos *actuar* como revolucionarios cuando surge la oportunidad, podremos jugar un papel indispensable en el proceso de dar un paso más hacia la creación de un partido internacional de masas de la revolución socialista. Son el reto y la oportunidad que se nos plantean, los más grandes desde que se fundó la Cuarta Internacional.

NICARAGUA:
COMO LLEGO AL PODER EL GOBIERNO OBRERO Y CAMPESINO

EL PROPOSITO PRINCIPAL de las siguientes tesis es de aclarar (1) el carácter de clase del actual gobierno nicaragüense y (2) por qué la revolución nicaragüense y la evolución del Frente Sandinista de Liberación Nacional (FSLN) son elementos decisivos en nuestra tarea estratégica de construir el partido mundial de la revolución socialista que hace falta para conducir al pueblo trabajador al derrocamiento del capitalismo a nivel mundial.

1. Desde fines de mayo hasta el 19 de julio de 1979, se desarrollaron profundas insurrecciones populares en las principales ciudades de Nicaragua —preparadas por el Frente Sandinista de Liberación Nacional y coordinadas con una ofensiva militar del FSLN— que derroca-

---

Esta resolución fue adoptada por el Comité Nacional del Partido Socialista de los Trabajadores el 5 de enero de 1980.

ron a la dictadura de Anastasio Somoza, la cual gozaba del apoyo del imperialismo norteamericano. La victoria fue la culminación de dos meses de huelgas generales y levantamientos armados en las ciudades por parte de los obreros, las masas semiproletarias, la juventud y sectores de la pequeña burguesía; tomas de tierra y otras movilizaciones de los campesinos pobres y trabajadores agrícolas en las zonas rurales; y una escalada de acciones guerrilleras junto con una sistemática ofensiva militar realizadas por el FSLN.

Estas fueron las fuerzas motrices durante la fase culminante en la lucha contra la dictadura y el imperialismo norteamericano. Le dieron a la revolución un potente impulso anticapitalista.

El último año de la lucha revolucionaria se vio marcado por la extensa organización de las masas en comités de barrio y unidades de autodefensa, así como por mayor organización en los centros de trabajo y en el campo. Esto ocurrió, tanto a iniciativa del FSLN como espontáneamente, en respuesta al deterioro de las condiciones de vida y a la represión brutal que existía bajo Somoza. Además, miles de obreros jóvenes, campesinos pobres, estudiantes, desempleados y sectores radicalizados de la pequeña burguesía se sumaron a las columnas militares del FSLN conforme cobró impulso la ofensiva final. Entre los que se unieron a la lucha contra el somocismo y el imperialismo yanqui había muchos latinoamericanos de otros países.

A medida que una ciudad tras otra fue liberada de la Guardia Nacional somocista, ante los golpes combinados de las columnas del FSLN y de las insurrecciones populares, los Comités de Defensa Civil (CDC) y las milicias organizaron la defensa militar y asumieron tareas cotidianas vitales en los barrios, por ejemplo la distribución de alimentos, la salud pública, la sanidad y el ajusticiamiento de los torturadores somocistas. En algunas fábricas y otros centros de trabajo surgieron Comités de Defensa de Trabajadores Sandinistas, núcleos de lo que sería la Central Sandinista de Trabajadores (CST). También surgieron otras organizaciones de masas durante el período preinsurreccional y la insurrección: la Asociación de Mujeres Nicaragüenses "Luisa Amanda Espinoza" (AMNLAE), la Asociación de Trabajadores del Campo (ATC), la Juventud Sandinista 19 de Julio (JS-19) y la Asociación Nacional de Educadores de Nicaragua (ANDEN).

Paralelamente a esta intervención de las masas trabajadoras y al desarrollo de formas proletarias de organización, las fuerzas burguesas que se oponían a Somoza sufrieron un proceso de desintegración. La mayoría de éstas trataron desesperadamente de lograr un arreglo con la dictadura, mientras que otras se pusieron tardíamente del lado de la insurrección. Este cambio brusco en la correlación de fuerzas entre las clases es un factor decisivo para explicar la dinámica de revolución socialista que hoy se desarrolla en Nicaragua.

El triunfo contra Somoza

2. Tras la huida de Somoza el 17 de julio, se aceleró la desintegración de la Guardia Nacional. Su sustituto, Francisco Urcuyo, había prometido transferir el poder a una Junta de Gobierno de Reconstrucción Nacional (JGRN) compuesta por cinco personas. Se suponía que ésta prepararía el camino para la integración de ciertas unidades de la Guardia Nacional al nuevo ejército y para el nombramiento de un Consejo de Estado dominado por la burguesía. La creación y las responsabilidades de esta junta habían sido anunciadas el 9 de julio en Costa Rica como parte del programa de gobierno post-somocista acordado entre el FSLN y ciertas fuerzas burguesas opositoras.

Sin embargo, Urcuyo, con el respaldo del gobierno norteamericano, trató de aferrarse al poder y exigió que el FSLN depusiera las armas. Esto provocó el avance final del FSLN a Managua y el enorme levantamiento popular en esa ciudad; las masas tomaron el "bunker" de Somoza, capturando y distribuyendo decenas de miles de armas. De acuerdo al programa de la JGRN, el nuevo ejército incorporaría a los "soldados y oficiales que hayan demostrado una conducta honesta y patriótica", no teniendo cabida "los militares corruptos y culpables de crímenes contra el pueblo". Pero los sectores de la Guardia Nacional somocista que no huyeron a Honduras se dispersaron bajo el impacto de la insurrección popular.

El triunfo revolucionario contra el somocismo fue arrasador. Grandes secciones del antiguo aparato de estado —especialmente todo el aparato represivo— fueron desarticuladas y sustituidas, resolviéndose la situación de dualidad de poderes que había existido durante las últimas semanas antes de la caída de Somoza. Por lo tanto, se está creando un ejército sandinista profesional y entrenado en torno a los cuadros guerrilleros y combatientes milicianos del FSLN.

El triunfo en Managua, siguiendo las victorias en otras ciudades importantes y logrado con la participación organizada de las masas y con métodos revolucionarios, afirmó tanto la autoridad directiva del FSLN entre las masas como su capacidad de tomar decisiones políticas. Durante la ofensiva hacia la victoria final, el contraste entre el valor y la entrega de los sandinistas, por un lado, y las vacilaciones y maniobras de la oposición burguesa, por el otro, no pasó desapercibido en los barrios populares y en el campo. Impactó profundamente la conciencia de los militantes y dirigentes del FSLN y afectó el rumbo político que ellos han seguido.

3. Muy pronto quedó evidente que el nuevo poder gobernante —demostrado por la forma en que realmente se tomaban y se implementaban las principales decisiones del estado— era cualitativamente diferente del gobierno burgués de coalición que había sido propuesto en el programa del 9 de julio de la JGRN así como en el Estatuto Fundamental decretado el 20 de julio.

La junta de cinco personas que reemplazó a Somoza se conformó como una coalición entre tres dirigentes del FSLN y dos representantes de la oposición burguesa.[1] Fue parecida a la forma que adoptó el gabinete de ministros de la junta: varios de los primeros en ser nombrados eran dirigentes del FSLN (por ejemplo, los ministros del interior, de reforma agraria y de bienestar social), mientras que otros —el jefe del Banco Central, entre otros— eran personajes burgueses, acompañados en la mayoría de casos de viceministros del FSLN.

Pero esto no es la totalidad del gobierno real. De hecho, los elementos decisivos de la nueva estructura del estado están fuera del marco prometido en el programa de gobierno del 9 de julio.

El gobierno propiamente dicho abarca la dirección del FSLN, las fuerzas armadas sandinistas, el Instituto Nicaragüense de Reforma Agraria (INRA) y hasta cierto punto las organizaciones de masas encabezadas por el FSLN.

El programa de la JGRN estipulaba que se nombraría un Consejo de Estado. Este organismo, se proyectó, "compartir[ía] las funciones legislativas con la Junta de Gobierno", redactaría borradores de una nueva constitución y una nueva ley electoral, y tendría el poder de vetar, con el apoyo de las dos terceras partes de sus miembros, las decisiones de la junta.

Según un acuerdo concertado antes de la insurrección de Managua, el Consejo de Estado iba a ser compuesto por treinta y tres representantes de los partidos opositores burgueses, las cámaras de comercio e industria y otros organismos capitalistas, la jerarquía de la iglesia católica, el FSLN, los sindicatos y otros grupos. Esta composición iba a garantizar el predominio de la burguesía. El FSLN debía disponer de alrededor de seis representantes en el Consejo de Estado. Los capitalistas nicaragüenses y el imperialismo contaban con que el consejo frenara las medidas económicas y sociales instituidas tras la caída de Somoza, y que fuera la institución que ejerciera la soberanía. Debía redactar una constitución burguesa para establecer un sistema judicial burgués, encabezado por una Corte Suprema, que obstruiría todo ataque "anticonstitucional" contra la propiedad privada y contra otras prerrogativas burguesas supuestamente normales.

En las primeras semanas después del 19 de julio, mucha gente suponía que el Consejo de Estado sería instalado rápidamente. Hasta se anunció provisionalmente que sería convocado el 15 de septiembre. Pero esa fecha pasó, y en medio de un creciente clamor burgués a favor de que se convocara el Consejo de Estado, la junta anunció el 22 de octubre que se pospondría la inauguración del consejo hasta el 4 de mayo de 1980. Entretanto, el consejo sería "reestructurado" para dar representación sobre todo a las nuevas organizaciones de masas: los Comités de Defensa Sandinista (CDS), la CST, la ATC, la AMNLAE, la JS-19, etcétera. Estas organizaciones, con el respaldo del FSLN, han lanzado una campaña exigiendo que el Consejo de Estado sea un consejo del pueblo trabajador, dominado por representantes de los CDS y de las otras organizaciones de masas.

La decisión de aplazar el Consejo de Estado y de reestructurarlo representa hasta ahora uno de los principales resultados a nivel gubernamental del notable cambio en la correlación de fuerzas entre las clases, al ir desenvolviéndose el proceso revolucionario en Nicaragua.

No se ha dado ni siquiera un primer paso para redactar una constitución burguesa que legitime el dominio capitalista. En cambio, a fines de agosto la junta decretó un Estatuto Sobre Derechos y Garantías de los Nicaragüenses, que garantiza no solo la libertad de expresión, de prensa, de reunión y otras libertades políticas fundamentales, sino la igualdad de derechos de la mujer y la subordinación de la propiedad y de las prerrogativas de los capitalistas a los derechos sociales y económicos de los trabajadores.[2]

Además fue depurado todo el sistema judicial, y aunque ha sido nombrada una Corte Suprema de acuerdo al programa de la JGRN, sus funciones se limitan a asuntos tales como los casos de divorcio.

Por otra parte, algunos de los ministerios encabezados inicialmente por figuras burguesas no tenían poderes en la toma de decisiones fundamentales. El ejemplo más claro fue el del ministerio de defensa, encabezado nominalmente por Bernardino Larios, un ex coronel de la Guardia Nacional (él dirigió un intento de golpe de estado contra Somoza en l978 y más tarde huyó a Panamá). Larios no tuvo autoridad alguna sobre el Ejército Popular Sandinista (EPS), que desde que se formó ha estado firmemente bajo el mando del Frente Sandinista.

El dirigente sandinista Humberto Ortega Saavedra, comandante en jefe del EPS, no fue nombrado ni por Larios ni por la Junta de Gobierno de Reconstrucción Nacional, sino por la Dirección Nacional del FSLN. (La decisión fue ratificada posteriormente por la junta.)

A fines de diciembre, Larios fue reemplazado por Humberto Ortega durante una extensa reorganización del gobierno. (Ortega sigue siendo comandante en jefe del EPS.) Larios no emitió ninguna declaración, no celebró ninguna conferencia de prensa y no apareció en ningún acto público durante su breve estancia en el puesto.

El ministerio de defensa, ya reorganizado, supervisará todas las fuerzas armadas sandinistas. Las Milicias Populares Sandinistas serán ampliadas mucho bajo la dirección del recién nombrado viceministro de defensa Edén Pastora (el "Comandante Cero").[3] La Policía Nacional Sandinista, construida desde abajo a partir de jóvenes combatientes sandinistas, está bajo las órdenes del ministerio del interior, encabezado por el comandante sandinista Tomás Borge.

El ministerio de planificación estuvo al principio a cargo de un tecnócrata burgués, Roberto Mayorga. Ahora ha sido desplazado por el comandante Henry Ruiz del FSLN, quien al asumir su puesto explicó que el ministerio de planificación es "el nudo de la situación actual, y la Dirección Nacional del FSLN ha creído necesario destacar en ese sitio a un miembro de la Dirección". Ruiz supervisará la implementación del Programa de Reactivación Económica de 1980, que representa los primeros pasos del nuevo gobierno hacia la planificación económica.

En materia agropecuaria, todas las decisiones y declaraciones políticas importantes las ha hecho e implementado el Instituto Nicaragüense de Reforma Agraria

(INRA), encabezado por el comandante sandinista Jaime Wheelock. Este organismo, que toma como modelo el INRA cubano, no se mencionaba en el programa de gobierno del 9 de julio ni en el Estatuto Fundamental.

El INRA, que tiene oficinas regionales en todos los departamentos del país, fue consolidado a fines de diciembre bajo el reestructurado ministerio de desarrollo agropecuario, que será encabezado por Wheelock (quien seguirá a cargo del INRA). El anterior ministro de desarrollo agropecuario, un terrateniente que había sido nombrado en julio, se había encontrado en la misma situación que el ministro de defensa Larios.

La Dirección Nacional del FSLN actúa como fuente y ejecutora del poder gobernante, más allá del marco del programa de gobierno del 9 de julio. Esto se codificó políticamente el 1 de septiembre de 1979 cuando, durante un desfile y acto militar para fomentar la construcción del EPS, los nueve miembros de la Dirección Nacional del FSLN fueron proclamados Comandantes de la Revolución, es decir, dirigentes de todo el proceso revolucionario y no simplemente del ejército o del gobierno formal. Durante esta etapa inicial de la revolución, los que han jugado el papel decisivo, gobernando junto con la Junta de Gobierno de Reconstrucción Nacional dominada por el FSLN, han sido los Comandantes de la Revolución, y no la burguesía a través del Consejo de Estado, como habían proyectado.

La creciente importancia de las nuevas organizaciones de masas y especialmente de los CDS (ninguna de las cuales habían sido contempladas en el programa de la JGRN) es uno de los elementos más notables del período que comenzó con el triunfo. La autoridad del FSLN se basa principalmente en la expansión y la consolidación de los CDS, los sindicatos de obreros y campesinos, las demás organizaciones populares y el ejército sandinista. En distintos grados, todas estas organizaciones ya están tomando decisiones y están asumiendo funciones administrativas a nivel del centro de trabajo, del campo, del barrio y del municipio. Para fines de 1979 ya se desarrollaba la coordinación de los CDS a nivel departamental y ya se había celebrado una asamblea nacional de los representantes de los CDS. Los dirigentes sandinistas han anunciado que a principios de 1980 se celebrará un congreso de delegados de los CDS.

Por lo tanto, el gobierno que se consolidó poco después de la caída de Somoza no es el que se había proyectado en el programa de la JGRN.

Medidas económicas y sociales

4. La acumulación de medidas sociales y económicas progresistas en los primeros meses de la revolución indica que los trabajadores nicaragüenses, bajo la dirección del FSLN, han emprendido un camino prometedor orientado hacia la expropiación de la burguesía:

• El nuevo gobierno inmediatamente nacionalizó todas las propiedades de Somoza y de los somocistas en la agricultura, los bienes raíces, la banca, la industria, el comercio, el transporte, las flotas pesqueras, los astilleros y los medios de comunicación.

• Nacionalizó todos los bancos nacionales e impuso controles estrictos a los bancos extranjeros. Este es un primer paso necesario para canalizar los recursos hacia sectores tales como la educación, la vivienda, y los hospitales, y para iniciar medidas de planificación económica.

• Lanzó una extensa reforma agraria en tierras somocistas, poniendo bajo control estatal alrededor del 60 por ciento de las grandes propiedades agrarias que actualmente están siendo cultivadas.⁴ En colaboración con la ATC, el INRA está convirtiendo estas haciendas en granjas estatales en las que los trabajadores agrícolas participarán en las tareas administrativas. Se está fomentando la creación de cooperativas agropecuarias en las propiedades nacionalizadas más pequeñas, y se han distribuido algunas tierras en respuesta a las demandas de los campesinos con parcelas muy pequeñas. Se ha abolido el uso de juicios hipotecarios contra los pequeños propietarios.

• El gobierno tomó control del comercio de exportación de productos generadores de divisas, como el algodón, el café, el azúcar, la carne y el pescado. Se ha establecido un monopolio estatal, la Empresa Nacional de Alimentos Básicos (ENABAS), para la compra y venta de todos los granos y productos agroquímicos. Se han creado monopolios estatales similares para la compra y venta de los demás productos agrícolas importantes (café, algodón, azúcar, etcétera).⁵

• A la vez que se comprometió a renegociar y respetar la deuda exterior legítima de Nicaragua, el gobierno inmediatamente anuló las deudas contraídas por Somoza con los gobiernos de Israel y Argentina por concepto de armamentos. Luego anunció que examinaría cuidadosamente las demás deudas contraídas por la dictadura para determinar cuáles eran ilegítimas, es decir, cuáles habían sido concertadas mediante negocios corruptos o simplemente habían llegado a parar en cuentas privadas de los somocistas en el exterior. Mientras tanto, puesto que Somoza dejó el Tesoro prácticamente vacío, el nuevo gobierno declaró lo que en la práctica constituye una moratoria al pago de intereses y de la deuda.

• Nacionalizó los medios esenciales de transporte marítimo, terrestre y aéreo. Expropió el sistema de televisión y varias redes de radiotransmisión, que el FSLN está usando para presentar sus puntos de vista a la población. *Barricada*, el diario sandinista, se imprime en la planta que anteriormente imprimía *Novedades*, el periódico somocista.

• Impulsó programas para reorganizar y mejorar la educación, los servicios médicos, el seguro social y otros servicios sociales.

• El gobierno decretó una medida radical de reforma monetaria que, bajo la consigna "Devolvamos al pueblo el dinero robado por los somocistas", impidió que los somocistas u otros empresarios en el exterior cambiaran sus córdobas por los dólares que se encontraban dentro de Nicaragua. Retiró de la circulación todos los billetes de 500 y mil córdobas y lanzó investigaciones de muchas grandes fortunas. Esta medida ayudó a frenar la devaluación del córdoba y a combatir el sabotaje económico capitalista. Los depósitos de menos de tres mil córdobas fueron devueltos a pocos días de dictarse la medida; a fines de octubre de 1979, tras el registro de los billetes bancarios, el gobierno comenzó a redimir los certificados de depósito emitidos a los poseedores de los billetes dentro de Nicaragua.

• Ha adoptado una posición francamente antiimperialista ante problemas vitales de la política mundial, como son Indochina, el Medio Oriente, Africa austral y las maniobras bélicas de Carter contra Cuba, el Caribe y América Central. La manifestación de 30 mil personas en Managua para saludar a Pham Van Dong, primer ministro de Vietnam, fue una de las concentraciones más grandes tras la victoria revolucionaria y le asestó un duro golpe a la campaña imperialista que pretende aislar a Vietnam y convertirlo en paria internacional. El imperialismo norteamericano fue denunciado por su agresión durante la crisis de la "brigada soviética" en Cuba.[6]

Después del golpe militar del 15 de octubre de 1979 en El Salvador, Moscú reconoció inmediatamente al nuevo régimen apoyado por Washington en ese país centroamericano, señalando a los imperialistas su disposición de ayudar a preservar la estabilidad capitalista en la región. El gobierno nicaragüense, junto con el cubano, rehusaron hacer lo mismo.

• El nuevo gobierno ha continuado sus esfuerzos por construir un ejército profesional y centralizado para defender las conquistas revolucionarias contra el imperialismo, las fuerzas somocistas y otros enemigos de clase, tanto dentro de Nicaragua como más allá de sus fronteras.

• Habiendo integrado a la mayor parte de los combatientes milicianos al EPS y a la Policía Sandinista, los dirigentes del FSLN han anunciado su intención de reforzar y reorganizar una milicia nacional voluntaria, con entrenamiento sistemático en los centros de trabajo y en las escuelas secundarias y las universidades. En las fábricas se guardarán armas, que serán controladas por los milicianos.

• Poniendo fin a muchas décadas de tiranía, durante la cual se eliminaron hasta las más elementales libertades democrático-burguesas, el nuevo gobierno ha fomentado una enorme ampliación de los derechos democráticos, incluso la democracia obrera. Los CDS y otras organizaciones populares funcionan en base a elecciones democráticas. El Estatuto de Derechos garantiza no solo derechos fundamentales tales como la libertad de expresión, de prensa y de reunión, sino el derecho de formar sindicatos, de salir a la huelga y de "organizar partidos o agrupaciones políticas, o formar parte de ellos". El FSLN ha fortalecido la central obrera sandinista CST en su competencia política con las viejas centrales sindicales dirigidas por los estalinistas, los demócrata-cristianos y los sindicalistas amarillistas proburgueses que están vinculados estrechamente a la burocracia sindical de la AFL-CIO norteamericana. Los trabajadores han celebrado asambleas democráticas para elegir a sus dirigentes y decidir su afiliación sindical; gracias a este proceso, muchos sindicatos que anteriormente formaban parte de una de las antiguas centrales obreras se han afiliado a la CST.

• La reforma agraria también ha incluido intervenciones (es decir, tomas que no llegan a ser nacionalizaciones) de ciertas tierras cuyos dueños son miembros de la oposición burguesa antisomocista. Puesto que se da máxima prioridad a la producción destinada a la alimentación y a la generación de divisas, estas intervenciones van dirigidas principalmente contra los terratenientes que rehusan explotar sus tierras.

• Se han realizado más nacionalizaciones e intervenciones, incluso de la propiedad de los capitalistas "antisomocistas". Estas medidas se han tomado por necesidad económica o en respuesta a acciones antiobreras o ilegales de los propietarios. A mediados de octubre se nacionalizaron todas las compañías de seguros, lo cual complementa la nacionalización de la banca al darle al gobierno mayor control sobre el flujo de capitales y al sentar las bases para la planificación económica.

• El FSLN está realizando campañas para incorporar a los campesinos y trabajadores del campo a la ATC y a los obreros a la CST. Además, los sandinistas están tomando medidas para preparar y ampliar el control obrero sobre la producción en los sectores nacionalizados.

• A principios de noviembre se nacionalizó la primera propiedad imperialista importante: la minería. (También fueron nacionalizadas las propiedades de nacionales en

el sector minero.) Esto fortalece aún más el control del gobierno sobre los recursos naturales del país y sienta las bases para mejorar las horrendas y peligrosísimas condiciones en las cuales se veían forzados a trabajar los mineros nicaragüenses.
- El 19 de diciembre se decretaron drásticas reducciones de los alquileres de viviendas. Los alquileres inferiores a 500 córdobas mensuales fueron reducidos en un 50 por ciento y los alquileres entre 500 y mil córdobas mensuales fueron reducidos en un 60 por ciento. Los alquileres superiores a mil córdobas mensuales también fueron reducidos considerablemente bajo la nueva ley, la cual además estipula que el ministerio de la vivienda puede reducir los alquileres a menos del 50 por ciento de su nivel anterior y puede intervenir los tugurios cuando las condiciones sanitarias sean inaceptables.[7]
- El gobierno ha iniciado programas de asistencia para la reconstrucción de viviendas en los barrios populares devastados. Ha hecho valer el control estatal en las urbanizaciones cuya construcción o funcionamiento viola las leyes inmobiliarias y tributarias. En este sector se han iniciado los primeros grandes proyectos de obras públicas.
- Se ha decretado un importante incremento en las pensiones y otras prestaciones sociales para los ancianos y los pobres.
- Se han establecido controles sobre el precio de los productos alimenticios de primera necesidad. El gobierno ha autorizado que los CDS actúen como comités de control de precios, y los CDS en los grandes mercados al aire libre en Managua han tomado la delantera en esta tarea.
- Se ha lanzado una gran campaña a nivel nacional para erradicar el analfabetismo, problema que plaga todo el país, sobre todo entre la población campesina.

Todos los estudiantes que hayan cursado la escuela primaria serán movilizados en esta Cruzada de Alfabetización, y las escuelas del país se cerrarán por cuatro meses para que puedan participar estos estudiantes y todos los maestros. Cuba está enviando ayuda material, técnica y humana para esta campaña, cuyo modelo explícito es la campaña que erradicó el analfabetismo en Cuba a principios de los años sesenta. Según lo demostró esa experiencia anterior, este tipo de campaña de alfabetización adelanta enormemente la tarea de ganar firmemente al campesinado pobre a la revolución y defenderla de la contrarrevolución.

Gobierno obrero y campesino

5. El gobierno encabezado por el FSLN, basado en las masas del proletariado, semiproletariado, campesinado y pequeña burguesía radicalizada, ha iniciado profundas incursiones contra la propiedad capitalista en la agricultura, la industria y la banca. Ha lanzado un ambicioso programa de mejoramiento social y cultural para los trabajadores nicaragüenses. Ha comenzado a construir un nuevo poder armado por medio del EPS y la policía sandinista. Las medidas radicales del gobierno han permitido que el FSLN impulse el desarrollo de organizaciones proletarias a través de los CDS, los sindicatos y otras organizaciones de masas. El gobierno ha seguido fomentando las movilizaciones de masas. La más reciente —una manifestación celebrada el 7 de noviembre en honor a Carlos Fonseca Amador, fundador del FSLN—, reunió a más de 100 mil personas en las calles de Managua. Fue la mayor concentración desde la caída de Somoza.

Las estructuras y la tendencia del desarrollo que emanan de todas estas medidas indican que este nuevo régimen no solo ha quebrantado la fuerza armada de la burguesía sino ha desplazado a los capitalistas del poder *político*, dando pasos decisivos para impedir el establecimiento de un gobierno burgués y negándose a subordinar los intereses de los explotados a las necesidades de la burguesía a nivel nacional e internacional.

Todo esto apunta a la conclusión de que el régimen nicaragüense, encabezado por los sandinistas, en estos momentos no es ni burgués ni proletario. Es un *gobierno obrero y campesino,* del tipo descrito en el Programa de Transición como "un gobierno independiente de la burguesía",⁸ y en el cuarto congreso de la Internacional Comunista como un gobierno que "surge de la lucha de masas, [que] se apoya en organismos obreros aptos para el combate y creados por los más vastos sectores de las masas obreras oprimidas".⁹

Al reconocer al nuevo gobierno en Nicaragua como gobierno obrero y campesino, queremos decir:

a. que tiene su origen en un movimiento antidictatorial y antiimperialista con un programa político radical;

b. que su subida al poder fue resultado de una lucha popular de masas que desembocó en una guerra civil y en tumultuosas insurrecciones urbanas;

c. que actúa resueltamente para combatir y desarmar a la contrarrevolución;

d. que tiende a responder con acciones concretas ante las demandas populares de tomar medidas contra los explotadores en el campo y en la ciudad y contra el imperialismo;

e. que su fuerza dirigente, el FSLN, independientemente de las vacilaciones y limitaciones políticas que pueda demostrar, es capaz de llevar a cabo medidas contra las prerrogativas y el poder político y económico de la burguesía. Lo decisivo para definir el carácter de clase del régimen no es la etapa precisa del desarrollo de estas medidas; el factor decisivo es la capacidad y la tendencia del liderazgo de seguir este rumbo.

Estos factores se combinan con el hecho de que el FSLN identifica explícitamente al proceso revolucionario nicaragüense con el estado obrero cubano, y con el internacionalismo antiimperialista del liderazgo de Castro. Los logros alcanzados por Cuba bajo su sistema social se señalan repetidamente como modelo, tanto en discursos como en *Barricada* y en la radio y televisión.

El gobierno obrero y campesino nicaragüense, a pesar de sus muchos rasgos singulares, es parecido a los regímenes, descritos por la Cuarta Internacional, que surgieron y gobernaron en otros dos países: en Cuba desde mediados de 1959 hasta fines de 1960 (cuando se completó la expropiación de la burguesía y la consolidación de un estado obrero); y en Argelia desde fines de 1963 hasta mediados de 1965 (cuando Boumédienne derrocó a Ben Bella y restauró un régimen capitalista estable). La aparición de gobiernos de este tipo fue previsto en las "Tesis sobre tácticas" adoptadas por el Cuarto Congreso de la Internacional Comunista; Trotsky señaló en el Programa de Transición que este tipo de gobierno podía ser el precursor de un estado obrero.

Aunque el gobierno obrero y campesino en Nicaragua es políticamente independiente de la burguesía, hasta ahora la fuerza económica y social de los capitalistas solamente ha sido debilitada. Siguen intactos algunos vestigios de la antigua estructura del estado. Hay personajes burgueses y pequeñoburgueses que ocupan cargos en el gobierno. La burguesía aún posee y controla sectores importantes de la industria, del comercio y del sector agropecuario, lo cual significa que el carácter de clase del estado sigue siendo burgués. Si no se resuelve esta contradicción entre el gobierno obrero y campesino y el estado burgués mediante una extensa expropiación de la gran burguesía nacional e imperialista y el desconocimiento de la deuda externa, los capitalistas —respaldados por Washington, los organismos financieros internacionales y los regímenes capitalistas de Centro y Sudamérica— utilizarán su posición económica y las crecientes dificultades económicas para socavar el poder del nuevo gobierno, sabotear la reconstrucción económica, fomentar divisiones entre el pueblo trabajador, reconstruir su propio poder político y militar, y frenar el proceso revolucionario iniciado por las masas nicaragüenses encabezadas por el FSLN.

Cuba y Nicaragua

6. A pesar de que el actual proceso revolucionario en Nicaragua tiene muchas semejanzas con los procesos que ocurrieron bajo los gobiernos obrero-campesinos establecidos en Cuba y Argelia, cada uno de estos casos tiene sus propias características.

En Nicaragua, la creación de un gobierno obrero y campesino tras la caída de la dictadura no fue precedida por un período inestable bajo un régimen burgués de coalición. En cambio, en Cuba y Argelia el poder político y la influencia de los personajes políticos burgueses durante el inicio de la revolución eran mucho mayores que en Nicaragua. Por lo tanto, en Cuba y en Argelia estos personajes burgueses sintieron mayor confianza para resistirse u oponerse abiertamente a la depuración del antiguo aparato estatal, a la aceleración de las movilizaciones populares y a la acumulación de medidas radicales destinadas a implementar los programas del Movimiento

26 de Julio en Cuba y del Frente de Liberación Nacional (FLN) en Argelia.

De esta manera, la transición —tanto en Cuba como en Argelia— de un régimen burgués de coalición a un gobierno obrero y campesino fue caracterizada por cambios en la composición del gobierno, medidas radicales y movilizaciones de masas a favor de estas medidas. En Cuba, Osvaldo Dorticós reemplazó a Manuel Urrutia en la presidencia. Che Guevara reemplazó a Felipe Pazos como jefe del Banco Central y Miró Cardona, el embajador cubano en Washington, desertó. En Argelia fueron desplazados sucesivamente Mohammed Khider, Ferhat Abbas y otros dirigentes burgueses.

En Nicaragua, el impacto inicial de la cada vez más profunda situación revolucionaria se expresó, a nivel gubernamental, en las decisiones tomadas por el FSLN. Dada la correlación de fuerzas entre las clases que fue impuesta por las masivas insurrecciones urbanas, el Frente Sandinista decidió posponer y reestructurar la composición de clase del Consejo de Estado. Creó un aparato gubernamental en el cual todos los principales poderes de decisión quedaron claramente en manos del FSLN desde un principio, aunque participaron algunas figuras burguesas. Esto fue diferente de lo que sucedió durante las primeras etapas de los regímenes que surgieron en Argelia y Cuba tras la liberación.

Sin embargo, en Cuba y Argelia, al igual que en Nicaragua, cuando surgió el gobierno obrero y campesino aún había personajes burgueses que ocupaban cargos importantes. En Cuba, algunos de estos políticos burgueses no fueron purgados sino hasta principios de los años sesenta; en Argelia, algunos de ellos nunca fueron purgados.

La burguesía nicaragüense, que está muy debilitada,

ciertamente ha ofrecido resistencia ante la aceleración de las movilizaciones de masas y la constante acumulación de medidas anticapitalistas. Pero la mayoría de los capitalistas nicaragüenses aún temen que una provocación abierta o una confrontación frontal en estos momentos les perjudicaría. Dentro del gobierno, las figuras burguesas tratan de vetar en la práctica —de acuerdo a lo que permite la correlación de fuerzas entre las clases— las medidas más radicales. En alguna etapa, esto empezará a expresarse en renuncias acusatorias u obstruccionismo recalcitrante, lo cual forzará al FSLN a removerlos.

El hecho de que el rumbo del nuevo gobierno nicaragüense ha sido más consecuentemente radical desde su primer día (en comparación con los regímenes burgueses de coalición en Cuba y en Argelia) refleja su naturaleza distinta. Los personajes burgueses en los gobiernos de Cuba y Argelia llevaron a cabo medidas antiobreras y trataron abiertamente de impedir la implementación de medidas progresistas. La Corte Suprema burguesa en Cuba, basándose en la constitución de 1940, ofreció resistencia a la reforma agraria impulsada por la dirección de Castro. En el propio seno del gobierno hubo intentos de reestablecer un ejército burgués. Estas acciones de la burguesía aceleraron las confrontaciones de clase que llevaron a la creación del gobierno obrero y campesino en Cuba.

La mayor rapidez de los acontecimientos en Nicaragua se explica principalmente por el carácter ampliamente insurreccional de la victoria en ese país. Esto aceleró el desarrollo de las organizaciones de las masas trabajadoras en el campo y en la ciudad, en una escala que no tuvo paralelo en Cuba. Gracias al rotundo cambio en la correlación de fuerzas entre las clases, producto de este levantamiento de masas, el FSLN pudo aprovechar la oportunidad —que no había previsto— de realizar una purga preventiva del poder político burgués y de emprender un camino que era radicalmente distinto de lo que antes había acordado con las fuerzas burguesas de la oposición antisomocista.

En muchos sentidos importantes el proceso revolucionario en Argelia fue mucho menos avanzado bajo el gobierno obrero y campesino allí que en la Nicaragua de hoy. Por ejemplo, las minas, los bancos y las compañías de seguros permanecieron en manos privadas y el gobierno del FLN no decretó controles monetarios o comerciales como las medidas radicales que ya ha implementado el gobierno encabezado por el FSLN en Nicaragua.

En Cuba, el conflicto entre el gobierno obrero y campesino —consolidado para fines de 1959— y el estado burgués se resolvió entre agosto y octubre de 1960, al llevarse a cabo el monopolio estatal del comercio exterior, mayores expropiaciones agrícolas y la nacionalización de prácticamente toda la industria cubana y norteamericana. Pese a la falta de un partido leninista, las medidas anticapitalistas, realizadas por la dirección revolucionaria en torno a Castro y basadas en masivas movilizaciones obreras, no podrían haber sido revocadas sin lanzarse una guerra civil en gran escala con el apoyo irrestricto de una masiva intervención del imperialismo yanqui. Se había establecido un estado obrero.

En cambio, en Argelia se interrumpió el proceso revolucionario que había comenzado en 1963 al surgir un gobierno obrero y campesino bajo Ahmed Ben Bella. A diferencia de la dirección de Castro, Ben Bella respondió a las presiones de la derecha y acomodó las exigencias del imperialismo francés. El régimen abandonó el camino de las movilizaciones de masas y de crear una milicia, tratando de frenar el ritmo de los cambios. Comenzaron a corroerse los cimientos del gobierno obrero y campesino. Cuando el comandante del ejército, Houari Boumédienne, aprovechó las vacilaciones del liderazgo y la disminución de las movilizaciones para dar un golpe de estado en 1965, el gobierno argelino cambió de rumbo y revocó muchas de las anteriores medidas progresistas. Un gobierno capitalista asumió las riendas del poder. El estado capitalista se vio preservado y luego reforzado.[10]

En Nicaragua todavía queda por resolverse esta contradicción fundamental entre el carácter de clase del gobierno obrero y campesino y el estado capitalista. El decir hoy que en Nicaragua existe un gobierno obrero y campesino de ninguna manera implica que el actual proceso desembocará automáticamente en un estado obrero. Aún quedan por delante los enormes conflictos de clases que darán respuesta a ese problema. A medida que los obreros y campesinos luchen por sus reivindicaciones, los imperialistas y la burguesía nicaragüense propinarán golpes. Esos golpes, a su vez, deben ser enfrentados con contragolpes. Con cada nuevo ataque a la propiedad y a los privilegios de los capitalistas, la reacción opondrá una resistencia más enconada. Surgirán divisiones abiertas en el seno del gobierno y de las demás instituciones en Nicaragua.

Por su naturaleza, el gobierno obrero y campesino es un fenómeno inestable y transitorio: o bien *avanzará* a la creación de un estado obrero o bien —si no se quiebra decisivamente el poder económico de la burguesía— *retrocederá* y abrirá paso a que se reafirme el poder político de los capitalistas y a que se refuerce el estado burgués. La forma en que se resolverá en Nicaragua esta situación inestable depende en gran medida de lo bien que el FSLN responda a las iniciativas de las masas y logre educarlas, organizarlas y movilizarlas. Deberán vencer las amenazas contrarrevolucionarias. Y deberán estar preparados para enfrentar una posible intervención militar directa de Washington destinada a impedir el triunfo de un segundo estado obrero en el hemisferio occidental.

7. El FSLN se formó a principios de los años sesenta bajo el impacto de la revolución socialista en Cuba. Supo vincularse a la tradición popular de luchas radicales y antiimperialistas simbolizada por el ejército de obreros y campesinos rebeldes dirigido por Augusto César Sandino en los años veinte y principios de los treinta.[11]

Desde su origen, el FSLN fue marcado por su profunda identificación con la experiencia y la evolución marxista del equipo de Castro y Guevara y de la revolución cubana. Aunque su composición social era similar a la del Movimiento 26 de Julio, contaba con una ventaja: su capacidad de aprender del ejemplo del estado obrero cubano y de la evolución política, de las experiencias y de los errores del equipo directivo de Castro. Además, muchos de los cuadros del FSLN fueron reclutados durante la radicalización mundial de la juventud en los años sesenta y principios de los setenta, y tomaron más en serio las ideas del marxismo, incluso las ideas de Lenin y Trotsky, que los primeros cuadros del Movimiento 26 de Julio.

Ante las derrotas sufridas por las guerrillas del FSLN en los años sesenta y el rápido crecimiento de la población urbana proletaria y semiproletaria en los años sesenta y a principios de los setenta, surgió una discusión en la organización sobre una evaluación de su estrategia guerrillera. En 1975 este proceso llevó a una división en tres tendencias que más tarde se convirtieron en tres fracciones públicas. Sus diferencias reflejaban los debates sobre la relación entre la lucha armada y las movilizaciones de masas, el papel respectivo de las masas de la ciudad y las del campo, la relación entre la lucha militar y la lucha política, y el objetivo y los límites aceptables de los pactos con la burguesía opositora.

En última instancia, estas diferencias se reducían a concepciones diferentes sobre un problema decisivo: *cómo derrocar a Somoza y librar a Nicaragua de la dominación imperialista.* La respuesta se daría en la práctica antes de terminarse esa década.

El contenido político de estos debates reflejó la maduración de las condiciones objetivas para el derrocamiento de Somoza y contribuyó a la educación y desarrollo políticos de las tres tendencias. Ante el desafío presentado por los vertiginosos acontecimientos revolucionarios, las tres tendencias llegaron a un acuerdo de unidad en acción en junio de 1978 y se reunificaron en diciembre del mismo año. Sus organismos de dirección se fusionaron y gradualmente fueron desapareciendo las divisiones en la base, conforme las tareas planteadas por el ascenso de la lucha de clases resolvían en la práctica muchos de los problemas debatidos.

La dirección del FSLN se vio profundamente impactada por la envergadura y la fuerza —prácticamente imprevistas— de las movilizaciones urbanas de 1978–79 y por la propagación de los comités populares y de las milicias, procesos que en algunos casos ocurrieron a iniciativa del FSLN y en muchas ocasiones por emulación espontánea de las masas. El proceso revolucionario dio un potente impulso que permitió soslayar el proyecto de un gobierno burgués de coalición que el FSLN, en vísperas de la insurrección, había considerado inevitable.

Ante el curso que tomó la insurrección, el FSLN emprendió un rumbo cada vez más anticapitalista. Este rumbo ha demostrado la voluntad y la capacidad del FSLN de responder a las acciones y aspiraciones de los obreros y campesinos, y de aprender de ellas. Apoyándose en la organización y movilización de las masas, el FSLN ha dirigido el proceso que ha producido un gobierno obrero y campesino. Esto coincide con sus intentos de aprender de la experiencia cubana.

Al aprender del ejemplo de la revolución cubana y de la dirección de Castro, el FSLN soslayó al estalinismo y a la socialdemocracia y pudo llevar a cabo una lucha intransigente y victoriosa contra Somoza y sus amos imperialistas, abriendo el camino a la lucha por el segundo estado obrero en las Américas.

Los avances ya logrados bajo la dirección del FSLN, al igual que el triunfo del Movimiento 26 de Julio en Cuba hace veinte años, constituyen un golpe contra el estalinismo mundial. Carlos Fonseca Amador, fundador principal del FSLN, rompió con el Partido Socialista Nicaragüense (PSN), el partido estalinista en Nicaragua, y el FSLN fue construido en oposición al PSN. Al circunvenir a los estalinistas *en acción,* el FSLN socavó aún más las pretensiones de los estalinistas de ser la única corriente política que jamás hubiera encabezado ascensos revolucionarios de masas. Y al luchar intransigentemente como vanguardia de las insurrectas masas proletarias y plebeyas, los sandinistas presentaron en la práctica una alternativa viviente a la línea estalinista de la revolución "en dos etapas", que subordina los intereses del pueblo trabajador a los de la burguesía. De esta forma, la revolución dirigida por el FSLN en Nicaragua ha reforzado a la corriente revolucionaria en el movimiento obrero a nivel internacional y ha cambiado la correlación de fuerzas en detrimento del campo estalinista.[12]

A pesar de su deseo expreso de establecer el poder obrero y campesino en Nicaragua, la dirección del FSLN hasta ahora no ha organizado un partido leninista de masas, que sería la mejor forma de asegurar una resolución positiva de la contradicción de clases entre el gobierno y el estado.

Pero la trayectoria del FSLN muestra que sería un grave error pensar que existe algún límite predeterminado a la capacidad de desarrollo de su dirección y de sus cuadros y a la rapidez con que puedan actuar conforme se profundice la lucha de clases en Nicaragua.

El FSLN ha anunciado su intención de fundar un partido de vanguardia arraigado en las masas. La construcción de un partido socialista revolucionario y proletario, dentro del cual la vanguardia de la clase obrera nicaragüense pueda debatir y decidir democráticamente los problemas importantes que enfrenta la revolución, sería un gran paso hacia el avance y la consolidación de las conquistas del pueblo trabajador y hacia la expropiación del resto de la burguesía.

El imperialismo norteamericano

8. El imperialismo yanqui fracasó en sus esfuerzos por salvar a Somoza y luego por establecer un somocismo sin Somoza. Los intentos de Washington —a través de los gobiernos de Costa Rica, Panamá, Venezuela y otras clases dominantes latinoamericanas— de asegurar la instalación de un gobierno dominado por la burguesía fallaron tanto como su propuesta de realizar una intervención militar conjunta auspiciada por la Organización de Estados Americanos, así como sus tentativas, en vísperas de la caída de Somoza, de establecer en el norte de Costa Rica una base de helicópteros militares con capacidad para transportar soldados. Los sandinistas no solo habían quedado incorporados al gobierno consolidado tras la caída de Somoza, sino detentaban el poder

político decisivo, arruinando las esperanzas de la clase dominante norteamericana.

La caída de Somoza y la rápida consolidación de un gobierno obrero y campesino en Nicaragua han impactado profundamente en Centroamérica —sobre todo en El Salvador— y en el Caribe. Fue un tremendo golpe a los intentos del imperialismo de aislar a la revolución cubana y apuntalar el dominio burgués al sur del Río Bravo. Washington actualmente se ve cada vez más aislado en Centro y Sudamérica y en el Caribe.

La incapacidad de Washington hasta ahora de efectuar una intervención militar directa contra Nicaragua obedece a dos factores fundamentales: (1) la profunda solidaridad de los trabajadores latinoamericanos y el hecho de que cualquier gobierno de la región que se identificara demasiado abiertamente con la política contrarrevolucionaria de Washington tendría que pagar un precio político muy elevado, y (2) el hecho de que los cambios en la conciencia del pueblo trabajador norteamericano desde la guerra de Vietnam —sus sentimientos antibélicos y sus sospechas sobre los objetivos de la política exterior norteamericana— imponen límites al uso directo de la fuerza militar estadounidense.

A pesar de sus reveses iniciales, Washington no permanecerá pasivo mientras se establezca "otra Cuba" en el patio trasero del imperialismo. Está sumamente consciente de que la profundización de la revolución nicaragüense ya ha impactado profundamente en Granada y en El Salvador, y que repercutirá aún más en todo el Caribe y Centroamérica.

El objetivo del imperialismo es de contener, frenar, desbaratar y, en el momento preciso, aplastar a la revolución nicaragüense. Junto con los garrotes económicos que esgrime el imperialismo mundial, sus dos armas más fuertes para lograr estos objetivos son: (1) el deseo de la burocracia soviética de evitar toda perturbación de sus relaciones diplomáticas con Washington, que son fruto de su política de colaboración de clases, la coexistencia pacífica con el imperialismo, y (2) el enorme poderío militar de Washington.

Los gobernantes norteamericanos desde un principio asumieron una actitud abiertamente hostil contra la revolución. Le advirtieron al nuevo gobierno en Nicaragua que no adoptara medidas radicales y que no se asociara estrechamente con Cuba. Los imperialistas así buscaban fortalecer la posición de lo que, según esperaban, sería un ala burguesa viable en el gobierno. A fines de agosto, cuando quedó claro que el FSLN dominaba políticamente la Junta de Gobierno de Reconstrucción Nacional, la prensa capitalista, sobre todo la norteamericana, dio un giro notable en su presentación de los sucesos nicaragüenses. Esto reflejó el criterio táctico del imperialismo de que el uso abierto de la fuerza, o la amenaza abierta de emplearla, les podría resultar políticamente contraproducentes a corto plazo.

Las noticias sobre Nicaragua desaparecieron casi completamente de los diarios y de los noticieros de la radio y televisión. Los directores de los periódicos suavizaron sus anteriores advertencias sobre el peligro causado por un gobierno dirigido por el FSLN.

La táctica del imperialismo hasta el momento se ha concentrado en mantener la apariencia externa de equidad y amistad hacia el nuevo gobierno, mientras que explota la devastación económica a fin de frenar el proceso revolucionario y preparar el camino para derrocarlo. Durante su último año en el poder, Somoza desató una destrucción masiva en Nicaragua, dejando un saldo de más de 35 mil muertos y 100 mil heridos. Las escuelas, los hospitales y otros servicios sociales sufrieron daños que ascienden a 80 millones de dólares. La producción agrícola fue severamente trastornada durante la guerra civil y actualmente el 40 por ciento de la población carece de una alimentación adecuada. Más de la mitad de la población económicamente activa está desempleada y la cuarta parte de la planta industrial fue dañada por los bombardeos somocistas.

Todo esto se sumó a una miseria creciente provocada por una serie de factores: los estragos del terremoto de 1972 (Somoza se robó millones de dólares en donaciones internacionales destinadas a la reconstrucción, enriqueciendo así su propio imperio financiero), otras consecuencias de la corrupción al por mayor de la dictadura, y la crisis de la economía capitalista mundial. Estos problemas económicos se agudizarán, ya que en los primeros meses de 1980 habrá una inevitable escasez de cosechas alimenticias.

Aprovechando estos estragos sociales y económicos, Washington está tratando de limitar el envío de ayuda a Nicaragua para intensificar las presiones sobre el gobierno sandinista y sobre el ánimo de las masas nicaragüenses. La administración Carter promete créditos, tanto en préstamos como en asistencia. Pero aparte de un poco de ayuda inicial, no han dado ni un centavo. Al mismo tiempo, una cierta cantidad de la ayuda proveniente de los aliados imperialistas se canaliza no al gobierno sino a proyectos que fortalecen los lazos imperialistas con el sector privado, reforzando así los restantes puntos de apoyo de la burguesía nicaragüense. En su conjunto, la política del imperialismo pretende comprar un espacio de tiempo para los capitalistas nicaragüenses. Washington espera que la creciente presión económica enajenará del proceso revolucionario a la pequeña burguesía y a algunos sectores del pueblo trabajador, y que esto desmovilizará gradualmente a las masas y provocará divisiones en el seno del FSLN.

Los imperialistas organizan estas presiones sobre Nicaragua a través de sus instituciones financieras internacionales; su dominación del comercio y de la distribución en el mercado capitalista mundial; las burguesías latinoamericanas, que temen desesperadamente la aparición de una nueva Cuba; y el aparato internacional de la socialdemocracia, que actúa como instrumento político del capitalismo mundial, especialmente de las potencias de Europa occidental.

Al evitar una campaña pública de propaganda contra la revolución sandinista, Washington también busca socavar la solidaridad internacional con Nicaragua. Quiere dar la impresión de que está llegando suficiente ayuda a Nicaragua y de que no existe peligro de una intervención militar orquestada por el imperialismo. Incluso espera fomentar la automática reacción sectaria que manifiestan algunos izquierdistas al pensar que si Washington no chilla, debe ser porque el gobierno nicaragüense está traicionando a las masas. Desafortunadamente, se ha tragado el anzuelo gran parte de la izquierda pequeñoburguesa en Estados Unidos, país cuyo gobierno representa el mayor peligro a Nicaragua. Aquellos sectarios que aún no reivindican el derrocamiento del nuevo gobierno o denuncian al FSLN están emulando a la prensa capitalista al guardar silencio sobre los acontecimientos en Nicaragua y abstenerse de toda campaña de solidaridad.

Mientras tanto, la cantidad de ayuda que recibe Nicaragua no satisface sus necesidades. Y existe un peligro real de intervención militar relacionado a los conflictos venideros con la burguesía nicaragüense o a explosiones provocadas por la extensión de la revolución nicaragüense.

Washington y el gobierno de Honduras están ayudando y colaborando íntimamente con los restos de la Guardia Nacional somocista. Además, Washington ha iniciado una agresiva política de fortalecimiento de sus fuerzas militares en el Caribe y ha reanudado su propuesta de una "fuerza militar regional para mantener la paz". A mediados de noviembre de 1979, unidades de la Guardia Nacional somocista, algunas de ellas integradas al ejército hondureño, comenzaron a realizar incursiones en Nicaragua y a entablar combates con el FSLN. La fuerza aérea hondureña comenzó vuelos ilegales sobre Nicaragua. Los diplomáticos nicaragüenses en la capital de Honduras fueron sometidos a un hostigamiento tan intenso —hasta con detenciones y golpizas— que la junta nicaragüense retiró todo su personal excepto uno de los encargados de negocios de su embajada en Tegucigalpa. El silencio de Washington ante los ataques a los representantes nicaragüenses en Honduras contrasta notablemente con los alaridos que dio el imperialismo ante los sucesos en Teherán durante el mismo período.[13]

Las amenazas de Carter

9. Washington lanzó una nueva serie de amenazas contra Cuba en septiembre de 1979, so pretexto de que una "brigada de combate" soviética estaba estacionada en la isla. Esta campaña estaba relacionada a su intento de desprestigiar el papel dirigente de Cuba en la conferencia de los No Alineados de este año, así como a sus presiones contra Nicaragua. El gobierno cubano ha respondido a Nicaragua con solidaridad entusiasta y ayuda material. Cuba le ha planteado un desafío embarazoso a Washington al proponer una campaña de emulación para ver cuál de los dos gobiernos concede más ayuda para la reconstrucción de Nicaragua. Además, Washington sabe que Cuba está ayudando al nuevo gobierno en la isla de Granada y a grupos de liberación en toda Centroamérica. En una entrevista que fue transmitida por televisión norteamericana el 30 de septiembre de 1979 en el programa *60 Minutes* (Sesenta Minutos) de la cadena CBS, Fidel Castro contestó una pregunta sobre la ayuda cubana a los opositores de la dictadura en El Salvador. Castro respondió: "Ni lo confirmo ni lo niego. Lo proclamo como un derecho; es más, como un deber".[14]

Por encima de todo, los gobernantes norteamericanos saben que la ayuda cubana a Nicaragua contribuye a contrarrestar las presiones imperialistas, fortaleciendo la capacidad del gobierno sandinista de reconstruir Nicaragua sobre bases socialistas. Washington sabe que el FSLN considera al estado obrero cubano como modelo de desarrollo social y económico.

Además, dado el papel de Cuba en Africa, los imperialistas están convencidos de que Cuba le brindará su ayuda a Nicaragua en caso de una intervención directa o inspirada por Washington, lo cual plantearía una confrontación de dimensiones internacionales.[15]

Las maniobras de Carter en el Caribe son también una advertencia a la Unión Soviética. Washington le está diciendo al Kremlin que no tolerará ninguna ayuda soviética en gran cantidad a Nicaragua. Y está ejerciendo presiones para que Moscú obligue a Cuba a abandonar su política internacionalista, incluso su ayuda a Nicaragua.

No obstante, Cuba ha dejado muy claro que no se dejará intimidar. En un editorial publicado en octubre de 1979, el diario cubano *Granma* respondió a las maniobras bélicas de Carter afirmando: "La dignidad y la soberanía de Cuba, su derecho a defenderse por cualquier medio que considere apropiado, así como su política internacionalista, continuarán siendo inquebrantables". Y no es por casualidad que, en un discurso pronunciado unos meses antes, Castro incluyó "a nuestros hermanos, los países socialistas", en su llamado a un concurso de emulación para ayudar a Nicaragua.[16]

A diferencia de la política antiimperialista de la dirección de Castro, la burocracia estalinista en el Kremlin se empeña en obtener concesiones económicas y diplomáticas del imperialismo a cambio de utilizar su poderío y su influencia para sabotear las luchas revolucionarias. Hasta el momento, Moscú ha atendido las advertencias de Washington de no concederle a Nicaragua ninguna cantidad importante de ayuda. Y, siguiendo la pauta de Moscú, los partidos estalinistas en el resto del mundo no han utilizado su influencia para desarrollar campañas de solidaridad con Nicaragua y le han prestado poca atención en su prensa a la revolución nicaragüense.

Las agresivas maniobras de la administración Carter durante los últimos meses, junto con la negativa de Moscú de brindarle ayuda a Nicaragua así como su apoyo abierto al nuevo régimen militar en El Salvador, demuestran que la defensa de Cuba ante las presiones imperialistas y la lucha contra el bloqueo económico están entrelazadas con la defensa de la revolución nicaragüense.

Una trayectoria revolucionaria

10. Hasta el momento, los sandinistas no disponen de un partido proletario de masas de carácter centralista-democrático, el cual los capacitaría mejor para afrontar los desafíos y las oportunidades por venir. Además, el FSLN enfrenta enormes obstáculos: la dislocación económica, que producirá grandes privaciones —y conflictos de clase— en los primeros meses de 1980; el número limitado de cuadros políticos; la inexperiencia de las nuevas organizaciones de masas; la privación cultural impuesta por la subyugación imperialista; y las maniobras de los imperialistas y de los capitalistas autóctonos.

Sin embargo, la trayectoria del FSLN hasta el presente, junto con la creciente combatividad y conciencia de clase de las masas, no da motivos para ser pesimista.

Frente a la amenaza de una intervención imperialista y de la subversión contrarrevolucionaria, los sandinistas han impulsado rápidamente la construcción de un ejército revolucionario profesional, así como una nueva policía bajo el control del FSLN. También han anunciado planes para formar una extensa milicia basada en los centros de trabajo e involucrar a los CDS en la lucha contra el terror derechista.

Pero las amenazas militares directas no son el único peligro a la revolución. Las leyes económicas fundamentales fomentan la acumulación capitalista y la expansión del poder económico de la burguesía sobre la base de los considerables sectores privados de los medios de producción.

El caos económico que causó Somoza es el principal factor que favorece a los explotadores dentro y fuera de Nicaragua. A pesar de las medidas que el gobierno ya ha tomado en cuanto a la salud, la educación y otros aspectos del bienestar social, se ha impuesto una situación de austeridad en el país.

Conforme el gobierno ha tomado correctamente una serie de medidas para reactivar una mínima parte de la producción agrícola e industrial, tanto en el sector privado como en el público, se ha hecho más evidente el poder económico de la burguesía y los inevitables peligros que ese poder conlleva. Los capitalistas exigen concesiones crediticias y monetarias, el aflojamiento de los controles sobre el comercio, y garantías de que las demandas salariales —producto de la creciente sindicalización de los obreros— no reducirán la rentabilidad de las empresas. Se avecina un enfrentamiento en torno a estas cuestiones.

La burguesía mantiene sus cámaras de comercio e industria, apoyadas por sus homólogos en el resto de Centroamérica y por las instituciones financieras internacionales. Aunque los partidos burgueses —el Social Demócrata, el Social Cristiano y el Conservador Democrático— actualmente no constituyen un polo de atracción para las masas, de todas maneras sirven como vehículo para organizar campañas propagandísticas contra el gobierno y contra las organizaciones de masas. La jerarquía de la iglesia católica retiene cierta credibilidad ante los ojos de las masas nicaragüenses. Algunos sectores de la jerarquía representan otro posible punto de apoyo para la reconstrucción del poder político burgués.

El principal instrumento de propaganda burguesa en este sentido es *La Prensa,* el diario nacional más grande. Aún así, este diario se ve limitado porque, dadas las condiciones en Nicaragua, se siente obligado a abrir sus páginas diariamente a los dirigentes del FSLN, quienes explican la perspectiva sandinista y responden a las críticas hechas contra la política del gobierno y del FSLN.

La presencia de personajes burgueses en la junta de gobierno y el gabinete no es de adorno. Refleja el hecho de que aún queda por resolverse la contradicción entre el carácter de clase del gobierno obrero y campesino, por un lado, y del estado burgués, por el otro. A medida que el gobierno sienta las presiones de ambas clases antagónicas, así como las iniciativas y contrainiciativas de los trabajadores y de los explotadores, el avance hacia la creación de un estado obrero o el retroceso de ese rumbo se verá reflejado en cambios en la composición de la junta, de los ministerios y de la dirección del banco central.

Sin embargo, sería una gran equivocación concluir, por estos hechos, que se puede avanzar progresivamente hacia la resolución de esta contradicción lanzando la consigna "¡Ministros burgueses fuera del gobierno!" Tal esquema hace caso omiso de una serie de factores: dónde reside el verdadero poder político y militar, la rotunda ruptura de la continuidad con el viejo régimen, la gama de medidas radicales tomadas por el nuevo gobierno obrero y campesino, y el verdadero proceso por el cual las masas se concientizarán para impulsar la revolución. El provocar conscientemente un enfrentamiento prematuro con la burguesía en torno a la composición de la junta y del gabinete constituiría un acto de izquierdismo infantil. Los conflictos decisivos surgirán de la intensificación de la lucha de clases, que tendrá su reflejo dentro del gobierno; conforme los elementos burgueses en el gobierno se expongan por sus propias acciones, llegará el momento propicio para luchar por echarlos.

Los capitalistas nicaragüenses enfrentan la creciente fuerza del ejército y la policía sandinistas, los CDS, la CST, la ATC y las organizaciones de la mujer y de la juventud. El FSLN ha buscado diversas formas de organizar la fuerza de estas organizaciones, inclusive dándoles mayores derechos gubernamentales. El FSLN fomenta la organización democrática de estos comités a nivel de barrio y de zona, y ha proyectado su consolidación a nivel municipal. Ya se han celebrado asambleas nacionales de activistas de los CDS y de la ATC, y se ha formado un consejo nacional provisional de los CDS. Se han programado congresos de los CDS y de la CST para los primeros meses de 1980.

Pero la burguesía nicaragüense se opone enconadamente a dar cualquier autoridad gubernamental a estas organizaciones, insistiendo que no son más que organizaciones del FSLN. Esta disputa se ha convertido en un debate público.

La coordinación y centralización de estas organizaciones de masas a nivel municipal, departamental y nacional —junto con la ampliación del control obrero a todos los ámbitos de la producción y actividad económica, tanto en el sector privado como en el nacionalizado— debilitaría aún más al poder económico y social de los capitalistas, y agudizaría la confrontación de clases. Tales medidas prepararían el camino hacia la creación de un estado obrero basado en las organizaciones de masas, así como un control obrero generalizado que evolucionara hacia la gestión obrera, al establecerse la participación democrática de los trabajadores en la planificación económica y social a nivel nacional.

Las posibilidades de desarrollo hacia la democracia obrera institucionalizada en este sentido demuestran que es un error sectario exigir que el gobierno nicaragüense convoque a elecciones para una asamblea constituyente. Las fuerzas de izquierda que plantean esta consigna promueven la idea falsa de que el gobierno sandinista es un gobierno burgués de coalición, o que el FSLN está privando a las masas de sus derechos democráticos para reconsolidar el poder burgués. Pero son los propios sectarios los que tratan de imponer un esquema infundado como alternativa al proceso en el cual el pueblo trabajador nicaragüense ya ha comenzado a afirmar su propio poder contra la fuerza del enemigo de clase. No es casual que, entre sus quejas contra los sandinistas, la burguesía repite variaciones sobre el mismo tema.

El hecho de que el FSLN ha declarado su intención de desarrollar las organizaciones de masas como la base del poder popular en Nicaragua propicia la situación más favorable, como ha explicado *Barricada*, para que las mayorías puedan crear "sus propios medios de resolver sus problemas políticos, sociales y económicos", "para defenderse contra sus enemigos y consolidar la revolución". Esta dinámica de la revolución es la que provocará la mayor oposición de los capitalistas, quienes exigirán que la junta tome medidas para regular y frenar la ampliación del poder de las organizaciones de masas.

11. El éxito que tenga el FSLN, así como los obreros revolucionarios que se le unan, en la construcción de un partido de vanguardia basado en las masas será un factor vital que aumentará las posibilidades de que el gobierno obrero y campesino culmine con la creación de un estado obrero que pueda luchar consecuentemente para defender y extender la revolución. Para consolidar los logros de la revolución, no hay elemento más importante que la formación de un partido de la clase obrera en Nicaragua, que tome la dirección política en la construcción de un sistema centralizado de consejos democráticos de obreros y campesinos para asumir el poder gubernamental.

La lucha contra el sabotaje capitalista y por la reconstrucción de Nicaragua exigirá un intercambio cada vez más amplio de ideas entre los trabajadores sobre qué rumbo seguir para solucionar sus problemas. El máximo de democracia y el fomento de un ambiente propicio a la libre expresión de ideas fortalecerá la revolución y el compromiso de las masas con ella. Es la única forma de aprovechar plenamente las aptitudes de los obreros y campesinos, quienes deben ser integrados más y más al movimiento revolucionario hasta llegar a ser la abrumadora mayoría de sus cuadros y de sus dirigentes.

Es natural que aparezcan distintas corrientes de opinión, aun entre los obreros más avanzados que colaboran en la construcción de su partido de vanguardia. Surgirán diversas tendencias o partidos, reflejando el desarrollo desigual de la conciencia de clase entre los obreros. Los sandinistas saben por su propia experiencia que entre revolucionarios pueden surgir tendencias y discrepancias políticas, incluso muy marcadas.

Sin embargo, al impacientarse con los graves errores políticos y la conducta frecuentemente provocadora de ciertas organizaciones sectarias, el FSLN hizo declaraciones públicas en septiembre y octubre de 1979 que asociaban a estos grupos con los somocistas. Durante la campaña contra el terrorismo derechista, lanzada bajo la consigna "Controlar al somocismo, defender la revolución", los "ultraizquierdistas" fueron mencionados en discursos por la radio y en *Barricada* como parte de las fuerzas contrarrevolucionarias que había que aplastar. El gobierno arrestó y tomó otras medidas administrativas contra miembros de algunas de estas organizaciones, sin presentar pruebas de los crímenes, reales o probables, que pudieran justificar dichas medidas.[17]

Ya para noviembre se estaba evidenciando una modificación en la forma en que el FSLN trataba a las organizaciones dirigidas por grupos sectarios. Los dirigentes del FSLN anunciaron que las pruebas ahora indicaban que los atracos de bancos, atribuidos anteriormente a las Milicias Populares Antisomocistas (MILPAS), habían sido cometidos por somocistas que se hacían pasar por izquierdistas. A pesar de ciertas declaraciones contradictorias, los discursos de algunos dirigentes del FSLN mencionaban propuestas de iniciar un "diálogo" con los grupos sectarios. Además, todos los detenidos fueron excarcelados.

No obstante, los dirigentes del FSLN aún no han hecho una clarificación política definitiva en público sobre este asunto importante.

Los estalinistas pro-Moscú en Nicaragua, que siempre habían tildado al FSLN de "ultraizquierdista", seguirán planteando una perspectiva que tiende a la supresión de la democracia obrera. En realidad sus ataques van dirigidos contra las masas trabajadoras y todos los revolucionarios —sobre todo el FSLN— ya que ellos plantean el objetivo de detener la revolución en la etapa "democrático-burguesa". Toda política represiva en el seno del movimiento obrero le haría el juego a estos estalinistas.

Además, al poner en el mismo plano al somocismo y a la contrarrevolución, por un lado, y a aquellos izquierdistas que están influenciados por presiones e ideas pequeñoburguesas, por el otro, se puede subestimar el peligro representado por el verdadero enemigo de clase: los capitalistas que apoyaron a Somoza, los que se opusieron a Somoza por cualquier razón, y sus poderosos aliados en Estados Unidos. Al intensificarse la polarización de clases, serán las fuerzas de la burguesía las que encabezarán la contrarrevolución.

La dirección revolucionaria debe saber distinguir entre las fuerzas de izquierda que actúan dentro del marco de la revolución y las fuerzas de izquierda —y sí las habrá— que descrtarán, pasando al campo del enemigo de clase y cometiendo crímenes contra la revolución.

Los problemas que la revolución nicaragüense enfrenta ahora y que debe atacar inmediatamente son reales y no se pueden descartar a la ligera. A veces es necesario hacer concesiones tácticas a los capitalistas a fin de evitar reveses económicos y confrontaciones prematuras.

Los grupos sectarios se equivocan por su tendencia de catalogar estas concesiones necesarias como violación de principios o traición a la revolución. Este tipo de concesiones son una necesidad vital en Nicaragua. Al mismo tiempo, estas organizaciones sectarias pueden reflejar, aunque de manera distorsionada, los sentimientos de ciertos sectores de las masas. A fin de dirigir consecuentemente a las masas, la vanguardia revolucionaria debe explicar abiertamente sus criterios a los obreros y campesinos cuando considere que las concesiones son necesarias.

Un aspecto importante de este proceso de interacción entre las masas y su vanguardia consiste en confrontar políticamente a los ultraizquierdistas sectarios y explicar los errores de sus propuestas infantiles. Cualquier medida represiva obstaculiza este proceso de clarificación política y dificulta aún más la tarea de ganar a estos cuadros a una perspectiva verdaderamente revolucionaria.

Además, los obreros y campesinos tomarán iniciativas que sobrepasarán los planes inmediatos de la dirección. Esto es uno de los elementos determinantes de todos los alzamientos y triunfos revolucionarios. La capacidad de la dirección de responder positivamente a estas iniciativas, a fin de impulsar el proceso, será un elemento primordial en la consumación de los objetivos de la revolución.

Las medidas contradictorias tomadas por el FSLN a fines de 1979 tendientes a la represión contra sus opositores izquierdistas representan una excepción al rumbo revolucionario que han seguido hacia el desarrollo de organizaciones populares de masas y el respeto a los derechos democráticos. Si prevalece esta tendencia general, la trayectoria de la revolución nicaragüense en este aspecto importante representará un avance significativo en comparación a Cuba revolucionaria. También podría estimular en Cuba una tendencia hacia el desarrollo de organismos democráticos de poder proletario basado en consejos de obreros y campesinos.

Hacia un estado obrero

12. Dada la crítica situación económica en Nicaragua, uno de los objetivos más apremiantes del gobierno ha sido la restauración de una mínima producción en las industrias privadas y en las fincas grandes y medianas que permanecen en manos de sus dueños. El gobierno ha pedido ayuda de todos los países del mundo para obtener créditos y alimentos.

Sin embargo, como lo ha demostrado el ejemplo de Cuba, no se pueden satisfacer las necesidades de las masas si se mantiene la propiedad privada en los principales medios de producción. Las leyes de la acumulación capitalista deformarán la economía del país, subordinando el auténtico desarrollo económico y el mejoramiento social a la búsqueda de lucro y a la explotación imperialista. Esto sería el resultado inevitable de todo intento de mantener una "economía mixta" como la que describe el programa de la JGRN del 9 de julio.

Por lo tanto, la reconstrucción de Nicaragua en beneficio de los obreros y los campesinos pobres exige una serie de medidas: ampliar el control obrero de la producción; hacer que el peso de los impuestos recaiga sobre los explotadores; rechazar los intentos de las instituciones financieras imperialistas de usar la deuda externa como medida de presión; nacionalizar los latifundios, las industrias y las grandes empresas que continúan en manos privadas; desarrollar los CDS y los sindicatos, y ampliar su autoridad; expropiar los bancos y las empresas imperialistas; y establecer un monopolio en el comercio exterior, sentando así las bases para una verdadera planificación económica y social.

Es por este camino que puede ser destruido el sistema de acumulación capitalista y explotación del trabajo. Una vez superada la coyuntura cualitativa al establecerse un estado obrero, las relaciones capitalistas de propiedad podrían ser restauradas únicamente en una guerra civil total que exigiría una intervención militar masiva y brutal por parte del imperialismo.

Desde luego, estas medidas marcarían la confrontación final con la burguesía nicaragüense y con todos sus partidarios en Washington y Wall Street. El FSLN ha actuado correctamente al reconocer que todo paso en esta dirección debe ir acompañado —y debe ser precedido— por la elevación del nivel de conciencia y organización del pueblo trabajador. La lucha de clases tiene que ser llevada a las zonas rurales. Tienen que ser ampliados y fortalecidos los CDS, la CST, la ATC, el ejército sandinista y las nuevas organizaciones de la juventud y de la mujer. Las nuevas milicias deben ser establecidas y entrenadas. Hay que construir el nuevo partido. Todo esto requiere tiempo, y un enfrentamiento prematuro puede hacer retroceder el proceso en lugar de hacerlo avanzar.

Si bien sería aventurero tratar de apresurar forzadamente el paso de la lucha de clases, también es cierto que el ritmo de la polarización y confrontación no puede ser controlado mediante planes preconcebidos. El ritmo será dictado por los golpes y contragolpes entre las masas y el FSLN por un lado, y los explotadores por el otro. Con cada nueva medida dirigida contra la propiedad y el poder de los terratenientes y empresarios, crece la probabilidad de que alguna sección de la burguesía arroje el guante. Además de las medidas radicales que tome el gobierno, los propios obreros y campesinos —que vienen sufriendo opresión económica, sabotaje capitalista y dislocación social— tomarán iniciativas en el campo, en sus fábricas y en sus barrios.

Así lo demuestra la historia de la revolución rusa, la revolución cubana y demás revoluciones socialistas; se acelera la interacción dialéctica entre el liderazgo y las iniciativas y respuestas de las masas, frecuentemente imprevistas por la dirección.

Sobre todo en situaciones revolucionarias, la historia confirma la observación hecha por Federico Engels de que cuando se ponen en marcha fuerzas controladas, inevitablemente se desencadenan fuerzas descontroladas. Ninguna clase de preparativos políticos puede suprimir esta consecuencia de la lucha de clases. Dichos preparativos deben enfocarse en elevar la confianza y la disposición de las masas para *responder* a nuevas situaciones defendiendo sus conquistas e impulsando la lucha. Es ahí donde tendrán peso decisivo la conciencia, organización y movilización de las masas. Es correcto hacerle concesiones al enemigo de clase cuando la correlación de fuerzas no deja otro recurso. Pero a las masas hay que decirles la verdad sobre estas concesiones, para que estén mejor preparadas para rechazar los peligros que las acompañan.

Todo esto subraya la necesidad de un partido proletario revolucionario y marxista que unifique y dirija a los trabajadores y a sus aliados para cumplir estas tareas y derrotar a su enemigo de clase. El reclutamiento de los primeros cuadros de este partido, a partir de los líderes y las bases del FSLN, no solo facilitaría la reconstrucción socialista de Nicaragua sino que sería un avance para todo el movimiento obrero internacional en la lucha por resolver la crisis histórica de dirección proletaria.

13. La revolución en Nicaragua y la evolución política del FSLN le presentan enormes oportunidades y responsabilidades a la Cuarta Internacional.[18] Estos acontecimientos nos plantean nuevas pruebas en nuestra lucha por estar a la altura de nuestra tarea histórica: resolver la crisis de dirección de la clase obrera mundial construyendo un partido internacional de la revolución socialista. Los cuadros del movimiento trotskista mundial son el núcleo irreemplazable de ese partido proletario mundial. Promovemos el programa y el método de transición leninistas que son indispensables para la victoria de los trabajadores ante la catástrofe económica y social y la aniquilación nuclear que de lo contrario el imperialismo desataría contra la humanidad.

Sin embargo, debido a los crímenes y las obstrucciones de la socialdemocracia y del estalinismo, la construcción de una internacional proletaria revolucionaria de masas es una tarea que todavía está en sus etapas iniciales. El desarrollo de corrientes revolucionarias que dejan de lado al estalinismo, como en Cuba y ahora en Nicaragua, son por ende de suma importancia para la Cuarta Internacional y para el futuro desarrollo de nuestras posibilidades y de nuestro programa revolucionario.

Como explicó Trotsky, en la agonía mortal del capitalismo siempre surgirán *revolucionarios de acción* templados por las batallas de clase que provoca la insaciable sed de ganancias de los explotadores. Estos combatientes surgirán no solo de la lucha antiimperialista, sino del movimiento obrero y de otras organizaciones de los oprimidos en los países imperialistas. La historia juzgará a la Cuarta Internacional de acuerdo a nuestra capacidad de vincularnos a estas corrientes, integrarnos a ellas, aprender de ellas, ayudar a foguearlas políticamente con el programa leninista, y construir así el partido proletario mundial que pueda confrontar a los imperialistas en la batalla y derrotarlos.

Siguiendo este eje estratégico de lucha, reconocemos a

la dirección del FSLN como compañeros revolucionarios que ya han demostrado su internacionalismo, su deseo de avanzar hacia una Nicaragua socialista y su intención de construir un partido de vanguardia. Sobre esta base, la Cuarta Internacional busca formas de colaboración política con ellos en torno a todos los grandes problemas que enfrentan los trabajadores de Nicaragua y del mundo entero.

Este curso es diametralmente opuesto al que han adoptado diversas organizaciones que se reclaman del trotskismo: la Fracción Bolchevique, la Organización Socialista de los Trabajadores (OST) de Costa Rica y su organización hermana nicaragüense, el Grupo Revolucionario Socialista (GRS), y la Liga Marxista Revolucionaria (LMR) en Nicaragua.[19] Reducida a sus elementos esenciales, la línea política de estos cuatro grupos ha sido de oponerse al nuevo gobierno nicaragüense, calificándolo como gobierno burgués y planteando la construcción de partidos políticos en oposición al partido proyectado por el FSLN.

La Brigada Simón Bolívar (BSB), formada bajo la dirección de la Fracción Bolchevique, llevó esta línea sectaria hasta el punto de una aventura criminal, enviando a Nicaragua y manteniendo allí un contingente armado que no estaba bajo la disciplina ni del nuevo ejército revolucionario ni de las milicias populares. La BSB se presentó falsamente como contingente del FSLN para ganarse la simpatía del pueblo. En consecuencia, la dirección del FSLN —después de haber intentado convencer a la BSB de asumir su lugar entre las fuerzas que tratan de impulsar la revolución y que respetan la legalidad revolucionaria— expulsó del país a los miembros de la Brigada que no eran nicaragüenses.

Cuando los organismos dirigentes de la Cuarta Internacional llamaron al orden a la Fracción Bolchevique por sus acciones indisciplinadas y desleales —acciones que no fueron ideadas para promover los intereses de los obreros y campesinos de Nicaragua— la Fracción Bolchevique organizó una escisión en vísperas del Congreso Mundial de la Internacional. Los dirigentes de la LMR nicaragüense y de la OST costarricense se han sumado a esta escisión y ahora pretenden organizar una "conferencia mundial" fraudulenta con otros grupos sectarios que se reclaman trotskistas y que comparten el mismo desprecio e incomprensión sectarios de la revolución nicaragüense.

La Cuarta Internacional condena y repudia las actividades de la Brigada Simón Bolívar y rechaza la línea política de la Fracción Bolchevique, la LMR y la OST hacia la revolución nicaragüense. La Cuarta Internacional no cuenta con fuerzas organizadas en Nicaragua: las actividades de los grupos recién mencionados se organizaron más allá de la orientación de los organismos directivos electos de la Cuarta Internacional y sin ninguna colaboración con éstos. Como se señaló anteriormente, estos grupos se han escindido de la Cuarta Internacional. La política de estos grupos es diametralmente opuesta a la de la Cuarta Internacional y no puede hacer más que perjudicar las posibilidades de lograr un público receptivo a las ideas del trotskismo en Nicaragua y de promover nuestra perspectiva partidista internacional.

Los partidarios de la Cuarta Internacional presentan sus ideas como militantes leales y dedicados, dentro del marco de la organización que dirigió el derrocamiento de Somoza y que hoy está conduciendo el avance de la revolución.

Al presentar nuestro programa y nuestras perspectivas, la Cuarta Internacional se sitúa firmemente del lado del FSLN en la batalla que éste impulsa a fin de promover y lograr la victoria de la revolución socialista en Nicaragua. Con relación a esto, nuestras principales contribuciones son:

• la participación activa dentro y fuera de Nicaragua en los esfuerzos por reconstruir el país y defender la revolución de todos sus enemigos, principalmente el imperialismo norteamericano;

• el desarrollo de los sindicatos, de las organizaciones de masas y de los consejos democráticos de obreros y campesinos para involucrar a las masas en la toma de decisiones y fortalecer la revolución; y

• la participación leal en los esfuerzos del FSLN por construir un partido proletario revolucionario, presentando el programa leninista para avanzar hacia el partido mundial de la revolución socialista, cuya construcción será decisiva para derrotar la explotación y la opresión a escala internacional.

Ayuda a Nicaragua

14. Fuera de Nicaragua, la Cuarta Internacional y sus secciones movilizarán todas sus fuerzas para desarrollar campañas amplias y unitarias de solidaridad y asistencia a la revolución nicaragüense, ayudando a defenderla de la amenaza de una contrarrevolución orquestada por el imperialismo. Parte integral de esto será una campaña contra el bloqueo y demás actos hostiles contra Cuba revolucionaria. Trabajaremos enérgicamente con otras fuerzas para lograr la participación del movimiento sindical, de las organizaciones de granjeros, de organizaciones de las minorías nacionales oprimidas, de grupos de mujeres, de organizaciones juveniles y otras agrupaciones en un enorme esfuerzo por divulgar la verdad sobre lo que está aconteciendo en Nicaragua y movilizar la solidaridad y la ayuda para el pueblo nicaragüense.

Es una responsabilidad de especial importancia para los militantes de la Cuarta Internacional en América Latina, donde es mayor el impacto directo de la revolución nicaragüense, y en Estados Unidos, cuya clase dominante no solo instaló y mantuvo a Somoza en el poder sino que representa actualmente el más poderoso enemigo de la revolución. Al colocarnos en las primeras filas de tal campaña de solidaridad y ayuda, la Cuarta Internacional contribuirá a reavivar el ejemplo de internacionalismo proletario demostrado por el movimiento mundial contra la guerra imperialista en Vietnam.

Exigiremos que los gobiernos imperialistas proporcionen toda la ayuda económica, agrícola o médica que pida el gobierno nicaragüense, y que esta ayuda sea canalizada incondicionalmente a las organizaciones gubernamentales y populares. Apoyamos la propuesta presentada por el Comandante Daniel Ortega ante Naciones Unidas, de que la deuda de Nicaragua debe ser asumida por los países desarrollados, "especialmente por los que alimentaron al somocismo con el financiamiento". Esto significa exigir que los gobiernos imperialistas y las instituciones financieras del imperialismo anulen todas las deudas de Nicaragua.

La Cuarta Internacional llama a las organizaciones de masas de los obreros y campesinos en todo el mundo a proporcionar recursos para ayudar a sus hermanos y hermanas nicaragüenses.

Sabemos que la solidaridad política y material puede ser decisiva para el desenlace del proceso revolucionario en Nicaragua. Los pasos tomados por el FSLN para alentar una campaña internacional de este tipo demuestran que el Frente también reconoce este hecho.

La Cuarta Internacional además entiende que la revolución socialista iniciada en Nicaragua es un paso importante para combatir el aislamiento de Cuba y acelerar las perspectivas revolucionarias en toda Centro y Sudamérica y en el Caribe.

Por último, sabemos que la creación del segundo estado obrero del hemisferio occidental debilitaría aún más al imperialismo mundial, inspiraría y educaría a los oprimidos y explotados en todo el mundo, y ganaría un valioso espacio de tiempo para que los obreros en los países capitalistas avanzados tomaran el poder político de manos de los explotadores y guerreristas y abrieran el camino a un pacífico y próspero futuro socialista para toda la humanidad.

15. El desenlace de la creciente confrontación de clases en Nicaragua afectará profundamente a los obreros y campesinos cubanos, así como la visión de su liderazgo. Ahora el porvenir de ambas revoluciones está inextricablemente unido.

La creación de un estado obrero en Nicaragua permitiría dar otro gigantesco paso en la lucha por resolver la crisis de dirección del proletariado mundial. Tendría un impacto inmediato y positivo dentro de Cuba, y su peso se sentiría en todo el Caribe y Centroamérica. Impulsaría el desarrollo de fuerzas revolucionarias; las fortalecería en su conflicto con los traidores estalinistas y socialdemócratas, y con los vaciladores centristas.

Aumentarían así las posibilidades de un proceso que podría llevar a la dirección de Castro, al FSLN y a otros revolucionarios a forjar vínculos con la Cuarta Internacional para dar pasos hacia la construcción de un partido mundial de masas de la revolución socialista.

La Cuarta Internacional debe prepararse para la confrontación que se avecina en los próximos meses. Todo paso decisivo hacia la formación de un estado obrero en Nicaragua implicará una confrontación frontal con las burguesías centroamericanas y con el poderío del imperialismo yanqui. La dirección de la revolución cubana enfrentará una de las mayores pruebas desde la crisis de octubre de 1962.[20] Todas las corrientes que se reclaman revolucionarias serán sometidas a la prueba de fuego.

Hoy son los heroicos obreros y campesinos de Nicaragua los que están en las primeras trincheras de la revolución socialista mundial que avanza hoy día. Nosotros seremos juzgados por nuestra capacidad de responder con valor y decisión, de lanzar nuestras fuerzas a la batalla sin vacilación ni demora, de movilizar y dirigir a todos los que podamos influenciar. Unicamente por este camino podremos avanzar en la construcción del partido mundial de la revolución socialista.

LA CONFRONTACION QUE SE AVECINA EN EL CARIBE

DE UN LADO SE ENCUENTRAN los millones de obreros y campesinos que han dicho "¡basta!" a la miseria y a la tiranía que durante décadas les han impuesto Washington y Wall Street. Del otro lado está el gobierno norteamericano, representante de los intereses capitalistas cuyas ganancias crecen gracias a la superexplotación de los pueblos de América Latina. Washington está tratando urgentemente de tener las manos libres para usar fuerza militar en escala masiva contra el avance de los combatientes revolucionarios.

La revolución socialista, que amaneció en América con la victoria cubana de 1959, ahora se está extendiendo en Nicaragua. Un gobierno de tendencia revolucionaria ha tomado el poder en la isla de Granada. Los obreros y campesinos salvadoreños se están alzando, con las armas en la mano, decididos a seguir el mismo camino.

Estas luchas libertadoras desafían el derecho de las

El Comité Nacional del Partido Socialista de los Trabajadores emitió la siguiente declaración pública el 24 de mayo de 1980.

grandes corporaciones norteamericanas a enriquecerse a expensas de la mano de obra y de los recursos naturales de los pueblos al sur de la frontera de Estados Unidos. Washington por lo tanto está decidido a impedir que Nicaragua sea otra Cuba y que El Salvador sea otra Nicaragua.

Al negarse tercamente a que los pueblos de Centroamérica y del Caribe manejen su propio gobierno, controlen sus propios recursos naturales y decidan su propio destino, Washington está creando un grave peligro de guerra. Porque los imperialistas norteamericanos saben que en última instancia *están obligados* a lanzar su poderío militar al campo de batalla; de otra manera, arriesgan "perder" El Salvador y otros países a los pueblos que allí viven y trabajan. No basta con armar a los serviles dictadores locales, como fue demostrado el año pasado cuando el sha de Irán y Somoza, el títere de Washington en Nicaragua, fueron derrocados por inmensas insurrecciones populares.

Hay tres grandes obstáculos a los planes bélicos de Washington:

• la oposición de los trabajadores en Estados Unidos a luchar y morir en otra guerra como la de Vietnam.

• la abrumadora oposición del pueblo trabajador de toda América Latina a ser intimidado por cañoneros yanquis, y

• la solidaridad del gobierno y pueblo revolucionarios de Cuba con todos los que están siendo atacados por el imperialismo.

Por lo tanto, al mismo tiempo que aumenta la presencia militar norteamericana en Centroamérica y el Caribe, el presidente James Carter ha desatado una ofensiva propagandística de calumnias contra Cuba para convencer al pueblo trabajador de que la extensión de la revolución cubana hará peligrar la libertad.

Por su parte, Cuba revolucionaria ha respondido con las movilizaciones más grandes que se han visto en toda la historia de América Latina. En la más reciente —la Marcha del Pueblo Combatiente del 17 de mayo— participaron unas cinco millones de personas, la mitad de la población de la isla. "Como Cuba, Vietnam y Nicaragua: El Salvador vencerá", declararon. "Jamás nos rendiremos". Y, "Fidel, pichea, que Carter no batea".

Es indudable que Carter no puede movilizar a cinco millones de norteamericanos —ni siquiera una fracción de esa cifra— en apoyo a su política en América Latina. Y esto no debe extrañar a nadie.

¿Por qué deberíamos los trabajadores en Estados Unidos luchar contra nuestros hermanos y hermanas en América Latina? *Nosotros* no somos dueños de un solo ingenio azucarero, ni de una sola plantación, ni de una sola mina de cobre, ni de una sola fábrica en esta región. Las ganancias que se extraen a expensas del sudor y la sangre de los obreros y campesinos latinoamericanos nunca llegan a *nuestros* bolsillos. El saqueo de la explotación imperialista solo hacen más fuertes a las mismas grandes corporaciones norteamericanas que atacan nuestros salarios, nuestros empleos y nuestros derechos sindicales en este país.

¿Por qué deberían los negros de Estados Unidos ir a la guerra contra Cuba —la única sociedad en América que ha desarraigado el racismo—, contra Granada —el primer territorio negro libre en el Caribe— o contra Nicaragua, que trata a sus minorías nacionales con igualdad y dignidad por primera vez en su historia?

¿Por qué debería la juventud norteamericana servir de carne de cañón en una lucha contra estas sociedades revolucionarias, donde se da la máxima prioridad a la alfabetización y a la educación, y donde la juventud está forjando su futuro libre de explotación y de injusticia?

Para ver qué posición debemos asumir los trabajadores en Estados Unidos, hay que despejar la nube de mentiras fabricada por Washington y examinar lo que realmente ha estado aconteciendo en Centroamérica y el Caribe.

Se inicia la revolución socialista

Hace veintiún años, Cuba rompió las cadenas del dominio imperialista. La revolución socialista ha permitido tremendos avances sociales y económicos: trabajo para todos, servicios médicos gratuitos, educación gratuita para todos, bajos alquileres, la prohibición de la discriminación racista y grandes adelantos hacia la igualdad de derechos de la mujer. Todo esto a pesar del bloqueo impuesto por Washington y la horrible pobreza que prevalecía en Cuba, como en todos los países de América Latina, bajo el imperialismo norteamericano.

Cuba se convirtió en una luz brillante para los obreros y campesinos de todo el hemisferio, demostrando lo que se puede lograr al librarse de la dominación extranjera y al eliminar el capitalismo. Su prestigio entre los oprimidos ha crecido aún más con el envío de brigadas de maestros, médicos y técnicos para ayudar a otros países a combatir el legado amargo de opresión imperialista, y con el envío de combatientes internacionalistas para ayudar a países como Angola a luchar contra los soldados del imperialismo.

Ni la invasión militar, ni el sabotaje, ni los complots de asesinatos, ni los intentos de asfixiar su economía han logrado aplastar esta revolución. Washington tampoco ha logrado quebrantar el espíritu revolucionario de los obreros y campesinos cubanos o de su dirección.

Extensión de la revolución

Durante dos décadas el gobierno cubano ha llevado a cabo una política exterior internacionalista. Ha intentado *defender* a Cuba mediante la *extensión* de la revolución socialista.

Hoy Cuba ya no está sola en las Américas. Como dijo hace poco Fidel Castro, "Granada, Nicaragua y Cuba son tres gigantes que se levantan para defender su derecho a la independencia, a la soberanía y a la justicia, en las puertas mismas del imperialismo".

El gobierno que los obreros y campesinos nicaragüenses pusieron en el poder el verano pasado, bajo la dirección del Frente Sandinista de Liberación Nacional (FSLN), está impulsando medidas sociales y económicas para mejorar la vida de la abrumadora mayoría del pueblo. El mayor esfuerzo actual a nivel nacional es la cruzada de alfabetización, destinada a enseñarle a leer y escribir a más de la mitad de la población.

El gobierno dirigido por el FSLN ha puesto en primer plano los intereses de los obreros y campesinos, pese a la resistencia de los capitalistas. Los sandinistas han confiado ante todo en la movilización, la organización y la educación clasista del pueblo trabajador.

Los dirigentes del FSLN, basándose en las experiencias de sus precursores cubanos, están trazando conscientemente un camino hacia la consolidación del segundo estado obrero en el hemisferio occidental.

En Granada, el gobierno dirigido por el Movimiento de la Nueva Joya ha defendido su derecho de tomar a Cuba como modelo. Ha adoptado las mismas posiciones internacionalistas que Cuba frente a los principales problemas de la política mundial. La revolución que se desarrolla en Granada tiene un impacto especial entre los millones de negros en el Caribe, así como entre los negros en Estados Unidos.

Estas victorias revolucionarias han elevado la conciencia política, la confianza y la combatividad en toda la región, desde Honduras y Guatemala hasta Santa Lucía, Dominica, Guadalupe, Martinica, Puerto Rico y Belice. El movimiento más fuerte se ha desarrollado en El Salvador, donde hoy la clase obrera y los explotados del campo luchan por derrocar a la sanguinaria dictadura sostenida por el imperialismo norteamericano.

Los propios acontecimientos están educando y forjando a nuevos dirigentes de la lucha de clases. Miles de revolucionarios están tratando de asimilar las lecciones de Nicaragua y aplicarlas para poder hacer la revolución socialista en su propio país.

Como ha explicado Fidel, la extensión de la revolución socialista en este hemisferio también se siente profundamente en Cuba. Al dejar de estar solos y aislados, los cubanos en su gran mayoría están inspirados con una nueva confianza, nuevos bríos y dedicación revolucionaria.

Washington lanza amenazas militares

Estos mismos acontecimientos no hacen más que infundirle miedo, alarma y odio a la clase dominante de Estados Unidos. A lo largo de este siglo, los patrones norteamericanos han considerado el Caribe como su patio trasero. Las corporaciones en Estados Unidos reclaman el derecho de despojar a estos países de sus recursos naturales y de apropiarse de la riqueza que producen las masas de Centroamérica y el Caribe. Las ganancias de los amos capitalistas crecen a expensas de la salud, el bienestar y las libertades democráticas de los millones de personas que viven en la región.

El empeño en proteger las ganancias capitalistas a

toda costa explica la actual escalada de amenazas militares norteamericanas y la ola de mentiras y calumnias contra Cuba en los medios de comunicación.

A fines del año pasado, la administración Carter, recurriendo a la demagogia, puso el grito en el cielo por una supuesta "brigada de combate" soviética en Cuba. Desde luego, la prensa y los políticos capitalistas nunca mencionaron la ocupación de Guantánamo por la marina de guerra norteamericana, la cual viola descaradamente la soberanía cubana a pesar de que el pueblo y el gobierno de Cuba exigen que estas fuerzas sean retiradas de su suelo.

Después vinieron las maniobras militares norteamericanas en el Caribe, incluso el desembarco de marines estadounidenses en las playas de Guantánamo, que claramente fue un ensayo de invasión a la isla. Se incrementaron los vuelos de los aviones espías SR-71, en violación del espacio aéreo cubano. Y el Pentágono estableció un centro especial en Cayo Hueso, Florida, para centralizar sus operaciones militares con miras a intervenir en Centroamérica y el Caribe.

Luego, en abril de este año, Washington puso en marcha la maquinaria de la Gran Mentira, utilizando los sucesos en la embajada peruana en La Habana y la posterior emigración de miles de cubanos.[1] Los gobernantes norteamericanos pretendían convencer a los oprimidos del mundo de que la economía cubana está arruinada, de que las condiciones sociales son insoportables y que están empeorando, y de que una dictadura brutal esclaviza al pueblo cubano. De esta manera, los imperialistas querían empañar la imagen moral de la revolución cubana y socavar la solidaridad con esta revolución.

LAS NOTAS PARA ESTE ARTICULO COMIENZAN EN LA PAGINA 393.

Naturalmente, la prensa burguesa encubrió el hecho de que cada año millones de empobrecidas víctimas del imperialismo en toda América Latina buscan inmigrar a Estados Unidos debido al nivel de vida más elevado que existe en este país. En Cuba, miles de cubanos se fueron de la isla, pero otros millones se quedan por decisión voluntaria. Si el gobierno de Estados Unidos abriera sus fronteras a cualquier otro país latinoamericano, éste quedaría vacío de la noche a la mañana.

El gobierno cubano hizo que a Carter le saliera el tiro por la culata. Expuso, ante los ojos del mundo, el hecho de que es Washington el que obstaculiza a los cubanos que quieren salir de la isla, al negarles visas. Cuba reafirmó su postura de que todo cubano tiene libertad de emigrar. Como declaró Fidel el Primero de Mayo en La Habana, "La construcción del socialismo es tarea de hombres y mujeres absolutamente libres y absolutamente voluntarios".[2]

AL ABRIR EL PUERTO DE MARIEL, el gobierno cubano puso a Washington en un aprieto. ¿Aceptaría Carter a los miles de cubanos que llegaban en embarcaciones? El cambio abrupto de posición de la administración Carter —que al principio mantenía "los brazos abiertos" pero que ahora detiene a los que traen a cubanos a este país y que anuncia sus intenciones de deportar a miles de los cubanos recién llegados— indudablemente contribuirá a radicalizar a algunos de los cubanos que viven en Estados Unidos y quitarles ilusiones sobre la "libertad" capitalista.

La hipocresía de Washington resaltó aún más por su manera de tratar a los miles de haitianos a quienes la administración Carter les ha negado visas y asilo político. Este trato racista para inmigrantes negros ha recibido más publicidad nacional.

Los intentos de desprestigiar a la revolución cubana sufrieron otro golpe cuando la comunidad negra de Miami se rebeló contra la violencia policiaca y el racismo. En la misma ciudad donde están llegando decenas de miles de cubanos, éstos están viendo la dura realidad de la vida en la sociedad capitalista.[3]

Junto con su ofensiva propagandística, Washington lanzó los ejercicios militares *Solid Shield 80* en el Caribe. Esta operación fue aún más grande y provocadora que las maniobras norteamericanas del año pasado. Sin embargo, esta vez, tras la manifestación en la que participaron más de un millón de personas en Cuba el 19 de abril, Carter retrocedió y decidió no practicar la invasión de Cuba en Guantánamo.

Actualmente, Washington está incrementando su intervención militar en El Salvador para sostener a la dictadura en ese país frente a un levantamiento armado de los obreros y campesinos. Washington ha vertido millones de dólares en asistencia militar, junto con centenares de "asesores" norteamericanos. Con la colaboración de las dictaduras en Honduras y Guatemala, se están haciendo preparativos para una invasión militar en caso de que sea necesaria.

A fin de impedir que El Salvador siga el camino de Nicaragua, el gobierno de Estados Unidos está dispuesto a masacrar a decenas de miles de personas, como hizo antes al apoyar la matanza que desató Somoza durante el último año de su reino.

Washington también está esgrimiendo sus armas económicas en el Caribe. Aparte de su vengativo bloqueo contra Cuba, ha dirigido las medidas más brutales contra el pueblo de Jamaica. Washington está tratando de "desestabilizar" al gobierno de [Michael] Manley por las relaciones amistosas que éste mantiene con Cuba.

Bajo la presión de la crisis económica mundial, Jamaica se ha visto forzada a incurrir en préstamos por decenas de millones de dólares, con altas tasas de intereses, de los bancos imperialistas. Ahora los banqueros se niegan a conceder más préstamos porque el gobierno de Manley no acepta las medidas de austeridad que fueron dictadas en Washington.

Los banqueros están tratando de estrangular a los trabajadores de Jamaica y quieren tumbar al gobierno para reemplazarlo con un régimen que sirva más directamente los intereses del imperialismo. Pero es posible que a los imperialistas les salga el tiro por la culata y que estas medidas brutales provoquen una explosión revolucionaria de las masas jamaiquinas.[4]

Movilizaciones para defender la revolución

Los pueblos de Cuba, Nicaragua y Granada se preparan para defenderse y defender sus logros. Fidel ha dicho que si el imperialismo invade, se enfrentará a "un colosal Vietnam". Y todo cubano sabe, como juraron tantas veces durante aquel conflicto, que "por Vietnam daremos hasta nuestra propia sangre".

Los sandinistas y el Movimiento de la Nueva Joya también han declarado que considerarán un ataque contra uno de ellos, contra El Salvador o contra Cuba como un ataque contra ellos mismos.

Cuba, Nicaragua y Granada están fortaleciendo las milicias populares y organizando a la población entera para derrotar cualquier fuerza invasora.

Tres movilizaciones de masas en Cuba en un solo mes han demostrado ante el mundo el abrumador apoyo del que goza el gobierno revolucionario. Usando estos métodos clasistas, la dirección cubana ha aumentado al máximo las posibilidades de ganarse la simpatía y la solidaridad del pueblo trabajador en otros países.

Implicaciones para los trabajadores en Estados Unidos

Las agresiones de Washington en el Caribe y Centroamérica representan un peligro mortal para el pueblo trabajador de Estados Unidos y de todo el mundo. Son los trabajadores de este país los que lucharían y morirían en defensa de las ganancias de los patrones en cualquier nueva aventura al estilo de Vietnam.

No tenemos el menor interés en que se mantenga una base militar en territorio cubano. No nos beneficia para nada que la marina de guerra norteamericana use la isla puertorriqueña de Vieques para sus prácticas de bombardeo. A nosotros no nos beneficia el envío de soldados norteamericanos para aplastar a nuestros compañeros obreros y campesinos en Nicaragua y El Salvador.

Al contrario, las conquistas sociales de los trabajadores en Cuba, Nicaragua y Granada brindan un ejemplo inspirador al pueblo trabajador en este país. A nosotros nos conviene luchar aquí —como lo han hecho ellos en sus países— para llevar al poder a un gobierno que represente a *nuestra* clase y cumpla con *nuestros* intereses, no los de las grandes empresas.

Cada vez que los combatientes de Cuba y Nicaragua asestan golpes al imperialismo norteamericano, golpean a los mismos monopolios que nosotros enfrentamos en este país. Sus logros son nuestros logros. Sus conquistas son nuestras conquistas. Y sus luchas *fortalecen* nuestras luchas contra nuestro enemigo común.

Este es el reto que deben asumir el movimiento obrero, las organizaciones negras y latinas, las organizaciones que luchan contra la conscripción y contra las armas y centrales nucleares, los estudiantes y todos los que en este país apoyan el derecho de los pueblos latinoamericanos de decidir su destino:

Tenemos la responsabilidad de desenmascarar y contestar las mentiras fabricadas por Washington y la prensa.

Tenemos la responsabilidad de organizar la más amplia campaña de solidaridad y ayuda material para apoyar a nuestros hermanos y hermanas en Nicaragua en la reconstrucción de su país devastado por la guerra.

Tenemos la responsabilidad de impulsar urgentes protestas unitarias en el momento que Washington aumente sus amenazas o comience a desplegar sus fuerzas intervencionistas.

Los sindicatos y las organizaciones de los oprimidos deben de ponerse a la vanguardia de este esfuerzo.

Unámonos a los pueblos revolucionarios de toda América Latina para exigir:

¡Washington fuera de Guantánamo!

¡Alto a los vuelos espías!

¡Alto al bloqueo contra Cuba!

¡Washington: manos fuera de Centroamérica y el Caribe!

EL PROGRAMA HISTORICO DEL FSLN

por Carlos Fonseca

EL FRENTE SANDINISTA DE LIBERACION NACIONAL (FSLN) ha surgido de las necesidades del pueblo nicaragüense de tener una organización de vanguardia capaz de lograr, mediante la lucha frontal contra sus enemigos, la toma del poder político y el establecimiento de un sistema social que liquide la explotación y la miseria que ha padecido nuestro pueblo en el pasado histórico.

El FSLN es una organización político-militar cuyo objetivo estratégico es la toma del poder político mediante la destrucción del aparato militar y burocrático de la dictadura y el establecimiento de un gobierno revolucionario basado en la alianza obrero-campesina y el concurso de todas las fuerzas patrióticas antiimperialistas y antioligárquicas del país.

El pueblo de Nicaragua sufre el sojuzgamiento de una camarilla reaccionaria y fascista, impuesta por el imperialismo yanqui desde el año de 1932, año en que Anastasio Somoza García fue designado jefe director de

---

Este manifiesto fue publicado por primera vez en 1969.

la llamada Guardia Nacional.

La camarilla somocista ha reducido a Nicaragua a la condición de una neocolonia a la que explotan los monopolios yanquis y los grupos oligárquicos del país. El régimen actual es un régimen políticamente impopular y jurídicamente ilegal. Su reconocimiento y ayuda por parte de los norteamericanos constituye una prueba irrefutable de la injerencia extranjera en los asuntos de Nicaragua.

El FSLN ha analizado con seriedad y gran responsabilidad la realidad nacional y ha decidido enfrentarse a la dictadura con las armas en la mano, ya que hemos llegado a la conclusión de que el triunfo de la revolución popular sandinista y el derrocamiento del régimen, enemigo del pueblo, surgirá como consecuencia del desarrollo de una dura y prolongada guerra popular.

Cualesquiera que sean las maniobras y medios desplegados por el imperialismo yanqui, la dictadura somocista está condenada al fracaso total ante el avance y desarrollo impetuoso de las fuerzas populares encabezadas por el Frente Sandinista de Liberación Nacional.

Ante esta coyuntura histórica el FSLN ha trazado este programa político con miras a fortalecer y desarrollar nuestra organización, alentar y estimular al pueblo de Nicaragua para que marche hacia adelante, resuelto a luchar hasta derrocar a la dictadura y a resistir la intervención del imperialismo yanqui para forjar una patria libre, próspera y revolucionaria.

I. Un gobierno revolucionario

La revolución popular sandinista establecerá un gobierno revolucionario que liquidará la estructura reaccionaria originada por farsas electorales y golpes militares. El poder popular forjará una Nicaragua sin explotación, sin opresión, sin atraso; una patria libre, progresista e independiente.

El gobierno revolucionario dictará las siguientes medidas de índole política:

A. Dará al poder revolucionario una estructura que permita la plena participación de todo el pueblo, tanto a nivel nacional como a nivel local (departamental, municipal, comarcal).

B. Garantizará a todos los ciudadanos el ejercicio pleno de todas las libertades individuales y el respeto a los derechos humanos.

C. Garantizará la libertad de emisión del pensamiento, que conduzca primordialmente a la vigorosa difusión de los derechos populares y de los derechos patrios.

D. Garantizará la libertad para organizar el movimiento obrero-sindical en la ciudad y en el campo, libertad para organizar agrupaciones campesinas, juveniles, estudiantiles, femeninas, culturales, deportivas, etcétera.

E. Garantizará el derecho de los nicaragüenses emigrados y exiliados a retornar a suelo patrio.

F. Garantizará el asilo a los ciudadanos de otros países perseguidos por participar en la lucha revolucionaria.

G. Castigará severamente a los verdugos culpables de perseguir, delatar, ultrajar, torturar o asesinar a los revolucionarios y al pueblo.

H. Privará de sus derechos políticos a los individuos que ocupen altos cargos públicos a raíz de las farsas electorales y golpes militares.

El gobierno revolucionario dictará las siguientes medidas de índole económica:

A. Expropiará los latifundios, fábricas, empresas, edificios, medios de transporte y demás bienes usurpados por la familia Somoza y acumulados mediante la malversación y despojos de las riquezas de la nación.

B. Expropiará los latifundios, fábricas, empresas, medios de transporte y demás bienes usurpados por políticos y militares y todo tipo de cómplices que se han valido de la corrupción administrativa del régimen actual.

C. Nacionalizará los bienes de todas las compañías extranjeras que se dediquen a la explotación de los recursos minerales, forestales, marítimos y de otra índole.

D. Establecerá el control obrero en la gestión administrativa de las empresas y demás bienes expropiados y nacionalizados.

E. Centralizará el servicio de transporte colectivo.

F. Nacionalizará el sistema bancario, el cual estará al servicio exclusivo del desarrollo económico del país.

G. Establecerá una moneda independiente.

H. Desconocerá los empréstitos impuestos al país por los monopolios yanquis o de cualquier otra potencia.

I. Establecerá relaciones comerciales con todos los países, cualesquiera que sea el sistema que los rija, en beneficio del desarrollo económico del país.

J. Establecerá una adecuada política tributaria, la cual se aplicará con estricta justicia.

K. Prohibirá la usura. Esta prohibición incluirá tanto a nacionales como extranjeros.

L. Protegerá a los pequeños y medianos propietarios (productores, comerciantes) con restricción de los excesos que provoca la explotación de los trabajadores.

M. Establecerá el control estatal sobre el comercio exterior con miras a diversificarlo e independizarlo.

N. Restringirá rigurosamente la importación de artículos de lujo.

O. Planificará la economía nacional, poniendo fin a la anarquía característica del sistema capitalista de producción. Parte importante de dicha planificación se destinará a la industrialización y electrificación del país.

II. Revolución agraria

La revolución popular sandinista trazará una política agraria que realice una reforma agraria auténtica que en forma inmediata logre la redistribución masiva de la tierra, liquidando la usurpación latifundista en beneficio de los trabajadores (pequeños productores) que laboran la tierra.

A. Expropiará y liquidará el latifundio capitalista y feudal.

B. Entregará gratuitamente la tierra a los campesinos de acuerdo con el principio de que la tierra debe de pertenecer al que la trabaja.

C. Realizará un plan de desarrollo agropecuario encaminado a la diversificación e incrementación de la productividad de dicho sector.

D. Garantizará a los campesinos los siguientes derechos:

1. Crédito agrícola oportuno y adecuado.
2. Comercialización (aseguramiento de mercado para sus productos).
3. Asistencia técnica.

E. Protegerá a los patriotas propietarios de tierras que colaboren con la guerrilla, mediante la remuneración de sus tierras que excedan a lo establecido por el gobierno revolucionario.

F. Estimulará y fomentará a los campesinos para que se organicen en cooperativas, a efecto de que él mismo tome en sus manos su propio destino y participe directamente en el desarrollo del país.

G. Abolirá las deudas contraídas por el campesinado con el terrateniente y todo tipo de usurero.

H. Liquidará el paro forzoso que existe durante la mayor parte del año en el campo y velará por la creación de fuentes de trabajo para la población campesina.

III. Revolución en la cultura y la enseñanza

La revolución popular sandinista asentará las bases para el desarrollo de la cultura nacional, la enseñanza popular y la reforma universitaria.

A. Impulsará una campaña masiva para exterminar en forma inmediata el analfabetismo.

B. Desarrollará la cultura nacional y extirpará la penetración neocolonial en nuestra cultura.

C. Rescatará del olvido, en que han sido mantenidos por los regímenes impopulares, a los intelectuales progresistas y sus obras surgidas a lo largo de nuestra historia.

D. Atenderá el desarrollo y progreso de la enseñanza en los distintos niveles (primaria, intermedia, técnica, universitaria, etcétera). La enseñanza será gratuita en todos los niveles y obligatoria en algunos.

E. Concederá becas a los estudiantes de distintos niveles con escasos recursos económicos. Las becas incluirán vivienda, alimentación, vestuario, libros y transporte.

F. Forjará más y mejores maestros, con los conocimientos científicos que demanda la época actual, que puedan satisfacer a la totalidad de nuestra población estudiantil.

G. Nacionalizará los centros de enseñanza privados convertidos inmoralmente en industrias por mercaderes que hipócritamente invocan principios religiosos.

H. Adaptará los programas de enseñanza a las necesidades del país; aplicará métodos de enseñanza a las necesidades del país, experimentales y científicas.

I. Realizará una reforma universitaria que incluirá, entre otros, las siguientes demandas:

1. Rescatar a la universidad del dominio de las clases explotadoras, para servir al auténtico creador y forjador de nuestra cultura: el pueblo. La enseñanza universita-

ria debe de estar orientada en función del hombre, en función del pueblo. La universidad debe dejar de ser un vivero de egoístas burócratas.

2. Liquidar la discriminación que ha sufrido la juventud procedente de la clase obrera y campesina en el acceso a las aulas universitarias.

3. Multiplicar el presupuesto estatal para la universidad de manera que pueda solucionar económicamente los diversos problemas que afronta.

4. Representación mayorista de los estudiantes en las juntas de facultad, teniendo presente que el estudiantado constituye el sector principal de la población universitaria.

5. Liquidar la penetración neocolonial en la universidad, particularmente la que ejercen los monopolios norteamericanos a través de las limosnas donadas por las fundaciones seudofilantrópicas.

6. Promoción de una investigación libre, experimental, científica que debe contribuir a desentrañar la problemática nacional y universal.

7. Fortalecer la unidad de los estudiantes, catedráticos e investigadores con todo el pueblo, perpetuando el generoso ejemplo de los estudiantes e intelectuales que han ofrendado sus vidas en aras del ideal patriótico.

IV. Legislación laboral y seguridad social

La revolución popular sandinista liquidará las injusticias de las condiciones de vida y trabajo padecidas por la clase obrera bajo la brutal explotación en favor de la legislación laboral y asistencia social.

A. Promulgará un código laboral que reglamentará, entre otros, los siguientes derechos:

1. Promulgará la adopción del principio de "quien no trabaja no come", exceptuando lógicamente al que debi-

do a la edad (niños, ancianos), por prescripción médica u otra razón de fuerza mayor no esté en condiciones de participar en el proceso de producción.
2. Apego estricto a la jornada de ocho horas de trabajo.
3. Los ingresos del trabajador (salarios y demás prestaciones) deberán ser suficientes para satisfacer sus necesidades diarias.
4. Respeto a la dignidad del trabajador, prohibiendo y castigando el trato injusto a éste en el desempeño de su labor.
5. Abolir los despidos injustificados.
6. Obligación de cancelar los salarios en el plazo legal.
7. Derecho de todos los trabajadores a vacaciones periódicas.

B. Liquidará el flagelo de la desocupación.

C. Extenderá la atención de la seguridad social a todos los obreros y empleados públicos del país. La atención incluirá los casos de enfermedades, incapacidad física y jubilación.

D. Prestará asistencia médica gratuita a toda la población. Instalará clínicas y hospitales en todo el territorio nacional.

E. Emprenderá campañas masivas para erradicar las enfermedades endémicas y prevenir las epidémicas.

F. Realizará la reforma urbana, que entregará a cada familia una vivienda adecuada. Pondrá fin a la usurera especulación del espacio urbano (lotificación, urbanización, casas de alquiler, etcétera), que explota la necesidad de las familias trabajadoras de la ciudad a disponer de un techo adecuado para vivir.

G. Iniciará y desarrollará la construcción de viviendas adecuadas para la población campesina.

H. Reducirá las tarifas por concepto de agua, luz, al-

cantarillado, ornato; aplicará programas para extender todos estos servicios a la totalidad de la población urbana y rural.
I. Fomentará la práctica de los deportes en todas las clases y categorías.
J. Eliminará la humillante mendicidad poniendo en práctica las medidas antes mencionadas.

V. Honestidad administrativa

La revolución popular sandinista extirpará la corrupción administrativa gubernamental y establecerá una estricta honestidad administrativa.

A. Abolirá la criminal industria del vicio (prostitución, juegos de azar, expendio de drogas, etcétera), que explotan el sector privilegiado de la Guardia Nacional y los parásitos extranjeros.

B. Establecerá un estricto control de la recaudación de los impuestos para impedir el lucro de funcionarios gubernamentales, lo cual pondrá fin a la práctica usual de las dependencias oficiales del régimen actual.

C. Terminará con el arbitrario negocio de los miembros de la Guardia Nacional que despojan a la población mediante el cobro de impuestos locales.

D. Pondrá fin al negocio que representa para los comandantes militares la apropiación del presupuesto destinado a la atención de los prisioneros comunes, y llevará a cabo la instalación de centros adecuados para la rehabilitación de tales delincuentes.

E. Abolirá el contrabando practicado en gran escala por la pandilla de políticos, militares y extranjeros cómplices del régimen.

F. Castigará severamente a las personas que incurren en delitos contra la honestidad administrativa (desfalcos, contrabando, explotación de vicios, etcétera), severidad que será mayor cuando se trate de elementos que militen en el movimiento revolucionario.

VI. Reincorporación de la Costa Atlántica

La revolución popular sandinista pondrá en práctica un plan especial a favor de la Costa Atlántica, sumida en el máximo abandono, para incorporarla a la vida de la nación.

A. Terminará con la explotación inicua que ha sufrido la Costa Atlántica durante toda su historia por los monopolios extranjeros, particularmente por el imperialismo yanqui.

B. Acondicionará las tierras adecuadas de la zona para el desarrollo de la agricultura y la ganadería.

C. Aprovechará las condiciones favorables para impulsar el desarrollo de la industria pesquera y forestal.

D. Estimulará el florecimiento de los valores culturales locales de esa región, provenientes de los aspectos originales de su tradición histórica.

E. Aniquilará la odiosa discriminación de que han sido objeto los indígenas miskitos, sumos, zambos y negros de esa región.

VII. Emancipación de la mujer

La revolución popular sandinista abolirá la odiosa discriminación que la mujer ha padecido con respecto al hombre. Establecerá la igualdad económica, política y cultural entre la mujer y el hombre.

A. Extenderá a la madre y al niño atención especial.

B. Eliminará la prostitución y otras lacras sociales, con lo cual elevará la dignidad de la mujer.

C. Pondrá fin al régimen de servidumbre que padece la mujer y que se refleja en el drama de la abandonada madre trabajadora.

D. Establecerá el derecho a igual protección de las

instituciones revolucionarias para los niños nacidos fuera de matrimonio.
  E. Establecerá círculos infantiles para el cuidado y atención de los hijos de las trabajadoras.
  F. Establecerá dos meses de ausencia por maternidad antes y después del parto para las mujeres que trabajan.
  G. Elevará el nivel político, cultural y vocacional de la mujer, mediante su participación en el proceso revolucionario.

VIII. Respeto a las creencias religiosas

La revolución popular sandinista garantizará a la población creyente la libertad de profesar cualquier religión.
  A. Respetará el derecho de los ciudadanos a profesar y practicar cualquier creencia religiosa.
  B. Apoyará la labor de los sacerdotes y demás predicadores religiosos que defienden al pueblo trabajador.

IX. Política exterior independiente

La revolución popular sandinista liquidará la política exterior de sumisión al imperio yanqui y establecerá una política exterior patriótica de absoluta independencia nacional y por una auténtica paz universal.
  A. Pondrá fin a la intromisión yanqui en los problemas internos de Nicaragua y practicará ante los demás países una política de respeto mutuo y de colaboración fraternal entre los pueblos.
  B. Expulsará a la misión militar yanqui, a los llamados Cuerpos de Paz (espías disfrazados de técnicos), a elementos militares y políticos semejantes, que constituyen una descarada intervención en el país.
  C. Aceptará la ayuda económica y técnica de cualquier país, siempre y cuando no implique compromisos políticos.

D. Promoverá junto con los demás pueblos del mundo una campaña en favor de una auténtica paz universal.

E. Desconocerá todo tratado suscrito con cualquier potencia extranjera que lesione la soberanía nacional.

X. Unidad popular centroamericana

La revolución popular sandinista, por la verdadera unión de los pueblos centroamericanos en una sola patria:

A. Respaldará una auténtica unidad con los pueblos hermanos de Centroamérica. Esta unidad se encaminará a la coordinación de los esfuerzos para alcanzar la liberación nacional y establecer un nuevo sistema social sin dominio imperialista ni traición nacional.

B. Liquidará la llamada integración que se propone multiplicar el sometimiento de Centroamérica a los monopolios norteamericanos y a las fuerzas reaccionarias locales.

XI. Solidaridad entre los pueblos

La revolución popular sandinista pondrá fin al empleo del territorio nacional como base de agresión yanqui contra otros pueblos hermanos y pondrá en práctica una solidaridad militante con los hermanos pueblos combatientes para su liberación.

A. Apoyará activamente la lucha de los pueblos de Asia, Africa y América Latina contra el nuevo y el viejo colonialismo y contra el enemigo común: el imperialismo yanqui.

B. Apoyará la lucha del pueblo negro y de todo el pueblo de los Estados Unidos por una auténtica democracia y la igualdad de derechos.

C. Apoyará la lucha de todos los pueblos contra la instalación de bases militares yanquis en países extranjeros.

XII. Ejército patriótico popular

La revolución popular sandinista abolirá la fuerza armada enemiga del pueblo denominada Guardia Nacional y creará un ejército popular, revolucionario y patriótico.

A. Abolirá la Guardia Nacional, fuerza enemiga del pueblo creada por las fuerzas de ocupación norteamericana en 1927 con el fin de perseguir, torturar y asesinar a los patriotas sandinistas.

B. En el nuevo ejército popular podrán tener cabida los soldados profesionales miembros del antiguo ejército que hayan observado la siguiente conducta:

1. Que hayan respaldado el combate guerrillero.
2. Que no hayan participado en asesinatos, despojos, torturas, y persecución al pueblo y a los militantes revolucionarios.
3. Que se hayan sublevado contra el régimen despótico y dinástico de los Somoza.

C. Fortalecerá al nuevo ejército popular elevando su capacidad combativa y su nivel táctico y técnico.

D. Inculcará en la conciencia de los miembros del ejército popular el principio de apoyarse en sus propias fuerzas en el cumplimiento de sus deberes y desarrollar toda su actividad creadora.

E. Profundizará en los miembros del ejército popular los ideales revolucionarios con miras a fortalecer el espíritu patriótico y la firme convicción de luchar hasta alcanzar la victoria, venciendo los obstáculos y rectificando los errores.

F. Forjará una disciplina consciente en las filas del ejército popular y fomentará los vínculos estrechos que deben haber entre los combatientes y el pueblo.

G. Establecerá el servicio militar obligatorio y armará a los estudiantes, obreros y campesinos que, organizados en milicias populares, defenderán los derechos conquistados ante la inevitable embestida de las fuerzas reaccionarias del país y del imperialismo yanqui.

XIII. Veneración ante nuestros mártires

La revolución popular sandinista guardará gratitud y veneración eterna a los mártires en nuestra patria y continuará el luminoso ejemplo de heroísmo y generosidad legados por ellos.

A. Educará a las nuevas generaciones en la gratitud y veneración eterna hacia los caídos en la lucha para que Nicaragua sea una patria libre.

B. Fundará una escuela superior para educar a los hijos de los mártires de nuestro pueblo.

C. Inculcará a todo el pueblo el ejemplo imperecedero de nuestros mártires, defendiendo el ideal revolucionario, ¡Hasta la victoria siempre!

EL MILITANTE

un semanario socialista publicado en defensa de los intereses del pueblo trabajador

- Explica el origen de la crisis capitalista mundial, la carrera armamentista y el creciente peligro de guerras entre potencias capitalistas al desmoronarse el orden imperialista mundial.
- Por qué el pogromo cometido por Hamás y Teherán contra los judíos en Israel el 7 de octubre de 2023 muestra la importancia de la defensa de la existencia de Israel como refugio para los judíos y la lucha contra el antisemitismo por los trabajadores.
- Cubre luchas obreras por alzas salariales frente a los altos precios; contra condiciones que impiden que trabajadores formen y mantengan familias.
- Reportajes sobre protestas contra el racismo; por la emancipación de la mujer; y por la amnistía para los trabajadores inmigrantes sin documentos, para unificar a la clase trabajadora.
- Defiende la revolución socialista en Cuba. Apoya la lucha por el fin de la guerra económica de EEUU contra Cuba, y por el retiro de Washington de Guantánamo. Contra el dominio colonial estadounidense de Puerto Rico.
- Explica por qué los trabajadores necesitan romper con los partidos de los patrones —demócratas y republicanos— y trazar un curso hacia la toma del poder político. Por qué debe unirse al Partido Socialista de los Trabajadores.

El Militante • 306 West 37th Street, 13th floor • New York, NY 10018

¡Suscríbase hoy!
Nuevos lectores: 12 semanas por $5
6 meses $20   1 año $35   2 años $65

THEMILITANT.COM

LA REVOLUCIÓN SOCIALISTA CUBANA

Che Guevara sobre economía y política en la transición al socialismo
CARLOS TABLADA

Es esencial que el pueblo trabajador tome el poder estatal, dijo Ernesto Che Guevara. "Después viene la segunda etapa, quizás más difícil que la anterior", la transición hacia el socialismo desde el capitalismo y sus valores despiadados. Nueva edición con selecciones ampliadas de los escritos de Guevara. US$17. También en inglés.

Cuba y la revolución norteamericana que viene
JACK BARNES

Sobre el ejemplo ofrecido por el pueblo cubano: que una revolución socialista no solo es necesaria sino también es posible. Sobre las luchas del pueblo trabajador en Estados Unidos, donde hoy los gobernantes descartan las capacidades revolucionarias de los trabajadores tan erradamente como descartaron las del pueblo cubano. US$10. También en inglés, francés y persa.

Las mujeres en Cuba: Haciendo una revolución dentro de la revolución
VILMA ESPÍN, ASELA DE LOS SANTOS, YOLANDA FERRER

La integración de las mujeres a las filas y a la dirección de la Revolución Cubana fue parte inseparable del curso proletario dirigido por Fidel Castro desde el principio. Esta es la historia de esta revolución y cómo transformó a las mujeres y hombres que la hicieron. US$17. También en inglés, persa y griego.

¡Nuevo!
La revolución y el camino a la paz en Colombia
El ejemplo de la Revolución Cubana
FIDEL CASTRO

"Ningún crimen puede ser cometido en nombre de la revolución", afirma Fidel Castro, destacando el ejemplo sentado por el pueblo trabajador de Cuba al tomar el poder estatal de manos de los gobernantes capitalistas. En 2008, como parte del esfuerzo por poner fin a seis décadas de conflicto armado en Colombia, él compartió esta experiencia con las Fuerzas Armadas Revolucionarias de Colombia (FARC) y con el mundo. US$10. También en inglés.

Zona Roja
Cuba y la batalla contra el ébola en África Occidental
ENRIQUE UBIETA GÓMEZ

Cuando tres naciones africanas fueron asoladas en 2014–15 por una epidemia de ébola, el gobierno revolucionario de Cuba brindó lo que ningún otro país intentó aportar: más de 250 médicos, enfermeros y especialistas de salud pública voluntarios. Este recuento testimonial de sus actividades demuestra el tipo de hombres y mujeres que solo una revolución socialista puede producir. US$17. También en inglés y francés.

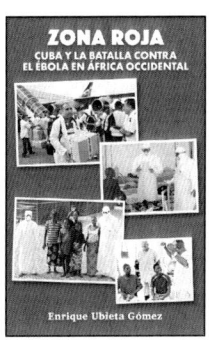

Cuba y Angola: La guerra por la libertad
HARRY VILLEGAS ("POMBO")

La historia del aporte inédito de Cuba a la lucha por liberar África del azote del apartheid. Y de cómo se fortaleció así la revolución socialista cubana. US$10. También en inglés, persa y griego.

PATHFINDERPRESS.COM

2. LA GUERRA CONTRARREVOLUCIONARIA DE WASHINGTON Y LA TAREA DE FORJAR UNA DIRECCION PROLETARIA

ROBERTO KOPEC / MILITANTE

Ya para fines de 1987, los obreros y campesinos de Nicaragua habían derrotado a los ejércitos contrarrevolucionarios organizados por Washington. Esta victoria abrió la posibilidad de nuevos avances revolucionarios. **Arriba:** Soldados del Ejército Popular Sandinista cerca de Pantasma, en el norte de Nicaragua, en noviembre de 1987.

GUERRA Y REVOLUCION EN CENTROAMERICA Y EL CARIBE: EJE DE LA POLITICA MUNDIAL

1. VICTORIAS REVOLUCIONARIAS EN CENTROAMERICA Y EL CARIBE

EL TRIUNFO DE LAS REVOLUCIONES en Granada y Nicaragua en 1979 se dio después de que el PST hubiera decidido realizar el viraje para que la gran mayoría de nuestros militantes se incorporara a los sindicatos industriales.[1] La decisión sobre el carácter de este viraje y cuándo hacerlo no se basó —ni pudo haberse basado— en anticipaciones de estas victorias revolucionarias en Centroamérica y el Caribe, ni del avance de la revolución socialista en Cuba, que cobró ímpetu gracias a estos triunfos en las Américas. Más bien, el viraje fue producto de la evolución concreta de la lucha de clases a escala mundial y de su manifestación dentro de Estados Unidos, que anunciaba mayores batallas obreras a nivel nacional e internacional.

Esto es un extracto de la resolución "La perspectiva revolucionaria y la continuidad leninista en Estado Unidos", adoptada en enero de 1985 por un congreso del Partido Socialista de los Trabajadores. El texto íntegro de la resolución apareció en el número del 4 de febrero de 1985 de la revista Perspectiva Mundial.

LAS NOTAS PARA ESTE ARTICULO COMIENZAN EN LA PAGINA 394.

Si bien el viraje no se inició en respuesta a estos avances revolucionarios, la perspectiva obrera concreta que adquirimos al basarnos en la industria nos orientó como partido proletario internacionalista para responder a los avances revolucionarios de los obreros y productores explotados del campo en el continente americano. Siendo un partido cuyas energías se dirigían a desarrollar las fracciones [agrupaciones de militantes] del partido en los sindicatos industriales, podíamos ver más claramente y responder más decisivamente a las nuevas oportunidades para avanzar hacia la resolución de la crisis histórica de dirección proletaria. El viraje nos ayudó a reconocer con entusiasmo y sin vacilación sectaria la capacidad revolucionaria de las direcciones que se estaban forjando en Centroamérica y el Caribe.

EL VIRAJE A LOS SINDICATOS INDUSTRIALES también ha sido un factor determinante para que el partido esté mejor situado para participar en la batalla de clases en Estados Unidos en torno a la creciente guerra imperialista contra los obreros y campesinos de Centroamérica y el Caribe. Los triunfos en Granada y Nicaragua, junto con las batallas que se libran en El Salvador, han impactado profundamente a los trabajadores con conciencia de clase en Estados Unidos. Esto pese a los intentos de los imperialistas de ocultar la verdad sobre estas revoluciones, y pese a que algunos críticos pequeñoburgueses —ante las crecientes presiones de la guerra imperialista— se han vuelto hostiles hacia estas revoluciones y hacia Cuba. El pesimismo que expresan estos timoratos de izquierda sobre los acontecimientos en Centroamérica y el Caribe revela su propio temor de la lucha ante el poderío y las intenciones nefastas de Washington.

Los gobiernos de Nicaragua y —hasta su derrocamiento en octubre de 1983— de Granada han brindado a los obreros y pequeños agricultores de Estados Unidos ejemplos nuevos e inspiradores de lo que se puede lograr cuando la alianza de obreros y productores rurales logra derrocar un régimen capitalista-terrateniente y pone el poder en manos del pueblo trabajador del campo y la ciudad, organizado por un régimen revolucionario. Estos dos ejemplos están a la altura de la luminosa estrella que es Cuba y además la refuerzan, iluminando el camino que han de seguir todos los explotados y oprimidos.

El carácter multinacional de la clase obrera en Estados Unidos magnifica el impacto que tienen estas revoluciones sobre el pueblo trabajador de este país. Los trabajadores negros y el número creciente de trabajadores latinos están especialmente inspirados por la valentía y las conquistas de los pueblos de Centroamérica y el Caribe. Han visto cómo, en países vecinos, trabajadores de su mismo color y su misma lengua establecen dictaduras revolucionarias populares y usan este poder para conquistar su auténtica liberación nacional, defender e impulsar los intereses de los productores e iniciar la transformación de las relaciones sociales y económicas. Pueden ver más claramente lo que una alianza revolucionaria de obreros y agricultores significa para sus propias luchas en este país.

Un partido arraigado en la clase obrera industrial puede aprovechar estos ejemplos vivos de conquistas revolucionarias para fortalecer a la vanguardia organizada de la clase obrera en Estados Unidos, y para concientizar más a los obreros y pequeños agricultores que se sienten atraídos e inspirados por las revoluciones en Centroamérica y el Caribe. Dicho partido puede explicar la importancia de la revolución cubana y el hito que representa para el continuo desarrollo de direcciones marxistas en la historia moderna.

Eje clasista en la lucha contra la intervención imperialista

Para enfrentar el desafío político y la necesidad de incorporar al movimiento obrero a la lucha contra la guerra librada hoy día por el imperialismo norteamericano, es imprescindible que el partido esté basado en los sindicatos industriales.

La guerra de Vietnam tuvo lugar durante un período de prolongada expansión económica, de mejoras sustanciales del nivel de vida de importantes sectores de la clase obrera en Estados Unidos. Hoy vemos lo contrario. La guerra centroamericana se acentúa en momentos en que la ofensiva contra la clase obrera produce una polarización de clases cada vez más profunda, haciendo más fácil de ver las fuerzas de clase que se enfrentarán entre sí en futuras batallas.

Una parte del movimiento obrero ha participado desde un principio en la oposición a las medidas bélicas de Washington, y esta participación aumentará. Esto pese a que la iniciativa en la organización de manifestaciones contra la guerra la tendrán inicialmente los pacifistas, grupos de solidaridad y otras fuerzas que no se orientan conscientemente hacia el movimiento obrero o la clase trabajadora.

En las condiciones actuales, las convocatorias a las protestas callejeras contra la guerra imperialista se originarán principalmente fuera del movimiento sindical. Los revolucionarios participan activamente en la organización de tales protestas y tratan de impulsarlas y guiarlas dentro de lo posible con miras a integrar al máximo las fuerzas sindicales y las nacionalidades oprimidas. Dicha orientación es esencial para un partido obrero revolucionario que intenta utilizar toda oportunidad para profundizar y ampliar dentro del movimiento obrero la lucha contra la guerra estadounidense, así como desarrollar un movimiento antiguerra que adquiera una composición y un liderazgo cada vez más proletario y multinacional.

Al participar activamente en todas las iniciativas que movilicen en las calles la oposición a la guerra estadounidense en Centroamérica y el Caribe, el partido da un ejemplo de dirección a todos los opositores de esa guerra. Atraeremos a nuestras filas a jóvenes luchadores, dentro y fuera de los sindicatos, quienes se politizarán a través de la experiencia de salir a la calle a manifestar su oposición a una guerra librada por su propio gobierno imperialista.

Estrategia proletaria en la lucha por el poder

El viraje a los sindicatos industriales también es esencial porque ha situado mejor al PST para aprender de las experiencias revolucionarias en Centroamérica y el Caribe y volver a aprender y asimilar las lecciones de los 25 años de experiencia de la revolución socialista en Cuba. Estas lecciones han enriquecido nuestro propio entendimiento de cómo la clase obrera avanzará por su camino histórico hacia la toma del poder en Estados Unidos y a escala mundial. Nos han permitido reestablecer más firmemente nuestra continuidad con los primeros años de la Internacional Comunista, cuando los bolcheviques impulsaron, en cada país, la construcción de partidos orientados a dirigir al pueblo trabajador en la lucha por la toma del poder.

Así estamos clarificando nuestro entendimiento de que los problemas estratégicos que han tenido que enfrentar los cubanos, los nicaragüenses, los granadinos y los salvadoreños son problemas a los que también tiene que responder un partido revolucionario en Estados Unidos: ¿Cómo puede el proletariado consolidar una alianza duradera con otros sectores del pueblo trabajador, en particular los agricultores explotados? ¿Qué tipo de gobierno proponemos poner en el poder en lugar del actual gobierno capitalista? ¿Cómo evitamos que las tácticas cotidianas se divorcien y a la larga queden en contraposición al objetivo estratégico de dirigir al pueblo trabajador en una lucha revolucionaria por el poder?

2. LA OFENSIVA BELICA DEL IMPERIALISMO EN CENTROAMERICA Y EL CARIBE

LOS INTENTOS DE WASHINGTON de contener la revolución mundial se enfocan actualmente en Centroamérica y el Caribe. Hoy esta región se encuentra en el centro de la batalla de nuestra época: el conflicto entre la lucha de los obreros y campesinos por establecer sus propios regímenes revolucionarios en países nuevos y el empeño de los imperialistas en impedirlo. En Nicaragua, los obreros y campesinos le arrebataron el poder a una tiranía de capitalistas y grandes terratenientes y han establecido un gobierno obrero y campesino. Están avanzando —como hiciera Cuba hace 25 años— hacia la expropiación de la clase capitalista, lo cual iniciará la revolución socialista. Esta es la trayectoria que los productores explotados en El Salvador también están luchando por emprender. Centroamérica y el Caribe es la región donde más influencia tiene el ejemplo político de la dirección marxista revolucionaria de Cuba socialista entre los combatientes por la liberación nacional, por la reforma agraria y por los derechos de los trabajadores.

Por estas razones Centroamérica y el Caribe están hoy

día en el centro del escenario político mundial. A los imperialistas no les queda más alternativa que luchar por revertir esta nueva correlación de fuerzas de clases, producto de los avances revolucionarios en la región.

Con el apoyo de ambos partidos del imperialismo estadounidense, el Pentágono está escalando gradualmente su intervención militar en El Salvador, donde pretende derrotar las fuerzas del Frente Farabundo Martí para la Liberación Nacional e impedir la victoria revolucionaria del FMLN y del Frente Democrático Revolucionario (FDR). El gobierno de Estados Unidos está desplegando un ejército mercenario somocista para debilitar y, de ser posible, derrocar al gobierno obrero y campesino en Nicaragua. En cada país las victorias y los reveses de ambos lados afectan profundamente la lucha en el país vecino.

Washington está tratando de convertir Honduras en una virtual base militar norteamericana. Pretende transformar toda la región, incluso la colonia estadounidense de Puerto Rico, en plataforma militar para su guerra contrarrevolucionaria.

La invasión a Granada en octubre de 1983 —tras el derrocamiento, por fuerzas estalinistas bajo el mando de Bernard Coard, del gobierno obrero y campesino encabezado por Maurice Bishop— representó el primer uso directo del poderío militar norteamericano en las Américas en casi veinte años. La última vez que Washington envió gran cantidad de tropas a combatir en el continente americano fue en abril de 1965, cuando marines yanquis invadieron República Dominicana para aplastar una revolución popular.

El golpe de estado coardista, que culminó con el asesinato de Maurice Bishop y otros líderes revolucionarios, derrocó al gobierno obrero y campesino y entregó Granada a Washington en bandeja de plata. Fue una fuerte derrota para los obreros y agricultores de todo el hemisferio. La reconquista de Granada por el imperialismo es la victoria más importante lograda por Washington desde que lanzó su prolongada ofensiva contra las victorias del poder obrero-campesino en Granada y Nicaragua en 1979.

En los cinco años transcurridos desde 1979 no han habido nuevas conquistas revolucionarias del poder por parte de los obreros y agricultores en ningún otro país. No ha continuado el ritmo de avances en la lucha internacional contra el imperialismo que caracterizó la segunda mitad de los años setenta, desde Indochina hasta Irán, Zimbabwe, Nicaragua y Granada. Es más, en varios casos la contraofensiva imperialista ha registrado logros, echando atrás avances anteriores. Por ejemplo, en Centroamérica las victorias logradas en 1979 inicialmente estimularon un incremento en las luchas obreras y campesinas en Guatemala, así como mayores pasos hacia la unificación de las fuerzas revolucionarias en ese país. Pero en años recientes la escalada represiva lanzada por el gobierno guatemalteco con el respaldo de Washington ha causado importantes retrocesos para el movimiento popular en la ciudad y el campo.

No obstante, Washington no ha logrado su objetivo de restaurar la correlación de fuerzas entre las clases que existía en Centroamérica y el Caribe antes de 1979. La victoria fácil de los invasores imperialistas en Granada no se repetirá en Nicaragua, y mucho menos en Cuba. A pesar de la enorme cantidad de ayuda militar enviada a El Salvador para sostener al régimen salvadoreño, las fuerzas revolucionarias de ese país —aglutinadas ahora en el FMLN-FDR— son más fuertes de lo que eran antes de la victoria nicaragüense, la cual abrió una situación política más favorable para los obreros y campesinos salvadoreños.

Escalada intervencionista del imperialismo en El Salvador

Los imperialistas están decididos a impedir una revolución en El Salvador que destruya a las fuerzas terratenientes-capitalistas y lleve al poder a una dictadura revolucionaria popular, o sea, a un gobierno obrero y campesino. Washington incrementa su intervención en El Salvador para impedir un nuevo triunfo histórico por la liberación nacional y contra el dominio imperialista. El gobierno de Estados Unidos apoya a la tiranía con armas, asesores militares y dinero para evitar dicha revolución anticapitalista. Washington ha involucrado al régimen de Honduras en este proyecto contrarrevolucionario. El gobierno de Israel es también un importante proveedor de armas y municiones para los generales salvadoreños, canalizando el envío de equipo bélico desde Washington y promoviendo al mismo tiempo sus propios intereses imperialistas en esa región.

El imperialismo norteamericano ha puesto a trabajar a un grupo de expertos en relaciones públicas, cuya tarea es pintarle una máscara democrática al sanguinario régimen salvadoreño. El carácter fundamental de esta dictadura no ha cambiado, pese a las elecciones orquestadas por Washington. En estos comicios, el estado emplea el terror para excluir a las fuerzas populares y la población está obligada a votar por ley, presionada tanto por los escuadrones de la muerte como por las promesas vacías de José Napoleón Duarte, el presidente seleccionado por Washington, de acabar con la represión.

Los ejércitos títeres no pueden lograr este objetivo imperialista, ni aun con toda la tecnología militar sofisticada de la cual disponen. Tampoco se puede lograr con farsas electorales o "reformas agrarias" realizadas contra el campesinado. La fachada democrática electoral que Washington le ha impuesto a la oligarquía salvadoreña es uno de los preparativos políticos para una intervención militar norteamericana más directa, con más armas y, de ser necesario, con tropas de combate de Estados Unidos.

Ejércitos somocistas no pueden lograr el objetivo

Los imperialistas norteamericanos están incrementando su campaña para debilitar y derrocar al gobierno obrero y campesino dirigido por los sandinistas en Nicaragua. Están intensificando las presiones diplomáticas y el chantaje contra el gobierno nicaragüense, con cada vez más ayuda de sus aliados imperialistas en Europa occidental y de los gobiernos burgueses neocoloniales en América Latina. Organizan y financian las autoproclamadas fuerzas opositoras "democráticas" y "sindicales" en Nicaragua, particularmente las que se asocian a la jerarquía de la iglesia católica y al diario reaccionario *La Prensa*. También arman, financian, entrenan y abastecen a un gran ejército mercenario de contrarrevolucionarios.

Sin embargo, los imperialistas enfrentan la realidad de que su ejército somocista a sueldo no ha logrado capturar ni ocupar una sola ciudad o aldea que pudieran usar como centro para declarar un gobierno provisional. No han podido movilizar a masas de seguidores en los centros urbanos. En ninguna parte de Nicaragua han logrado mantener una base de operaciones en una zona rural que controlen y donde se muevan libremente. En resumidas cuentas, los imperialistas han fracasado en su objetivo de transformar la guerra mercenaria en una guerra civil que derroque al gobierno sandinista.

Los obreros y campesinos en armas han impedido que los contras, respaldados por la CIA, logren estos objetivos, pese a los abundantes envíos de armas y municiones norteamericanas, y pese a que la contra tiene la ventaja militar de contar con bases en territorio hondureño y costarricense donde pueden lanzar ataques impunes contra muchas comunidades en Nicaragua.

Más bien, las actividades de la contra se limitan principalmente a ataques terroristas contra objetivos económicos, que le causan graves pérdidas económicas al pueblo nicaragüense. Se ha pagado un fuerte precio en vidas y recursos económicos, pero el ejército somocista está siendo derrotado en el campo de batalla a la vez que fracasa en el campo político.

Los opositores burgueses de la revolución dentro de Nicaragua se han sentido envalentonados por el apoyo del imperialismo. Pero no han podido tomar y mantener la iniciativa política, a pesar de las severas dificultades económicas impuestas al pueblo nicaragüense por los ataques terroristas organizados por la CIA y las millonarias campañas de "desinformación" y desestabilización, dirigidas por los obispos en las páginas de *La Prensa* y de otras maneras.

Esta correlación de fuerzas se reflejó claramente en las elecciones nicaragüenses en noviembre de 1984. A pesar de que la burguesía aún posee una cantidad considerable de tierras e industrias, y que en la economía predominan las relaciones capitalistas de propiedad, los obreros y campesinos mantienen la iniciativa política. Como parte de sus esfuerzos para realizar las tareas democráticoburguesas de la revolución, el gobierno dirigido por el FSLN organizó las elecciones para presidente, vicepresidente y la asamblea constituyente. Los sandinistas retaron a las fuerzas proimperialistas en lo que éstas consideran terreno propio, el terreno de la democracia burguesa liberal, y ganaron. Los opositores capitalistas que rehusaron participar quedaron nuevamente desprestigiados. Los obreros y campesinos ganaron más confianza y capacidad de organización.[2]

La tarea primordial que enfrenta hoy el pueblo trabajador de Nicaragua sigue siendo la derrota de la agresión imperialista norteamericana. El FSLN sigue avanzando en la organización de los obreros y campesinos para mantener la producción, combatir los efectos de la guerra y defender su revolución. Los obreros y campesinos de vanguardia en Nicaragua están demostrando una voluntad de acero. Están defendiendo las conquistas de su revolución contra los intentos de sus enemigos de clase de reimplantar el dominio de los terratenientes y capitalistas, cuyo odiado régimen derrocaron el 19 de julio de 1979. Y están dispuestos a defender su patria, como lo hicieron sus padres y sus abuelos, contra cualquier invasión por las fuerzas armadas del imperialismo norteamericano.

Cuba: siempre en la mira del imperialismo

Los imperialistas no han abandonado su objetivo de derrocar la revolución socialista en Cuba. La isla sigue en la mira de la guerra económica y del poderío militar del imperialismo. El pueblo cubano se ve sometido al constante bloqueo económico, a asesinatos y otros actos de terror contra cubanos en el exterior, al sabotaje interno, a la guerra biológica, a los intentos de desestabilización organizados e inspirados por la CIA y sus bandas de escoria contrarrevolucionaria cubana a sueldo, y a las provocaciones y presiones militares desde Guantánamo, territorio cubano que sigue ocupado por el gobierno de Estados Unidos. Los cubanos siempre enfrentan la realidad del gigantesco poderío militar de Washington, incluso su arsenal nuclear.

A pesar de estas presiones, los cubanos han rehusado retroceder de su perspectiva de ofrecer ayuda y solidaridad a los pueblos de la región que, con las armas en la mano, luchan por defender su patria, como en Nicaragua, o por derrocar a la tiranía que los oprime, como en El Salvador y Guatemala. Los cubanos entienden que cada victoria contra el dominio imperialista y la opresión terrateniente-capitalista, independientemente de las represalias imperialistas, fortalece a la revolución cubana y le permite jugar un mayor papel internacionalista.

Guerra y revolución

Los imperialistas fracasarán en sus intentos de cambiar la situación a su favor en Centroamérica y el Caribe sin recurrir a sus propias tropas de combate. Washington teme las consecuencias políticas de movilizar sus tropas mientras las fuerzas revolucionarias continúen avanzando, lo cual imposibilita una rápida victoria militar como la de Granada. Una guerra prolongada, que enfrente a soldados estadounidenses contra los obreros y campesinos movilizados de Nicaragua o El Salvador, desencadenaría fuerzas incontrolables en toda América Latina y el Caribe, así como en Estados Unidos.

Una guerra de ese carácter no se limitará a un solo país. Se convertirá en una guerra regional con incalculables consecuencias para todos los regímenes dominados por el imperialismo en el continente. Se convertirá, como le han advertido al imperialismo los dirigentes revolucionarios de Centroamérica y del Caribe, en una nueva guerra de Vietnam.

Además, conforme los heridos y los ataúdes de soldados norteamericanos muertos regresen a su país, se agudizarán rápidamente los conflictos de clase provocados por esa guerra al interior de Estados Unidos y habrá una polarización y una radicalización jamás vistas aquí en el presente siglo.

Por otra parte, el ritmo de las demás luchas revolucionarias en el mundo afecta directamente lo que Washington puede lograr en sus intentos de aplastar las luchas de los obreros y campesinos en Centroamérica y el Caribe. Como explican los dirigentes cubanos, su revolución sobrevivió durante la primera década en gran parte gracias a la tenaz lucha revolucionaria de Vietnam contra la dominación imperialista norteamericana, la cual le dio a los cubanos un margen vital de tiempo. Una victoria obrero-campesina o un avance importante de fuerzas revolucionarias en Asia, Africa u otra parte del continente americano obligaría al imperialismo norteamericano a dedicar más energías y recursos a otros frentes de la lucha de clases internacional.

Los imperialistas tienen que tomar en cuenta estos factores al impulsar sus campañas bélicas contra las revoluciones en Centroamérica y el Caribe.

3. CAMBIOS OBJETIVOS PRODUCIDOS POR LAS VICTORIAS DE 1979

Las victorias de 1979 en Granada y Nicaragua, el fortalecimiento de la revolución cubana en respuesta a esos triunfos, y los logros en El Salvador han cambiado la correlación de fuerzas entre las clases en el continente americano.

La existencia de este baluarte de poder obrero-campesino en Nicaragua, en el centro mismo del istmo centroamericano, alienta la organización y la acción revolucionarias en toda la región desde Panamá hasta Guatemala. Es un ejemplo inspirador para los luchadores antiimperialistas de toda América. Si bien varían mucho las condiciones objetivas y los factores subjetivos en cada uno de los países de Centroamérica, la existencia del gobierno obrero y campesino sandinista en el istmo cambia el contexto en el cual se desenvuelve cada una de estas luchas. El hecho de que los obreros y campesinos nicaragüenses, dirigidos por el Frente Sandinista de Liberación Nacional, conquistaron el poder estatal significa que el imperialismo, para echar atrás a la revolución, tendrá que hacer más que simplemente aislar o desgastar un movimiento de masas: tendrá que *derrocar el poder de un estado,* el cual representa una poderosa arma en manos de las clases explotadas de Nicaragua.

También se ha dado un cambio objetivo en el Caribe, un avance que fue echado atrás pero no eliminado con el derrocamiento del gobierno obrero y campesino en Granada. Se ha dado un adelanto en el proceso inicial de vincular los avances revolucionarios en el Caribe de habla española y las luchas en las islas de habla inglesa y francesa, cuyas poblaciones son predominantemente negras u originarias de las Indias Orientales. La revolución en Granada fue el factor principal en este proceso.

Esta transformación ha aumentado la influencia revolucionaria de la revolución cubana de una nueva forma en una parte del mundo que anteriormente era menos afectada por ella que los países americanos de habla española. El bloqueo contra Cuba revolucionaria se ha quebrado en otro punto más.

La traición de la revolución granadina por la fracción de Coard y la posterior invasión y ocupación de la isla por el imperialismo han echado atrás este progreso en el Caribe. No obstante, las presiones económicas del capital internacional sobre las naciones del Caribe no dejarán de socavar la estabilidad social y política de los regímenes proimperialistas, como los de Jamaica, Barbados y otros en esta región. A medida que los trabajadores resistan a sus opresores y explotadores imperialistas y nacionales, los luchadores más conscientes continuarán asimilando las lecciones de la revolución granadina y del ejemplo de Maurice Bishop, y se orientarán hacia Cuba socialista.

Asimismo, al interior de Estados Unidos, los avances en el Caribe han despertado un nuevo interés en las revoluciones del continente americano. A través de los caribeños residentes en Estados Unidos, y debido a la relación entre el movimiento afronorteamericano y las luchas de los afrocaribeños, estas luchas han tenido mayor impacto en Estados Unidos.

Reafirmación del camino cubano

Las victorias en Granada y Nicaragua en 1979 fueron dirigidas por fuerzas que compartían la perspectiva revolucionaria planteada por la dirección del Partido Comunista de Cuba: de que el único camino para avanzar es el que conduce a los obreros y campesinos a la toma del poder. Así se ha afirmado más ampliamente en toda América Latina y el Caribe el prestigio político y el carácter atractivo del marxismo entre los luchadores revolucionarios que buscan una estrategia proletaria.

Se ha reconocido ampliamente que estas victorias reafirman el "camino cubano": la movilización de los obreros y campesinos, dirigidos por una vanguardia consciente y organizada, para resolver el problema fundamental de toda revolución popular en nuestra época: la toma del poder y la instalación de un gobierno revolucionario de los obreros y campesinos.

Durante sus primeros veinte años, Cuba revolucionaria estuvo sola en las Américas, siendo el primer gobierno que surgió del triunfo de una revolución anticapitalista en este hemisferio. Esta situación cambió con las victorias de 1979. Al lado de Cuba se irguieron Granada y Nicaragua, y estos "tres gigantes" juntos les señalaron el camino a todos los pueblos americanos. Esto debilitó la posición de los socialdemócratas, quienes denuncian a Cuba como estado "totalitario" al tiempo que pretenden reducir la victoria revolucionaria en ese país a una mera excepción. Representó también un golpe contra los estalinistas, quienes combinan sus gloriosas alabanzas públicas de la revolución cubana con sus consejos a los obreros y campesinos de sus propios países para que no sigan el mismo camino. También ellos dicen que la revolución cubana fue posible únicamente gracias a circunstancias excepcionales.

Los imperialistas conscientemente tergiversan la realidad de la influencia que ha tenido el *ejemplo* revolucionario cubano sobre los obreros y campesinos más allá de sus fronteras, así como la *ayuda* desinteresada que ha brindado a otros países, presentándola como si fueran intentos del gobierno cubano de *exportar* su revolución. Esta mentira, usada por los imperialistas para justificar sus agresiones contra Cuba, encontró una firme respuesta en la Segunda Declaración de La Habana, emitida en 1962:

"Frente a la acusación de que Cuba quiere exportar su revolución, respondemos: las revoluciones no se exportan, las hacen los pueblos.

"Lo que Cuba puede dar a los pueblos, y ha dado ya, es su ejemplo.

"¿Y qué enseña la revolución cubana? Que la revolución es posible, que los pueblos pueden hacerla, que en el mundo contemporáneo no hay fuerzas capaces de impedir el movimiento de liberación de los pueblos".[3]

4. SE FORTALECE LA DIRECCION INTERNACIONALISTA PROLETARIA

Las victorias en Centroamérica y el Caribe en 1979 han demostrado que la revolución cubana no fue un caso excepcional, sino la primera conquista del poder por los obreros y campesinos en América. También han demostrado que la dirección forjada por la revolución cubana no fue una excepción histórica, sino parte de la vanguardia de una nueva dirección de la clase obrera que está luchando para poner en práctica los principios del comunismo y que está convergiendo históricamente con todos los que han intentado continuar por el mismo camino trazado por la Internacional Comunista bajo la dirección de Lenin. Ahora otros partidos han surgido de las luchas revolucionarias de las masas obreras y campesinas y han demostrado su capacidad de dirigir estas fuerzas a la toma del poder.

Estos sucesos han confirmado el carácter histórico del hito marcado por el surgimiento del equipo directivo en Cuba. Por primera vez desde que se degenerara la revolución rusa, la revolución mundial logró un tremendo avance bajo la dirección de fuerzas revolucionarias que surgieron más allá de los Partidos Comunistas estalinistas. La batalla contra la política de colaboración de clases de los estalinistas —iniciada por los líderes del Movimiento 26 de Julio cuando lanzaron su lucha revolucionaria hace más de 30 años— ha continuado hasta el día de hoy.

El surgimiento de las direcciones internacionalistas en Granada, Nicaragua y El Salvador confirma que el nuevo avance cualitativo del liderazgo revolucionario representado por la victoria cubana no fue un caso excepcional, como tampoco lo fue la propia revolución cubana. Se está dando un salto histórico hacia la resolución de la crisis de dirección proletaria a nivel mundial. Como lo había anticipado la Cuarta Internacional al fundarse en 1938, están surgiendo nuevas direcciones revolucionarias más allá de las organizaciones dominadas por el estalinismo y cuya estrategia política se contrapone a la de los estalinistas.

Las victorias en Cuba, y posteriormente en Nicaragua y Granada, pusieron fin a la época durante la cual los únicos partidos en el poder que se declaraban proletarios e internacionalistas eran partidos estalinistas. Este cambio ha hecho cualitativamente más difícil que el movimiento estalinista mundial se proclame el único que encarna la continuidad con la dirección revolucionaria de los bolcheviques y de la Internacional Comunista (Comintern) en la época de Lenin. La ruptura de este supuesto monopolio le ha abierto la oportunidad a nuestro movimiento —y a otras fuerzas— para ser reconocidos como componentes legítimos del movimiento comunista mundial que ha de construirse. Existe una convergencia política entre nuestra corriente mundial y otros revolucionarios en las Américas, y en primer lugar con la dirección del Partido Comunista de Cuba, que en la práctica está trazando un camino que va dirigido a reestablecer la continuidad política con el programa y la estrategia internacionalistas de la Comintern en los tiempos de Lenin.

El surgimiento de estas fuerzas directivas ha asestado un golpe a la propaganda anticomunista de los imperialistas, la cual identifica el comunismo con la represión estalinista contra los obreros y campesinos, y lo asocia también con los estrechos intereses nacionales que guían a los regímenes y partidos estalinistas.

En Nicaragua el FSLN, gracias al inmenso respaldo popular de que goza, ha logrado mayor autoridad entre un sector de ex miembros y algunos miembros del Partido Socialista Nicaragüense (PSN), el partido estalinista tradicional en ese país. En El Salvador, un sector del Partido Comunista de ese país se ha integrado al FMLN. Estos procesos se asemejan en ciertos aspectos a lo que ocurrió anteriormente en Cuba tras la victoria revolucionaria, cuando se logró convencer políticamente a la mayoría del Partido Socialista Popular cubano a reconocer la autoridad indisputable de la dirección central del Movimiento 26 de Julio.

La política de los cubanos ha favorecido estos avances en la lucha por una dirección revolucionaria. Ellos han sentado un ejemplo de internacionalismo proletario en acción, para señalar el camino a seguir y movilizar el máximo apoyo posible a las luchas y a los gobiernos revolucionarios.

Al mismo tiempo, los cubanos han combatido resueltamente a aquellos, incluso entre sus "amigos", que no entienden la importancia decisiva de la ayuda económica y militar brindada a la revolución cubana por la Unión Soviética y demás países del Pacto de Varsovia. No han permitido que nadie fomente divisiones entre Cuba y el estado obrero soviético y los de Europa oriental.

Proletarización de la dirección

En los primeros dos años después del triunfo insurreccional de enero de 1959 en Cuba, la dirección en ese país logró movilizar y educar a las amplias masas populares, conduciendo la revolución a la expropiación de la propiedad capitalista, el paso decisivo en la consolidación de una perdurable alianza obrero-campesina. Desde entonces la dirección cubana ha llevado a cabo un proceso de proletarización. Ha logrado mayor claridad política sobre la estrategia comunista que necesitan los obreros y campesinos en su lucha por tomar el poder y luego institucionalizarlo al avanzar en la construcción del socialismo en sus respectivos países y seguir una perspectiva internacionalista desinteresada.

Como parte de este proceso en Cuba, se fusionaron las fuerzas revolucionarias proletarias, diferenciándose además de aquellas fuerzas que seguían una trayectoria no proletaria. El Movimiento 26 de Julio pasó por varias escisiones de fuerzas pequeñoburguesas que antes habían apoyado la revolución pero después se opusieron a ella. Más tarde derrotó políticamente y se separó de las fuerzas pequeñoburguesas estalinistas agrupadas en torno a Aníbal Escalante.

El FSLN y el FMLN han tenido la ventaja de beneficiarse de las experiencias anteriores —incluso los errores— que la dirección cubana vivió y asimiló.

En Nicaragua, la fusión de las tres tendencias en las cuales se había dividido el FSLN fue un prerrequisito para dirigir la insurrección y la revolución hasta el triunfo. También en el FSLN se han separado componentes pequeñoburgueses que luego se volvieron en contra de la revolución. El caso más conocido es el del traidor Edén Pastora, quien ha fracasado notablemente en sus intentos de dirigir un ejército contrarrevolucionario "no somocista" para ahogar en sangre a la revolución. Habrá más deserciones conforme avance la revolución nicaragüense y aumente la polarización de clases.

En El Salvador se ha progresado en la fusión de los cinco grupos que conforman el FMLN. Este proceso avanzó gracias al rechazo decisivo por el FMLN de la trayectoria política y organizativa de Salvador Cayetano Carpio (Marcial). Los seguidores de Carpio se han escindido del FMLN y son ahora una fuerza hostil a esta organización.

En cada uno de estos casos, estas fusiones y las escisiones necesarias para lograrlas han sido parte del esfuerzo por arraigar a estas vanguardias en el seno de la clase obrera, para que tengan no solo una orientación sino una composición cada vez más proletaria.

Este proceso también ha formado parte del desarrollo de una estrategia proletaria más general y más consecuente. Entre otras cosas, significa una comprensión más clara de la necesidad de que la clase obrera dirija a las fuerzas más amplias posibles en la lucha por un programa democrático revolucionario, participando en las luchas cotidianas de las masas con una orientación constante encaminada hacia la toma del poder.

En Nicaragua, los dirigentes sandinistas han adquirido un mayor entendimiento de las lecciones que se desprenden de las experiencias de otros revolucionarios proletarios en el poder. Han aprendido de la experiencia de la revolución cubana en los años sesenta, incluso lo que Fidel Castro llamó acertadamente los errores "utópicos" de los revolucionarios cubanos. Al rectificar estos errores, los cubanos han asimilado y generalizado lecciones similares a las que sacaron los bolcheviques durante la época del "comunismo de guerra", entre ellos los errores analizados y rectificados cuando los bolcheviques adoptaron la Nueva Política Económica (NEP) en 1921. También los revolucionarios nicaragüenses se han empeñado en aprender de las lecciones de la NEP; los sindicatos bajo dirección sandinista han impreso y distribuido folletos que contienen algunos de los artículos y discursos de Lenin de esa época.[4]

Al asimilar estas lecciones, la dirección cubana y ahora la dirección nicaragüense han adquirido una mejor comprensión de la importancia de mantener y fortalecer la alianza de clases entre los obreros y los demás productores explotados, especialmente los campesinos.

La proletarización también ha significado un internacionalismo más sólido. Dicha política internacionalista significa entender la importancia de que los gobiernos obrero-campesinos establezcan firmes vínculos con la Unión Soviética y otros estados obreros. En repetidas ocasiones la dirección cubana ha recalcado en público la responsabilidad que tienen los estados obreros que gozan de más desarrollo económico de brindar generosa ayuda material y condiciones preferentes de comercio a los gobiernos obrero-campesinos y a los estados obreros que están luchando por vencer su legado de dominación imperialista y por desarrollar su economía nacional, así como brindar esta ayuda a otros países en Asia, Africa y América Latina que están sometidos por el capital financiero internacional al chantaje económico.

Ante todo, la política internacionalista proletaria se basa en la subordinación de los estrechos intereses nacionales de un solo país al avance de la revolución mundial. Se basa en el repudio a toda forma de chovinismo nacional, de egoísmo ante las luchas obreras y campesinas en otros países, y a todo intento de lograr la distensión con el imperialismo a expensas de renunciar a la solidaridad activa con otros revolucionarios que luchan por derrotar al imperialismo.

5. EL PESO OBJETIVO DEL PROBLEMA DE LA DIRECCION: EL SALVADOR Y GRANADA

UN ASPECTO ESENCIAL de esta proletarización es la comprensión de la importancia y del peso de una dirección obrera revolucionaria. La construcción de una dirección proletaria internacionalista es indispensable para que la revolución logre derrotar el dominio político de los capitalistas, llevar al poder a un gobierno obrero y campesino, y luego dar los pasos que son decisivos e imprescindibles para establecer un estado obrero mediante la expropiación de la clase capitalista y la creación de una economía planificada. Sin una vanguardia fuerte y unida en torno a una estrategia proletaria, se perderán oportunidades revolucionarias.

Las experiencias de la revolución en El Salvador y en Granada ilustran gráficamente el peso decisivo del liderazgo para el avance del proceso revolucionario.

En El Salvador, los distintos grupos que se unieron para formar el FMLN se han impuesto la meta de crear un partido único de la vanguardia, dedicado a la movilización de los obreros y campesinos en torno a un programa democrático revolucionario, en una lucha por derrocar al gobierno terrateniente-capitalista. El objetivo de la lucha guerrillera librada por el FMLN es de crear las mejores condiciones para un levantamiento insurreccional de masas en el que los obreros y campesinos derrocarán al gobierno, destruirán su aparato represivo y llevarán al poder a un régimen popular revolucionario: un gobierno que represente sus propios intereses de clase.

Esta perspectiva estratégica es la misma que guió a la dirección central del Movimiento 26 de Julio en Cuba. La lucha guerrillera librada por el Ejército Rebelde en Cuba contribuyó a crear las condiciones para una movilización de masas cuando el ejército de la dictadura batistiana empezó a desintegrarse al no poder sostener una guerra perdida contra los combatientes rebeldes.

En Nicaragua, la lucha armada en el campo le ganó al FSLN el apoyo de las masas y demostró que era posible la acción armada contra la dictadura. Abrió la puerta a una mayor organización urbana. Esto preparó el camino para la insurrección, cuando las masas nicaragüenses tomaron la historia en sus propias manos y derrocaron al gobierno.

La realización de esta perspectiva en El Salvador exige una organización de vanguardia de la clase obrera —un partido revolucionario— unida en torno a esta perspectiva y capaz de proyectar claramente el camino a la conquista del poder político, dirigiendo al mismo tiempo las luchas cotidianas de los obreros y campesinos para clarificar y avanzar constantemente hacia este objetivo.

Clarificación de las divergencias con Cayetano Carpio
En los últimos dos años se ha dado un paso esencial en el proceso hacia la unificación de la gran mayoría de los dirigentes y cuadros del FMLN en una vanguardia única con una perspectiva revolucionaria proletaria. La mayoría de las Fuerzas Populares de Liberación (FPL), la más grande de las organizaciones que formaron el FMLN, rechazó la línea política promovida por Salvador Cayetano Carpio, dirigente fundador de las FPL. Dos grupos, el Movimiento Obrero Revolucionario (MOR) y el Frente Clara Elisabeth Ramírez, que aún se aferran a la línea de Carpio, finalmente respondieron a su derrota política separándose de las FPL y del FMLN.

La orientación estratégica de los partidarios de Carpio que se separaron del FMLN consiste en prepararse para varias décadas de guerra de guerrillas contra el régimen. En cambio, la dirección del FMLN, si bien reconoce que una insurrección que derroque al régimen no es una posibilidad inmediata, rechaza la idea de que debe posponerse hasta un futuro distante la preparación de los obreros y campesinos para ese objetivo. Este liderazgo se dedica a realizar actividades diarias, incluso la reanudación de actividades de masas en las ciudades, para avanzar hacia el levantamiento insurreccional que pueda derrocar a la dictadura respaldada por Washington.

Los partidarios de Cayetano Carpio rechazan esta estrategia como guía de acción para el período actual. Argumentan en contra de lo que denominan la estrategia "cortoplacista" del FMLN, diciendo que llevaría a la toma prematura del poder, antes de que las masas pudieran ser organizadas y educadas lo suficiente como para poder gobernar el país. Plantean como alternativa lo que llaman la estrategia de "guerra popular prolongada". Esta frase ha sido utilizada por diversas organizaciones en muchos países para describir estrategias muy distintas, pero los que se separaron del FMLN le dan a esta fórmula un contenido ultraizquierdista y sectario. Apunta en sentido contrario a la implementación actual de una estrategia que acelerará la resolución del problema fundamental de la revolución en El Salvador: conducir a los obreros y campesinos en una lucha insurreccional para llevar al poder a un gobierno obrero y campesino.

Los partidarios de Carpio también alegan que el FMLN y el FDR están dispuestos a traicionar la lucha revolucionaria mediante un pacto negociado que mantendría en el poder a un gobierno burgués en San Salvador.

En el plano organizativo, Cayetano Carpio y sus partidarios lucharon contra el proceso de fusión en el FMLN. Aunque de dientes para fuera hablaban de la importancia de la unidad, en la práctica insistían en guardar su propia organización política y sus propias fuerzas militares a expensas del proceso de fusión, convirtiéndose así en obstáculo a la unidad. Un pequeño grupo de estos fraccionalistas llegó al extremo de organizar el asesinato brutal y sádico de Mélida Anaya Montes (Comandante Ana María), quien había hecho una ruptura política con Cayetano Carpio y estaba ayudando a dirigir la lucha por la unidad de la vanguardia revolucionaria.

Posteriormente Cayetano Carpio se suicidó, cuando se le confrontó con el hecho de que el gobierno nicaragüense tenía pruebas de su participación en el asesinato. Al repudiar estos actos y la perspectiva de los seguidores de Cayetano Carpio, el FMLN progresó en la clarificación de su línea política y la unificación de sus fuerzas.

Granada: el peso decisivo de la dirección

La experiencia de la revolución en Granada, entre 1979 y 1983, también confirma la importancia decisiva de una dirección revolucionaria para la clase obrera y sus aliados. El ejemplo que dio el liderazgo de Maurice Bishop no ha disminuido desde que él fue asesinado por los traidores de la revolución granadina, encabezados por Bernard Coard. Bishop fue un genuino dirigente popular del pueblo trabajador, y a la vez un marxista cuya visión política del camino que debían seguir los obreros y campesinos granadinos constituyó un elemento decisivo en el triunfo sobre la dictadura de Eric Gairy y en el avance de la revolución durante cuatro años.

En cambio, la línea y la práctica política de la fracción de Coard en el seno del Movimiento de la Nueva Joya (NJM) era estalinista. Esta fracción prefería recurrir a medidas burocráticas y administrativas en vez de la organización y movilización del pueblo trabajador, pretendiendo saltar por encima de los problemas objetivos que enfrentaba la revolución. Atraía y se basaba entre aquellos que habían perdido o que jamás habían tenido confianza en la capacidad de las masas trabajadoras de Granada para defender su revolución, y entre aquellos que veían muy remota la posibilidad de victorias revolucionarias en otros países.

El grupo de Coard actuaba como una fracción secreta, consolidando su posición con favoritismo y la repartición de privilegios materiales. No se basaba en las capas más oprimidas y explotadas de la población trabajadora del campo y la ciudad, sino en un sector del aparato estatal y militar y en un círculo de acólitos.

Más de un año antes de los acontecimientos de octubre de 1983, Coard y sus partidarios ya habían iniciado sus maquinaciones para remover a varios de los principales dirigentes del NJM de sus cargos de dirección en el partido, sustituyéndolos con individuos pertenecientes a su fracción. Este grupo también consolidó su control sobre las estructuras directivas de la Organización Nacional de la Mujer (NWO), la Organización Juvenil Nacional (NYO) y sectores del movimiento sindical.

Para desacreditar a los líderes del partido que se resistían a estas medidas burocráticas, la fracción de Coard alegaba que la revolución granadina bajo la dirección de Bishop había llegado al borde de una peligrosa crisis social, económica y política.

Desde luego, habiendo sido una nación colonial oprimida por el imperialismo, la revolución enfrentaba considerables dificultades objetivas. Entre estas dificultades se podrían mencionar: el tamaño reducido y la relativa falta de experiencia política revolucionaria de la clase obrera en Granada; la vulnerabilidad económica de la isla ante la campaña orquestada por el imperialismo para negarle préstamos y ayuda económica y para limitar considerablemente sus ingresos derivados del turismo; la crisis económica mundial, que complicaba los problemas del desarrollo económico que era esencial para el avance de la revolución; y las actividades deliberadas de la CIA para tratar de calumniar y corromper la revolución.

Sin embargo, a pesar de estos obstáculos objetivos, la revolución granadina no se estaba deslizando hacia una catástrofe social. En realidad, la revolución estaba logrando importantes avances. Su tasa de crecimiento económico era la más alta en el hemisferio occidental y el desempleo iba en descenso. Las condiciones sociales y el nivel de vida del pueblo trabajador estaban mejorando. Bishop y otros revolucionarios en el NJM se esforzaban por institucionalizar aún más las organizaciones de masas y otras formas de participación democrática que habían surgido en los primeros años de la revolución. Gracias a estos logros, el gobierno revolucionario gozaba de mucho apoyo popular.

No obstante, la estrecha perspectiva política y los métodos administrativos empleados por los seguidores de Coard en el Movimiento de la Nueva Joya y en las organizaciones de masas, junto con sus prácticas burocráticas en diversos departamentos y programas del gobierno, tuvieron un impacto cada vez más negativo entre los obreros y agricultores, especialmente durante el último año de la revolución. Sectores de la población, incluso activistas revolucionarios, comenzaron a desmoralizarse y desorientarse. La participación en las organizaciones de masas comenzó a estancarse, si no a decaer, y lo mismo pasó con el nivel de movilización popular en respaldo a la revolución.

En las semanas anteriores a su golpe contrarrevolucionario, la fracción de Coard trató de culpar a Bishop por estos problemas. Al mismo tiempo, Coard reconocía que la gran mayoría de los obreros y agricultores respaldaban la revolución, y que ellos asociaban sus propios intereses y conquistas con las medidas promovidas por Bishop.

Ante esta situación, los seguidores de Coard se dedicaron sistemáticamente a organizar diversas formas de desmovilizar a las masas revolucionarias, sin importarles las consecuencias nacionales e internacionales que pudieran tener para Granada. Para esto, utilizaron sus posiciones en el ejército, el gobierno y el partido, llegando inclusive a desarmar a las milicias en las últimas semanas antes del golpe. Habiendo tomado estas medidas, la fracción de Coard lanzó su golpe de estado el 12 de octubre de 1983, poniendo a Maurice Bishop bajo arresto domiciliario. Cuando otros dirigentes de la revolución organizaron una resistencia popular, ellos también fueron puestos bajo arresto domiciliario.

AUNQUE ESTABAN DESMOVILIZADAS, las masas trabajadoras, que habían hecho la revolución, no habían sido derrotadas. Empezaron a organizarse protestas callejeras contra las medidas de la fracción de Coard. El 19 de octubre, entre 25 y 30 mil personas, más de la cuarta parte de la población de Granada, salieron a las calles exigiendo la libertad de Bishop. Esto era una prueba contundente del respaldo masivo a la revolución y al curso político seguido por Bishop. Una parte de la multitud liberó a Bishop de su arresto domiciliario.

Bishop y los dirigentes en torno suyo hicieron un esfuerzo por encabezar este levantamiento popular, a fin de disciplinar a la camarilla de Coard y restituir a sus puestos a los hombres y mujeres que habían estado dirigiendo el gobierno obrero y campesino e inspirando la construcción de una nueva Granada. Pero este intento fue ahogado en sangre. La fracción de Coard ordenó que unidades armadas abrieran fuego contra la multitud, y muchas personas cayeron muertas. Poco después la fracción asesinó a sangre fría a Bishop y a otros dirigentes del gobierno revolucionario.

El gobierno obrero y campesino que había tomado el

poder en marzo de 1979 fue derrocado.

El golpe de Coard, con su atroz culminación, fue el acto decisivo que abrió la puerta a la invasión norteamericana de Granada y a la continuada ocupación imperialista de ese país. El objetivo de los imperialistas era de establecer su control sobre la isla y reclamar una "victoria" que facilitaría políticamente el envío de tropas norteamericanas a combatir en Centroamérica en el futuro. Sin la contrarrevolución organizada por Coard, los gobernantes de Estados Unidos no habrían podido lograr este objetivo en octubre de 1983. De no haber sido derrocado desde adentro el gobierno obrero y campesino, toda invasión —lanzada en el marco de la creciente guerra imperialista en la región— se habría topado con la resistencia del pueblo trabajador granadino y de sus aliados internacionalistas cubanos.

Al seguir su trayectoria contrarrevolucionaria, la fracción de Coard ganó espacio para maniobrar gracias al tamaño relativamente reducido del equipo proletario revolucionario de dirigentes que había en torno a Bishop en el Movimiento de la Nueva Joya.

Esta limitación solo se podría haber superado si se hubiera incorporado a la dirección del gobierno y del partido a los líderes más conscientes y combativos que iban surgiendo en las organizaciones de masas y los centros de trabajo. Sin embargo, la fracción de Coard se organizó para impedir esto, imponiendo drásticas restricciones al reclutamiento al partido. Por eso el partido, a la hora del golpe, apenas rebasaba los 300 miembros plenos y candidatos a miembros. El grupo de Coard se aseguró así de que la vanguardia revolucionaria que surgía de las filas de los obreros y campesinos no sería integrada más que de una manera mínima a la dirección de la revolución, consolidando de esta manera su propia posición en el partido y en el aparato gubernamental.

El derrocamiento del gobierno y la posterior invasión imperialista no fueron el resultado inevitable de la revolución. La revolución en Granada no fue una aventura utópica cuyo fin tenía que ser la derrota. Es precisamente porque el resultado no era inevitable que los luchadores de vanguardia han hecho hincapié en el papel criminal que desempeñó la fracción estalinista encabezada por Bernard Coard, cuya traición fue decisiva para la victoria imperialista.

Sin embargo, una vez que la fracción de Coard desató su golpe contrarrevolucionario contra el gobierno obrero y campesino, desmovilizando y desmoralizando casi por completo a la gran mayoría de los obreros y campesinos granadinos, sí fue inevitable que los imperialistas invadieran la isla. Lograron aplastar brutalmente la resistencia dispersa, desorganizada e ineficaz que ofrecieron los defensores granadinos de la revolución —luchadores valientes pero desprovistos de dirección— así como la heroica y disciplinada resistencia de los constructores cubanos.

Actualmente el gobierno granadino, instalado por Washington, prepara una farsa de juicio contra Coard y otros ex miembros del Movimiento de la Nueva Joya. Esto tiene por objeto desprestigiar la revolución granadina, justificar la criminal invasión y ocupación, y reforzar la legitimidad del gobierno títere.[5]

Prueba de fuego para revolucionarios en el mundo

Los acontecimientos en Granada han sido una prueba de fuego para todos los revolucionarios a nivel mundial. Para muchas corrientes pequeñoburguesas de izquierda en los países imperialistas, los acontecimientos en Granada son apenas de interés pasajero. Desde su punto de vista, esta revolución gigante en una pequeña isla con una población negra parecía tener poco que ver con la trayectoria fundamental de la revolución mundial. Sin embargo, no podrían estar más equivocados. Para ellos, el derrocamiento del gobierno obrero y campesino dirigido por Maurice Bishop fue la lamentable confirmación de su propio criterio de que no se podía esperar mucho de la revolución granadina.

Algunos partidos estalinistas en las Américas, ante el golpe de Coard y el asesinato de Bishop y de otros dirigentes granadinos, respondieron defendiendo el curso seguido por la fracción de Coard, con la cual estaban identificados políticamente y que habían ayudado a promover y organizar. Algunos hasta se identificaron con las calumnias que fueron lanzadas contra Bishop para encubrir el asesinato de la dirección. Otros guardaron un cauteloso silencio durante varios días.

Sin embargo, ante el repudio por parte de la vanguardia obrera internacional al asesinato de Bishop, estas fuerzas han cambiado de táctica. Aunque aún se hacen eco de las acusaciones contra Bishop y encubren el papel desempeñado por la fracción de Coard, ahora intentan identificarse con el legado de Bishop.

En contraste total, la dirección cubana ha difundido por todo el mundo la verdad sobre los acontecimientos en Granada. Los cubanos han explicado el papel jugado por la fracción de Coard y han divulgado las conquistas logradas por la revolución granadina bajo la dirección de Bishop.

Al mismo tiempo, los cubanos han tomado la iniciativa al organizar una campaña, basada en un frente único, para exigir que el imperialismo norteamericano ponga fin a su ocupación de Granada. Han tratado de asegurarse de que ni siquiera los desacuerdos más profundos sobre la evaluación de los acontecimientos en Granada sean utilizados para precipitar el tipo de enfrentamientos públicos que pudieran hacer más limitado este frente único.

Los cubanos han brindado dirección política a los defensores de la revolución granadina al ayudarlos a entender y sacar las lecciones políticas de la derrota, y al ofrecer una perspectiva para la continuación de la lucha, comenzando con la oposición a la ocupación norteamericana de la isla. En Granada, esta orientación política de los comunistas cubanos ha sido importante para los sobrevivientes del equipo directivo del Movimiento de la Nueva Joya, quienes hoy se están organizando para construir el Movimiento Patriótico Maurice Bishop. Esta organización tiene como primer punto de su programa el retiro inmediato de todas las fuerzas de ocupación norteamericanas.

Uno de los principales factores que la dirección cubana consideró al responder a la invasión norteamericana era la necesidad de cobrarle al imperialismo el mayor precio político posible por su invasión. La meta era de ganar tiempo para los combatientes en El Salvador, para el gobierno revolucionario en Nicaragua y para Cuba misma, haciendo que los imperialistas lo pensaran dos veces antes de lanzar una intervención militar directa en Centroamérica y el Caribe. Los trabajadores cubanos en Granada combatieron heroicamente para lograr este objetivo. No se rindieron a pesar de la enorme superioridad numérica y militar del enemigo. Entregaron la vida para darles a los imperialistas —y al mundo— una muestra de lo que les espera a las fuerzas norteamericanas si se deciden a invadir Nicaragua o Cuba, donde los gobiernos obrero-campesinos están organizando y dirigiendo al pueblo revolucionario en armas.

Ecos de los primeros años en Cuba

La actuación de la fracción de Coard fue similar a la de la fracción estalinista que se había formado en los primeros años de la revolución cubana. Encabezada por Aníbal Escalante, esta fracción había tratado de apoderarse del aparato del partido y del gobierno, utilizando métodos burocráticos y administrativos contra los obreros y campesinos y repartiendo privilegios a sus partidarios. Si la dirección revolucionaria cubana no hubiese aplastado esta maniobra fraccional, lo ocurrido en Granada habría ocurrido veinte años antes en Cuba.

La importancia que le dan los cubanos a esta cuestión política se ve reflejada por la acción inusual que tomó Fidel Castro al criticar en público al personal diplomático de la embajada cubana en Granada por no haber evaluado e informado con exactitud sobre lo que pasaba en Granada. En una entrevista con un reportero de *Newsweek*, Castro dijo que fue difícil comprender "cómo, con todo el personal que teníamos allí en la embajada, no supiéramos que se estaba produciendo la fracción. Esa es la mayor crítica que tenemos que hacer a nuestro personal político, a nuestro personal diplomático y a nuestro personal de colaboración militar. No tenían ninguna idea de lo que estaba sucediendo".[6]

Gracias a su reacción a los acontecimientos en Granada, los dirigentes cubanos ganaron admiración y respeto internacional. Muchos trabajadores, especialmente en el Caribe, entienden ahora más claramente el papel revolucionario de la dirección cubana en la política mundial. Esto ha elevado la autoridad de la revolución cubana en el Caribe, entre sectores del movimiento negro en Estados Unidos y entre obreros internacionalistas en todas partes.

La editorial Pathfinder Press publicó las principales declaraciones sobre los sucesos de Granada emitidas por Fidel Castro y el Partido Comunista de Cuba en el libro *Maurice Bishop Speaks* (Habla Maurice Bishop), que salió en diciembre de 1983. Nuestro movimiento actuó rápidamente para difundir lo más ampliamente posible esta colección, a fin de ofrecer un arma política a todos los que están tratando de explicar la verdad sobre Granada. Además de los discursos pronunciados por el destacado dirigente principal de la revolución granadina, el libro también contiene una introducción que explica los logros del gobierno obrero y campesino de Granada y algunas de las lecciones más importantes de su derrota.

LOS ACUERDOS DE PAZ DE 1987: UNA NUEVA SITUACION EN NICARAGUA

1. Los dirigentes del FSLN están decididos a aprovechar el proceso de paz que iniciaron al firmar los acuerdos de Guatemala y están avanzando rápidamente a la suspensión del estado de emergencia.[1] La plena restitución de libertades democráticas en Nicaragua creará las mejores condiciones para librar la "batalla político-ideológica" que hace falta para dirigir el proceso revolucionario. Se proponen reducir al mínimo el uso de medidas administrativas, que, al desarrollarse la lucha de clases en Nicaragua, son un obstáculo para la educación, orientación y organización política de los trabajadores en la ciudad y el campo.

Así se abre una nueva etapa en el proceso revolucionario de Nicaragua, etapa que refleja los importantes avances realizados por el gobierno obrero y campesino en ese país.

El Comité Político del Partido Socialista de los Trabajadores adoptó esta resolución el 22 de septiembre de 1987.

LAS NOTAS PARA ESTE ARTICULO COMIENZAN EN LA PAGINA 396.

2. Dos victorias decisivas logradas por los trabajadores nicaragüenses en el último año permitieron este nuevo paso: una fue la derrota estratégica del ejército mercenario de los contras; la segunda fue la victoria política en la Costa Atlántica, cuando se adoptó y se empezó a poner en práctica el plan de autonomía.[2]

La derrota estratégica de los contras abre la posibilidad de llevar a cabo esta iniciativa política dentro de Nicaragua; antes de lograrse esta victoria, esta nueva etapa era imposible. Al mismo tiempo, esta derrota ha creado una crisis para Washington y sus regímenes serviles en Centroamérica. Esta crisis obligó a los gobiernos de Guatemala, Honduras, Costa Rica y El Salvador a emprender el camino que llevó a los acuerdos de Guatemala.

Sin embargo, la derrota estratégica de los contras en sí no era suficiente para que se pudiera lanzar esta iniciativa. La victoria en la Costa Atlántica también era esencial porque validaba en la práctica la decisión, tomada unos años atrás, de sustituir los métodos militares de gobierno y otras medidas administrativas con una batalla política para dirigir a los pueblos de la Costa Atlántica —de acuerdo a los lineamientos del Plan de Autonomía— y para neutralizar y dividir a los opositores. La importancia de este enfoque político para solucionar los problemas que confronta la revolución en la Costa Atlántica —y que podrían ser fatales— va mucho más allá de la Costa. Fue una premonición, como dice Tomás Borge, de la perspectiva que ahora se está llevando a cabo en todo el país.

3. La prensa burguesa en este país presenta la eliminación progresiva del estado de emergencia por parte del gobierno nicaragüense como si fueran medidas que se tomaron principalmente para satisfacer la opinión pública internacional: como concesiones hechas por el FSLN como precio por los acuerdos de Guatemala, o como intentos de influenciar al Congreso cuando éste vote sobre el financiamiento de los contras. Esta misma explicación se refleja en gran medida en los periódicos de izquierda. Este planteamiento es erróneo.

Es cierto que el gobierno de Nicaragua se ha visto obligado por la criminal política guerrerista de Washington a tomar ciertas decisiones, incluso concesiones, bajo la presión de la guerra mercenaria y las amplias restricciones comerciales impuestas por el gobierno norteamericano.

Es particularmente importante que los defensores de la revolución nicaragüense en Estados Unidos destaquen este hecho y no cedan ni un ápice al supuesto derecho de Washington de dictarle, directa o indirectamente, *cualquier* política al gobierno soberano de Nicaragua.

La dirección del FSLN ha llegado a la conclusión de que su actual posición respecto a la oposición interna y a la restauración de las libertades democráticas es la mejor forma de adelantar el proceso revolucionario, es decir, de fortalecer la movilización, organización y educación de los obreros y campesinos de Nicaragua para luchar por sus intereses de clase. Esta es la explicación que han dado los dirigentes del FSLN al buscar apoyo a esta nueva orientación, comenzando con los propios cuadros del FSLN.

Superar obstáculos administrativos

4. El empleo de medidas administrativas para tratar a la oposición política siempre cobra un precio. Obstaculiza el proceso de ganarse a la revolución a nuevos sectores de los explotados y oprimidos. No responde de ninguna manera a los argumentos de los enemigos del FSLN, ya

sea la oposición burguesa o las corrientes de ultraizquierda. No elimina las ideas de estos opositores ni disminuye el apoyo que reciben. Simplemente las canaliza a diversas vías indirectas, donde resulta más difícil clarificarlas, contestarlas y educar a los trabajadores sobre las consecuencias de la política propuesta por los opositores del FSLN. Además, en la medida que los cuadros del FSLN comiencen a recurrir a las medidas administrativas para responder a las críticas, puede convertirse en un grave obstáculo a la conciencia de clase y a la formación política y al desarrollo del propio FSLN.

Más eficaz será la "lucha político-ideológica" necesaria —en el campo, en las fábricas, en las organizaciones de masas— al emplearse el mínimo de leyes de emergencia y el máximo de organización, movilización y debate político dirigidos por los cuadros del FSLN.

5. Este nuevo curso, combinado con medidas para desintegrar al ejército de los contras y elevar la preparación militar de Nicaragua, alentará y dará más influencia a los elementos más conscientes de la clase obrera y a las fuerzas con mayor conciencia política dentro del FSLN.

Asimismo, reducirá la influencia de quienes en Nicaragua argumentan que la necesidad de la unidad nacional en la guerra contra los mercenarios es razón suficiente para posponer a un futuro indefinido todo progreso en cuanto a la repartición de tierras, la igualdad de derechos de la mujer y problemas similares. También disminuirá la autoridad de aquellos que prefieren, por el motivo que sea, recurrir a las medidas administrativas frente a los problemas en lugar de dirigir a los trabajadores en una lucha política para convencer a los que se encuentran confundidos, desorientados o enajenados del proceso revolucionario.

En este caso, la experiencia del proyecto de la Costa Atlántica es decisiva para darles confianza a amplios sectores del FSLN del hecho de que, al usar métodos políticos de dirección, se puede promover el proceso revolucionario ampliando la base de apoyo dentro de la clase trabajadora y se puede neutralizar, dividir y aislar al enemigo.

6. Esta perspectiva no ha sido ni será recibida con apoyo unánime entre los cuadros del FSLN. La dirección del FSLN ahora está tratando de convencer de esta perspectiva al mayor número posible de cuadros. Los cuadros "viejos" del FSLN que dirigieron la lucha para movilizar a los obreros y campesinos en la batalla por el poder político tuvieron entrenamiento para este tipo de trabajo político. En cambio, muchos de los nuevos cuadros que se unieron y se formaron durante la guerra de los contras, cuando se habían usado mucho las restricciones dictadas por el estado de emergencia, tendrán que aprender. Este cambio se reflejará en un nuevo avance y diferenciación entre los cuadros del FSLN. También planteará la pregunta de qué pasos tomar ahora para desarrollar una dirección proletaria en el FSLN, el cual se volverá una organización menos homogénea.

7. Durante la última década, la revolución nicaragüense ha enfrentado un doble dilema impuesto por la situación objetiva y la correlación de fuerzas: por un lado, la necesidad de mantener la unidad nacional frente a la guerra impulsada por el imperialismo; por otro, la necesidad de tomar medidas de emergencia en los frentes político, económico y militar, una especie de "comunismo de guerra" pero sin los fundamentos económicos de un estado obrero.[3]

Los acuerdos de Guatemala —y las victorias que condujeron a este pacto— presentan una oportunidad para que el FSLN se libre de este dilema y emprenda un nuevo curso. En la etapa próxima veremos más claramente, con menos disimulos, lo que significa un gobierno obrero y campesino: ni un estado obrero ni un régimen capitalista. Dentro y fuera de Nicaragua será más visible la realidad fundamental de que la lucha entre las clases trabajadoras y las explotadoras es la fuerza motriz, la dinámica, de los cambios en la sociedad nicaragüense.

De esta manera la revolución nicaragüense progresará hacia el próximo salto cualitativo en términos históricos: la creación de un estado obrero. La creciente confianza y organización de los trabajadores, así como la formación y preparación comunista de la vanguardia, son los avances que prepararán la implantación de un estado obrero.

En la medida en que el gobierno nicaragüense continúe derrotando militarmente a los contras y acelere su declive, desmoralizándolos con medidas como la amnistía junto con duros golpes en el campo de batalla, si resultan necesarios, el gobierno norteamericano tendrá más y más dificultad en usar su poderío militar ya que de lo contrario pagará un precio muy alto.

Crisis de la política norteamericana

8. La derrota estratégica de los contras y sus repercusiones en Centroamérica plantean una crisis táctica para la política de Washington. Esta crisis no se ha resuelto ni puede resolverse a corto plazo. Washington no va a "hacer las paces" con la revolución nicaragüense —ni puede hacerlas— mientras ésta sea una revolución. Nicaragua no puede "comprar paz" con medidas encaminadas a preservar la economía mixta, restaurar las libertades democráticas u otros pasos. Los gobernantes en Washington no pueden reconciliarse con este baluarte del poder político obrero-campesino en el continente americano.

9. No hay ningún sector de la clase dominante de Estados Unidos que actualmente plantee una alternativa coherente a la política de la guerra mercenaria impulsada por la administración Reagan. Cabe notar que la derrota estratégica de los contras y el hecho de que continúan retrocediendo en el campo de batalla no significa que los imperialistas norteamericanos hayan renunciado al uso de la fuerza militar para lograr su meta de derrocar al gobierno obrero y campesino en Nicaragua.

Hasta el año pasado, la administración Reagan había logrado mantener la iniciativa, presionando mucho desde la derecha al consenso derechizante de los dos partidos capitalistas sobre la necesidad de derrocar al gobierno de Nicaragua. Esa iniciativa se estrelló tras las revelaciones de Irán-contra[4] y los acuerdos de Guatemala. Sin embargo, no ha surgido ninguna táctica de coexistencia que goce de mucho apoyo entre los círculos imperialistas.

Siempre donde encuentran la oportunidad, los imperialistas norteamericanos siguen recurriendo a la piratería, a los bloqueos y a la "diplomacia de las cañoneras", como lo están haciendo hoy en la guerra del Golfo Pérsico. El hecho de que el gobierno norteamericano despliegue su poderío militar en el Golfo Pérsico —y que secuestre a un ciudadano de otro país en aguas internacionales en el Mediterráneo oriental— sin mucha oposición o reacción en este país presenta un peligro para Nicaragua.[5] También constituye un peligro el hecho de que Washington haya logrado —aunque sea momentáneamente— la participación activa de sus principales aliados imperialistas de Europa en sus operaciones como gendarme mundial en el Golfo Pérsico.

Esta situación incide directamente en el debate que se está dando en los círculos burgueses sobre qué métodos usar —y a qué ritmo y hasta qué punto emplearlos— al impulsar la ofensiva capitalista contra los derechos y el nivel de vida del pueblo trabajador en Estados Unidos. Esta batalla se refleja hoy en las confrontaciones en torno al nombramiento de Bork, que actualmente se ha convertido en parte de la lucha sobre conquistas fundamentales del pueblo trabajador, como por ejemplo: la ampliación del derecho a la vida privada, fruto de luchas por los derechos civiles y de la mujer; la conquista de los programas de acción afirmativa; y los derechos sindicales y políticos en general.[6] En la clase dominante no hay consenso amplio sobre el dilema de cuándo —y con qué rapidez— empezar a utilizar métodos más salvajes y tácticas nuevas contra la clase trabajadora. Ellos tendrán que recurrir inevitablemente a este tipo de métodos para progresar en su ofensiva y su intento de renovar la desbandada total del movimiento obrero.

Las recias batallas de los imperialistas sobre la política norteamericana hacia Nicaragua, por un lado, y la ofensiva dentro del país, por el otro, ocurren simultáneamente y se entrelazarán cada vez más.

10. Para los defensores de la revolución nicaragüense en este país, la tarea clave consiste en convencer a los opositores de la intervención norteamericana en Centroamérica de que en estos momentos toda actividad pública será decisiva para afectar la batalla. Urge organizar actividades políticas para oponerse al financiamiento de los mercenarios, para difundir la verdad sobre la revolución nicaragüense a los trabajadores y juventud en este país, y para aumentar el número de gente que visite a Nicaragua, conozca la revolución y ayude a reconstruir ese país devastado por la agresión promovida por Washington.

11. Respecto a la nueva situación actual en Nicaragua, nuestro movimiento enfrenta dos responsabilidades. En primer lugar, divulgar y analizar con exactitud los acontecimientos en ese país centroamericano. Esto significa publicar las explicaciones que ofrecen los líderes del FSLN, así como hacer reportajes sobre la lucha de clases en toda la región. El *Militant* y *Perspectiva Mundial* son las únicas fuentes de información exacta sobre estos acontecimientos en Nicaragua, y se volverán aún más importantes. A esto se sumará, de acuerdo a los recursos disponibles, la publicación de nuevos libros sobre la revolución nicaragüense: selecciones de temas como la Costa Atlántica y sus lecciones, el problema agrario y la lucha por los derechos de las mujeres, así como los escritos de Carlos Fonseca, fundador del movimiento comunista en Centroamérica.

En segundo lugar, debemos aprovechar la nueva situación para hacer lo posible en incrementar la participación en el "camino a Managua", multiplicando el número de trabajadores, agricultores y jóvenes de Estados Unidos y de otros países que visiten a Nicaragua en brigadas de trabajo y otras delegaciones. Podemos estar seguros de que, entre esta crecida de gente, con este creciente debate, habrá más personas que se verán atraídas al comunismo y que podremos reclutar a nuestro movimiento.

FORJANDO UN PARTIDO REVOLUCIONARIO DE TRABAJADORES

El viraje a la industria
Forjando un partido proletario
JACK BARNES

Un libro sobre el programa, la composición y la conducta proletaria del único tipo de partido digno de llamarse revolucionario en la época imperialista. Un partido que reconozca el hecho más revolucionario de esta época: la capacidad del pueblo trabajador de cambiar la sociedad cuando nos organizamos y actuamos contra la clase capitalista. Trata sobre la construcción de ese partido en Estados Unidos y otros países capitalistas. US$15. También en inglés, francés, persa y griego.

Los tribunos del pueblo y los sindicatos
CARLOS MARX, V.I. LENIN, LEÓN TROTSKY
FARRELL DOBBS, JACK BARNES

Un tribuno del pueblo utiliza cada manifestación de opresión capitalista para explicar por qué los trabajadores, en las batallas de clases, romperán con los partidos patronales, organizarán una lucha revolucionaria por el poder estatal y sentarán las bases para un mundo socialista de solidaridad humana. US$12. También en inglés, francés, persa y griego.

La lucha por un partido proletario
JAMES P. CANNON

"Los trabajadores de Estados Unidos tienen fuerza suficiente para tumbar la estructura del capitalismo aquí en este país y para alzar con ellos al mundo entero cuando se levanten". US$8. También en inglés y persa.

Su Trotsky y el nuestro
JACK BARNES

Para dirigir a la clase trabajadora en una revolución, se requiere un partido proletario de masas cuyos cuadros desde mucho antes han asimilado un programa comunista, son proletarios en su vida y su trabajo, derivan una profunda satisfacción de su actividad política y han desarrollado un agudo sentido de lo próximo que toca hacer. US$12. También en inglés, francés y persa.

La historia del trotskismo americano, 1928–38
Informe de un partícipe
JAMES P. CANNON

"El trotskismo no es un nuevo movimiento, una nueva doctrina, sino la restauración, el renacimiento del marxismo genuino tal como se expuso y se practicó en la Revolución Rusa y en los primeros días de la Internacional Comunista", dice Cannon, dirigente fundador del movimiento comunista en EEUU. US$17. También en Inglés y francés.

El Manifiesto Comunista
CARLOS MARX Y FEDERICO ENGELS

El comunismo, según explican los dirigentes fundadores del movimiento obrero revolucionario, no es un conjunto de ideas o "principios" preconcebidos, sino el camino de la clase obrera hacia el poder. Surge de un "movimiento que se desarrolla ante nuestros ojos". US$5. También en inglés, francés, persa y árabe.

PATHFINDERPRESS.COM

3. LA DEGENERACION POLITICA DEL FSLN Y EL FIN DEL GOBIERNO OBRERO Y CAMPESINO

LARRY SEIGLE / MILITANTE

A fines de los años ochenta, la dirección sandinista fue transformando al FSLN en un partido burgués electoral de izquierda. **Arriba:** cartel en un mitin electoral del FSLN en febrero de 1990 insta a votar por el candidato presidencial Daniel Ortega.

DEFENDAMOS A NICARAGUA REVOLUCIONARIA:
LA EROSION DE LOS CIMIENTOS DEL GOBIERNO OBRERO Y CAMPESINO

1. La trayectoria política y económica que el gobierno de Nicaragua ha seguido desde principios de 1988 se ha basado en la creciente dependencia a largo plazo en los mecanismos del mercado capitalista. Esto lo aleja de una perspectiva dirigida a intensificar los ataques contra la propiedad y los derechos sociales de las clases explotadoras, y dirigida a elevar la conciencia de clase, la confianza, la organización y la movilización de los obreros y campesinos. Está debilitándose la defensa efectiva de las conquistas históricas de la revolución nicaragüense frente al implacable odio y las incesantes presiones del imperialismo norteamericano.

Como siempre, entre más se extiende el sistema de mercado, más se reproducen y arraigan las relaciones sociales capitalistas de producción. Aumentan las desigualdades y diferencias sociales, y se fomentan los valores burgueses. El peso de la crisis capitalista en Nicara-

---

Esta resolución fue adoptada por el Comité Nacional del Partido Socialista de los Trabajadores en julio de 1989 y por el congreso nacional del PST en agosto de 1989.

gua recae más y más sobre los obreros y los campesinos, especialmente las capas más empobrecidas. Como consecuencia acumulativa de todo esto, crecen la despolitización, la desmoralización y las divisiones en el seno de la clase obrera y del campesinado. Se debilita la alianza obrero-campesina, que forma la base clasista del gobierno obrero y campesino.[1]

El liderazgo ya cambió de rumbo

2. A menos que se dé marcha atrás a esta trayectoria fundamental que persiguen el gobierno y la dirección del Frente Sandinista de Liberación Nacional (FSLN), la correlación de fuerzas entre las clases continuará cambiando en detrimento de los explotados y oprimidos. Los cimientos sociales y políticos del gobierno obrero y campesino continuarán erosionándose. Se abrirá la puerta a la reestructuración y reconsolidación del gobierno sobre la base de relaciones sociales y mecanismos estatales capitalistas. Se habrá perdido la oportunidad de establecer el segundo estado obrero en América y de unirse a Cuba en la tarea difícil pero históricamente necesaria de iniciar la construcción del socialismo.

El gobierno y el FSLN ya cambiaron de rumbo y ya se dirigen a esas consecuencias; esa coyuntura no se halla en el futuro. A menos que haya una rotunda reorientación política que reafirme la dirección anticapitalista de la revolución, este camino conducirá al derrumbe del gobierno obrero y campesino.

3. No se puede predecir la forma en que se dará ese cambio cualitativo en el carácter de clase del gobierno

LAS NOTAS PARA ESTE ARTICULO COMIENZAN EN LA PAGINA 398.

nicaragüense. Desde que triunfó la revolución cubana, se han derrumbado gobiernos obrero-campesinos en dos países: en Argelia (junio de 1965) y Granada (octubre de 1983). El golpe de estado contrarrevolucionario que se llevó a cabo en ambos casos, dirigido contra el principal dirigente público de la revolución, no es la única forma en que podría darse la destrucción del carácter obrero y campesino de tal gobierno.[2]

Si un nuevo gobierno llega a desplazar del poder al régimen obrero y campesino en Nicaragua, bien podría ser un gobierno formado por el FSLN o una coalición encabezada por el FSLN. Por ejemplo, el régimen que surgió tras el derrocamiento del gobierno obrero y campesino en Argelia permaneció bajo la dirección del Frente de Liberación Nacional (FLN) y durante un tiempo considerable los obreros y campesinos de Argelia siguieron considerándolo como un régimen revolucionario que defendía sus intereses.[3] Aun el gobierno contrarrevolucionario impuesto por los partidarios de Bernard Coard en Granada, si bien era odiado por las masas trabajadoras por haber asesinado a Maurice Bishop y a decenas de personas más, conservó el apoyo de la gran mayoría de miembros del Movimiento de la Nueva Joya, de sus comités directivos y de las fuerzas armadas que este partido dominaba.

Oportunidades tras la derrota de los contras

4. La erosión acelerada del carácter obrero y campesino del gobierno es producto de la trayectoria política escogida por la dirección del FSLN y reafirmada tras la derrota de la guerra contrarrevolucionaria instigada y financiada por Washington.

La victoria militar sobre los contras, fruto de una reñida lucha, renovó la confianza de los trabajadores de Nicaragua y abrió nuevas oportunidades para ahondar no solo el aspecto antiimperialista sino el carácter anticapitalista de la revolución. Al terminarse la guerra, miles de cuadros jóvenes del ejército sandinista, templados y disciplinados, quedaron libres para asumir nuevas responsabilidades directivas en otros frentes. Solo hacía falta guiar su entusiasmo y decisión.

Al mismo tiempo, la conciencia política de los cuadros revolucionarios se había desarrollado gracias a la otra victoria decisiva conquistada por los trabajadores nicaragüenses en los últimos cinco años: el triunfo político logrado en la Costa Atlántica al promulgarse y lanzarse el plan de autonomía. La vanguardia nicaragüense cobró mayor confianza política gracias a la capacidad de la dirección revolucionaria de rectificar las anteriores políticas desastrosas en la Costa Atlántica y de neutralizar el apoyo que la contrarrevolución había tenido entre la mayoría de la población costeña.

Sin embargo, no se han aprovechado las posibilidades que estas victorias brindaron para intensificar las movilizaciones populares y dar nuevos pasos decisivos. La política adoptada por la dirección del FSLN tras la guerra contrarrevolucionaria disipó ese ímpetu.

5. La dirección sandinista ha rechazado la perspectiva de construir un partido revolucionario de masas en Nicaragua sobre la base de la continuidad representada por el Programa Histórico del FSLN: un partido cuya composición sea proletaria y cuyo programa sea comunista.[4] Aunque muchos obreros y campesinos fueron reclutados al FSLN durante la primera década de la revolución, la organización en sí conserva una estructura jerárquica de tipo militar. Los militantes de base no pueden decidir la política del FSLN ni elegir a sus dirigentes. Al acercarse las elecciones de 1990, los dirigentes del FSLN van desarrollando la imagen pública de la organización más y más como la de un partido burgués radical: de un partido que cuenta con apoyo popular pero cuyos miembros no gozan de verdaderos derechos y por lo tanto asumen pocas responsabilidades, y cuyos dirigentes no son responsables ante la vanguardia de una clase social por su política.

Bajo circunstancias políticas e históricas tales como las que se heredaron de la tiranía somocista, puede ser que una organización revolucionaria tenga que actuar en sustitución de la vanguardia obrera para realizar acciones revolucionarias y dirigir al pueblo trabajador a la toma del poder contra un régimen opresor. Sin embargo, la apertura creada por la conquista del poder debe utilizarse conscientemente para transformar la organización revolucionaria en un partido comunista cuya militancia y dirección estén compuestas cada vez más por trabajadores. De no darse este paso, los obreros y los campesinos pobres carecen de instrumento para frenar la reproducción y el desarrollo de las relaciones sociales capitalistas —tendencia fomentada por el actual rumbo político del FSLN— y para prevenir las inevitables consecuencias económicas y políticas de dichas relaciones.

6. El único acontecimiento que posibilitaría el retorno del gobierno nicaragüense a una perspectiva anticapitalista sería un triunfo revolucionario decisivo que impactara directamente a América Latina y el Caribe: ya sea producto de una sublevación de masas en otra parte del continente, de una victoriosa contraofensiva popular de obreros y campesinos ante una agresión militar norteamericana en la región u otras circunstancias.

Un avance semejante para la revolución mundial podría quebrantar el consenso relativamente nuevo del liderazgo del FSLN que rechaza las lecciones del movimiento comunista moderno desde Carlos Marx hasta Ernesto Che Guevara. Por común acuerdo, los dirigentes del FSLN persiguen hoy la meta de un pacto social a largo plazo basado en la "unidad nacional", meta que, de lograrse, institucionalizaría la colaboración entre las clases y sería contraproducente para los obreros y los campesinos.

No obstante, si una importante victoria revolucionaria en el continente americano llegara a provocar una iniciativa política por parte de algunos sectores de la dirección del FSLN, aún sería posible despertar a las fuerzas proletarias y campesinas en Nicaragua para que lucharan en defensa de las conquistas de su revolución, influyéndola con su carácter de clase.

A pesar de que la política actual del gobierno ha perjudicado la confianza, la claridad de clase y la moral política de amplias capas del pueblo trabajador, los obreros y campesinos revolucionarios en Nicaragua cuentan con una nutrida experiencia, fruto de duros años de lucha. Aún no se ha quebrantado su espíritu y capacidad de lucha.

Necesidad de una perspectiva socialista

7. Un renovado avance por parte de un gobierno obrero y campesino en Nicaragua conduciría a la movilización de los explotados y oprimidos en la lucha por acabar con la dominación capitalista de la economía. Conduciría a la ampliación cualitativa del control obrero sobre la producción y de la democracia obrera en la ciudad y el campo, a la par de la defensa de los amplios derechos democráticos y sociales conquistados durante la prime-

ra década del gobierno revolucionario. Dicha estrategia apuntaría a la expropiación de las principales propiedades capitalistas en los sectores industrial y agropecuario, a la imposición del monopolio estatal sobre las exportaciones e importaciones y a la institucionalización de la planificación económica sobre esta base. Esto indicaría la formación de un estado obrero.[5]

Los avances posibilitados en Nicaragua al adoptarse este camino verificarían la idea afirmada por Fidel Castro y por Guevara —una convicción confirmada ya por los treinta años de experiencias de la revolución cubana— de que la construcción del socialismo no solo *puede* comenzar en los países de América Latina como resultado de una auténtica revolución, sino que es la *única* forma de librarse del dominio imperialista, de la devastación económica y de la superexplotación de las masas trabajadoras, así como la única manera de defender las conquistas de la revolución democrática y antiimperialista.[6]

Pero para lograr esto, la dirección revolucionaria debe tener como meta la organización del pueblo trabajador con el fin de avanzar hacia un estado obrero y no, como hoy en Nicaragua, hacia la consolidación de una república burguesa, a pesar de lo radical y antiimperialista que suenen sus pronunciamientos y a pesar de lo firme que sea su intención de defender la soberanía e independencia de Nicaragua.

Origen del gobierno obrero y campesino

8. Para entender la crisis que ahora enfrentan los obreros y campesinos y su gobierno, hace falta un análisis concreto del curso que ha tomado la lucha del pueblo trabajador en Nicaragua en la última década, tanto los avances como los reveses.

En julio de 1979 el pueblo trabajador de Nicaragua tomó el poder político bajo la dirección del FSLN, acabando con la tiranía capitalista y latifundista encabezada por Anastasio Somoza. Establecieron un gobierno obrero y campesino: la forma de gobierno que puede anticiparse como producto rápido de una victoriosa revolución anticapitalista. Las acciones que tomó el nuevo gobierno del FSLN —respondiendo a las presiones de los obreros y campesinos y tomando iniciativas de tendencia anticapitalista así como popular y antiimperialista— determinaron su carácter como gobierno obrero y campesino. Los siguientes elementos definen los cimientos clasistas de este tipo de gobierno: el desplazamiento revolucionario de la burguesía del poder político, la toma de ese poder por una administración que se basa en las masas populares y dirige un nuevo ejército, y el comienzo de profundos cambios en las relaciones de propiedad.

9. La creación de un gobierno obrero y campesino abrió la posibilidad de que los trabajadores de Nicaragua y sus aliados se convirtieran en el segundo pueblo del continente americano en establecer un estado obrero y en comenzar la construcción del socialismo. Permitió que los trabajadores nicaragüenses, al ir transformando sus relaciones sociales, comenzaran a transformarse en mujeres y hombres nuevos.

Como explicó la resolución adoptada por el Comité Nacional del Partido Socialista de los Trabajadores en enero de 1980:

> Dada la crítica situación económica en Nicaragua, uno de los objetivos más apremiantes del gobierno ha sido la restauración de una mínima producción

en las industrias privadas y en las fincas grandes y medianas que permanecen en manos de sus dueños. El gobierno ha pedido ayuda de todos los países del mundo para obtener créditos y alimentos. Sin embargo, como lo ha demostrado el ejemplo de Cuba, no pueden satisfacerse las necesidades de las masas si se mantiene la propiedad privada en los principales medios de producción. Las leyes de la acumulación capitalista deformarán la economía del país, subordinando el auténtico desarrollo económico y el mejoramiento social a la búsqueda de lucro y a la explotación imperialista. . . .

Si bien sería aventurero tratar de apresurar forzadamente el paso de la lucha de clases, también es cierto que el ritmo de la polarización y confrontación no puede ser controlado mediante planes preconcebidos. El ritmo será dictado por los golpes y contragolpes entre las masas y el FSLN por un lado, y los explotadores por el otro. Con cada nueva medida dirigida contra la propiedad y el poder de los terratenientes y empresarios, crece la probabilidad de que alguna sección de la burguesía arroje el guante. Además de las medidas radicales que tome el gobierno, los propios obreros y campesinos —que vienen sufriendo opresión económica, sabotaje capitalista y dislocación social— tomarán iniciativas en el campo, en sus fábricas y en sus barrios. Así lo demuestra la historia de la revolución rusa, la revolución cubana y demás revoluciones socialistas; se acelera la interacción dialéctica entre el liderazgo y las iniciativas y respuestas de las masas, frecuentemente imprevistas por la dirección.

Sobre todo en situaciones revolucionarias, la historia confirma la observación hecha por

Federico Engels de que cuando se ponen en marcha fuerzas controladas, inevitablemente se desencadenan fuerzas descontroladas. Ninguna clase de preparativos políticos puede suprimir esta consecuencia de la lucha de clases. Dichos preparativos deben enfocarse en elevar la confianza y la disposición de las masas para *responder* a nuevas situaciones defendiendo sus conquistas e impulsando la lucha. Es ahí donde tendrán peso decisivo la conciencia, organización y movilización de las masas. Es correcto hacerle concesiones al enemigo de clase cuando la correlación de fuerzas no deja otro recurso. Pero a las masas hay que decirles la verdad sobre estas concesiones, para que estén mejor preparadas para rechazar los peligros que las acompañan.

Todo esto subraya la necesidad de un partido proletario revolucionario y marxista que unifique y dirija a los trabajadores y a sus aliados para cumplir estas tareas y derrotar a su enemigo de clase. El reclutamiento de los primeros cuadros de este partido, a partir de los líderes y las bases del FSLN, no solo facilitaría la reconstrucción socialista de Nicaragua sino que sería un avance para todo el movimiento obrero internacional en la lucha por resolver la crisis histórica de dirección proletaria.[7]

Parte del ascenso de la revolución mundial

10. El pueblo trabajador nicaragüense triunfó contra la dictadura somocista en momentos de una creciente ola mundial de victorias revolucionarias. A principios de 1979 fueron tumbados la monarquía apoyada por Washington en Irán y el sanguinario régimen de Pol Pot

en Camboya. En marzo de 1979, un gobierno obrero y campesino tomó el poder en la isla caribeña de Granada, bajo la dirección del Movimiento de la Nueva Joya de Maurice Bishop. Inspirado por el triunfo en Nicaragua, el movimiento revolucionario salvadoreño avanzó a grandes pasos en la ciudad y el campo. Cobró nuevo ímpetu la lucha de los obreros y campesinos en Guatemala. Estos avances se dieron pocos años después:
• del derrocamiento revolucionario de la monarquía terrateniente en Etiopía en 1974;
• de la victoria en 1975 sobre el régimen instalado por el imperialismo norteamericano en Vietnam;
• del triunfo sobre el colonialismo portugués en el sur de Africa en 1974–75, que inspiró a los luchadores por la libertad desde el Caribe hasta Asia y las islas del Pacífico;
• de la derrota —con ayuda decisiva de las fuerzas voluntarias cubanas— del intento sudafricano de obstruir un gobierno independiente en Angola a principios de 1976;
• de la incorporación rápida y masiva de una nueva generación de jóvenes revolucionarios a la lucha contra el apartheid en Sudáfrica, lo cual se reflejó en la sublevación de Soweto a mediados de 1976; y
• de la derrota en 1978 —por una fuerza dirigida e integrada principalmente por voluntarios internacionalistas cubanos— de la invasión somalí que, con el apoyo de Washington, pretendía aplastar a la revolución etíope.

Estas victorias dieron un nuevo y potente impulso a la revolución cubana. Cientos de miles de cubanos se ofrecieron como voluntarios para cumplir tareas internacionalistas en Etiopía, Angola, Nicaragua, Granada y otros países, y el gobierno cubano brindó su irrestricta solidaridad internacionalista, entregando ayuda material generosa e incondicionalmente. En septiembre de 1979 Cuba asumió la presidencia del Movimiento de Países No Alineados, lo cual representó un notable revés a los incesantes esfuerzos de Washington por aislar a la revolución cubana. En 1980, respondiendo a la creciente presión militar de Washington ante las conquistas revolucionarias en Centroamérica y el Caribe, millones de cubanos se movilizaron en las Marchas del Pueblo Combatiente y se integraron a las nuevas Milicias de Tropas Territoriales, las cuales transformaron la defensa de la revolución en una estrategia basada en la preparación y movilización militar de todo el pueblo.[8]

El gobierno obrero y campesino en Nicaragua fue parte de este avance revolucionario, al cual contribuyó enormemente y del cual sacó fuerza y aliento.

Perspectiva anticapitalista en los primeros años

11. En los primeros años de la revolución, el gobierno del FSLN, ante las enormes movilizaciones y la creciente organización del pueblo trabajador, llevó a cabo una serie de expropiaciones y otras medidas contra la propiedad y las prerrogativas sociales de los capitalistas.

Los trabajadores nicaragüenses fueron armados, entrenados y organizados en gran escala para luchar en defensa del poder revolucionario. Además de la construcción del Ejército Popular Sandinista, se fomentó la creación de milicias populares y en algunos casos se comenzaron a organizarlas en fábricas, centros de trabajo y el campo. En los barrios, los Comités de Defensa Sandinista (CDS) organizaron patrullas nocturnas de vigilancia en muchas zonas; al principio el FSLN los promovió como organismos destinados a incrementar la movilización política y la participación activa del pueblo trabajador en la revolución. El poder del estado fue utilizado para ayudar a lanzar y fortalecer sindicatos y otras organizaciones de los trabajadores urbanos y rurales y de los campesinos: la Central Sandinista de Trabajadores (CST), la Asociación de Trabajadores del Campo (ATC) y la Unión Nacional de Agricultores y Ganaderos (UNAG), entre otras.

El campesinado pobre y los obreros agrícolas, pidiendo tierra, ocuparon terrenos y lanzaron otras acciones directas. En muchos casos solicitaron y consiguieron el respaldo del gobierno. La ATC y la UNAG apoyaron estas demandas agrarias. La ATC reivindicó mejores salarios y condiciones de trabajo más seguras y saludables para los obreros agrícolas en las fincas tanto privadas como estatales, y el gobierno tomó medidas para responder a estas demandas.

Los trabajadores, organizados en muchos casos en sindicatos afiliados a la CST, exigieron la confiscación de grandes empresas para frenar la descapitalización y otras formas de sabotaje económico a la revolución realizadas por los propietarios capitalistas. Los trabajadores organizaron manifestaciones y ocupaciones de fábricas pidiendo que el gobierno tomara medidas rápidas y firmes. En muchos casos lograron que el gobierno expropiara empresas capitalistas.

A la par de estas acciones de masas, se intensificó la lucha de la mujer por la igualdad de derechos y afloraron nuevas luchas de los pueblos indígenas y de ascendencia africana en la Costa Atlántica contra las formas de opresión nacional, discriminación racial y aislamiento político a las que habían sido sometidos a lo largo de su historia.

12. Al seguir esta trayectoria durante los primeros años de la revolución, el FSLN coincidía con la línea de su Programa Histórico, redactado por Carlos Fonseca en 1969. Este programa, elaborado y presentado al pueblo trabajador de Nicaragua en diversas formas durante la lucha contra la tiranía somocista, señalaba el camino socialista que la revolución cubana había abierto para todo el continente americano. Restauró la continuidad con la lucha antiimperialista que los obreros y campesinos nicaragüenses habían realizado bajo la dirección de [Augusto César] Sandino.

Los cuadros del FSLN que encabezaron la lucha revolucionaria en las ciudades y el campo fueron reclutados a esta perspectiva comunista. Como lo explicó posteriormente Tomás Borge, Fonseca trajo el marxismo a Centroamérica.[9]

13. Sin disensión entre los dirigentes del FSLN, el gobierno revolucionario declaró desde la toma del poder que el mantenimiento de una "economía mixta" era un elemento estratégico de la revolución nicaragüense.

De por sí, esto no representaba un obstáculo al avance de la revolución. En un país como Nicaragua revolucionaria, cuya estructura económica y social es legado de la dominación imperialista y de la explotación capitalista y latifundista, sería necesaria alguna combinación de los siguientes elementos: producción campesina y artesanal de mercancías en pequeña escala, industrias y comercios mayoristas expropiados, y agricultura capitalista. La "mezcla" exacta y la evolución de estos elementos serían determinadas en el transcurso de la lucha de clases en Nicaragua. El FSLN respondió positivamente a las movilizaciones de masas, tomando iniciativas que impugnaron el poder capitalista y que expropiaron propiedades capitalistas; lo determinante era esa tendencia.

Polarización de clases y retrocesos de la dirección

14. El triunfo en julio de 1979 destruyó por completo el poder armado del régimen anterior. En su lugar la revolución estableció un nuevo poder ejecutivo dominado por el FSLN, al cual responden todas las fuerzas militares y policiacas. Sin embargo, esta dirección y este gobierno no han dirigido a los obreros y campesinos hacia el derrocamiento de las relaciones de propiedad capitalistas.

No solo permanece intacta la dominación capitalista de la economía, sino que dentro del propio gobierno y del FSLN existen representantes de clases antagónicas y se expresan perspectivas de clase contradictorias. Esto a pesar de que en el gabinete de estado y entre los nueve miembros de la Dirección Nacional del FSLN no se encuentra ningún defensor de los intereses capitalistas millonarios de Nicaragua con sus conexiones imperialistas.

15. Las presiones contradictorias de clases en el seno del gobierno nicaragüense ya estaban presentes cuando Washington, a fines de 1981, inició las acciones militares de los contras, que para 1983 se habían convertido en plena guerra mercenaria.

Los ejércitos de los contras, financiados y organizados por el imperialismo, causaron destrozos que aceleraron la crisis del capitalismo en Nicaragua. El gobierno obrero y campesino enfrentó una creciente guerra y sus terribles secuelas: la muerte de 30 mil nicaragüenses, el embargo norteamericano al comercio y a la ayuda internacional, la destrucción causada por una serie de grandes desastres naturales y el hecho de que no pudo obtener suficiente ayuda de otros países —ni de los países imperialistas ni de los estados obreros— como para comenzar la reconstrucción siquiera mantener los niveles existentes de producción. Estas condiciones obligaron al gobierno a reducir o abandonar muchos programas sociales y proyectos de desarrollo, interrumpiendo el curso que había emprendido para mejorar las condiciones de vida del pueblo trabajador e iniciar el proceso de desarrollo de Nicaragua.

Sin embargo, la guerra de los contras no cambió los lineamientos fundamentales que debía seguir la revolución para avanzar: aumentar la organización, la movilización, la confianza y la conciencia de clase de los obreros y campesinos; y fortalecer la alianza obrero-campesina bajo la dirección de la clase obrera en la lucha por eliminar el sistema de rentas e hipotecas,[10] acabar con las relaciones de propiedad capitalistas y comenzar la planificación económica sobre estas bases.

16. Dado el predominio de las relaciones de producción capitalistas en Nicaragua, el peso de la crisis social y económica siempre tiende a recaer sobre los obreros y campesinos. Afecta desproporcionadamente a las capas más pobres.

Está aumentando la diferenciación de salarios. El salario social de los trabajadores ha bajado en relación al nivel de vida de las clases medias, como resultado del recorte de los fondos estatales para los subsidios de alimentos y otros artículos de primera necesidad, la salud pública, la enseñanza y la vivienda. Estas leyes de movimiento del capital también incrementan la diferenciación en el seno del campesinado.

Se debilita la alianza obrero-campesina

17. Una de las manifestaciones más agudas de la crisis capitalista ha sido la constante migración a Managua, donde ahora reside la tercera parte de la población del país. Va aumentando el número de trabajadores en la capital que carecen de necesidades sociales mínimas como agua potable y electricidad, ni que hablar de vivienda, educación y servicios de salud. Es más, hay pocos empleos para estos inmigrantes internos. Debido al declive de la producción industrial y los recortes presupuestarios del gobierno, hoy la gran mayoría de trabajadores en Managua no cuenta con posibilidades de empleo productivo.

Solo se podrá contrarrestar esta creciente crisis social si se mejoran las condiciones del pueblo trabajador en el campo y si se construye un combativo y amplio movimiento de campesinos y obreros agrícolas vinculado con los trabajadores urbanos. Para lograr esto hay que profundizar la reforma agraria, ofreciendo al pueblo trabajador los medios necesarios para vivir de la tierra, así como dar prioridad a los programas sociales en las zonas rurales para beneficio de los sectores más pobres de los trabajadores. Estas medidas sentarían las bases para realizar un esfuerzo político y social que podría inspirar a muchos trabajadores en Managua, especialmente jóvenes, a mudarse al campo, donde podrían participar en labores productivas y ayudar a reconstruir el país. Si al pueblo trabajador se le explicara claramente y sin ambigüedades la totalidad de las relaciones entre las clases, y se le ofreciera una perspectiva revolucionaria, habría una respuesta positiva a esa movilización nacional.

Sin embargo, ningún esfuerzo podrá cumplir estas metas si no se avanza al mismo tiempo hacia la nacionalización de la industria básica y hacia el comienzo de la planificación económica. El mantenimiento del dominio capitalista en la industria manufacturera inevitablemente hace que los precios de los insumos agrícolas que compran los campesinos tiendan a subir más rápidamente que los precios que reciben por sus productos. Es más, dada la proporción considerable de la producción agrícola que permanece en manos capitalistas, el suministro de créditos e implementos agrícolas baratos por el gobierno benefició muchas veces a los terratenientes ricos, sin aumentar las inversiones o la producción agrícolas ni mejorar mucho la vida de los campesinos pobres.

La política económica del gobierno y de la dirección del FSLN le impone a la masa campesina una creciente carga de deudas y carencias materiales y socava la alianza obrero-campesina, cimiento de la revolución.

18. Al profundizarse la crisis económica y social, el FSLN se ha resistido a movilizar al pueblo trabajador de la ciudad y del campo para imponer el control obrero sobre la producción y distribución capitalistas, medida que impugnaría las prerrogativas de la propiedad privada en estas esferas. Sin embargo, esas medidas son necesarias, incluso para proteger el actual nivel de vida de los obreros y campesinos.

El racionamiento de los alimentos básicos y otros artículos de primera necesidad que escasean cada vez más es la única manera de garantizar que todo habitante del país tenga acceso equitativo a estos productos. No obstante, en vez de ir en esta dirección, el gobierno se ha alejado incluso de su política anterior, que pretendía garantizarle a cada nicaragüense ciertos productos básicos subsidiados mediante expendios en todos los barrios.

El control estatal sobre el comercio exterior también se ha debilitado en sectores de la economía donde antes este control había sido considerable. Este repliegue ocurrió frente a las amenazas de los capitalistas de reducir aun más sus inversiones en la producción agropecuaria destinada a la exportación. Con sus típicas promesas condicionales de asistencia y préstamos, los gobiernos imperialistas y otros regímenes capitalistas, así como consorcios bancarios, también han ejercido presiones para debilitar el control estatal sobre el comercio exterior. En respuesta, el gobierno nicaragüense aumentó el pago de "incentivos" en dólares por los productos agropecuarios de exportación (dominados por los terratenientes capitalistas); aflojó los controles monetarios; eliminó muchas de las restricciones a los productos importados, incluidos los artículos de lujo; y amplió la gama de productos que los capitalistas pueden exportar directamente. Esto limita aun más las posibilidades del gobierno de usar los ingresos derivados de las exportaciones para financiar programas sociales y proyectos de desarrollo. También socava los esfuerzos por controlar la inflación y establecer una moneda estable, sin lo cual es imposible una verdadera planificación económica.

Las expropiaciones punitivas de algunas propiedades capitalistas, decretadas una que otra vez por el gobierno en respuesta a las provocaciones de personajes burgueses individuales, no son desviaciones de este camino. Son medidas administrativas, a menudo aplicadas por ira o por frustración, cuyo objeto es presionar a los capitalistas para que acepten la política del gobierno de concertación social.

Estas nacionalizaciones, efectuadas por lo general sin la preparación política o siquiera la participación de los trabajadores, consisten en cambiar a administradores privados por administradores estatales. Algunos trabajadores inicialmente aplauden estas medidas con la esperanza de que permitirán mejorar sus condiciones y aumentar el control obrero sobre la producción. En realidad, estas nacionalizaciones no han promovido la movilización, conciencia de clase y confianza de la clase obrera, ni han involucrado a los trabajadores en las decisiones sobre la producción y la organización del trabajo.

La clase obrera y los sindicatos

19. En la medida en que el gobierno se ha adaptado a las amenazas y presiones de los capitalistas, los trabajadores sindicalizados se han visto frenados o echados atrás en sus intentos de lograr cierto control sobre las decisiones de producción y las condiciones de trabajo. El FSLN ha impulsado una política que pretende convencer a los trabajadores de que, en aras de reanimar "la economía" (negando o haciendo caso omiso de su carácter capitalista), no deben oponerse a la creciente explotación de su fuerza de trabajo a manos de aquellos capitalistas a quienes los dirigentes sandinistas denominan "productores patrióticos". Esta política también ha respaldado a los administradores de fábricas y fincas estatales que actúan con mentalidad capitalista.

Cuando los obreros salen en huelga para protestar contra el deterioro de su situación, los dirigentes del FSLN han respondido condenándolos por dejarse manipular por "seudorrevolucionarios" o "agentes del imperialismo" o "instrumentos de la CIA". Durante la huelga de los obreros de la construcción a principios de 1988, el presidente Daniel Ortega tachó a los huelguistas de ser pequeños "grupos de desorientados y confundidos [dirigidos] por gente que conscientemente son elementos de la política norteamericana y contrarrevolucionaria". Dijo que eran un grupo minoritario de trabajadores ignorantes —algunos de los cuales dicen ser revolucionarios— que no saben quién es el enemigo. Algunos huelguistas fueron despedidos. En noviembre de 1988 el comandante Jaime

Wheelock del FSLN dijo a los trabajadores en el ingenio de San Antonio, que recientemente se había nacionalizado, que "al que levante aquí la bandera de la huelga, le vamos a cortar las manos, porque sería un crimen contra el pueblo".[11]

El rumbo emprendido por el FSLN ha socavado los pasos que se habían dado durante los primeros años de la revolución para fortalecer la unidad obrera y sindical y para ganar a los trabajadores a la política de la Central Sandinista de Trabajadores y de otros sindicatos revolucionarios, apartándolos de la política de los dirigentes sindicales proimperialistas y estalinistas. La nueva política, en vez de debilitarlos, ha fortalecido políticamente a los burócratas antigubernamentales que encabezan algunos sindicatos en Nicaragua. Estos burócratas han pretendido aprovechar el impacto de la crisis económica sobre los trabajadores para organizar enfrentamientos políticos con el FSLN. Los opositores burgueses de la revolución se han presentado muy hipócritamente como defensores de los derechos del obrero contra la política del gobierno.

Retrocede la reforma agraria

20. La lucha de los campesinos explotados y de los trabajadores del campo a favor de una profunda reforma agraria ha logrado importantes avances en determinados momentos, pero en otros ha sufrido reveses. Los campesinos han estado luchando para que se repartan tierras a quienes no la poseen. También se han movilizado exigiendo créditos baratos, ayuda técnica, asistencia para comercializar sus productos, insumos y equipos más baratos, y precios garantizados para sus productos, sin lo cual no pueden vivir de la tierra.

Después de las primeras expropiaciones de las empresas capitalistas de los Somoza y de sus aliados más cercanos tras el triunfo de julio de 1979, hubo crecientes movilizaciones de campesinos sin tierra en 1980 y 1981, incluso la toma de terrenos. A pesar de la fuerte resistencia por parte de los capitalistas terratenientes, el gobierno decretó en 1981 una ley de reforma agraria, que permitía la confiscación de tierras ociosas para repartirlas a los campesinos sin tierra. De esta manera, muchas de las tierras tomadas por los campesinos y obreros agrícolas fueron nacionalizadas.

Sin embargo, desde mediados de 1981 hasta 1984, la distribución de tierras siguió a un paso relativamente lento, a pesar de las constantes demandas de los campesinos. Es más, en muchos casos la tierra fue distribuida a condición de que los campesinos establecieran cooperativas y en algunos casos fincas colectivas.

No obstante, para 1985, cuando la guerra contrarrevolucionaria ya tenía dos años de ser una guerra total, habían aumentado nuevamente las demandas de tierra de los campesinos, en muchos casos con manifestaciones y tomas de terrenos. En algunas partes del país, el gobierno también enfrentaba el problema de la influencia política de los contras sobre los campesinos pobres que no se habían beneficiado de la reforma agraria. Ante esta situación, en 1985 y 1986 el gobierno aceleró el ritmo de las confiscaciones de propiedades capitalistas y la distribución de tierras. También relajó la política que limitaba la distribución de tierras a los campesinos que acordaran formar fincas colectivas o cooperativas. En 1986 se modificó y fortaleció la ley de reforma agraria.

Sin embargo, a fines de 1986, al decaer las movilizaciones campesinas y al virar decididamente la situación militar a favor de Nicaragua y en deterioro de los contras, la repartición de tierras disminuyó precipitosamente. En 1987 el número de familias beneficiadas por la repartición de tierras alcanzó el punto más bajo desde 1982, y en 1988 disminuyó aún más. En enero de 1989 el gobierno anunció que ya no confiscaría más tierras de los agricultores capitalistas. En su discurso del 30 de enero a la Asamblea Nacional, el presidente Daniel Ortega declaró que "suficiente tierra ha sido distribuida", y "no hay razón para quitarle una pulgada de terreno a nadie". Toda nueva distribución de terrenos a los campesinos sin tierra tendría que hacerse usando las propiedades que ya estaban en manos del estado o las cooperativas, dijo Ortega.

A consecuencia de la política seguida por el gobierno en relación a la tierra, los créditos y medidas afines, algunos campesinos pobres, incluso algunos que se habían beneficiado de los programas de repartición de tierras, nuevamente están quedando endeudados y se ven obligados a vender su fuerza de trabajo para subsistir.

Sin profundizar la reforma agraria mediante la nacionalización de la tierra, entre otras medidas, y sin fortalecer la alianza con los trabajadores urbanos para luchar por ese objetivo, no solo se reforzarán las relaciones capitalistas en el campo sino que se reimpondrá el sistema de rentas e hipotecas. Aumentarán las diferencias sociales en el seno del campesinado pobre, y también entre los campesinos, por un lado, y los obreros agrícolas y otros asalariados rurales, por el otro. A medida que los campesinos queden endeudados y sean desalojados de sus tierras, crecerán nuevamente la concentración de tierras y el número de campesinos sin tierra. El hecho de que algunas de las viejas familias hacendadas ya no regresarán a sus propiedades y que serán reemplazadas por nuevas familias ricas no anula la realidad de que las capas semiproletarias en el campo quedarán a la merced de las leyes del capitalismo.

Campesinos pobres no tienen voz organizada

21. No se ha respondido al reto decisivo de impulsar la formación de organizaciones combativas de campesinos pobres. La Unión Nacional de Agricultores y Ganaderos se fundó en 1981 como organización basada en el campesinado pequeño y mediano. Sin embargo, en 1984 el FSLN cambió de orientación, animando a los grandes agricultores capitalistas a que ingresaran a la UNAG y que la consideraran su organización. Desde entonces, los voceros y los intereses de clase de estos agricultores capitalistas han dominado cada vez más a la organización, obstaculizando el desarrollo de la UNAG como organización basada en los campesinos explotados y corroyendo la politización y confianza de los campesinos pobres.

Los agricultores capitalistas —explotadores de los obreros agrícolas— han podido hablar más y más a nombre de "los productores agrícolas", con lo cual los campesinos pobres son más susceptibles a la demagogia de estos sectores ricos en contra de los obreros y de las ciudades. Esto socava la alianza obrero-campesina.

Derechos de negros e indígenas en la Costa Atlántica

22. En un principio, la revolución de 1979 había impactado a la Costa Atlántica, inspirando a los pueblos negros e indígenas de esa región a demandar igualdad de derechos y la no discriminación. No obstante, los primeros pasos que dio el nuevo gobierno para traer programas sociales a esa región estuvieron deformados por el uso de métodos administrativos, insensibles en sus mejores

momentos y brutalmente represivos en sus peores. A estos métodos se sumó la ignorancia de los mestizos del Pacífico acerca de las relaciones sociales costeñas, así como el legado de prejuicios contra los negros y los indígenas, prejuicios que solo podían ser desechados a través de luchas y experiencias comunes al impulsar la revolución. Las acciones de los sandinistas crearon ventajas para los enemigos de la revolución y despertaron profundas sospechas y oposición entre los pueblos indígenas y entre muchos negros.

Al triunfar la revolución de 1979, el FSLN contaba con pocos cuadros negros y aun menos cuadros indígenas. No obstante, en un principio evadió su responsabilidad de organizar y dirigir políticamente a la población indígena e integrar a los costeños a las filas y a la dirección del FSLN. Esta falla reforzó la influencia política de los dirigentes indígenas que aún no habían sido ganados a la revolución; muchos de ellos se pusieron muy rápidamente en contra del proceso revolucionario.

El desarrollo de la guerra contrarrevolucionaria ahondó la crisis. Una vez más, el FSLN respondió inicialmente con más métodos militares y administrativos en contra de la población. Esto profundizó la oposición en la Costa Atlántica y preparó el camino para un desastre militar y político total que, de no haberse cambiado de política, le habría dado al imperialismo la oportunidad necesaria para lanzar una intervención militar directa.

Proceso de autonomía

23. En diciembre de 1984 el gobierno abandonó su reaccionaria oposición inicial a la autonomía para los pueblos de la Costa Atlántica y comenzó a defender esta demanda. Este cambio obedecía a las crecientes presiones de los partidarios negros e indígenas de la revolución y al hecho de que miles de miskitos y otros indígenas, así como algunos negros, se habían unido a grupos armados que estaban aliados a la contra.

En lugar de reprimir, el gobierno y el FSLN comenzaron a realizar esfuerzos para que el pueblo trabajador costeño participara en la solución política de los conflictos que habían surgido y se organizara para controlar su propio futuro. El gobierno inició discusiones sobre un nuevo estatuto de autonomía, lo cual ayudó a inspirar una intensa campaña política por los propios costeños a favor de la autonomía, con asambleas, mítines, discusiones y debates entre 1985 y 1987.

La decisión de promover la lucha por la autonomía permitió negociar el fin del conflicto militar con los grupos armados de miskitos y de otros indígenas que combatían en alianza con los contras. Esto contribuyó decisivamente a la derrota de la amenaza militar de la contra.

Asimismo, el nuevo curso representaba un rechazo histórico de las políticas pequeñoburguesas radicales, socialdemócratas y estalinistas hacia las nacionalidades oprimidas, políticas que han perjudicado muchísimo a la revolución mundial. Esta nueva orientación se remontaba al ejemplo que la Internacional Comunista, encabezada por los bolcheviques, había dado sobre esta cuestión en sus primeros años.[12] El proceso de autonomía en sí representaba un avance revolucionario para todo el movimiento obrero mundial, así como un ejemplo inspirador para los luchadores revolucionarios de las nacionalidades oprimidas en el Caribe, América Latina y el resto del mundo, especialmente entre los pueblos indígenas y de origen africano. El FSLN trató de propagar el impacto internacional de esta nueva política, auspiciando conferencias de pueblos indígenas de todo el continente e instando a estos visitantes, así como a otros, a que visitaran la Costa Atlántica.

Al rechazar el enfoque político que trata al pueblo trabajador como un problema que administrar y no como un protagonista de la historia que debe ser incorporado al gobierno y a la reconstrucción de la sociedad, el proyecto de autonomía también mostraba el camino que debía seguir la revolución en toda Nicaragua. Este cambio y las victorias que produjo dieron un ímpetu revolucionario a la lucha de clases, culminando con la adopción del estatuto de autonomía por la Asamblea Nacional en 1987.

Sin embargo, el proceso de autonomía era un reflejo concreto de la lucha de clases en Nicaragua y no podía avanzar mucho más allá de la revolución en su conjunto. Para que pudiera continuar el desarrollo y la concretización de este proceso, así como la concientización de los mestizos tanto en la Costa Atlántica como en el Pacífico sobre la necesidad de la autonomía y la lucha contra el prejuicio anticosteño y la discriminación racial en toda Nicaragua y Centroamérica, hacía falta un nuevo avance en el proceso revolucionario. De otra forma, será imposible progresar mucho en la lucha por la autonomía, y se corroerán los logros conquistados.

Se organiza la mujer por la igualdad de derechos

24. La formación del gobierno obrero y campesino en 1979 dio ímpetu a la lucha de la mujer nicaragüense por la igualdad y contra la opresión. Las campesinas y las obreras comenzaron a luchar por el derecho a participar por igual en todos los aspectos de la vida económica y social, tratando de ganar a esta causa a la CST y a otros sindicatos y organizaciones de masas. Muchos miembros de la ATC en particular jugaron un papel de vanguardia en estas luchas. Las mujeres comenzaron a organizarse en las fábricas donde trabajaban. La Asociación de Mujeres Nicaragüenses "Luisa Amanda Espinoza" (AMNLAE), la organización sandinista pro derechos de la mujer, también emprendió esta lucha a nivel nacional en un principio.

Con el apoyo del gobierno y del FSLN, estas luchadoras comenzaron a lograr cambios en la conciencia tanto de mujeres como de hombres. Lograron victorias: la disminución del analfabetismo entre las mujeres, especialmente durante la campaña de alfabetización en 1980; el decreto de 1979 que prohibió la explotación de la mujer en propagandas comerciales; la construcción de guarderías infantiles en algunas fábricas y fincas estatales grandes; cambios en las leyes sobre el divorcio para beneficio de la mujer; la adopción de leyes más estrictas de responsabilidad paterna; el derecho de la mujer a ser propietaria de tierra y a ingresar a cooperativas agrícolas; el derecho de las trabajadoras agrícolas a recibir el salario devengado por su propio trabajo (en lugar de que fuera entregado al marido); disposiciones en muchos convenios sindicales y en la constitución de 1986 que decretaban salarios iguales para hombres y mujeres que hacían el mismo trabajo; y la incorporación de mujeres a las milicias y fuerzas armadas, incluso a ciertas unidades de combate. El progreso de la lucha por la liberación de la mujer fue acompañada de una mayor participación de las mujeres en muchos aspectos de la vida política, especialmente en los sindicatos, la UNAG y los CDS.

25. La lucha por el acceso al aborto, como derecho de la mujer y elemento decisivo en la lucha por la igualdad, no ha tenido éxito. En 1985 y 1986 estalló un debate público, planteándose si revocar o no la ley que prohibe el aborto

en casi la totalidad de casos. El gobierno del FSLN había dejado intacta esta ley, que data de la época somocista. En consecuencia, miles de mujeres morían todos los años o quedaban mutiladas a causa de abortos clandestinos o caseros. Los abortos ilegales y mal hechos se habían convertido en la principal causa de muertes maternas, y lo siguen siendo. Si no se conquista el derecho a decidir si tener o no hijos y cuándo tenerlos, lo cual es imposible sin que el aborto sea legal y accesible, las trabajadoras y campesinas no pueden dar nuevos pasos importantes hacia la plena igualdad. No obstante, ningún miembro del gabinete y ninguno de los nueve miembros de la Dirección Nacional del FSLN se ha manifestado alguna vez a favor de la legalización del aborto.

En marzo de 1987, el FSLN emitió una "Proclama sobre la Mujer" que no menciona el derecho al aborto ni el control de la natalidad. Este documento reflejó la decisión de la dirección del FSLN de poner punto final al debate sobre este asunto y —a pesar de sus fuertes denuncias del machismo— representó un retroceso en la lucha concreta por los derechos de la mujer. El 26 de septiembre de 1987, Daniel Ortega, principal oficial ejecutivo del FSLN y presidente de la república, hizo su primera declaración pública importante sobre el tema del aborto. Usando los argumentos más reaccionarios, Ortega se manifestó en contra de la legalización del aborto y de otros aspectos de la lucha de la mujer por la igualdad. En el mismo discurso, Ortega declaró que ni los indígenas ni los negros habían sufrido jamás la discriminación racial en Nicaragua, ni durante el régimen de Somoza ni después.

Asimismo, los recortes presupuestarios y despidos en gran escala hicieron más vulnerables las conquistas de la mujer, tales como la creación de guarderías infantiles y la integración de mujeres a ciertos empleos de los cuales antes se habían visto excluidas. Este repliegue político continuó en 1988, simbolizado por la decisión —apoyada por el FSLN— de celebrar nuevamente los concursos de belleza, a pesar de las protestas de muchas revolucionarias, y por el hecho de que la nueva dirección electa de la Juventud Sandinista no contaba con una sola mujer.

A principios de 1989, la dirección de AMNLAE anunció que a mediados de ese año propondría ante la Asamblea Nacional una serie de leyes para legalizar el aborto, penalizar la violencia conyugal contra la mujer e imponer penas más severas por crímenes de violación. Sin embargo, al cabo de unos meses las dirigentes de AMNLAE cedieron ante las presiones de los dirigentes del FSLN, quienes argumentaron abiertamente que cualquier debate sobre problemas como el derecho al aborto, la violencia conyugal contra la mujer o la violación solo "crearía confusión" y perjudicaría a los candidatos del FSLN en "período electoral", según las palabras de Mónica Baltodano, coordinadora de AMNLAE. Entre las que defienden esta posición hay líderes de AMNLAE que anteriormente condenaban abiertamente la violencia contra la mujer y defendían enérgicamente el derecho al aborto.

Evolución de la dirección del FSLN

26. Cuando el recién electo gobierno de Nicaragua asumió funciones a principios de 1985, aquellos dirigentes de la revolución que se mostraban menos atraídos a una perspectiva *socialista* ya dominaban el poder ejecutivo y el liderazgo del FSLN. No obstante, la dirección del gobierno respondía a las presiones de las masas y tomaba medidas para realizar importantes tareas *antiimperialistas* y *democráticas* de la revolución.

En primer lugar, el FSLN movilizó a los trabajadores

nicaragüenses para derrotar la guerra organizada y financiada por el imperialismo. Además, a fines de 1984, se inició el proceso de autonomía en la Costa Atlántica. En 1985 y 1986, las movilizaciones campesinas por la tierra aceleraron la repartición de tierras y lograron una reforzada ley de reforma agraria.

Tras la firma de los acuerdos de paz en Guatemala en agosto de 1987[13] y del alto el fuego con los contras en marzo de 1988, el FSLN y el gobierno enfrentaban nuevas oportunidades y retos para movilizar al pueblo trabajador a fin de fortalecer sus organizaciones clasistas para dirigir la lucha por la creación de un estado obrero. La victoria sobre los contras echó atrás los planes imperialistas de derrocar al gobierno obrero y campesino y elevó la confianza del pueblo trabajador de Nicaragua.

27. En febrero de 1988 el gobierno de Nicaragua decretó una fuerte devaluación del córdoba [la moneda nacional], provocando aumentos enormes en los precios de alimentos y otros artículos básicos de consumo. Luego, en junio de 1988, se impuso otra serie de medidas económicas: la abolición de la escala nacional de salarios y productividad, lo cual significó, entre otras cosas, el abandono del salario mínimo y otros intentos de beneficiar a los sectores menos remunerados de la fuerza laboral; recortes de fondos estatales destinados a sostener los precios que reciben los campesinos por sus productos alimenticios; cambios en la política crediticia, perjudicando especialmente a los campesinos más pobres; mayores cortes en los subsidios gubernamentales para los alimentos básicos vendidos en los expendios de barrio; y nuevas concesiones a los agricultores capitalistas y a los procesadores de productos de exportación.

Los cambios decretados en diciembre de 1988 y enero de 1989, entre ellos el anuncio de que no habría más expropiaciones de tierras, continuaron y profundizaron esta trayectoria política.

Las dificultades económicas no son la causa fundamental de la desorientación y desmovilización del pueblo trabajador nicaragüense ante estos cambios de política tras la derrota de los contras. Más bien, es la falta de dirección por parte del FSLN, que no ha proyectado ninguna perspectiva para que los trabajadores *tomen acción* colectiva contra sus explotadores y, basados en su propia labor y sus propias energías, *cambien* el curso de su vida.

Mengua influencia de sindicatos, organizaciones de masas

28. En los dos años transcurridos desde que los acuerdos de paz confirmaron la victoria sobre los contras, se ha reducido la influencia de los sindicatos y de las organizaciones de masas sandinistas en la política del gobierno. Se ha limitado sus responsabilidades, disminuido la participación de sus miembros y en consecuencia rebajado su nivel político.

Los dirigentes de la CST y de otros sindicatos partidarios de la revolución siguen implementando y justificando la política del gobierno, tratando de convencer a los trabajadores de que, para beneficio propio y beneficio de la revolución, hay que sacrificarse más, al tiempo que los capitalistas reciben una mayor parte de la riqueza del país. La dirección nacional de la ATC, que antes estaba a la vanguardia de luchas sociales como la reforma agraria y los derechos de la mujer, en gran parte también ha seguido este camino.

Puesto que la política del gobierno y del FSLN hace que los efectos de la crisis recaigan cada vez más sobre el pueblo trabajador, los dirigentes sindicales que apoyan la revolución tienen que subordinar cada vez más la movilización de los miembros en la lucha por defender los intereses de la clase obrera. Se obstaculiza así el proceso necesario de integrar a la dirección sindical a obreros jóvenes: a líderes que tienen experiencia en la organización y movilización de las filas sindicales no solo para luchar por sus propias reivindicaciones, sino por la reforma agraria, por una alianza obrero-campesina más fuerte, por los derechos de la mujer, contra el prejuicio anticosteño y por hacer avanzar a Nicaragua hacia el socialismo y el desarrollo.

29. Se ha reducido cualitativamente el papel que ocupan los CDS, organizaciones que para mediados de los años ochenta ya estaban en declive. En la medida que todavía existen, funcionan principalmente como comités de barrio para realizar labores cívicas de rutina. Los dirigentes del FSLN ya no proyectan los CDS como unidades de una organización de masas dedicada a movilizar políticamente al pueblo trabajador para la defensa y promoción de las metas sociales de la revolución.

Las milicias armadas que se organizaron en algunas fábricas y otros centros de trabajo urbanos durante los primeros años de la revolución no continuaron durante la segunda mitad del decenio. Decayeron a medida que las unidades de reserva del ejército y la conscripción militar asumieron más importancia en la defensa de Nicaragua contra las fuerzas contrarrevolucionarias. Sin embargo, en las zonas rurales las milicias jugaron un papel decisivo en la defensa de las fincas estatales, colectivas y cooperativas. Desde el alto el fuego, ha disminuido la importancia y el papel que ocupan estas milicias armadas en las zonas rurales. A principios de 1989 el ejército sandinista y el ministerio del interior ordenaron a todas las unidades de la CST, ATC y UNAG entregar sus armas, salvo en lugares donde todavía hay bandas de mercenarios.

Se rechaza una oportunidad histórica

30. Las batallas de clase iniciadas con el triunfo de 1979 y la prolongada movilización de los obreros y campesinos armados para derrotar al ejército contrarrevolucionario prepararon a nuevas generaciones de combatientes revolucionarios proletarios y campesinos, entre ellos una amplia capa de dirigentes en potencia. La rotunda derrota militar de la contra a fines de 1987 creó la posibilidad de integrar a estos cuadros aguerridos a la dirección del FSLN, de los sindicatos y de otras organizaciones revolucionarias, así como a muchas instituciones y programas del gobierno; esto habría permitido revitalizar todos estos organismos.

El pueblo trabajador nicaragüense había aplastado con las armas a un ejército contrarrevolucionario financiado y organizado por la potencia imperialista más poderosa de la historia, cuyo objetivo era liquidar la soberanía de Nicaragua y aniquilar las conquistas fundamentales de la revolución. No había mejor oportunidad que esta victoria para organizar, movilizar y dirigir al pueblo trabajador para comenzar la reconstrucción y el desarrollo de Nicaragua y para intensificar la lucha por sus intereses de clase.

Sin embargo, la dirección del FSLN ha hecho todo lo contrario. Se ha disipado el ímpetu revolucionario que la derrota de la contra había despertado entre la vanguardia obrera y campesina. Para justificar su rumbo, los dirigentes del FSLN insistieron durante un año que la guerra aún no había terminado. La consigna de unidad nacional, necesaria para ganar una guerra en defensa de la soberanía de Nicaragua, se ha transformado en un llamamiento a los trabajadores a que —en nombre de la reconstrucción de Nicaragua— subordinen sus intereses a los de los explotadores. No se ha reorientado a ningún sector importante del ejército para realizar trabajo productivo en proyectos de desarrollo de utilidad social, aun permaneciendo movilizado para responder a situaciones urgentes en la defensa del país. Los mejores cuadros, templados y disciplinados por su servicio en las fuerzas armadas sandinistas, no están siendo forjados como parte de una dirección comunista del pueblo trabajador de Nicaragua.

Este derroche del ímpetu y compromiso revolucionario de nuevas generaciones de trabajadores nicaragüenses tras la derrota de los contras es la expresión más importante del fracaso político de la trayectoria que está siguiendo la dirección del FSLN.

Decaen avances revolucionarios en el mundo

31. Este repliegue de la dirección política en Nicaragua ocurre en un mundo donde, después de 1979, no ha asumido el poder ningún gobierno obrero y campesino. No se ha mantenido el mismo ritmo de avances en la lucha internacional antiimperialista que caracterizó la segunda mitad de los años setenta. Aparte de Cuba, no se ha visto progreso alguno hacia una política comunista entre las fuerzas revolucionarias y antiimperialistas de América Latina y el Caribe.

En Centroamérica, el ascenso popular en El Salvador después de 1979 no logró conquistar el poder. Después de los sangrientos ataques desatados en 1981 por el gobierno salvadoreño con el apoyo de Washington, la lucha revolucionaria sufrió un revés. A pesar de no haber podido asestar una derrota decisiva a las fuerzas revolucionarias o mantener la estabilidad en medio de la creciente crisis económica y social, los gobernantes salvadoreños —armados y financiados por el imperialismo norteamericano— han logrado mantenerse en el poder y consolidar un régimen burgués represivo. El Frente Farabundo Martí para la Liberación Nacional (FMLN), que agrupa a las principales organizaciones revolucionarias, no ha podido trazar una estrategia política clara y unida que logre movilizar a los obreros y campesinos para derrocar a ese régimen.[14]

En el Caribe, el sangriento derrocamiento del gobierno obrero y campesino en Granada en 1983 por fuerzas estalinistas cambió aún más la correlación internacional de fuerzas en detrimento de los trabajadores de la región. Creó la apertura para que las fuerzas militares norteamericanas lanzaran su primer ataque en gran escala en el continente americano desde la invasión de República Dominicana en 1965.[15]

La guerra mercenaria dirigida por Washington contra Nicaragua, guerra que comenzó a organizarse en gran escala a partir de 1983, formó parte de esta contraofensiva imperialista.

Ya para fines de 1985, también se había perdido la oportunidad para que los gobiernos de América Latina, junto con los de Africa y Asia, adoptaran la propuesta del presidente cubano Fidel Castro de formar una unión por el no pago de la gigantesca deuda del Tercer Mundo. Desde entonces, los gobiernos e instituciones financieras imperialistas han podido jugar al "divide y conquistarás" con una eficacia más y más desastrosa, robando riquezas y extrayendo concesiones de un régimen tras otro en el Tercer Mundo. En un número creciente de países de América Latina y el Caribe, los gobiernos nacionalistas burgueses, "populistas" o socialdemócratas se han convertido en despiadados cobradores de deudas para los grandes bancos imperialistas. Los gobiernos de Michael Manley en Jamaica y del dirigente peronista Carlos Saúl Menem en Argentina son dos de los ejemplos más recientes de este fenómeno.[16]

La formación en 1984 de las Organizaciones Antiimperialistas del Caribe y Centroamérica representó un avance para las fuerzas revolucionarias de esa región. A pesar de los reveses en Granada y otros países, la fundación de esta agrupación fue producto del ímpetu revolucionario hacia la solidaridad internacionalista y la unidad antiimperialista, creado por los avances de 1979 y 1980. Sin embargo, ante la ausencia de nuevas victorias revolucionarias, las Organizaciones Antiimperialistas también se han estancado políticamente.[17]

Estos acontecimientos negativos pesan enormemente sobre la revolución nicaragüense. Han envalentonado a los que quieren continuar alejándose de la perspectiva plasmada en el Programa Histórico y han acallado las voces de quienes piensan que el futuro de Nicaragua está ligado íntimamente a la perspectiva de extender la revolución anticapitalista y antiimperialista en América.

Crisis social capitalista en América

32. La crisis económica y social que enfrenta el pueblo trabajador de Nicaragua es parte del desastre que cunde por todo el continente americano, producto de la creciente crisis mundial del capitalismo. América Latina está agobiada por una deuda de más de 400 mil millones de dólares a los bancos, instituciones financieras y gobiernos imperialistas. Nicaragua tiene una deuda de 6 700 millones de dólares, mayormente en concepto de intereses sobre préstamos anteriores, ya que no ha recibido muchos préstamos nuevos de la mayoría de los go-

biernos y agencias imperialistas.

Por toda América Latina y el Caribe, la altísima tasa de desempleo, la inflación galopante, los desalojos de tierras, la multiplicación de tugurios miserables, la destrucción del medio ambiente y una multiplicidad de otros males sociales agobian a más y más trabajadores. Los efectos de la crisis han sido particularmente agudos en Centroamérica; una de las consecuencias es que el número de refugiados en esta región alcanza niveles comparables a los del sudeste de Asia y de algunas de las regiones de Africa más afectadas por la hambruna.

Todas estas condiciones siguen empeorando durante el actual ascenso en el ciclo comercial en los principales países imperialistas. La próxima recesión que ocurra a principios de la década de 1990 multiplicará la crisis en toda América y el resto del mundo semicolonial. Toda política del gobierno nicaragüense que se base en la expectativa de una expansión de la economía capitalista mundial y de más ayuda e intercambio comercial con los países imperialistas —y no en la realidad de que se acerca una depresión económica mundial y una creciente crisis social— terminará en un desastre total.

Promueven 'pacto social'

33. El rumbo que ha perseguido la dirección del FSLN ha desorientado, desmoralizado y desmovilizado a un gran número de obreros y campesinos nicaragüenses. Muchos de ellos no están convencidos de que las exhortaciones a nuevos sacrificios, por sí solas, sirvan de estrategia para alcanzar las metas por las cuales hicieron una revolución una década atrás.

No obstante, los dirigentes del FSLN están librando una lucha política para convencer a la vanguardia obrera y campesina a seguir esta política. Quieren convencer al pueblo trabajador a que subordine sus intereses y demandas clasistas a la necesidad estratégica de fortalecer la producción capitalista y las relaciones de mercado (la "economía mixta"), que según ellos es la única vía realista para Nicaragua hoy en día. Los líderes del FSLN argumentan que solo al mantener un pacto social con los capitalistas "patrióticos" —es decir, solo al tratar de congelar la lucha de clases— será posible suavizar los terribles efectos sociales de la crisis económica mundial, estabilizar y mejorar el nivel de vida a mediano plazo, y alcanzar el socialismo en algún momento futuro.

34. Ningún miembro de la Dirección Nacional del FSLN u otro dirigente nacional ha expresado desacuerdo alguno con la actual estrategia del gobierno o ha argumentado a favor de una alternativa comunista. Este consenso en la dirección fue confirmado en marzo de 1989, cuando Tomás Borge, uno de los fundadores del FSLN y el miembro más antiguo de la Dirección Nacional, expresó su apoyo a las recientes medidas del gobierno en una extensa entrevista publicada en dos partes en el periódico *Barricada*.

Borge, en un intento de dar una justificación teórica a esta trayectoria política, afirmó que los mecanismos de mercado son una expresión de "relaciones objetivas" y de "leyes generales de la economía" que trascienden tanto el capitalismo como el socialismo y que pueden ser utilizadas "en función de determinados intereses de clase". "Desde siempre", dijo Borge, "la teoría del socialismo científico superó la idea de asociar las relaciones mercantiles solo al capitalismo, como si éstas fueran ajenas al socialismo".[18]

No obstante, pese a estos argumentos, las consecuencias de mantener las relaciones de producción capitalistas no son neutrales, ni en el ámbito social ni en el político. El mercado no es un fenómeno natural sino una relación social que surge al nacer la sociedad de clases y que se generaliza al propagarse el dominio y la explotación del capitalismo en el mundo.[19] El atraso económico de Nicaragua y las condiciones de vida del pueblo trabajador en ese país son producto del sistema imperialista, no simplemente de la debilidad de las fuerzas productivas nacionales. Solo un cambio cualitativo en esas relaciones sociales de producción podrá liberar las energías de los obreros y campesinos nicaragüenses para empezar a desarrollar al máximo las fuerzas productivas sobre la base de una planificación económica que beneficie a las mayorías.

La perpetuación del sistema del mercado capitalista y su dominio de la producción industrial y agrícola en Nicaragua fortalece a las clases explotadoras, agranda las divisiones y desigualdades entre los obreros y campesinos, obstaculiza el desarrollo económico y social y fomenta la propagación de los valores burgueses. El gobierno del FSLN es tan incapaz de guiar la economía capitalista hacia una recuperación y expansión como lo es el gobierno de cualquier otro país capitalista pobre en Centroamérica u otra parte del mundo semicolonial. A menos que se alivie la crisis en el campo, causada por el dominio capitalista de la industria, el comercio y la agricultura, y a menos que se sienten los cimientos nacionalizados para progresar a una economía planificada, ninguna iniciativa del gobierno podrá resolver la crisis.

Analogía errónea con la NEP bolchevique

35. Al justificar el curso político del régimen del FSLN, Tomás Borge mencionó, en la entrevista de *Barricada* en marzo de 1989, el ejemplo de "la Nueva Política Económica [NEP] de Lenin" impulsada en la república soviética a principios de los años veinte. Esta analogía está errada en su concepto fundamental.

La NEP fue un repliegue que resultó necesario para aumentar las relaciones de mercado entre las ciudades y los campesinos pobres con el fin de intercambiar productos alimenticios por mercancías industriales ligeras (bienes de consumo así como maquinaria ligera e insumos para la agricultura). Tenía como objetivo fortalecer la alianza obrero-campesina, que se había debilitado durante la época anterior de intervención militar imperialista y de guerra civil.

Además, Lenin siempre insistió en que la precondición indispensable para dicho repliegue era la existencia de ciertas conquistas fundamentales: la propiedad estatal sobre la industria, la nacionalización de la tierra y el monopolio estatal sobre el comercio exterior. La NEP se estableció después —y no antes— de realizarse estas tareas, es decir, después del establecimiento de un estado obrero.[20]

36. Interesada en mantener el pacto social con los fabricantes y terratenientes capitalistas, la dirección del FSLN pretende no solo congelar de alguna manera la lucha de clases sino subordinar la clarificación política de las realidades clasistas. Los dirigentes del FSLN recurren más y más a un lenguaje que oculta en vez de esclarecer el conflicto de intereses entre las clases en Nicaragua. Por ejemplo, la palabra "productores" ya no es un término científico para referirse a los trabajadores explotados —los que realmente trabajan y producen para beneficio de la sociedad— sino un término usado por muchos funcionarios sandinistas y del gobierno para referirse además a los agricultores y hacendados capitalistas, o sea, a los explotadores.

Las consecuencias políticas y sociales del encubrimiento de la verdad sobre la causa de la explotación y la opresión, y sobre el camino a su eliminación, son tan poco neutrales como el funcionamiento del propio sistema capitalista de mercado. Claridad política, conciencia de clase, y organización y acción sobre esa base: éstas son las únicas armas que tienen los obreros y campesinos para defender sus intereses históricos. En cambio, la burguesía no necesita esta claridad; el funcionamiento de su sistema social reproduce e intensifica la opresión y la explotación a espaldas de los trabajadores y los capitalistas por igual.

No hay 'tercer camino' entre capitalismo y comunismo

37. Asimismo, los dirigentes del FSLN frecuentemente afirman que la propiedad estatal y la economía planificada son incompatibles con las libertades políticas, o, según lo expresan a menudo, solo la preservación de una "economía mixta" garantiza el "pluralismo político". También este argumento oculta la verdad clasista.

El desarrollo de los derechos democráticos burgueses es un adelanto que amplía el espacio que tienen los explotados para organizarse y actuar en el ámbito político. Pero estos adelantos solo poseen una dinámica revolucionaria y solo perduran si están vinculados a la ampliación de la democracia obrera y del control obrero, fortaleciendo a los trabajadores en su lucha por eliminar la explotación capitalista. La promoción de la democracia parlamentaria burguesa y del electoralismo a expensas de los avances concretos hacia la democracia obrera no garantiza la existencia y ampliación de los derechos políticos, sino al contrario, abre la puerta a la restricción —o incluso a la destrucción— de las libertades democráticas, resultado inevitable de la restauración del dominio político capitalista.

Por lo tanto, en la medida en que la dirección del FSLN presenta la próxima contienda electoral nacional [de 1990] como un medio que por sí mismo fortalece la revolución, está desorientando a toda una generación de luchadores. Además, es peligrosamente erróneo y desorientador el argumento planteado por la dirección del FSLN y del gobierno de que las elecciones, al demostrarle al mundo la legitimidad del gobierno del FSLN, podrán comprarle a Nicaragua un momento de respiro de las agresiones imperialistas. Como lo demuestra el ejemplo de Cuba revolucionaria, ganarse respeto y prestigio internacional no es lo mismo que obtener el favor de la opinión pública burguesa. De las dos cosas, solo la primera fortalece la defensa del gobierno revolucionario.

38. Los dirigentes del FSLN y del gobierno son cada vez más explícitos al rechazar, como camino para Nicaragua, la vía socialista iniciada en América por la revolución cubana y defendida por su dirección comunista. El presidente Daniel Ortega y otros dirigentes sandinistas han afirmado que el gobierno nicaragüense toma como modelo político a ciertas potencias imperialistas menores, especialmente a Suecia.

El inicio y la profundización del proceso de rectificación por la dirección comunista en Cuba a partir de 1986 es el único acontecimiento político en la región en los últimos cinco años que se alimenta del impulso revolucionario del cual fue parte íntegra la victoria nicaragüense de 1979.[21] Los comunistas cubanos se han guiado por el reconocimiento de que la revolución no puede avanzar sin construir un partido de vanguardia cuya composición sea cada vez más proletaria tanto en sus filas como en su dirección. En cambio, los dirigentes del FSLN, en vez de adherirse a este camino al socialismo emprendido por la dirección cubana, han optado por un camino opuesto. Se rechaza cada vez más el comunismo, expresión histórica del rumbo clasista hacia el cual se dirigen todas las luchas modernas de la clase obrera. Los dirigentes del FSLN hablan cada vez más de una ideología específicamente nicaragüense que supuestamente no es ni capitalista ni comunista y que, de alguna manera y algún día, llevará al país hacia el socialismo democrático. La consigna del día es "democracia" en lo abstracto, despojada de todo contenido clasista.

Muchos dirigentes sandinistas plantean que este supuesto tercer camino entre el capitalismo y el socialismo puede aplicarse no solo a Nicaragua sino a América Latina en general. Revolucionarios de otros países americanos que se inspiran en la revolución nicaragüense han sido influenciados, en algunos casos más y en otros casos menos, por estas ideas antimarxistas, especialmente en el contexto de los reveses que han sufrido las luchas revolucionarias en esta región durante los años ochenta.

Sin embargo, lo que sí confirma nuevamente la experiencia de la revolución nicaragüense es que no hay una tercera vía entre el capitalismo y el socialismo. Toda orientación estratégica que se plantee como alternativa a la perspectiva de movilizar al pueblo trabajador en una lucha por el socialismo conduce inevitablemente al refuerzo de las relaciones sociales capitalistas, trayendo consecuencias desastrosas para la soberanía nacional, el desarrollo económico y la justicia social para los trabajadores.

El estalinismo contra el comunismo

39. Las perspectivas planteadas por los líderes del FSLN cobran fuerza al converger con la política del estalinismo en su etapa de perestroika, la cual atrae y alienta todas las fuerzas antimarxistas dentro del movimiento obrero internacional.

Los partidarios de la perestroika promueven la ilusión de que el mundo se está tornando más pacífico gracias a la política de Gorbachov, la cual supuestamente está apaciguando al imperialismo. Esta ilusión encuentra eco entre los que alimentan la esperanza de que los agresores imperialistas dejarán vivir en paz a Nicaragua, que se mitigará la crisis mundial del capitalismo y que pronto llegará mucha ayuda y cooperación de gobiernos e instituciones financieras capitalistas. Esperan que todo esto le permita a Nicaragua seguir su propio camino de desarrollo.

Los trabajadores de Nicaragua necesitan paz para recuperarse de los estragos de la guerra y comenzar la reconstrucción del país. Pero el mundo que está siendo formado por la política bipartidista del gobierno imperialista en Washington, así como sus intentos de negociar una "distensión" con la política de perestroika de Gorbachov, no prometen paz ni para las luchas antiimperialistas ni para los obreros y campesinos que luchan por condiciones decorosas de vida y de trabajo.

Daniel Ortega, en conformidad con la tendencia de los propios sandinistas de recurrir cada vez más a los mecanismos del mercado capitalista, ha hablado favorablemente de ciertos cambios recientes en la política económica soviética. Estos cambios condicionan cada vez más la ayuda y el comercio soviético con Cuba, Nicaragua y otros países del Tercer Mundo a la rentabilidad de empresas soviéticas individuales, haciéndolos menos seguros y confiables. Están haciendo las cosas más a través de transacciones comerciales, dijo Ortega en una entrevista reciente. "Antes, las cosas se hacían de una manera fundamentalmente política"; se dictaba la línea política y las empresas la implementaban, afirmó. Ahora, con la organización de tipo empresarial que están promoviendo, pueden fomentar y explorar nuevas formas de cooperación, de una empresa con otra, que antes no veíamos, agregó Ortega.

No queda duda acerca de una de las consecuencias de la perestroika respecto a la política exterior y la ayuda internacional: significa mayor presión, directa e indirecta, sobre los movimientos y gobiernos revolucionarios para que adapten su política y resuelvan los "conflictos regionales", colocándolos en el plano subordinado que supuestamente les corresponde. Sin embargo, dichos acuerdos no significan paz con dignidad, honor e independencia; significan paz bajo condiciones que son aceptables al imperialismo.

40. Para conducir a los trabajadores al establecimiento, a la consolidación y a la defensa de un estado obrero, hace falta construir un partido comunista. La eliminación de la explotación capitalista y el inicio de una economía planificada exigen una conciencia de clase más profunda y amplia y una alianza obrero-campesina más firme de lo que hace falta durante la etapa anterior, cuando se derroca el dominio político de los capitalistas. Esta conciencia solo puede forjarse si existe una vanguardia comunista que dirija la lucha de clases. Al mismo tiempo, la única vía para que una vanguardia comunista se convierta auténticamente en un partido comunista y proletario de masas es dirigir a los trabajadores en esta transformación cualitativa del capitalismo a la construcción del socialismo.

Este tipo de dirección nunca lo podrán proporcionar las sectas ultraizquierdistas y las organizaciones estalinistas en Nicaragua, cuyas estrategias anticampesinas y antiobreras han sido y siguen siendo rechazadas por los luchadores revolucionarios de ese país. Los sandinistas dicen la verdad cuando afirman que son más revolucionarios e incluso más comunistas que el Partido Comunista de Nicaragua, el Partido Socialista Nicaragüense, el Partido Marxista-Leninista y otros grupos que dicen ser marxistas.[22]

Una vanguardia comunista de la clase obrera en Nicaragua solo podrá forjarse entre aquellos revolucionarios que defienden el FSLN, la organización que se ha ganado y que conserva el derecho de dirigir a los obreros y campesinos. Aún no se ha forjado esa vanguardia comunista. Puesto que este proceso no ha avanzado, la revolución no ha podido dar los pasos históricos que son necesarios para evitar su retroceso. El hecho de que varios dirigentes del FSLN han rechazado más y más abiertamente el marxismo, el comunismo y el camino que la revolución socialista cubana le abrió a toda América Latina y el Caribe, representa el principal factor que obstaculiza el desarrollo de un liderazgo amplio que sea capaz de guiar a los trabajadores nicaragüenses en la lucha por rectificar el proceso de erosión de los cimientos del gobierno obrero y campesino.

Los miembros y partidarios del FSLN que están más comprometidos con la defensa de los intereses de clase de los obreros y campesinos, y que todavía no han sido abatidos políticamente por las presiones constantes de los últimos diez años, se encuentran cada vez más en oposición a la estrategia actual, aun si esa oposición no es del todo consciente o consecuente. Lo que urge hoy en Nicaragua es una oposición a la orientación actual que sea completamente leal a la revolución y al FSLN, que trate de aplicar el Programa Histórico, que defienda la perspectiva comunista, que luche por el marxismo y que señale el ejemplo de la revolución cubana. Uniría en la lucha por defender la revolución a los veteranos de la lucha revolucionaria que no han abandonado el camino que emprendieron al ingresar al FSLN, así como a los luchadores clasistas de la joven generación.

Política bipartidista de Washington

41. Igual que a los capitalistas nicaragüenses, a los imperialistas norteamericanos no les cabe duda de que, si bien la revolución nicaragüense no es socialista, el gobierno obrero y campesino sí es producto de una auténtica y profunda revolución que ha puesto el poder político en manos del pueblo trabajador. Los gobernantes de Estados Unidos no confían en ese gobierno —y con razón— a pesar de la política que actualmente lleva a cabo. Esta actitud se debe a la propia revolución y a las clases que forman la base del gobierno.

Los dos partidos en Washington aún mantienen una política que busca la forma de quitar del poder al gobierno del FSLN, y no simplemente de presionarlo para extraer más concesiones. Los gobernantes de Estados Unidos, al explorar la posibilidad de negociaciones, también siguen dando apoyo encubierto a las actividades asesinas de la contra.

La creciente vulnerabilidad del gobierno nicaragüense no satisface a los imperialistas. Al contrario, envalentona al gobierno norteamericano, que presiona aún más por sus objetivos. Los imperialistas exigen más y más concesiones a favor de las clases explotadoras en Nicaragua. Después, cuando el gobierno sandinista se ve obligado a tomar medidas punitivas contra los capitalistas que a pesar de estas concesiones violan el pacto social que el gobierno intenta poner en práctica (como el caso de tres capitalistas cafetaleros que fueron expropiados en junio de 1989), Washington lo fustiga tanto más severamente.

Esto se vuelve una excusa más para que los gobiernos imperialistas de Europa occidental que mantienen relaciones económicas con Nicaragua, así como los regímenes exportadores de petróleo en América Latina, tarden más y más en aumentar sus donaciones y renegociar préstamos y exijan condiciones aún más severas por esta ayuda.

Por más que los sandinistas traten de aplacar la opinión pública burguesa en el mundo, estas concesiones no harán que el gobierno norteamericano y sus aliados desistan de perseguir sus intereses de clase. No reconocer esta realidad es caer en una trampa.

Washington no tiene, ni puede tener, una estrategia estable para defender sus intereses en Nicaragua y el resto de Centroamérica. Tampoco puede prever o controlar todas las fuerzas desatadas por sus acciones. Los gobernantes de Estados Unidos reaccionan de forma pragmática a la evolución de la lucha de clases en Nicaragua, como en el resto del mundo. En los últimos dos años, por ejemplo, el gobierno estadounidense ha sobreestimado una y otra vez su capacidad de derrocar al gobierno de Panamá con una combinación de sanciones económicas, amenazas militares e incesante propaganda. Washington sigue siendo capaz de hacer cambios bruscos de política que puedan inducir a aventuras militares.[23]

42. La posibilidad en Estados Unidos de organizar actividades en gran escala en defensa de Nicaragua es ahora más limitada que en años pasados. El fin de la guerra contrarrevolucionaria ha reducido objetivamente el peso de la cuestión nicaragüense en la política norteamericana. Además, el repliegue político del FSLN y del gobierno nicaragüense ante los enormes retos ha afectado la disposición de muchos de los partidarios de la revolución a organizar actividades. Esto se refleja en el hecho de que hay menos posibilidades para organizar amplias giras y brigadas de trabajo que en años anteriores.

Aunque esto cambia necesariamente el orden de prioridades de los comunistas en Estados Unidos, no cambia el eje político de nuestro trabajo en relación a Nicaragua. Continuamos aprovechando las oportunidades existentes para que trabajadores y pequeños agricultores en Estados Unidos visiten Nicaragua, así como la oportunidad de colaborar con otras fuerzas para traer a revolucionarios nicaragüenses a Estados Unidos. Seguimos colaborando con otros en contra de los intentos de Washington de usar presiones económicas y políticas, respaldadas por amenazas militares, para imponer un régimen proimperialista en Nicaragua. Esto significa, entre otras cosas, exigir el cese de toda ayuda norteamericana a los contras y el cese del embargo económico; el envío de masiva ayuda del gobierno estadounidense a Nicaragua; y la normalización incondicional de las relaciones con Nicaragua.

Los cambios y avances más generales en la política y la lucha de clases en Estados Unidos —reflejados por la huelga contra la aerolínea Eastern, renovadas luchas sindicales en las minas, la enorme manifestación del 9 de abril a favor del derecho al aborto y la mayor receptividad hacia las publicaciones socialistas— aunque modestos, crean mejores condiciones políticas para impulsar la solidaridad obrera internacional con los trabajadores de todo el mundo, desde Centroamérica hasta Sudáfrica.

Los militantes del Partido Socialista de los Trabajadores y de la Alianza de la Juventud Socialista, junto con los camaradas que son partidarios activos del partido, somos defensores y compañeros de lucha del FSLN; nuestro movimiento es una organización revolucionaria hermana del

FSLN. Es con esa postura que participamos en la defensa de la revolución nicaragüense y del gobierno obrero y campesino. Y es con esa postura que colaboramos con otras fuerzas políticas para atraer a trabajadores y pequeños agricultores a la defensa de Nicaragua revolucionaria contra el gobierno de Estados Unidos y sus aliados.

Difundir las lecciones revolucionarias

43. La difusión de los periódicos comunistas entre los partidarios internacionales de la revolución nicaragüense es cada vez más importante. Solo en las páginas del *Militant* y de *Perspectiva Mundial* se informa sobre el desarrollo concreto de la lucha de clases en Nicaragua, muchas veces con reportajes directos de nuestros corresponsales en el buró de Managua.[24]

Hay que dar más importancia a la educación de los cuadros comunistas sobre las experiencias de los gobiernos de obreros y campesinos, no solo en Nicaragua sino en Cuba, Argelia y Granada. Los Boletines de Educación para Socialistas y otras publicaciones de Pathfinder (especialmente las de Joseph Hansen), así como la revista *Nueva Internacional*, son valiosísimos para este fin. Debemos hacer que los partidarios de la revolución nicaragüense conozcan los libros de Pathfinder que contienen los escritos y discursos de Che Guevara, Fidel Castro y otros dirigentes de la revolución cubana; el legado político de la Internacional Comunista en la época de Lenin; las obras de dirigentes comunistas norteamericanos como Farrell Dobbs y James P. Cannon; y la continuidad comunista en la lucha por la liberación nacional, la emancipación de la mujer y la transformación revolucionaria del movimiento obrero. Este trabajo educacional es un elemento imprescindible en la defensa internacional del gobierno obrero y campesino de Nicaragua.

Cuando los partidarios de la revolución nicaragüense comienzan a entender las consecuencias desastrosas del actual curso seguido por el FSLN, su primera reacción es de pararse a reflexionar y tratar de analizarlo. Algunos se desmoralizan cuando se desmoronan sus ilusiones y cuando sus esperanzas parecen menos realistas que antes.

Nuestra tarea consiste en apartarlos de la desilusión, en integrarlos a la revolución como partidarios de los trabajadores y de su vanguardia comunista mundial. Debemos ayudarlos a reconocer los intereses que están en juego en la defensa de las conquistas democráticas y antiimperialistas de la revolución nicaragüense, y la oportunidad histórica que ofreció para que los obreros y campesinos marcharan hacia la conquista del segundo estado obrero en América. Unicamente si los ayudamos a entender la revolución nicaragüense y su trayectoria histórica desde esta óptica, podremos ayudarlos a entrar en acción —y a dirigir a otras personas para que también entren en acción— en defensa de la revolución. Unicamente así podremos contribuir al desarrollo de una dirección comunista, tarea que se ha vuelto más importante, y no menos importante, en el mundo que se va plasmando en la década final del siglo XX.

Con este enfoque, podremos convencer a los más destacados trabajadores a nivel mundial que apoyan a la revolución nicaragüense de la necesidad de integrarse a un partido proletario que lucha por el futuro comunista. Podremos convencerlos de la validez y urgencia histórica de la opción que Fidel Castro resumió con las palabras: "socialismo o muerte".

SE ESTA PERDIENDO UNA OPORTUNIDAD HISTORICA

por Larry Seigle

Hace diez años los obreros y campesinos de Nicaragua, dirigidos por el Frente Sandinista de Liberación Nacional (FSLN), derrocaron a la tiranía de Somoza, la cual contaba con el respaldo de Washington y era una de las dictaduras más odiadas y brutales en la historia del hemisferio. Al derrocarla, le asestaron un fuerte golpe al imperio yanqui, que el himno sandinista correctamente describió como enemigo de la humanidad.

Al conquistar esta histórica victoria, los trabajadores de Nicaragua se impusieron en el escenario de la historia mundial. Entablaron lazos con otros luchadores por todo el mundo. Buscaron vínculos con los camaradas del Frente Farabundo Martí para la Liberación Nacional (FMLN) en El Salvador, que luchaban por extender la revolución en Centroamérica. En el Caribe estrecharon

---

Este informe fue presentado el 8 de agosto de 1989 a la Conferencia Internacional de Obreros Activistas y de Educación Socialista, celebrada en Oberlin, Ohio. Larry Seigle fue director de la oficina de prensa en Managua del Militant *y de* Perspectiva Mundial *entre 1987 y 1990.*

lazos con el gobierno obrero y campesino dirigido por Maurice Bishop en Granada, que iniciaba un camino paralelo al que emprendía Nicaragua. El pueblo trabajador de Nicaragua estrechó vínculos con los luchadores independentistas en Puerto Rico, la colonia estadounidense en el Caribe, convencidos de que así contribuirían a lograr otro avance en pro de la libertad y a debilitar más al imperialismo norteamericano.

Estrecharon lazos con Cuba, cuyo ejemplo trataban de emular, cuyos combatientes voluntarios ya habían derramado su sangre en suelo nicaragüense y cuya generosa ayuda internacionalista para la reconstrucción del país estaba siendo cargada en aviones y barcos inclusive antes de la captura final del "bunker" de Somoza.

Entablaron vínculos más allá de América Latina y del Caribe, llegando a Africa austral: al Congreso Nacional Africano de Sudáfrica y a la Organización Popular de Africa Sudoccidental (SWAPO) en Namibia, para ligarse a la lucha contra el apartheid y explicar en toda América Latina y el Caribe la importancia mundial de esa lucha. Forjaron lazos con Thomas Sankara y con la revolución en Burkina Faso.[1]

El pueblo nicaragüense también empezó a establecer contactos con obreros y pequeños agricultores en los países imperialistas. No solo exigieron la solidaridad que les correspondía por su lucha y por su victoria contra la dictadura de Somoza, sino que tendieron una mano solidaria a todos los que luchaban contra la injusticia y la opresión. Es más, comenzaron a percibir y a actuar de acuerdo a los intereses de clase que unen a los trabajadores de los países imperialistas con aquellos de los países oprimidos por el imperialismo. Establecieron vínculos con organizaciones revolucionarias en Norteamérica, Europa y el Pacífico. Así nos ayudaron a compenetrarnos con el mundo existente y con el mundo que se va plasmando. A los que vivimos en los países imperialistas nos ayudaron a profundizar nuestro entendimiento de la revolución mundial, así como nuestra participación en ella, a medida que nos volvíamos más proletarios y más comunistas.

EL NUEVO GOBIERNO que el pueblo trabajador nicaragüense llevó al poder en Nicaragua rescató la soberanía nacional que la dictadura somocista le había vendido a Washington. El gobierno dirigido por el FSLN se irguió firme y empezó a decir no a las presiones, a las amenazas, al chantaje, a la intimidación y a la agresión por parte de Washington y sus aliados. Nicaragua empezó a establecerse en el mundo como país soberano, con una política exterior propia, decidiendo por cuenta propia a quién solicitarle y a quién darle ayuda.

El gobierno revolucionario empezó a llevar a la práctica una serie de profundas reformas democráticas. Emprendió una reforma agraria, iniciando así el proceso de transformación de las relaciones de clases en el campo. Promulgó leyes que codificaban los derechos conquistados por los trabajadores, como los derechos de libre expresión, de libre asociación, de plantearle demandas al gobierno y de organizarse sin temor a ser agredidos o asesinados por la policía del tirano. Tomó algunas medidas iniciales encaminadas a eliminar la muy arraigada discriminación contra la mujer. Y empezó a buscar el camino —a pesar de considerables dificultades que tendría que encarar y resolver— para combatir la discriminación contra los pueblos indígenas y contra el pueblo negro de la Costa Atlántica de Nicaragua.

El nuevo gobierno le arrebató al imperialismo los recursos naturales vitales del país. Inició una serie de programas sociales de gran alcance. Entre éstos sobresalió la masiva Cruzada de Alfabetización, encaminada a integrar al mundo moderno a los que habían quedado marginados por el analfabetismo, la oscuridad impuesta por la dictadura somocista.

Gobierno obrero y campesino

Pero el gobierno revolucionario, dirigido por el FSLN, hizo aún más que todo esto. El nuevo gobierno había subido al poder mediante una revolución que había aplastado a la Guardia Nacional, aparato represivo del antiguo régimen. Empezó a construir un nuevo poder armado de los trabajadores, una nueva policía, un nuevo ejército y una nueva milicia voluntaria.

El gobierno y el FSLN respondieron favorablemente a las movilizaciones, tomas de tierra y ocupaciones de fábrica por parte de los obreros y campesinos, ayudando a dirigirlas. Estas acciones, que a menudo adquirían proporciones de masas, reivindicaban la expropiación de fincas, fábricas y otros negocios de capitalistas que estaban saboteando la producción y retirando su capital del país, y que rehusaban reconocer los derechos que los trabajadores creían haber conquistado al derrocar a la dictadura somocista, entre ellos el derecho a sindicalizarse. En muchos casos, a raíz de estas protestas y acciones directas, el gobierno tomó medidas contra los capitalistas. El nuevo gobierno también adoptó medidas que garantizaban la distribución de diversos alimentos básicos —con precios fuertemente subvencionados— a cada residente de Nicaragua; puso gran parte del comercio exterior bajo control estatal; y comenzó a restringir la capacidad de los capitalistas de retirar capital del país.

En pocas palabras, emprendió un camino que atacaba más y más los sacrosantos privilegios y derechos de propiedad de las clases explotadoras. Era un gobierno obrero y campesino.

El proyecto de resolución que fue preparado para la discusión del Comité Nacional del Partido Socialista de los Trabajadores explica que los cimientos de clase de este gobierno obrero y campesino están definidos por "el desplazamiento revolucionario de la burguesía del poder político, la toma de ese poder por una administración que se basa en las masas populares y dirige un nuevo ejército, y el comienzo de profundos cambios en las relaciones de propiedad".[2]

El establecimiento de este gobierno significaba que los obreros y los campesinos tenían la oportunidad de usar el poder gubernamental, el arma política más poderosa que pueden tener los trabajadores, para avanzar hacia el reemplazo de los cimientos capitalistas de la economía y convertirse así en el segundo pueblo de las Américas en emprender la construcción del socialismo.

Ahora, diez años después de la victoria, los cimientos de dicho gobierno obrero y campesino se están erosionando a raíz de la orientación que han tomado la dirección del FSLN y el gobierno. A menos que se produzca un cambio fundamental de rumbo —a menos que se reafirmen la trayectoria y las acciones anticapitalistas de los primeros años de la revolución— el gobierno será reestructurado y consolidado sobre la base existente de las relaciones de propiedad capitalistas.

Se está perdiendo la oportunidad para extender la revolución socialista, para unirse a Cuba en la construcción del socialismo. Las decisiones políticas y los sucesos que apuntan a este desenlace no son cosas que están por ocurrir. No son cosas que veremos en el futuro; ya son parte del pasado.

No es esto lo que quisiéramos oír. No es lo que nosotros y muchos otros hemos luchado por realizar. Por eso nos resistimos a aceptar estas conclusiones. Y todos tenemos que rechazar sistemáticamente cada una de las escapatorias mentales, todas las salidas fáciles a las que nos aferramos en un intento de no tener que enfrentar la verdad de los hechos. Algunos tienen la esperanza de que uno u otro líder de la Dirección Nacional del FSLN obrará a tiempo para impedir este desenlace. Otros ansían por que aparezca un grupo de combatientes con una perspectiva clasista —en el sindicato de trabajadores del campo o donde sea— que por pura voluntad y determinación impidan que esto suceda.

Se está perdiendo una oportunidad histórica, y no tenía que haberse perdido. Lamentaremos la desaparición de esta oportunidad por un momento mientras absorbemos su significado. Pero después reanudaremos nuestra actividad. Necesitamos ver las cosas con claridad para poder actuar de manera política, para seguir defendiendo la revolución nicaragüense, para impulsar la lucha mundial contra el imperialismo y por el socialismo. Somos partícipes, no observadores, de lo que sucede en Nicaragua. Necesitamos tener una concepción clara de la situación para ser mejores luchadores y ayudar a que otros también lo sean.

Necesitamos esta claridad para poder reintegrar a la acción a aquellos defensores y partidarios de la revolución nicaragüense que comienzan a desmoralizarse y desorientarse, y para ayudar a orientarlos hacia la lucha por un futuro socialista como parte del mundo y de la revolución mundial. Necesitamos tener esta claridad para poder dirigirnos a otros luchadores clasistas —en Nicaragua, América Latina, el Caribe y el resto del mundo— que integran y que quieren integrarse aún más a las fuerzas que luchan por reconstruir una dirección comunista en el movimiento obrero a nivel mundial.

Y necesitamos de esta claridad para mantener inalterable nuestra lucha, que hemos librado por una década, para exigir que Washington cese sus ataques y afrentas a la soberanía de Nicaragua, que normalice las relaciones, que suspenda todo su financiamiento de los contras, y que ayude al pueblo nicaragüense a realizar la reconstrucción por la cual tanto ha tenido que sufrir.

Conclusiones fundadas en los hechos

A medida que estudiamos el proyecto de resolución observamos que algunas cosas que a primera vista parecerían ser las declaraciones más controvertidas, en realidad no resultan serlo, ni en Nicaragua ni en ninguna otra parte.

Ninguna persona seria puede cuestionar los hechos sobre los que fundamos las conclusiones. Esto resulta cierto por la misma razón de que no ha habido, ni puede haber, ningún cuestionamiento serio de los hechos que sobre Nicaragua se han publicado en el *Militant* y en *Perspectiva Mundial*. Se presentan los hechos objetivamente, y no de forma selectiva para respaldar una línea política. Es más, cuando publicamos información sobre el rumbo que siguen la dirección del FSLN y el gobierno, no nos enfocamos en "fuentes internas" de información sino en las posiciones que arguye y defiende la dirección ante los trabajadores de Nicaragua.

Las afirmaciones del proyecto de resolución que parecieran ser en extremo controvertidas —como la de que los líderes del FSLN y del gobierno ahora se enfocan en usar el mercado capitalista y que han abandonado el camino de atacar cada vez más los derechos sociales y de propiedad de las clases explotadoras— son una síntesis de la trayectoria que la propia dirección no solo está poniendo en práctica sino que abiertamente defiende. También es cierto respecto a la descripción, contenida en la resolución, de cómo la crisis económica recae más y más sobre los obreros y campesinos, quienes han quedado con pocas perspectivas para defender sus intereses de clase; y el efecto acumulativo de todo esto, que significa crecientes divisiones y desmoralización entre los trabajadores, quienes están siendo marginados de la vida política.

Cuando el proyecto de resolución afirma que la política que se está poniendo en práctica es lo opuesto de la estrategia planteada en el Programa Histórico del FSLN —documento redactado por Carlos Fonseca en 1969— y que la dirección nicaragüense rechaza cada vez más el ejemplo de la revolución cubana, no hace más que informar sobre lo que están haciendo y diciendo los protagonistas.

En Nicaragua, nadie que estudie concretamente la política cuestionará la veracidad de estos hechos. Tampoco lo hará ningún luchador revolucionario y objetivo que visite Nicaragua. (No cuento a los que van a Nicaragua como si fueran a Meca. Sus opiniones no se basan en los hechos, y discutir con ellos es como discutir sobre religión con un creyente.)

Para los que trabajamos en la oficina del *Militant* y de *Perspectiva Mundial* en Managua, viviendo y trabajando en Nicaragua, nos ha tardado un poco saber lo que resulta controvertido o no de los artículos que publicamos. Yo, por ejemplo, anticipaba —especialmente en el último año y pico— que nuestros artículos sobre Nicaragua serían motivo de cuestionamientos o desacuerdos entre los camaradas nicaragüenses con los que allí trabajamos. Lo que escribimos se lee, y lo lee gente seria y luchadores serios. No obstante, nadie ha cuestionado las noticias que publicamos sobre Nicaragua.

En cambio, hemos visto que *Perspectiva Mundial* y el *Militant* sí resultan controvertidos en Nicaragua —desatan reacciones fuertes, a algunos se les llenan los ojos de agrado e inmediatamente agarran de la mesa un ejemplar del periódico, mientras que otros ponen esa cara fría que te deja saber que han visto algo que les desagrada profundamente— cuando Fidel Castro aparece en primera plana proclamando que Cuba jamás adoptará métodos capitalistas o que en la actualidad ser revolucionario significa más y más ser comunista. Eso sí es controvertido. A alguna gente, a mucha gente le gusta. Otros opinan que es un mensaje totalmente equivocado.

Lo que resulta controvertido de *Perspectiva Mundial* y del *Militant* no es el hecho de que describen fielmente lo que ha pasado en Nicaragua y las conclusiones que derivan de lo que ha acontecido. Lo controvertido es el concepto de que existe otro camino, otra perspectiva. También es controvertida, y profundamente controvertida, la idea de que no es imposible iniciar la construcción del socialismo en América Latina y el Caribe.

Necesidad de un partido proletario y comunista

El planteamiento fundamental del proyecto de resolución es que hace falta construir un partido proletario y comunista en Nicaragua, o, para ser más preciso, que hay que rechazar el abandono de la perspectiva que fue trazada por la Internacional Comunista en sus primeros años bajo la dirección de Lenin y que desde entonces ha servido de guía para los obreros revolucionarios. Se requiere un partido marxista del pueblo trabajador para unificar y educar a la clase obrera y a sus aliados. Esto es esencial para que los trabajadores puedan dirigir la lucha por derrocar las relaciones capitalistas de propiedad, comenzando así a transformarse en hombres y mujeres nuevos, capaces de construir el socialismo. La construcción de tal partido en Nicaragua representaría un avance histórico para el movimiento obrero mundial en su lucha por resolver la crisis histórica de dirección proletaria.

Un partido de ese tipo es irreemplazable porque las acciones que los trabajadores en Nicaragua necesitan realizar deben ser más que acciones puramente defensivas, más que acciones sindicales unitarias y más que una firme reacción ante la explotación y la opresión. Deben ir más allá de las acciones que se requirieron para derrocar al régimen de Somoza. Esto no lo puede lograr un sector pequeñoburgués que actúe en nombre de la clase obrera o de sus intereses. Tiene que ser la acción consciente de la clase obrera, dirigida por una vanguardia de esa clase. Tiene que ser la acción de obreros y campesinos que van adquiriendo una mayor conciencia de la realidad de las relaciones sociales y que se van librando de los fetiches y supersticiones que encubren estas relaciones en el capitalismo. Tiene que ser la acción de mujeres y hombres que tienen conciencia de su clase y que se ubican conscientemente en el mundo moderno.

JAMAS HA EXISTIDO mejor material humano para construir un partido comunista que el de los combatientes abnegados y heroicos del Frente Sandinista de Liberación Nacional y la amplia vanguardia de los trabajadores, que tanto han hecho por la revolución en la última década. Sin embargo, ese partido no se ha construido. Lo que es más, su creación está siendo aplazada cada vez más debido a la inculcación sistemática de ideas políticas, por parte de la dirección del FSLN y del gobierno, que crean prejuicios contra el marxismo y el comunismo. Lo que tenemos que ver claramente no es solamente lo que no se ha hecho, sino la creación de nuevos obstáculos a las tareas actuales.

No hay forma de evadir este desafío y tampoco hay atajos. El proyecto de resolución indica que el único acontecimiento que podría dar paso a la posibilidad de que la revolución adopte de nuevo un rumbo anticapitalista sería una enorme victoria revolucionaria en algún lugar del mundo que afectara directamente a América Latina y el Caribe. Tal victoria podría inspirar a una amplia vanguardia de luchadores clasistas en Nicaragua para tratar de emprender una lucha. Sin embargo, eso no resolvería la necesidad de construir un partido comunista. No ofrecería forma alguna de evadir esta tarea. Simplemente plantearía el problema desde una situación nueva, más favorable y más clara. Para avanzar, un nuevo auge de los trabajadores tendría que coincidir con un avance cualitativo a nivel de la dirección política. Algún sector de la dirección reconocida tendría que responder a este movimiento, hacerlo suyo, y dirigirlo a un nivel más alto. Para que ocurriera esto, tendría que producirse una ruptura en el consenso que se ha creado en la Dirección Nacional del FSLN en torno al rumbo actual. Si surgiera tal iniciativa política de algún sector de los líderes revolucionarios establecidos y reconocidos, inspiraría un nuevo resurgimiento de masas y abriría un nuevo capítulo en la historia de la revolución nicaragüense.

Una de las últimas ilusiones a la que algunos nos aferramos es de que alguna fuerza exterior podría volver a echar las cosas a andar. Pero no es posible. Tiene que surgir desde el interior, aun cuando sea en respuesta a acontecimientos externos. Si no existe un liderazgo que responda a tal resurgimiento popular, para hacerlo avanzar y generalizarlo, entonces, por más entusiasmo que haya, acabará por disiparse. Sin contar con una dirección clasista, no es más que entusiasmo. Y al igual que el entusiasmo, si no va más allá de entusiasmo, se desvanece.

No hay atajos para resolver el problema de una dirección comunista. Cuando León Trotsky y otros combatientes revolucionarios rusos comenzaron a comprender lo que estaba sucediendo y había sucedido en la Unión Soviética tras la muerte de Lenin —la consolidación del dominio de una burocracia relativamente privilegiada, encabezada por Stalin— algunos le instaron a Trotsky a que usara su gran autoridad entre las tropas y los oficiales del Ejército Rojo para deponer a Stalin y cambiar el rumbo del partido. Sin embargo, Trotsky rechazó ese camino porque sabía que el problema no podía solucionarse a menos que se resolviera el problema del partido. No había forma de eludirlo. No hay estrategia para avanzar que no afronte la necesidad de una dirección proletaria consciente que esté nucleada en un partido comunista.

Se pone a prueba la teoría

El proyecto de resolución se basa en documentos anteriores del Partido Socialista de los Trabajadores referentes a la revolución nicaragüense y a las lecciones de su gobierno obrero y campesino. En particular, vale la pena estudiar la resolución adoptada por el Comité Nacional del PST en enero de 1980, apenas pocos meses después del derrocamiento de Somoza.[3]

Al releer esta resolución en la actualidad, se aprecia lo bien que el marco teórico del gobierno obrero y campesino nos ha servido de guía para orientarnos hacia las tareas políticas decisivas que enfrentan los obreros y campesinos nicaragüenses. Podemos ver que el curso de los acontecimientos de los últimos diez años ha confirmado, con pruebas concretas, la importancia política del entendimiento que nuestro movimiento ha logrado respecto a los gobiernos obrero-campesinos. Este criterio se ve reafirmado si contrastamos la resolución de 1980 con los intentos que varias organizaciones revolucionarias hicieron en ese entonces de ofrecer una teoría distinta sobre la revolución nicaragüense.

Hoy habría muy poco que cambiar del contenido de esa resolución. Confirma lo que hemos aprendido y las generalizaciones que hemos hecho sobre la trayectoria de las revoluciones anticapitalistas de nuestra época. Es una confirmación impresionante del valor de esta herramienta teórica que nos ayuda a formular una orientación política. No obstante, hay un aspecto de la resolución de 1980 que debería de plantearnos una interrogante. La resolución no anticipó que el gobierno obrero y campesino en Nicaragua podría durar diez años sin que avanzara a la formación de un estado obrero o que retrocediera a la consolidación de un gobierno y un estado burgueses.

La resolución de 1980 no planteó ningún tipo de plazo. De hecho, presentaba argumentos contra todo intento de imponer plazos preconcebidos. Sin embargo, es evidente que el lapso de tiempo anticipado por la resolución —dentro del cual se resolverían, en un sentido o el otro, las contradicciones inherentes a un gobierno obrero y campesino— no era una década. Los gobiernos de obreros y campesinos son inestables. Ninguna de las anteriores experiencias con este tipo de gobierno había durado siquiera un lustro.

¿Cómo se explica que el gobierno obrero y campesino en Nicaragua haya durado una década? La respuesta radica en el hecho político objetivo más importante que ha dominado a la revolución nicaragüense durante casi toda su existencia desde 1979: la guerra contrarrevolucionaria organizada por el imperialismo. Esto es cualitativamente diferente de la situación que enfrentaron los gobiernos obrero-campesinos en Cuba, Granada y Argelia.

Al exterior de Nicaragua a veces ha sido difícil comprender la magnitud de esta guerra y lo que ha significado. Esto ocurre especialmente en el caso de personas que viven en países grandes, como Estados Unidos, y que nunca han vivido una guerra de mayores proporciones. El que por primera vez usó la frase *guerra de baja intensidad* para describir la guerra contrarrevolucionaria en Nicaragua fue uno de los mentirosos más grandes del siglo. La guerra de los contras en Nicaragua no tuvo nada de "baja intensidad". El número de nicaragüenses que perecieron en esta guerra, si se traduce a cifras proporcionales a la población de Estados Unidos, es de cerca de dos millones. ¡Dos millones de muertos! Es casi siete veces el número de soldados norteamericanos muertos durante la Segunda Guerra Mundial. Y esto sin incluir los heridos, los lisiados, los que quedaron huérfanos y los refugiados de guerra. Ni que hablar de la masiva destrucción de los recursos productivos del país.

Guerra patriótica revolucionaria

Esta guerra duró más de cinco años. Comenzó en 1981; para 1983 se había convertido en plena guerra mercenaria, y continuó hasta que los contras se vieron forzados a firmar un acuerdo de alto el fuego a principios de 1988. La guerra mercenaria fue combatida con una guerra revolucionaria librada por los trabajadores de Nicaragua y dirigida por el FSLN. Esto dominó la vida y toda la política en Nicaragua. Esta guerra patriótica, que logró derrotar al ejército mercenario de Washington, fue sin lugar a dudas una de las movilizaciones revolucionarias más grandes en la historia del continente americano. A los obreros y campesinos nicaragüenses les dio y les sigue dando orgullo y confianza.

El FSLN y el gobierno plantearon que triunfar en la guerra era la tarea más importante que enfrentaban. Los obreros y campesinos conscientes respondieron de la misma manera. Esto, claro está, no significa que todo lo que el gobierno y el FSLN dijeron o hicieron en aras de ganar la guerra, fue o debió ser apoyado por el pueblo trabajador. La guerra no resolvió el problema de la reforma agraria; no resolvió el problema de la lucha por los derechos de la mujer, concretizada en la lucha por la igualdad de derechos en la contratación y el empleo, en el esfuerzo por combatir la violencia contra la mujer, y el debate sobre la legalización del aborto; no resolvió el problema de si cambiar o no la posición reaccionaria inicial del FSLN en contra de la autonomía de la Costa Atlántica; ni resolvió tampoco el problema de cómo los trabajadores podrían encaminarse a establecer control sobre la producción.

Debido a la enorme importancia de la guerra y de la continua movilización revolucionaria que permitió el triunfo en la guerra, había que esperar antes de emitir juicios definitivos sobre la evolución de la correlación de fuerzas entre las diferentes clases en el país. La movilización revolucionaria mantenía vivas ciertas posibilidades que, de otra forma, tal vez habrían quedado excluidas como resultado del abandono de la trayectoria anticapitalista que la dirección del FSLN había emprendido en los primeros años de la revolución.

Desmovilización política de los cuadros

El fin de la guerra, y las alternativas políticas que esto le planteó a la dirección del FSLN, constituyeron una coyuntura decisiva para la revolución.

Solo con el final de la guerra quedó claro el efecto acumulativo negativo que sobre los trabajadores tuvieron las políticas y las explicaciones del gobierno y del FSLN. Quedó claro cuando no se utilizó el ímpetu de la victoria en la guerra para seguir avanzando por el rumbo resumido en el Programa Histórico del FSLN. Miles de jóvenes soldados templados por la guerra se habían convertido en líderes que habían adquirido educación y confianza gracias a lo que habían vivido y conquistado.

Con la derrota definitiva de los contras, estaban listos para asumir nuevas tareas, prestos a ser dirigidos y a dirigir a otros. Estaban listos a ser dirigidos en los sindicatos, en la lucha por el control obrero y para iniciar el proceso de reavivar las estructuras sindicales, que habían quedado muy erosionadas al convertirse cada vez más en organizaciones que se basaban en la plantilla profesional y no en la fuerza de sus miembros movilizados. Estos jóvenes estaban listos para ser incorporados a la lucha por acrecentar la integración de la mujer a la fuerza laboral, contribuir a que las mujeres lograran empleos de los cuales antes habían sido excluidas, y defender a las trabajadoras que habían luchado por empleos tras ser excluidas de la fuerza laboral por cesantías discriminatorias. Estaban listos para asumir puestos de dirección en las organizaciones de masas, en los sindicatos, en las organizaciones campesinas, en el FSLN y en el propio gobierno. Y estaban listos a profundizar su educación política, para convertirse en comunistas o en mejores comunistas.

Pero no fue esto lo que se organizó. Todo lo contrario. El ímpetu de la victoria en la guerra revolucionaria se ha convertido en una desmovilización política de los cuadros que ganaron la guerra. Los jóvenes veteranos de la guerra revolucionaria han permanecido ociosos en un ejército que no ha sido involucrado de forma significativa en ningún proyecto social, aun más de un año después del fin de la guerra. O han sido desmovilizados y dispersados de forma rutinaria al completar su servicio militar, retornando a casa sin orientación y sin organización.

La perspectiva que se les ofrece a estos veteranos de guerra se ve ilustrada en una triste batalla, que lleva las de perder, con el ministerio del transporte. El ministerio se ha negado a tomar medidas contra los choferes que son dueños de sus propios autobuses, quienes rehusan aceptar el carnet de los veteranos, que supuestamente les garantizaba el transporte gratuito. Aceptar el carnet no resulta "rentable", señalan los propietarios, y ni el gobierno ni el FSLN hacen nada al respecto.

Se vende ayuda cubana en el mercado

Hace poco tuve una conversación con un comunista cubano que trabaja en Nicaragua en la esfera de la asistencia económica. Le pregunté acerca de algunos cambios recientes en la política del gobierno nicaragüense respecto a la ayuda material que Cuba envía a Puerto Cabezas, en la región norte de la Costa Atlántica. Esta nueva política fue explicada en un artículo que Matilde Zimmermann escribió para el *Militant* desde Puerto Cabezas.[4]

Desde hace varios años, cada tres meses llega un barco cubano con alimentos y otros suministros básicos que bastan para alimentar y vestir a 50 mil personas, un tercio de la población de la región norte de la Costa Atlántica. Todo es donado por Cuba. De acuerdo con una nueva política, el gobierno nicaragüense ha estado vendiendo estos productos en el mercado libre. La única alternativa sería de distribuir los productos con alguna forma de racionamiento, pero eso chocaría con las demás políticas que promueven el FSLN y el gobierno. El resultado de esa nueva política es que los productos cubanos a menudo no llegan a manos de los trabajadores de la Costa Atlántica. Los habitantes más ricos pueden comprar lo que quieren, por supuesto, y los comerciantes acaparan el resto para revenderlo o enviarlo por camión a Managua, donde lo venden a precios inflados.

Le pregunté al camarada cubano lo que pensaba de todo esto. El sabe muy bien cuánto se sacrifica el pueblo cubano para llenar cada barco que zarpa para Puerto Cabezas. Se quedó un buen rato sin decir nada, aunque era evidente que le perturbaba. Finalmente se encogió de hombros y dijo, "Bueno, allá ellos. Nosotros no podemos hacer nada".

El retroceso político que encabezan los líderes del FSLN ha quedado más claro desde que se terminó la guerra. Una de las formas que asume este retroceso es el énfasis que se le da a la singularidad y originalidad de la revolución nicaragüense. Es fácil enredarse en infinidad de argumentos, generalmente inútiles, sobre la singularidad de un determinado país o de una revolución. Es un argumento que generalmente no explica nada porque oculta lo que en realidad se está discutiendo. Cuando los que defienden la política actual de la dirección del FSLN arguyen a favor de su posición subrayando lo diferente que es el modelo nicaragüense de cualquier otro modelo, el otro modelo al que invariablemente se refieren es el modelo cubano. De eso se trata. El asunto que se esconde detrás del debate falso es si la revolución nicaragüense debería tratar de seguir el camino socialista que la revolución cubana abrió en este hemisferio. Y es un debate real porque hay muchos combatientes revolucionarios, miembros o partidarios del FSLN, que han dedicado la vida precisamente a conducir a Nicaragua por ese camino. Y lo han hecho no porque subestimen la singularidad y la originalidad de la revolución nicaragüense o porque estén tratando de copiar otra revolución, sino porque creen que Fidel tiene razón cuando dice, "¡El socialismo es y será la esperanza, la única esperanza, el único camino de los pueblos, de los oprimidos, de los explotados, de los saqueados!"[5]

Fonseca, Sandino y la revolución cubana

El proyecto de resolución señala que uno de los logros de Carlos Fonseca, el fundador central del FSLN, fue el de reenlazar la continuidad revolucionaria de la nueva organización con Augusto César Sandino, el líder de una guerra antiimperialista revolucionaria a fines de los años veinte y principios de los años treinta. Fonseca luchó para convencer al núcleo que formaría el FSLN acerca de la importancia de esta continuidad revolucionaria, y hasta el fin de su vida siguió dirigiendo el esfuerzo por mantenerla y fortalecerla.

No obstante, debemos estar conscientes de otro aspecto pertinente: fue la revolución cubana la que le mostró a Carlos Fonseca el camino a Sandino. Fue gracias al impacto de la revolución cubana que Fonseca descubrió la continuidad revolucionaria que vinculó al joven FSLN con la lucha de Sandino. Es un hecho. Al convertirse en un internacionalista proletario comprometido cada vez más con la lucha para impulsar la revolución mundial —y no simplemente un abnegado patriota revolucionario— Fonseca pudo rescatar los lazos con luchas anteriores de los trabajadores en Nicaragua.

Carlos Fonseca encontró a Sandino —el líder revolucionario, no la figura mística de un culto— en el mismo lugar donde encontró el marxismo: en La Habana. Fonseca no podía hallar el marxismo en Nicaragua ni en ninguna otra parte de Centroamérica. Allí no existía; no había existido lo suficiente como para mantener una continuidad hasta la época de Fonseca. Las verdaderas lecciones de las oportunidades que la revolución bolchevique de 1917 había creado en el mundo, incluso para los países coloniales y semicoloniales, y que habían sido diseminadas por la Internacional Comunista en los tiempos de Lenin, nunca llegaron a Centroamérica de forma organizada. Cuando por fin llegó a esa región lo que se denominaba marxismo y comunismo, no era marxismo sino su negación: el estalinismo. Disfrazado de marxismo, el estalinismo argumentaba que no podía haber perspectiva alguna de luchar por el socialismo ni en Nicaragua ni en ningún otro país de América Latina o el Caribe sino hasta algún momento futuro indefinido. Ni tampoco podían aspirar los trabajadores a dirigir la lucha contra el dominio imperialista yanqui, sino que tenían que limitarse a apoyar a uno u otro sector de la burguesía nacional. ¿Por qué? Porque según los estalinistas, el imperialismo estadounidense era demasiado poderoso, el proletariado demasiado pequeño y débil, y no se podía contar con la posibilidad de que los campesinos se unieran con los obreros en una lucha revolucionaria.

No OBSTANTE, CUANDO la revolución cubana triunfó en 1959, y en poco más de dos años orgullosamente declaró su carácter socialista, de repente se abrió una perspectiva diferente. Jóvenes con aspiraciones revolucionarias de todas partes del continente americano fueron a Cuba para aprender y participar. Algunos de ellos se encuentran hoy en esta sala. Jóvenes de Norteamérica fueron a Cuba, y muchos regresaron y se unieron a la Alianza de la Juventud Socialista y al Partido Socialista de los Trabajadores en Estados Unidos o a la Juventud Socialista o la Liga de Acción Socialista [actualmente Liga Comunista] en Canadá. Compañeros en Puerto Rico que llegarían a fundar el Movimiento Pro-Independencia, luego el Partido Socialista Puertorriqueño, también viajaron a Cuba. Jóvenes de todo el hemisferio fueron a ver la nueva Cuba. Entre ellos había un pequeño grupo de nicaragüenses dirigido por Carlos Fonseca. No esperaron que alguien los invitara. Partieron tan pronto triunfó la revolución, junto con todos aquellos con espíritu revolucionario que tuvieran la más mínima oportunidad de hacerlo, para poder participar en este nuevo capítulo de la historia mundial. Bajo el impacto del ejemplo cubano y de la revolución cubana, Fonseca, Tomás Borge y un puñado de otros miembros de ese grupo de jóvenes nicaragüenses comenzaron a abrirse una senda hacia la política revolucionaria, la política obrera, el marxismo.

Descartaron todos los viejos argumentos del estalinismo con los que habían sido entrenados. Estos argumentos les habían parecido cada vez más insuficientes, aun antes de la victoria de la revolución cubana. Sin embargo, no sabían cuál era la alternativa e incluso no estaban seguros siquiera de que existiera. Tomás Borge, que vivió este proceso, escribió sobre esto en sus notas biográficas sobre Carlos Fonseca, publicadas en el libro titulado *Carlos, el amanecer ya no es una tentación*. La victoria de la revolución cubana, escribió Borge:

> más que una alegría, es el descorrer de innumerables cortinas, fogonazo que alumbra más allá de los dogmas ingenuos y aburridos del momento. La revolución cubana fue, ciertamente, un escalofrío de terror para las clases dominantes de América Latina y un violento atropello a las de repente tristes reliquias con las que habíamos iniciado nuestros altares.[6]

Los pequeños iconos estalinistas que a estos compañeros se les había dicho que veneraran de repente quedaron expuestos como reliquias de una época triste, la época entre el ascenso del estalinismo y la victoria de la revolución cubana.

Fue gracias a esta perspectiva revolucionaria que Fonseca pudo recuperar el verdadero carácter de clase de la guerra de liberación nacional dirigida por Sandino, carácter que sintetizó Sandino al afirmar que "solo los obreros y campesinos irán hasta el fin". Esta perspectiva le permitió a Fonseca luchar por rescatar de las tinieblas del encubrimiento histórico —perpetuado tanto por la dictadura somocista como por los estalinistas— las lecciones de esa lucha anterior.

El ejército campesino de Sandino

Fonseca explicó lo que logró, y lo que anticipó, el ejército campesino de Sandino al librar una guerra de guerrillas en el campo contra los marines estadounidenses y sus aliados nicaragüenses. También explicó los límites que la historia le impuso a lo que la lucha de Sandino podía lograr en esa etapa del desarrollo social en Nicaragua, con una clase obrera muy débil que tenía poca experiencia política. El hecho de que el ejército dirigido por Sandino estaba constituido casi en su totalidad por campesinos, dijo Fonseca, fue a la vez "la gloria y la tragedia de aquel movimiento revolucionario".[7] Fue la gloria de un movimiento campesino que se esforzaba por encontrar aliados en una guerra antiimperialista revolucionaria. Pero también fue la tragedia de una clase obrera demasiado pequeña e inexperta, carente de un liderazgo comunista, e incapaz de unirse a la lucha y dirigirla.

Era necesario, concluyeron Fonseca y sus compañeros, desarrollar de nuevo un ejército sandinista. Sin embargo, la nueva lucha no podía tener las mismas metas que las proclamadas por el ejército de Sandino 35 años atrás. De la época de Sandino a aquella fecha, las relaciones de clases en Nicaragua se habían transformado. La expansión de la agricultura capitalista había conducido a la expropiación de gran parte del campesinado y a una rápida diferenciación de clases en el campo. El dominio del mercado capitalista también había dado origen a una clase obrera hereditaria.

La clase obrera se formó a partir de los campesinos que habían sido despojados por los capitalistas cafetaleros, algodoneros, ganaderos y azucareros; también a partir de los artesanos de las ciudades, empobrecidos por el desarrollo de la producción industrial de textiles, ropa y otras mercancías. La expansión de la producción capitalista llevó a que unos pocos gozaran de una riqueza inmensa. A la gran mayoría le trajo los horrores de la falta de tierra, el desahucio, el desempleo, la dislocación social, la miseria, y el envenenamiento con herbicidas y pesticidas usados para los nuevos productos agropecuarios de exportación, así como la destrucción de bosques, la erosión de la tierra y la vulnerabilidad a las sequías que fueron consecuencias de las nuevas técnicas de producción en Nicaragua. Todo esto fue acompañado de una mayor dependencia económica del mercado estadounidense, un mayor control político por parte del imperialismo y la subyugación cultural —la "cocacolización"— de Nicaragua.

En los años sesenta, la joven clase obrera hereditaria era todavía muy pequeña, aun en comparación con la mayoría de países de América Latina. Sin embargo, su existencia era ya un hecho decisivo para la lucha. Sus intereses históricos consistían en luchar por la abolición de las relaciones capitalistas de propiedad. Esta era la clase obrera que podía encabezar la lucha, forjando una firme alianza con los campesinos e imprimiéndole al nuevo movimiento revolucionario su carácter y su programa. A la lucha por la soberanía nacional había que añadir la lucha por resolver los graves problemas sociales que habían sido creados por la rápida expansión de la agricultura capitalista y de la agroindustria a lo largo y ancho de Nicaragua.

"La reivindicación socialista y la emancipación nacional se conjugan" en la perspectiva estratégica del FSLN, señaló Fonseca. "Nos identificamos con el socialismo, sin carecer de un enfoque crítico ante las experiencias socialistas. En lo fundamental el socialismo ha respondido a las esperanzas que la historia y la humanidad han depositado en él. . . . El inexorable rumbo de la historia universal demuestra que la victoria definitiva pertenece a los explotados y oprimidos" del mundo, recalcó.[8]

Justificaciones del retroceso político

Es ésta la perspectiva, son éstas la continuidad y las conquistas que hoy están siendo rechazadas por los líderes del FSLN, quienes intentan defender y justificar el retroceso político que están dirigiendo. Este repliegue político afecta hasta la terminología, lo cual los revolucionarios hemos aprendido a tratar con seriedad. Por ejemplo, muchos hemos oído el término "productores patrióticos", utilizado mucho por funcionarios del FSLN y del gobierno al referirse a los agricultores capitalistas que apoyan al gobierno sandinista o que al menos no están involucrados en actividades políticas contra el gobierno. Pero estos agricultores capitalistas —como los capitalistas en cualquier país— no producen nada; se enriquecen gracias a la mano de obra de los que sí producen. Pueden hacerlo porque son dueños de capital, que puede regir la fuerza de trabajo de los que no poseen nada. Y, como otros miembros de su misma clase en todo el Tercer Mundo, están dispuestos a sacrificar la soberanía de su país ante el imperialismo antes de arriesgarse a ser expropiados por el pueblo trabajador. En otras palabras, en su conjunto como clase, estos "productores patrióticos" no son ni productores ni patriotas. El término no sirve.

Además de la corrupción de la terminología clasista y científica, otras conquistas fundamentales del marxismo están siendo descartadas por los líderes del FSLN, incluso por los que anteriormente habían comprendido su importancia. El proyecto de resolución cita como ejemplo un argumento planteado por Tomás Borge para tratar de apuntalar teóricamente la actual política estatal a favor del "mercado libre". En una entrevista concedida en marzo de 1989 a *Barricada*, diario del FSLN, Borge dijo:

> Desde siempre, la teoría de socialismo científico superó la idea de asociar las relaciones mercantiles solo al capitalismo, como si éstas fueran ajenas al socialismo. Podríamos remontarnos a la Nueva Política Económica, la NEP de Lenin, y a otros momentos históricos, en los que se demuestra que las relaciones monetario-mercantiles son relaciones objetivas. De lo que se trata es de emplearlas de una forma consciente y evitar que operen de una manera ciega. Los mecanismos de mercado los emplea el capitalismo a favor de la reproducción del propio sistema y de los grupos dominantes, así como el socialismo los emplea para sus propios fines. Nuestra sociedad, que no es capitalista, que aspira a ser una sociedad socialista, no puede marginarse de estas leyes generales de la economía.[9]

Pero las relaciones mercantiles no son ni "relaciones objetivas" ahistóricas ni "leyes generales de la economía". Como señala el proyecto de resolución, el mercado "no es un fenómeno natural sino una relación social que surge al nacer la sociedad de clases y que se generaliza al propagarse el dominio y la explotación del capitalismo en el mundo".

Leyes del mercado no son neutrales

Las leyes del mercado no son neutrales. La clase trabajadora no puede tomarlas, como si se tratara de leyes físicas y de ingeniería empleadas en la construcción de una torre, y ponerlas al servicio de la construcción del socialismo. No es nueva esta idea de que los mecanismos que el desarrollo capitalista generaliza y propaga constituyen leyes universales que pueden y deben ser empleadas para avanzar hacia el socialismo después de una revolución popular victoriosa. En la época posterior a 1917, tuvo su origen en las justificaciones ideológicas planteadas por la casta social que triunfó en la Unión Soviética en los años treinta. Esta casta, al tiempo que decía estar construyendo el socialismo, despojó a la clase trabajadora de todo control sobre las decisiones acerca de las prioridades y la administración de la economía y de la sociedad soviéticas. En los últimos años de su vida, Stalin codificó estas justificaciones ideológicas en un artículo titulado "La ley del valor bajo el socialismo".[10] A partir de entonces, estos conceptos han sido reenvasados por mucha gente, incluidos los tecnócratas pequeñoburgueses que hoy rodean a Gorbachov. Constituyen el postulado fundamental que subyace todas las variantes del modelo soviético de planificación y dirección económica desde la muerte de Lenin.

Este es el rumbo que la oposición leninista combatió

tan firmemente tras la muerte de Lenin y que Che Guevara combatió en los primeros años de la revolución cubana. Che explicó que a menos que aumenten la conciencia comunista, la organización y el control por parte de la clase obrera, no es posible avanzar hacia la construcción del socialismo. "Persiguiendo la quimera de realizar el socialismo con la ayuda de las armas melladas que nos legara el capitalismo", dijo Che, "se puede llegar a un callejón sin salida. Y se arriba allí tras de recorrer una larga distancia en la que los caminos se entrecruzan muchas veces y donde es difícil percibir el momento en que se equivocó la ruta. Entre tanto, la base económica adaptada ha hecho su trabajo de zapa sobre el desarrollo de la conciencia. Para construir el comunismo, simultáneamente con la base material, hay que hacer al hombre nuevo".[11]

Los hombres y mujeres dedicados a la construcción del socialismo, explicó Guevara, pueden avanzar a esa meta solo mediante una lucha por limitar el dominio de los mecanismos capitalistas de mercado. Eso solo puede lograrse luchando por promover el control obrero, incorporando a los trabajadores cada vez más directamente en la toma e implementación de decisiones respecto a las prioridades sociales y económicas, y construyendo un partido comunista entre la vanguardia del pueblo trabajador.

Estas son las perspectivas comunistas que Fidel Castro y otros comunistas cubanos, como parte integral del proceso de rectificación, están luchando por introducir a la discusión y al debate sobre qué camino debe seguir la humanidad. Por eso es importante que estudiemos y ayudemos a diseminar las armas más importantes que hoy se encuentran disponibles. Entre ellas están: *Che Guevara and the Cuban Revolution* (Che Guevara y la revolución cubana), que incluye, entre otros, el artículo de

Che "Planificación y conciencia en la transición al socialismo: sobre el sistema presupuestario de financiamiento"; los folletos de Pathfinder titulados *Socialism and Man in Cuba* (El socialismo y el hombre en Cuba) y *Cuba Will Never Adopt Capitalist Methods* (Cuba jamás adoptará métodos capitalistas); y dos libros de reciente publicación, *In Defense of Socialism* (En defensa del socialismo) por Fidel Castro y Che Guevara, y *El pensamiento económico de Ernesto Che Guevara* por Carlos Tablada.[12]

Otro ejemplo de cómo la dirección se ha alejado del marxismo y de la política obrera apareció en una entrevista reciente a Luis Carrión, miembro de la Dirección Nacional del FSLN y ministro de economía. Fue una de varias entrevistas realizadas con motivo del décimo aniversario de la revolución. "En estos 10 años", le preguntaron a Carrión, "se ha observado una cierta inconsistencia del gobierno entre la voluntad de satisfacer las demandas populares y la necesidad de tomar en cuenta a la burguesía agroproductora. ¿A qué se debe?"

Carrión contestó, "El gran productor siempre quiere más, nunca está satisfecho". Cierto. "Y los trabajadores siempre demandan una parte justa y proporcional a su contribución". Falso. La meta histórica del movimiento obrero no es obtener una "parte justa" en el capitalismo, sino terminar con el sistema de esclavitud asalariada. La totalidad de lo producido es su "contribución".

Carrión agrega: "Nuestro papel es maniobrar en medio de esas contradicciones, garantizando que una parte de la riqueza del país sea distribuida entre los sectores más pobres, reconociendo que para que la economía mixta funcione, también los grandes productores privados deben tener ganancias".

El entrevistador le pregunta entonces a Carrión sobre la política actual en Nicaragua conocida como concertación, es decir, de tratar de procurar un pacto social, un acuerdo entre todas las clases. Pregunta: "¿Esta etapa de concertación es cualitativamente nueva?" Respuesta:

> Haremos esfuerzos para convocar a todos los sectores de la nación, incluyendo el privado, para hacerle frente a la crisis económica. Esto puede dar lugar a un estilo de gobierno cualitativamente nuevo en el aspecto económico. Un estilo que asegure que se tomen en cuenta puntos de vista e intereses de todos los sectores a la hora de formular las decisiones de política económica. Pero esto solo puede consolidarse si en los sectores privados hay también una postura constructiva.

Pregunta: "¿Están hablando de una economía planificada con participación del sector privado?" El entrevistador no comprende el significado de una economía planificada, que solo puede basarse en la propiedad nacionalizada. No tiene sentido hablar de planificar una economía capitalista. Carrión trata de explicarlo en su respuesta: "A estas alturas ya no estamos hablando de economía planificada. . . . La economía planificada se está volviendo cada vez menos posible en la medida que la política que hemos seguido otorga cada vez un mayor peso a la acción del mercado en el funcionamiento de la economía".

Otra pregunta: "En el último año y medio se han puesto en práctica medidas económicas muy drásticas. ¿Qué opciones se discutieron antes?" Carrión contesta:

> Las opciones eran muy escasas. . . . Solo se consideraron dos: la que se está aplicando y otra que era establecer una economía de guerra. Es decir, volver a la experiencia de años atrás pero

con más rigor: control de precios, racionamiento de alimentos, distribución planificada de los productos. Desde el punto de vista político interno y de la defensa militar, la opción de la economía de guerra era atractiva porque produce una distribución igualitaria de los recursos y tiene muchas simpatías en los sectores más pobres. . . . Después de analizar todo, concluimos que no se podía hacer por razones económicas y políticas y que el resultado hubiera sido un empeoramiento de la crisis. Quizás momentáneamente hubiéramos tenido en las bases un impacto político positivo, pero se hubiera agravado la situación económica y hubiera resultado un aislamiento internacional.[13]

Impacto negativo en la lucha de clases

Esa es la perspectiva que se ofrece. Estos son los argumentos con que se justifica lo que se está abandonando. Y cada día las justificaciones de este retroceso plantean más obstáculos a la lucha de los obreros y campesinos en Nicaragua. Y esto repercute en la política cotidiana.

Hace meses el *Militant* relató una lucha sindical en una finca capitalista en la provincia de Matagalpa. El propietario de la finca es considerado un "productor patriótico". Su hijo fue miembro del FSLN y cayó en la lucha contra Somoza. Este agricultor capitalista es partidario —o al menos no es opositor— del gobierno. Pero es obstinado en cuanto a una cosa: no permitirá que se organice un sindicato en su finca. Cada vez que los trabajadores han intentado formar un sindicato, ha despedido a los organizadores y ha contratado a trabajadores nuevos. Esto ha ocurrido varias veces desde 1979.

Sucedió lo mismo este año, pero esta vez los organizadores sindicales despedidos se negaron a abandonar la finca. Simplemente se quedaron. Además estaban armados. Exigieron que el gobierno le ordenara al patrón la devolución de sus empleos o que nacionalizara la finca y la convirtiera en una finca colectiva o estatal. Comenzaron a tratar de obtener el apoyo de la Asociación de Trabajadores del Campo (ATC) y de otros más en favor de su lucha. Esta es una de muchas batallas, aisladas y no muy ampliamente divulgadas, que se están llevando a cabo en fincas capitalistas donde los patrones, al darse cuenta del debilitamiento del movimiento obrero y al cobrar fuerza de la política de concertación del gobierno, han montado una ofensiva para minar y destruir los sindicatos, reducir los salarios e imponer peores condiciones de trabajo y de vida. Esta situación presenta un grave desafío para todo el movimiento obrero y especialmente para la ATC.

Después de visitar la finca y hablar con los trabajadores fuimos a la oficina de la ATC en Matagalpa y nos reunimos con el presidente regional de la asociación. Este compañero es un luchador clasista que ha pasado por muchas batallas, al igual que la mayoría de los dirigentes de la ATC. Y es un revolucionario. Sin embargo, de inmediato pudimos ver que la lucha que los trabajadores agrícolas estaban librando en esa finca no le servía de inspiración sino más bien era un dolor de cabeza. El desarrollo de una acción combativa por parte del sindicato, la lucha de los trabajadores por ingresar a la ATC para fortalecerla y fortalecer la posición de los trabajadores del campo en todo el país: esto para él era motivo de preocupación y de inquietud. En este caso, él respondía como los líderes sindicales colaboracionistas que tan bien conocemos.

'Marco geopolítico'

Luego de una larga conversación, finalmente dijo, "Miren, yo sé que los trabajadores tienen razón. Lo sé. Si yo estuviera en su lugar, haría exactamente lo mismo. Pero no podemos ver las cosas únicamente a partir de la lucha de esta finca". Tenemos que partir, dijo, de la situación mundial, lo que llamó el "marco geopolítico". Ni el FSLN ni el gobierno, dijo, pueden darse el lujo de tomar medidas que perjudiquen los intentos de concertar un acuerdo con los "productores patrióticos", o que provoquen al imperialismo norteamericano a tomar acciones más severas contra Nicaragua. "Necesitamos la paz", dijo. "Tenemos que ganar más tiempo en condiciones de paz para que podamos sacar a flote a la economía".

Y, refiriéndose a una discusión que habíamos tenido antes sobre la revolución cubana, añadió, "No podemos seguir el modelo cubano, por mucho que nos guste, por más que lo deseemos". El gobierno de la Unión Soviética, dijo, ha dejado bien claro que no ayudará a Nicaragua como hizo con Cuba, y que los imperialistas europeos "nos están presionando más y más para cederle un espacio más grande al sector privado a cambio de lo poquito de ayuda que podamos recibir. Dentro de este marco amplio, confiscar esta finquita no tiene sentido".

Muchos hemos oído una u otra variante de estos argumentos "geopolíticos". Estos argumentos desorientan y confunden hasta a obreros revolucionarios que están buscando cómo defender las conquistas revolucionarias. Se puede ver que estas ideas constituyen un obstáculo a la defensa de los intereses de clase de los obreros y campesinos. Pero aun así, ¿tienen algo de cierto estos argumentos? La respuesta es no. Son falsos, peligrosamente falsos. Estos argumentos "geopolíticos" en sí son falsos, pero también son falsos por lo que omiten.

No hay posibilidades para una recuperación capitalista ni un crecimiento económico a largo plazo, ni en Nicaragua ni en el resto de Latinoamérica y el Caribe. No va a repetirse el desarrollo que hubo en la región como consecuencia del largo apogeo imperialista de las décadas posteriores a la Segunda Guerra Mundial. Todo lo contrario. Aun en el período de ascenso del ciclo comercial capitalista durante la mayor parte de los años ochenta, las presiones acumulativas han causado ocho años de crisis debido a la deuda externa y a una masiva y acelerada fuga de capitales de la región.

¿Cuántos países de Latinoamérica y el Caribe, aun en aquellos países donde los imperialistas estadounidenses y los "productores patrióticos" cuentan con el régimen que prefieren, han experimentado crecimiento y desarrollo económicos durante la última década? ¿Dónde habrá desarrollo en la década de 1990? Y recordemos que, en el mejor de los casos, lo más que pueden esperar los partidarios del capitalismo es una continuación de lo mismo. En realidad, lo más probable es que sea peor, tomando en cuenta las consecuencias inevitables que significará para todo el hemisferio el comienzo del descenso del ciclo comercial de las economías imperialistas, ya no se diga la devastación que traerá la enorme crisis capitalista que se vislumbra en los años noventa.

Tampoco habrá paz, a no ser que Gorbachov tenga razón y Castro esté equivocado. Si el imperialismo se ha vuelto más pacífico, si el capitalismo ofrece la posibilidad de desarrollo y de armonía en el mundo, la dirección comunista cubana está equivocada. Entonces en Latinoamérica y en el resto del mundo el camino a seguir sería el del capitalismo y no del socialismo. Pero no es así.

Posibilidades de ayuda internacional

¿Y qué puede anticipar Nicaragua en cuanto a ayuda económica internacional? Es cierto que el gobierno soviético no ha enviado la ayuda que Nicaragua necesita. El régimen de Gorbachov está utilizando presiones económicas para respaldar su "consejo" a los dirigentes nicaragüenses de buscar un reacomodo con Washington. Pero esta actitud no es nueva.

¿Cómo fue que la revolución cubana logró ganar ayuda de Moscú, ayuda que le ha permitido sobrevivir? ¿Creen ustedes que Fidel Castro fue a Moscú en 1960 y dijo: "Compañeros, estamos meditando nuestras opciones. Solo tenemos dos opciones, y una de ellas es de hacer una revolución socialista. Pues queremos saber, si escogemos esa opción, ¿con cuánta ayuda podemos contar del Partido Comunista soviético?" ¿Quién sabe cuál habría sido la respuesta? Pero no fue lo que sucedió. Los obreros y campesinos cubanos comenzaron a construir el socialismo, ganándose autoridad y respeto de los luchadores revolucionarios de todo el mundo. Hicieron frente al imperialismo, a su chantaje y agresión —como los nicaragüenses lo hicieron al derrotar a los contras— y durante esa lucha fue que se ganaron la ayuda de la Unión Soviética y de otros estados obreros. Los revolucionarios cubanos han luchado por cada barril de petróleo, por cada máquina y por cada fusil que tienen, y se lo han ganado.

¿Se encuentra Nicaragua en una situación peor que la de Cuba hace treinta años para luchar por esta ayuda y ganarla? No. Nicaragua se encuentra en una posición mucho más ventajosa que la que Cuba jamás tuvo para librar una batalla moral y política para obtener ayuda, y no solamente de los estados obreros sino del mundo capitalista. Por ejemplo, Nicaragua está en una situación mucho mejor que la que Cuba jamás tuvo para pedirles a los trabajadores y a los activistas antiimperialistas en países como México, Venezuela y Ecuador que participen en una campaña para obtener petróleo en esa región. Nicaragua está menos aislada de lo que estaba Cuba. La correlación de fuerzas entre el imperialismo y los países semicoloniales del hemisferio ha cambiado. Nicaragua no tendría que pasar nunca por el aislamiento político, económico y diplomático que los imperialistas le impusieron a Cuba por más de veinte años. Además, nunca debemos olvidar un factor importantísimo. Los nicaragüenses tienen un aliado que los cubanos no tuvieron: tienen a Cuba.

Protagonistas decisivos: el pueblo trabajador

Así que el argumento "geopolítico" en sí es falso. Pero lo más importante es que omite a los protagonistas más decisivos. Deja completamente de lado a los trabajadores nicaragüenses: los productores, los verdaderos productores patrióticos. No toma en cuenta los esfuerzos, las energías, la creatividad y la originalidad que podría desatarse si los obreros y campesinos fueran dirigidos, educados y organizados para que ellos mismos tomaran las riendas y se libraran del dominio fatal de los tecnócratas y librecambistas y analistas geopolíticos, y que comenzaran a desarrollar las fuerzas productivas, que iniciaran la planificación económica sobre la base de la nacionalización de la industria básica.

¿Acaso alguno de ustedes cree que los compañeros nicaragüenses —con quienes hemos trabajado y peleado juntos, los que tumbaron a Somoza, los que libraron una guerra victoriosa contra los invasores mercenarios— no van a estar dispuestos a organizar brigadas de trabajo voluntario en Nicaragua? ¿No van a estar dispuestos a construir casas, escuelas y guarderías infantiles; construir carreteras y puentes y así tener más acceso a la tierra para trabajarla y desarrollarla? Ellos podrían hacer todo eso y aun así, al desarrollar su revolución, tendrían suficientes compañeros abnegados para mandar brigadas internacionales a otros países. ¿Cabe duda alguna de que este pueblo —que ha demostrado al mundo su capacidad de lucha y de sacrificio, su talento y su capacidad directiva— pueda realizar todo esto y mucho más?

El 26 de julio [de 1989], en la ciudad de Camagüey, Cuba, Fidel Castro resumió lo que la revolución ha realizado en esa ciudad, particularmente en los últimos tres años desde que se inició el proceso de rectificación. En un momento dado se dirigió a los invitados que estaban en la tribuna, entre ellos, sentado al lado del podio, Jaime Wheelock, ministro de agricultura de Nicaragua y miembro de la Dirección Nacional del FSLN. La revolución ha convertido a Camagüey, dijo Fidel, "en un modelo de desarrollo para el Tercer Mundo y, en primer lugar, en un modelo de desarrollo en la producción alimenticia y, también, de desarrollo social". Miren lo que se ha logrado desde que rescatamos y reavivamos el trabajo voluntario, decía Fidel, desde que involucramos a las organizaciones del partido y de la juventud en Camagüey, para que dirigieran con su ejemplo. ¡Vean lo que han construido los productores!

Cuba *es* el modelo. No lo es Suecia. Tampoco lo es la crisis —que en esta etapa denominan "perestroika"— que atraviesan los estados obreros gobernados por los estalinistas. El camino socialista que la revolución cubana le abrió a todo el continente americano es el camino para todos nosotros, incluso para Nicaragua. Pero es esta misma perspectiva que se ha abandonado: la perspectiva de extender la revolución socialista a Nicaragua, por la cual luchó Carlos Fonseca y de la cual convenció a otros en 1961, la que el FSLN popularizó y defendió durante los veinte años de lucha contra la dictadura somocista, y la que guió al FSLN y a los trabajadores para impulsar medidas anticapitalistas en los primeros años de la revolución.

Conquistas democráticas y antiimperialistas

Esto no quiere decir que se han perdido las perspectivas y las conquistas antiimperialistas y democrático-revolucionarias de la revolución popular sandinista, que se entrelazaron con medidas anticapitalistas. Se mantienen y se podrán mantener por cierto tiempo, aunque inevitablemente se irán debilitando.

La reforma agraria no será anulada. Los antiguos terratenientes no regresarán. Si los campesinos luchan con tenacidad, podrá incluso haber ciertos avances en la repartición de tierras. Pero mientras exista el capitalismo, mientras la tierra no sea nacionalizada, mientras el comercio y distribución mayorista de alimentos esté en manos de los capitalistas, la diferenciación de clases volverá a crecer en el campo, aun donde los campesinos se hayan beneficiado con la reforma agraria y se haya expropiado propiedad capitalista. Algunos campesinos serán expulsados de sus tierras. Aun cuando los bancos no confisquen sus terrenos por incumplimiento de pagos a la deuda —y actualmente no hay desahucios hipotecarios en Nicaragua— los campesinos pueden quedar tan endeudados, y los precios de los insumos pueden subir tanto en relación a los precios que recibirían por sus cosechas, que no les va a quedar más remedio que abandonar sus fincas. Una vez más volverán a ser parte del semiproletariado sin tierra y del proletariado propiamente dicho.

La tierra volverá a concentrarse, esta vez en manos de los nuevos agricultores capitalistas. Algunos de éstos surgirán de las mismas granjas colectivas, especialmente de aquellas que gozan de buenas tierras y técnicas de producción avanzadas. Empezarán a sembrar más y contratarán a más trabajadores. Comenzarán a ofrecer préstamos a los campesinos pobres cobrando intereses más y más altos y empezarán a arrendar parcelas a los campesinos sin tierra. Las viejas relaciones sociales volverán a imponerse.

Asimismo, los logros en la lucha por la autonomía de la Costa Atlántica tampoco necesariamente serán eliminados. Aun una república burguesa puede hacer concesiones, a veces inclusive concesiones importantes, a profundas luchas democrático-revolucionarias. Desde luego, con el tiempo, aunque se preserven las formas de la autonomía, su contenido se irá corroyendo cada vez más.

El fin del gobierno obrero y campesino en Nicaragua tampoco significa automáticamente el fin de la postura o de las acciones antiimperialistas del gobierno. Hay regímenes burgueses, especialmente cuando son producto de profundas revoluciones populares, que pueden entrar en conflictos agudos con el imperialismo.

El régimen que existió en Argelia tras el derrocamiento del gobierno obrero y campesino encabezado por Ahmed Ben Bella siguió adoptando posiciones antiimperialistas que lo pusieron en conflicto con París y con Washington. La camarilla de Coard en Granada —los asesinos estalinistas que derrocaron al gobierno obrero y campesino— decían que eran aún más "antiimperialistas" que Bishop, de quien se burlaban acusándolo falsamente de ser socialdemócrata. Su actitud presuntuosa podrá parecer insignificante en vista de lo que sucedió a la semana siguiente cuando los marines norteamericanos invadieron la isla, aprovechándose de la contrarrevolución que la pandilla de Coard había perpetrado. Sin embargo, nos revela un hecho importante sobre el carácter de los gobiernos que pueden surgir al ser depuesto un gobierno obrero y campesino.

Las acciones anticapitalistas que realizan los gobiernos obrero-campesinos están entrelazadas con sus acciones democráticas y antiimperialistas, pero no son la misma cosa. La desaparición de lo primero no requiere la desaparición inmediata de lo segundo. No podremos entender lo que sucede en Nicaragua y lo que le sucede al FSLN si no captamos este hecho. Los compañeros de la Dirección Nacional del FSLN han rechazado el camino socialista para Nicaragua. No obstante, es un error dar por sentado que no siguen firmes en su compromiso y determinación antiimperialistas. El presidente Ortega todavía le hace frente a Washington, denuncia las maniobras estadounidenses y defiende la soberanía de Nicaragua. Borge sigue comprometido con la autonomía para la Costa Atlántica.

No es eso lo que ha cambiado. Los luchadores revolucionarios que no avanzan hasta convertirse en comunistas, o que no son suficientemente comunistas como para continuar siendo comunistas ante los intensos desafíos y presiones como los que ha enfrentado Nicaragua, no se tornan contrarrevolucionarios. Así no sucede. Muchos siguen dispuestos a luchar, e incluso a morir, por la revolución según la entienden. Sin embargo, se convierten en obstáculos al desarrollo de un liderazgo comunista, sin el cual la revolución no puede avanzar, y sin el cual la revolución retrocede.

Cambio en el gobierno

¿Qué tipo de gobierno reemplazará con mayor probabilidad al gobierno que hasta ahora ha sido el gobierno obrero y campesino dirigido por el FSLN? La respuesta es: otro gobierno dirigido por el FSLN. Puede estar compuesto en su mayoría, aunque no completamente, por los mismos individuos. Y hay que dejar de buscar a un Coard. Dejemos de aguardar el golpe de estado. Dejemos de esperar una división en la dirección. El rumbo es unánime: nueve contra cero. Cada uno de los miembros de la Dirección Nacional ha apoyado en público el presente rumbo. No va a haber una división en el gabinete o en la Dirección Nacional en torno al reemplazo del gobierno obrero y campesino con un gobierno capitalista reestructurado.

En febrero de 1990 será electo un nuevo gobierno. Daniel Ortega será el presidente. Sergio Ramírez será el vicepresidente. El gabinete estará compuesto abrumadoramente por miembros del FSLN. Es posible que el nuevo gobierno incorpore en alguna capacidad a personas que no militen en el FSLN. Este es el deseo evidente de la dirección del FSLN, pero es imposible predecir porque no podemos saber la postura que van a tomar la oposición y la administración Bush.

Hace unos días, el 4 de agosto, el gobierno del FSLN firmó un acuerdo amplio con el bloque de oposición. Este convenio es el primero de este tipo desde julio de 1979. No conocemos todos los detalles del acuerdo. Solo tenemos los informes de la prensa estadounidense y no sabemos qué compromisos privados estarán incluidos. Lo que sí sabemos es que el pacto incluye más cambios en los procedimientos electorales, la suspensión del servicio militar obligatorio hasta después de las elecciones y la decisión de todos los partidos de pedirles a los presidentes centroamericanos que asistieron a la reunión cumbre, celebrada este fin de semana pasado, que hagan cumplir la decisión de disolver las organizaciones de los contras. Y ayer en la reunión cumbre se adoptó esa decisión, lo cual constituyó un fuerte golpe contra Bush y una gran victoria para Nicaragua y para todos los que luchamos por su soberanía y para que pueda vivir en paz.[14]

Sin embargo, desde el punto de vista de la evolución a un nivel gubernamental dentro de Nicaragua, debemos notar que por primera vez en una década los miembros del bloque opositor dirigido por los capitalistas —incluida la izquierda pequeñoburguesa que forma parte de esta alianza— hablan favorablemente del acuerdo que concertaron con el gobierno sandinista. El 4 de agosto, desde Managua, la agencia noticiosa Associated Press informó, "Dirigentes opositores dijeron a la prensa que, en general, están satisfechos con el acuerdo de hoy, a pesar de que no representaba todo lo que deseaban". Según la AP, Duilio Baltodano, uno de los dirigentes opositores capitalistas, calificó el acuerdo como "un triunfo del patriotismo". Y Eli Altamirano, líder del llamado Partido Comunista de Nicaragua y miembro del bloque opositor procapitalista conocido como UNO, dijo que el acuerdo es "un gran logro a pesar de que quedan muchas cosas... por resolver".

Esto sí es nuevo. Refleja la evolución del ámbito político en Nicaragua.

¿Habrá resistencia a la consolidación de un régimen político capitalista? ¿Habrá nuevos intentos de los obreros y campesinos de avanzar? Sí. Y eso planteará de nuevo el reto de la construcción del partido, el reto de forjar una vanguardia comunista. Planteará de nuevo el reto de dirigir una transformación como la que tuvo lugar en Cuba tras el derrocamiento de Batista. La dirección central del Movimiento 26 de Julio, una organización revolucionaria pequeñoburguesa que había conducido la lucha armada de masas contra la dictadura de Batista, emprendió la construcción de un partido obrero comunista que fuera capaz de dirigir a los trabajadores a dar el siguiente paso en la historia. Esto se realizó, entre otras cosas, mediante la sistemática educación marxista y socialista de la clase obrera. Esta educación fue tan exitosa que cuando Fidel Castro explicó en diciembre de 1961 que el nuevo partido que se construía en Cuba iba a ser un partido marxista y leninista, cientos de miles de obreros y campesinos respaldaron a Castro, porque lo comprendían y lo creían. Y cuando él dijo: "Soy marxista-leninista, y seré marxista-leninista hasta el fin de mi vida", no solo estaba hablando en nombre de un puñado de gente, sino en nombre de toda una vanguardia de la clase obrera.[15]

La construcción de este tipo de vanguardia de la clase obrera nicaragüense se basará entre los cuadros y partidarios del FSLN, entre los que son leales al FSLN, que se ganó y que retiene aún el derecho de dirigir a los obreros y campesinos. Esa vanguardia será forjada por los compañeros decididos a encontrar el camino a la realización del Programa Histórico del FSLN. Por los que quieran seguir luchando por integrar a Nicaragua a la vanguardia de la revolución mundial, no verla retroceder. Por los que quieran incorporar a los trabajadores a la verdadera actividad política y no verlos marginados de la política, convertidos en meros "electores" en lugar de cuadros políticos. Por los que quieran defender la perspectiva comunista y extender la victoria de la revolución cubana.

Responsabilidades inmediatas

Por último, tenemos dos responsabilidades inmediatas en nuestros propios países con respecto a Nicaragua. El repliegue político de la dirección nicaragüense está repercutiendo negativamente entre muchos partidarios de la revolución nicaragüense. Para algunos de los activistas del movimiento de solidaridad —con los que hemos luchado hombro a hombro en actividades en defensa de la revolución nicaragüense contra la arremetida imperialista— ese retroceso los ha hecho meditar más a fondo sobre los retos que encara la revolución. A otros les ha causado desilusión e incluso desmoralización.

Nuestra responsabilidad consiste en esforzarnos para que sean menos los que reaccionan alejándose de Nicaragua, alejándose de la política y del camino que habían emprendido cuando —inspirados por los avances de la revolución nicaragüense— se politizaron y se volvieron luchadores. Cumpliremos con esta responsabilidad de la única manera posible: tratando que hacer que ellos se vean como parte de la revolución mundial, como partidarios de los trabajadores que luchan por crear un mundo nuevo. Esto significa, como hemos estado discutiendo en esta conferencia, ganarlos a la defensa activa de la revolución cubana. No se trata de sustituir a Nicaragua con Cuba como país más digno de interés o apoyo —no se trata de escoger entre uno o el otro— sino de atraerlos hacia el mundo a través de Cuba, a través de una revolución socialista viva, dirigida por un partido comunista.

Por mucho tiempo fue posible entrar al ancho mundo por la vía de Nicaragua. Fue posible formar parte de la revolución mundial a través de Nicaragua. Muchos lo hicieron, y algunos así llegaron a ser comunistas. Unos cuantos de los aquí presentes seguimos esa senda. Sin embargo, es una de las cosas que ahora resultan cada vez más difíciles. Ese camino está siendo bloqueado a consecuencia del retroceso político. El liderazgo en Nicaragua no tiene los ojos puestos en la revolución mundial. Se orienta al mundo capitalista, incluso a los países imperialistas pequeños.

Pero sí se puede ingresar al mundo convirtiéndose en partidario de la revolución cubana. Ahora más que nunca antes en la historia de la revolución, las acciones en defensa de Cuba son un puente a la revolución mundial. Uno puede volver a incorporarse a la lucha en defensa de Nicaragua y de sus obreros y campesinos por medio de Cuba, al comprender la perspectiva que Cuba representa. Uno puede apreciar mejor la importancia de la revolución nicaragüense. Uno puede ver lo que se ha logrado y apreciarlo, al mismo tiempo que uno comprende lo que se perdió.

Al ganarlos como defensores de Cuba, los activistas con los que hemos colaborado en la solidaridad con la revolución nicaragüense podrán hallar no solo una fuente de inspiración sino una fuente de verdadera educación. Y al inspirarse, al aprender cómo luchar en defensa de Cuba, en defensa de Nicaragua, aprenderán a formar parte de la revolución mundial.

También tenemos una segunda responsabilidad. Nunca antes ha sido tan necesario para los defensores de la revolución nicaragüense, y para los combatientes revolucionarios alrededor del mundo, tener información exacta y oportuna sobre el desarrollo de la lucha de clases en Nicaragua. En este momento es imprescindible presentar los hechos para que los luchadores clasistas puedan extraer las lecciones de lo que ocurre. En este momento, para poder actuar y alentar a otros a que actúen en defensa de la revolución, urge contar con la realidad objetiva. En este momento los paliativos son veneno y la verdad es un arma poderosa para todo luchador.

Por estas razones continuaremos el trabajo que iniciamos hace diez años. Seguiremos divulgando la verdad sobre la revolución nicaragüense a través de las páginas del *Militant* y de *Perspectiva Mundial*. Y seguiremos distribuyendo periódicos comunistas en Nicaragua, así como libros y folletos que presentan las ideas de los luchadores que nunca se rindieron y a quienes deberán emular los trabajadores revolucionarios que están en camino de hacerse comunistas.

EL GOBIERNO OBRERO Y CAMPESINO: UNA PODEROSA ARMA ANTICAPITALISTA PARA EL PUEBLO TRABAJADOR

por Larry Seigle

EL PROPOSITO DE ESTE PUNTO en el temario de la reunión es de continuar la discusión sobre el proyecto de resolución acerca de Nicaragua.[1] Esta discusión se inició el mes pasado en la reunión del Comité Nacional, en la que participaron varios camaradas de otros países. Y aquí en Oberlin, durante la conferencia internacional y durante el congreso de la Alianza de la Juventud Socialista,[2] hemos tenido la oportunidad de tener muchas discusiones informales con camaradas de todo el mundo.

Hace unos días, en la conferencia, escuchamos un informe sobre el proyecto de resolución y hoy no necesitamos otro similar para iniciar la discusión. En lugar de eso, iniciaré esta parte de la discusión tocando otros dos aspectos de la resolución sobre los cuales sería útil entrar en más detalle.

Este informe fue aprobado en una reunión del Comité Nacional del Partido Socialista de los Trabajadores que tuvo lugar inmediatamente después de la Conferencia Internacional de Obreros Activistas y de Educación Socialista que se celebró en Oberlin, Ohio, en agosto de 1989.

LAS NOTAS PARA ESTE ARTICULO COMIENZAN EN LA PAGINA 409

El primero atañe al hecho de que esta discusión sobre Nicaragua enriquece nuestra comprensión teórica de los gobiernos de obreros y campesinos. El segundo punto es el reajuste práctico que hemos estado haciendo, y que seguiremos haciendo, en relación al trabajo de solidaridad con Nicaragua. Conozco mejor la situación que enfrenta nuestro movimiento aquí en Estados Unidos, pero muchas cosas que enfrentamos nosotros las enfrentan también las organizaciones en otros países.

Uno de nuestros logros más sólidos durante el año pasado ha sido la preparación política del movimiento para este proyecto de resolución. La mejor prueba de nuestro éxito es que los hechos y las conclusiones planteados en este proyecto de resolución, y en el informe que se dio en la conferencia internacional, no fueron sorpresa, sino que permitieron que los camaradas comprendieran mejor lo que ya sabían que estaba ocurriendo. Aclaró nuestro pensamiento colectivo. El trabajo que la dirección organizó para que esto fuera posible incluye los reportajes que aparecieron en nuestra prensa, los viajes a Nicaragua y las clases que el partido organizó en el verano, antes de la conferencia, sobre el gobierno obrero y campesino. Todos fueron elementos esenciales de los preparativos para lo que hemos logrado en esta conferencia.

Debemos destacar que gracias a las noticias que aparecieron en el *Militant*, los camaradas en todo el mundo han tenido acceso a todos los hechos esenciales sobre los cuales la resolución basa sus principales conclusiones. Esta fuente común de información es irremplazable para una discusión que conduzca a más homogeneidad política en nuestro movimiento.

La importancia de este proceso se confirma también a la inversa. Para los compañeros de otras organizaciones que no han leído nuestros reportajes u otras fuentes fidedignas de información sobre Nicaragua, les resultó más difícil aceptar la evaluación general planteada en el proyecto de resolución. Simplemente no han tenido acceso a la información sobre la que se apoyan nuestras conclusiones. En muchos casos los criterios de estos compañeros se basan en cosas que recuerdan de hace cinco o seis años, de etapas más tempranas de la revolución. Aun cuando la memoria es fiel —y pocas veces lo es— tiende a ser selectiva y parcial, perdiendo de vista la envergadura de los acontecimientos de los últimos once años en su totalidad dialéctica.

El segundo logro de esta dirección internacional, a lo largo de un período bastante más extenso, es nuestra labor colectiva sobre la teoría del gobierno obrero y campesino, así como el hecho de que hemos podido aprovechar la continuidad comunista del Partido Socialista de los Trabajadores sobre este problema, hacerla nuestra y enriquecerla. Esto ha sido imprescindible para orientarnos programática y políticamente, para comprender la trayectoria de la revolución nicaragüense y apreciarla en su contexto mundial, no como excepción sino como ejemplo.

Contraste con otros análisis de la revolución nicaragüense

Al examinar este tema, vale la pena repasar las dos principales alternativas ofrecidas por quienes se consideran marxistas al analizar la revolución nicaragüense.

Una de estas sostiene que la revolución de 1979 instauró un estado obrero, la dictadura del proletariado. Al analizar el carácter de clase del estado, lo aísla de las relaciones de propiedad que el estado defiende y sobre las cuales el estado descansa. Define el carácter de clase del estado a partir de otros factores: las posiciones políticas que toma el gobierno y el hecho de que el gobierno tomó el poder por una lucha armada en la cual las masas jugaron un papel decisivo. Una de las consecuencias de este enfoque es el rápido abandono del método materialista en el análisis de los estados obreros. De esa manera se hace caso omiso de factores tales como la nacionalización de la industria básica, el monopolio del comercio exterior y la planificación de la economía como pruebas decisivas.

Los que defienden esta revisión del marxismo "descubren" estados obreros en países donde predominan las relaciones capitalistas de propiedad, como en Nicaragua. Al definir los cimientos del estado por factores políticos y no por las relaciones de propiedad, esta posición tiende a la conclusión de que hay cada vez menos motivo para defender la Unión Soviética y otros estados obreros gobernados por burocracias estalinistas, donde la clase obrera ha sido políticamente desmovilizada y despojada de sus derechos.

EL DICTAMEN DE QUE el pueblo trabajador nicaragüense estableció la dictadura del proletariado en 1979 también impide entender el reto político más importante que enfrentan los obreros y campesinos de Nicaragua: cómo avanzar para poner fin a la dominación de las relaciones capitalistas de propiedad. Si realmente ya se estableció la dictadura del proletariado en Nicaragua, entonces pierde importancia el problema del control capitalista sobre los baluartes de la economía. Este análisis nos aleja de la tarea política decisiva.

Nos orienta a algo distinto. La "democracia" se convierte en la principal cuestión política en Nicaragua. No obstante, se trata de una democracia aislada —como en el caso del carácter del estado— de todo criterio clasista. Los que adoptan este enfoque terminan por concentrarse en cómo refinar lo que en realidad son formas de democracia burguesa que existen actualmente en Nicaragua, en vez de luchar por dar un salto cualitativo a una forma superior de democracia, la democracia proletaria, impulsando la lucha para que los trabajadores tomen las riendas de la economía.

El segundo tipo de análisis que se presenta como alternativa plantea que el gobierno del FSLN es un gobierno burgués radical, un régimen burgués antiimperialista y de tendencia izquierdista que no difiere cualitativamente de muchos otros gobiernos. La corrupción teórica que se requiere para que este análisis parezca coherente es tan grande como en el primer caso. ¡Cuánto mérito le atribuye a la burguesía! ¡Cuánta capacidad para la realización de avances históricos le otorga a las clases gobernantes capitalistas en los países semicoloniales! ¡Y qué absurda hace que parezca la trayectoria de la burguesía nicaragüense frente al gobierno que se estableció tras el derrocamiento de Somoza!

Los que sostuvieron este análisis —si lo hicieron consecuentemente— llamaron a que los obreros y campesinos derrocaran al gobierno sandinista a partir de julio de 1979. Aunque defendían al gobierno nicaragüense contra los ataques del imperialismo estadounidense, argumentaban que el gobierno sandinista representaba un obstáculo para los obreros y campesinos. Los que mantuvieron esta posición estaban al margen de la revolución, claro está, y resultaron incapaces de comprender el curso de los acontecimientos en Nicaragua. No pudieron ver los avances y no observaron el retroceso; todo les pareció lo mismo.

Menciono estos dos puntos de vista para destacar

lo importante que ha sido la herramienta teórica del gobierno obrero y campesino para mantener nuestra orientación política. El proyecto de resolución se basa en la riqueza concreta de las experiencias de esta revolución, que conocemos muy bien gracias a la labor que hemos realizado, porque somos y hemos sido parte de esta revolución de una y mil maneras. En nuestra época no existen muchas experiencias con gobiernos obrero-campesinos que nos permitan sacar conclusiones generales. Para todo comunista, la examinación de las lecciones que encierra cada una —y de la única forma que se puede hacer: como partidario y partícipe de su marcha estratégica— debe ser una de las preocupaciones fundamentales.

Corrección de un error sobre Argelia

Estudiemos un aspecto particular de lo que estamos incorporando a nuestro entendimiento de la dinámica de un gobierno obrero y campesino. Al reexaminar nuestro análisis del gobierno obrero y campesino en Argelia, Joe Hansen señaló que, retrospectivamente, percibíamos un error que habíamos cometido. Joe escribió:

> Es correcto determinar que, cuando el régimen de Ben Bella no impulsó el proceso hacia la creación de un estado obrero, se inició un proceso de deterioro. (Es aquí donde debemos rectificar nuestro análisis anterior.) Inmediatamente después del golpe de estado del 19 de junio [de 1965], calificamos dicho evento como la coyuntura decisiva, aunque ya habíamos notado el estancamiento que había comenzado bajo Ben Bella y habíamos advertido el peligro que representaba. Retrospectivamente, es evidente que

el *cambio de rumbo* ocurrió antes del 19 de junio; se dio al comenzar el período de estancamiento.³

Este "cambio de rumbo" por parte del equipo directivo encabezado por Ben Bella, escribió Joe, significó, entre otras cosas, concesiones a fuerzas más derechistas, la disminución de las movilizaciones de masas y la arrogación de poderes individuales cada vez mayores por parte de Ben Bella. "El deterioro se hizo más y más pronunciado hasta que el régimen de Ben Bella perdió su 'opción socialista', hecho que quedó reflejado cualitativamente por el golpe del 19 de junio", añadió.

Cuando se dio el golpe dirigido por Boumédienne creímos observar la coyuntura decisiva. Sin embargo, al examinarlo más tarde quedó claro que el cambio de rumbo del equipo directivo había ocurrido antes. Habíamos visto el estancamiento, y habíamos señalado los peligros que representaba. Nuestro error consistió en no ver cuál sería el resultado inevitable de este proceso de deterioro si no se rectificaba. Estas son las lecciones que ahora estábamos aprovechando en relación a Nicaragua. Estamos aprendiendo de experiencias previas.

Esto tiene que ver con una de las cuestiones políticas que algunos camaradas han planteado respecto al proyecto de resolución, que se expresa de diversas maneras: ¿Qué queda por ocurrir y qué es lo que ya ha ocurrido? ¿Acaso lo que está por venir será un cambio frío, un cambio no tan frío o un cambio caliente? ¿Tiene necesariamente que ser violenta la sustitución final del gobierno obrero y campesino? ¿Veremos el cambio o no cuando ocurra?

Para responder a estas preguntas hay que aclarar y separar las distintas partes del proceso. Comenzamos con el hecho, señalado muy claramente en el proyecto de resolución, de que el curso emprendido por un gobierno obrero y campesino sigue un rumbo anticapitalista. Esta trayectoria política consiste en pasos políticos concretos que atacan los derechos de propiedad y los derechos sociales de la clase capitalista y sus aliados. Esto se basa en fundamentos materiales: organizaciones de masas con un liderazgo, movilizaciones de masas, grupos armados de hombres y mujeres y otras expresiones institucionalizadas de la relación de las clases entre sí y con el gobierno. Cada uno de los pasos importantes que da el gobierno obrero y campesino va afectando, a su vez, esta correlación de fuerzas.

El curso anticapitalista se ve reflejado en la selección de los individuos que componen el gobierno. Cuando un gobierno burgués es reemplazado por un gobierno obrero y campesino, siempre hay cambios en el gabinete y en otros organismos ejecutivos. No tiene que haber un cambio del cien por ciento; pocas veces ha ocurrido así. No obstante, los cambios de personal que se hacen son visibles e importantes. Lo vimos en Cuba, por ejemplo, con los cambios en cargos importantes a nivel ministerial que acompañaron el paso cualitativo al instaurarse el gobierno obrero y campesino. Volveremos a este tema más tarde, porque algo similar ocurre a la inversa cuando un retroceso llega a una coyuntura cualitativa.

Cambio de rumbo en la política

De no existir una dirección proletaria que dirija a una vanguardia amplia del pueblo trabajador para impulsar el rumbo anticapitalista del gobierno obrero y campesino y avanzar a la transformación de las relaciones de propiedad, ese gobierno se volverá hacia atrás. Los fundamentos del gobierno obrero y campesino comenzarán a erosionarse. Las instituciones sobre las cuales se apoya se debilitarán. Disminuirán las movilizaciones de masas. Las organizaciones de los trabajadores comenzarán a perder su contenido popular y democrático así como su capacidad de lucha. Y el liderazgo existente se irá alejando de una convergencia con el comunismo mundial moderno y su continuidad.

El "estancamiento", como lo llamó Joe, es lo que detalla el proyecto de resolución. Es lo que ha estado ocurriendo en Nicaragua. Ha habido un cambio de rumbo. No se trata de un viraje de 180 grados, por dos razones. En primer lugar, cuando la revolución estaba avanzando, no lo hacía en línea recta; hubo contradicciones y vacilaciones. En segundo lugar, luego del cambio de rumbo, no todo retrocede exactamente por el mismo camino o al mismo ritmo. Las tierras expropiadas no necesariamente van a ser devueltas a sus antiguos dueños; las industrias nacionalizadas no están siendo devueltas todas a manos privadas. Este tipo de problemas fundamentales se resuelve en la lucha de clases.

Pero el viraje en la dirección política va más allá de simples titubeos o pausas, que ocurren constantemente debido a las presiones que pesan sobre un gobierno obrero y campesino. Por eso siempre lo observamos después de que ha ocurrido, y con razón. Aun cuando vamos señalando tendencias y medidas que debilitan la revolución, no podemos decir que en definitiva se ha establecido un nuevo rumbo, que ha ocurrido un viraje político, sino después de que se establezca, se defienda y por tanto se refuerce la nueva política.

Eso quedó incuestionablemente claro en Nicaragua luego de la guerra. No había sido inequívoco durante o incluso inmediatamente después de la guerra. Es esto lo que explica el memorándum aprobado por el Comité Político en 1987, "La nueva situación en Nicaragua".[4]

Podíamos ver que los contras habían sido derrotados. Podíamos ver las posibilidades y las opciones que se presentaban. El memorándum señalaba correctamente lo que se había logrado y lo que quedaba por hacer. Subrayaba la importancia del ímpetu surgido de la victoriosa movilización revolucionaria en la guerra y las posibilidades que esto presentaba. El memorándum esbozaba una orientación política, no una serie de predicciones. Eso era correcto.

¿Será un cambio 'frío'?

Un cambio de política por parte de un gobierno obrero y campesino no decide el futuro. ¿Por qué? Porque la política puede cambiar de nuevo, regresando a su curso anticapitalista original. Es lo que, según explica el proyecto de resolución, no está excluido en Nicaragua, por improbable que sea. Es lo que tampoco se podía descartar antes del golpe de estado lanzado por Boumédienne en Argelia. El problema no queda resuelto hasta que no se produzca un nuevo cambio cualitativo, una nueva coyuntura cualitativa, más allá de la cual ya no se puede cambiar el rumbo del gobierno, más allá de la cual pierde su carácter de gobierno obrero y campesino. Es lo que todavía no ha ocurrido en Nicaragua; al menos es prematuro afirmarlo definitivamente.

¿Qué tan frío o caliente deberá ser el cambio que se avecina? Había una frase en un primer borrador de la resolución, que el Comité Nacional debatió en julio, que decía algo así como, "No va a ser totalmente frío, pero tampoco tiene que ser necesariamente muy caliente". Como pueden ver, no ayudaba mucho a responder a esta interrogante, así que la frase fue eliminada.

Cuando se derrocó el gobierno obrero y campesino en Argelia no hubo mucha violencia. Se produjo el golpe, pero no hubo mucho combate ni tampoco muchas ejecuciones. A Ben Bella simplemente lo pusieron bajo arresto domiciliario.

Nosotros recordamos la violencia en Granada [en octubre de 1983] por el horror de lo ocurrido con el asesinato de Bishop y de los demás líderes que lucharon por reinstaurar el gobierno obrero y campesino. Pero esto fue porque Bishop organizó una lucha, aunque duró poco, contra la pandilla estalinista que había usurpado el poder. Bishop se negó a colaborar con el grupo coardista que constituía la mayoría tanto en el Comité Central como en las reducidas filas del Movimiento de la Nueva Joya, mayoría que no representaba el camino histórico de los obreros y campesinos de Granada. Bishop rehusó aceptar la "dirección colectiva" que la fracción de Coard trató de imponer; rehusó aceptar su arresto domiciliario. Fue porque Bishop lanzó una lucha, una lucha de masas, que al final sí hubo violencia. Si él hubiera sido menos comunista, si hubiera cedido ante las amenazas y la presión, no habría habido mucha violencia. No habría habido dirigentes que organizaran la resistencia.[5]

Volviendo ahora a Nicaragua, es evidente a la luz de estas experiencias que la sustitución del gobierno obrero y campesino no necesariamente vaya acompañada de mucha violencia. Es improbable que haya mucha violencia porque es improbable que el cambio vaya a enfrentar una resistencia combativa y organizada. Ese es el significado del acuerdo unánime en la Dirección Nacional sobre el rumbo actual. Nadie en la dirección del FSLN tiene que ser arrestado o puesto bajo arresto domiciliario.

Sin embargo, aunque no tiene que ser muy violento, sí tiene que ser un cambio político decisivo, que se exprese en cierto grado con un cambio en los individuos que integren el gobierno. Será visible, y su significado no les pasará inadvertido a los trabajadores de Nicaragua que son políticamente avanzados. ¿Nos pasará inadvertido a nosotros? No, no solo no nos pasará inadvertido a nosotros sino tampoco a la vanguardia obrera y campesina de Nicaragua.

Para no perder de vista su significado, tenemos que examinar la evolución del FSLN y del gobierno, especialmente el anterior cambio de política. Esto no es algo automático. Joe señaló en su artículo sobre el gobierno obrero y campesino en Argelia que a la hora del golpe lanzado por Boumédienne, no había unanimidad entre nuestros camaradas sobre si el golpe representaba una coyuntura cualitativa.

Los camaradas más cercanos a la situación —los camaradas que trabajaban en Argelia y muchos de los camaradas en Francia— negaron que el golpe marcara una coyuntura decisiva. Plantearon que el nuevo régimen de Boumédienne seguía un curso que no difería mucho de lo que en realidad había sido la trayectoria durante cierto tiempo bajo Ben Bella.

Estaban equivocados. Pero lo importante es de notar que llegaron a esa conclusión porque ya habían interiorizado y minimizado los resultados del estancamiento y del retroceso bajo Ben Bella. Al no comprender la importancia del cambio de política que había causado la erosión de los cimientos del gobierno obrero y campesino, tampoco pudieron apreciar la coyuntura cualitativa que reflejó el golpe de estado. Eso llevó a muchos de estos camaradas a menospreciar los logros y avances iniciales del gobierno obrero y campesino. Tomaron el gobierno obrero y campesino en su condición debilitada y erosionada —que preparó el terreno para el golpe de estado— y lo proyectaron sobre el gobierno obrero y campesino que había avanzado durante los primeros años.

Para comprender las consecuencias, pensemos qué conclusiones sacaría una persona que observara el gobierno obrero y campesino de Nicaragua en agosto de 1989, y diera por sentado que no era cualitativamente diferente del gobierno que había existido en 1980 ó 1981. Sacaría la conclusión de que el gobierno obrero y campesino no es un arma anticapitalista muy poderosa para el pueblo trabajador, que no es una conquista muy importante. Al fin y al cabo, hay que ver a lo que condujo. Sin embargo, no es el gobierno obrero y campesino el que ha llevado a la actual situación y al desenlace que se avecina, sino la erosión de las bases de ese gobierno, el repliegue por parte de sus dirigentes.

Evolución de la posición de Ortega en la dirección

¿Qué podemos decir sobre la forma más probable que adoptará un cambio en el carácter de clase del gobierno de Nicaragua? Para empezar, no es necesario reemplazar al presidente Daniel Ortega. Lo más probable es que no lo reemplacen. Debemos prestar atención a un aspecto importante de la evolución política del gobierno del FSLN. En los primeros años Ortega era uno de nueve miembros de la Dirección Nacional. Había una división de trabajo: Ortega era coordinador de la Junta de Gobierno de Reconstrucción Nacional; Tomás Borge encabezaba el ministerio del interior; Humberto Ortega era jefe del ejército, etcétera.

Con el tiempo esto cambió. Aunque Ortega sigue siendo uno de los nueve, él es "más igual" que los demás. Su voz empezó a tener más autoridad que la de los otros ocho en relación a todos los asuntos de línea política. Más recientemente se ha producido otra evolución, que está acelerando. Ahora cuando Ortega habla, lo hace menos y menos como miembro de la Dirección Nacional o de algún organismo gubernamental, o como representante del pueblo trabajador a través de su organización de vanguardia; lo hace más y más como presidente de "todo el pueblo". Esta evolución ha sido importante.

La dirección del FSLN quisiera establecer algo diferente después de las elecciones programadas para febrero: Ortega como jefe ejecutivo del gobierno recién electo, Sergio Ramírez como vicepresidente, y algún tipo de gobierno de "unidad nacional" que integraría —como miembros del gabinete o en otra capacidad— a representantes de algunas fuerzas de la oposición burguesa. No podemos predecir la forma que van a tomar los cambios porque dependerán no solo de lo que quiera hacer el FSLN, sino de lo que hagan los grupos opositores, que a su vez dependerá en gran medida de lo que haga la administración Bush.

Independientemente de la forma que adopte, va a ser un cambio político brusco. Entre la vanguardia clasista, que lo verá como un cambio cualitativo, habrá una reacción en contra de él. Las fuerzas burguesas también lo verán así. No tiene que haber unanimidad; no todos van a reaccionar de la misma manera o al mismo tiempo. No obstante, así lo verá un sector considerable de la oposición política capitalista.

Ajustes en el trabajo de solidaridad

El segundo punto que quiero abordar tiene que ver con un aspecto de nuestro trabajo práctico. Hay que efectuar un cambio rotundo en lo que, por falta de un mejor término, llamamos trabajo de solidaridad con Nicaragua. Es un cambio que en gran medida ya ha sido efectuado por el PST y la AJS. Hemos estado dedicando menos tiempo y menos recursos a nivel directivo a las actividades de solidaridad con Nicaragua. Ha sido una respuesta necesaria por el hecho de que hay cada vez más limitaciones a la labor provechosa que se puede realizar. No es simplemente que hayamos dado más prioridad a nuestro trabajo en torno a Cuba y hayamos situado mejor o que tengamos un mejor entendimiento de la importancia política del trabajo de solidaridad con las luchas en Africa austral. Además estamos haciendo un ajuste, ante hechos objetivos relativos al trabajo de solidaridad con Nicaragua y al carácter de las organizaciones que hacen este trabajo.

Vale la pena analizarlo desde dos puntos de vista. Podemos comenzar con lo que parece obvio. Tenemos recursos limitados, un número limitado de cuadros y, lo que es más importante aún, limitados recursos en cuanto a la dirección que hace falta para organizar a estos cuadros. Por lo tanto, tenemos que establecer prioridades. En lo que llamamos trabajo de solidaridad —usando una definición amplia— tenemos una doble pauta.

En primer lugar, hacemos lo posible para orientarnos hacia las luchas en que se pueda asestar los golpes más duros al imperialismo. Tratamos de escoger el frente de avanzada de la revolución mundial para allí concentrar nuestros esfuerzos. Allí enfocamos la mira, nos integramos a esa lucha dentro de lo posible. Desde este punto de vista ha habido un cambio objetivo. Tras el fin de la guerra de los contras, ha disminuido el peso de Nicaragua en la política de Estados Unidos y de otros países. Es un hecho que no tiene nada que ver directamente con nosotros o con nuestro análisis.

Al mismo tiempo, al ir retrocediendo políticamente la dirección del FSLN se ha producido otra evolución que tiene implicaciones políticas más amplias. Nicaragua no se encamina al establecimiento de un estado obrero sino que se aleja de esa eventualidad. La tendencia no es hacia el establecimiento de un partido proletario moderno sino hacia el establecimiento de un frente pequeñoburgués que le da más y más importancia a su política electoral. Esto reduce el peso de Nicaragua en la política mundial. Al igual que las demás fuerzas políticas, nosotros nos hemos estado ajustando a estos cambios.

La segunda pauta que usamos al decidir nuestras prioridades en el trabajo de solidaridad es nuestro criterio de dónde podemos llevar a cabo con más éxito la construcción del partido. A veces no nos gusta decirlo porque nuestros enemigos con frecuencia nos acusan de "aprovecharnos" de algunas luchas para desarrollar nuestra propia organización. Por supuesto que los comunistas aprovechan las oportunidades en la lucha de clases para construir organizaciones comunistas. ¿De qué otra forma se han de construir? ¿De qué otra forma se han construido?

Pero las acusaciones de nuestros opositores no son solo falsas sino que sus implicaciones son difamatorias. Lo que *nunca* hacemos es contraponer la construcción de una organización comunista al trabajo de ayudar a organizar y dirigir manifestaciones, organizaciones o coaliciones —aceptando sus propios objetivos— cuyas metas apoyamos. No abusamos de dichas organizaciones. No tratamos de sustituir sus metas con metas comunistas. No las manipulamos a fin de lograr nuestros propósitos. Y nos organizamos de manera de no entorpecer el trabajo de las coaliciones o los grupos que no están de acuerdo con nuestras prioridades.

El 'camino a Managua'

Es aquí donde tenemos que seguir haciendo un ajuste. Se ha producido un cambio en el carácter político de los individuos y de los grupos que hacen trabajo de solidaridad con Nicaragua. Hoy es distinto de lo que era hace cinco años. ¿Cómo no iba a ser distinto a la luz de todo lo que ha cambiado? La discusión que sobre este punto se dio ayer en el congreso de la AJS fue muy beneficiosa. Muchos de los camaradas que tomaron la palabra durante la discusión sobre Nicaragua explicaron que ellos originalmente se habían acercado al movimiento comunista a través del trabajo de solidaridad con Nicaragua y al emprender el "camino a Managua", expresión con la que nos hemos referido a las personas que viajan a Nicaragua o trabajan allí porque se ven atraídos a la revolución y quieren trabajar para defenderla.

Estos camaradas explicaron que lo primero que los atrajo a la AJS y al partido fue nuestra actividad en el movimiento de solidaridad. Pero casi todos añadieron que ha habido una evolución política en los grupos que están involucrados en el trabajo de solidaridad. Ha habido un cambio en el tipo de personas que se ven atraídas al gobierno nicaragüense y al FSLN, un cambio en lo que los atrae, en lo que aprenden y con lo que se identifican.

Los que recorrieron el camino a Managua nunca fueron un grupo homogéneo. Esto reflejaba la realidad de la revolución nicaragüense y del FSLN. Siempre fue diferente del "camino a La Habana", el cual —aunque tampoco es homogéneo, como bien lo sabemos— de todas maneras, por la naturaleza socialista de la revolución cubana y el carácter comunista de su dirección, ha atraído al marxismo a jóvenes que se interesan en la revolución cubana. Las personas de espíritu revolucionario que se ven atraídas a Cuba también se ven más atraídas a una organización comunista.

Los que emprenden el camino a Managua siempre han sido mucho más diversos. Algunas personas se vieron atraídas a la acción revolucionaria, a los obreros y campesinos y al curso anticapitalista de la revolución. Ese era el tipo de personas a quienes teníamos posibilidades de atraer al comunismo y de las cuales logramos reclutar a unas cuantas. Pero otras personas se sintieron atraídas por otros aspectos de la revolución nicaragüense. Alguna gente se veía atraída a lo que — en comparación con el Partido Comunista de Cuba— era menos comunista y menos proletario en el carácter del FSLN. Muchas veces lo describían como lo que la revolución nicaragüense supuestamente tenía de nuevo y original: decían que era menos dogmática, menos rígida, menos "cuadrada". A algunos les gustaba la revolución nicaragüense porque pensaban que era más cristiana. Algunos izquierdistas de clase media se veían muy atraídos a la idea de que se podían descartar conceptos marxistas trillados como *clase obrera* y *pequeña burguesía,* sobre todo la distinción entre las dos, y no solamente en Nicaragua.

Aunque el movimiento de solidaridad siempre estuvo compuesto por activistas muy diversos, en el último año y pico también se ha dado un cambio muy notable. Se ha ido agotando el número de personas que se ven atraídas a los avances anticapitalistas de la revolución y a las luchas obreras y campesinas en Nicaragua. Es menos probable que los jóvenes se politicen al recorrer el camino a Managua que en cualquier momento desde 1979. Es menos probable que su experiencia los atraiga a una perspectiva comunista porque es menos probable que hallen esta perspectiva en Nicaragua. Hay menos personas que se ven atraídas a Carlos Fonseca y hay más que se ven atraídas a la perspectiva anticomunista y pequeñoburguesa presentada, por ejemplo, en el libro *Fire in the Americas* de Orlando Núñez y Roger Burbach, un libro que refleja el pensamiento de sectores importantes de la dirección del

FSLN [la edición en español es *Democracia y revolución en las Américas: Agenda para un debate*].

Evitar riñas facciosas

A la luz de estos cambios objetivos, estamos haciendo un doble ajuste. En primer lugar estamos colaborando con los camaradas que tienen responsabilidades organizativas o institucionales en los diversos comités de solidaridad para que puedan salirse de esa posición. Tenemos que hacerlo de una manera que sea responsable con todas las partes interesadas, incluso las personas con las cuales entablamos, y seguiremos entablando, una colaboración leal. Debemos dar este paso porque nuestros camaradas no pueden dirigir el trabajo de solidaridad con Nicaragua tal y como existe. No podemos dirigirlo dado el carácter de sus participantes y de su dirección política, la cual generalmente incorpora las prioridades y las políticas impulsadas por la dirección del FSLN.

Si tratamos de dirigir este trabajo, pasará una de dos cosas. Una es que los camaradas aprenderán a hacerlo muy bien y entonces su eje político se irá alejando de la política comunista. Hoy para dirigir ese movimiento tendrían que sentirse cómodos con la actual trayectoria del movimiento, que va en contra de una perspectiva obrera. Tendrían que interiorizar ese punto de vista.

La segunda posibilidad es que nos vayamos a meter en un montón de riñas facciosas que no solo no se pueden ganar sino, lo que es peor, dañarían nuestras relaciones políticas con gente con la cual podemos y debemos mantener relaciones fraternas basadas en la integridad y la confianza. Si no evitamos estas riñas, dañaremos simultáneamente el trabajo del partido y la solidaridad.

No tiene sentido debatir con otros activistas sobre la necesidad de una perspectiva clasista y sobre lo errado de la trayectoria actual del movimiento solidario, a menos que ellos mismos se vean atraídos a un rumbo distinto del rumbo de los acontecimientos en Nicaragua. ¿Para qué hacerlo? Nuestro papel no es el de tratar de redimir almas. El único resultado sería meterse en riñas destructivas.

Esto significa encarar un problema que no todos hemos encarado hasta ahora. Puede ser que las conclusiones sobre Nicaragua planteadas en el proyecto de resolución sean absolutamente acertadas, absolutamente lógicas y absolutamente necesarias. Pero no por eso le van a parecer convincentes a alguien que no forme parte del movimiento obrero ni se vea atraído al movimiento obrero.

Es más, a la mayoría de activistas en el movimiento de solidaridad, el análisis planteado en la resolución no le resultará interesante en lo absoluto. A la mayoría les resultaría tan aburrido como lo que a ustedes les resultaría un libro sobre los problemas internos de la Coalición Arco Iris [del político demócrata Jesse Jackson]. A uno le interesa este tipo de cosas solo si uno está participando en ellas o si convergen con la trayectoria de clase que uno mismo persigue. ¿Por qué otra razón habría uno de interesarse? A alguna gente, lo que estamos discutiendo hoy le resultará igual de aburrido. No estamos tratando de convertirlos. Tenemos que reconocer los límites del poder de la palabra.

Ya hemos pasado por esta experiencia con los grupos de solidaridad con El Salvador. Hemos aprendido que no solamente es inútil sino políticamente es contraproducente llegar, por ejemplo, a una reunión del Comité de Solidaridad con el Pueblo de El Salvador (CISPES) e iniciar un argumento de por qué es erróneo y perjudicial hacer predicciones sobre la inminencia de una insurrección en El Salvador. Allí no vamos a convencer a nadie. Y, lo que es peor, independientemente de nuestras intenciones, quedamos vulnerables a la acusación de que nosotros pretendemos obstruir lo que ellos consideran absolutamente necesario hacer.

Colaboración entusiasta

Resulta mucho mejor concentrarse en las actividades que ellos inicien, que no desvíen el movimiento obrero y que tengan utilidad política en la lucha contra la intervención imperialista estadounidense en El Salvador y Centroamérica. Apoyamos esas actividades y las promovemos. Al mismo tiempo, en nuestra prensa decimos lo que pensamos sobre El Salvador. Cuando hablamos en público, decimos lo que pensamos. Se lo decimos a cualquiera que esté interesado en nuestro punto de vista. No tenemos que decirlo como polémica contra CISPES. Y no nos dedicamos a discutir con los que se orientan a la línea política de uno de los componentes del FMLN para tratar vanamente de persuadirlos de que sigan nuestra línea política.

Participamos en manifestaciones y otras acciones contra la intervención norteamericana en El Salvador y participamos en giras políticas a El Salvador, y en circunstancias especiales hasta ayudamos a asumir responsabilidad por estas actividades. Mediante el Militant Labor Forum organizamos foros de discusión sobre El Salvador, incluso foros que presentan diversos puntos de vista sobre estos problemas.

Participamos con entusiasmo en actividades de solidaridad organizadas por otras fuerzas, con tal que no exijan, como condición de nuestra participación, que aceptemos su punto de vista sobre El Salvador o que tengamos que decir lo que ellos dicen sobre el tema. Cualquier grupo que imponga condiciones de ese tipo crea un obstáculo a la actividad unitaria en solidaridad con El Salvador o con la lucha que sea. Somos colaboradores leales en actividades en torno a iniciativas concretas. Encontramos puntos de coincidencia para trabajar juntos. No llegamos tratando de cambiar sus prioridades para que coincidan con las nuestras.

Por último, hacemos lo posible para que estos grupos y coaliciones de solidaridad —en torno a Nicaragua o a cualquier otra lucha— se involucren en actividades en defensa de la revolución cubana. Los instamos a que reconozcan la posición que Cuba ocupa en el mundo, así como la importancia de la solidaridad internacional con Cuba. Les pedimos que participen junto con otros en eventos amplios sobre Cuba. Los motivamos a que aprendan más sobre Cuba. Y al hacer esto conocemos a las personas que responden al ejemplo político de la revolución cubana y las que están interesadas en una perspectiva comunista y obrera.

RESUMEN DE LA DISCUSION

LA DISCUSION ha abarcado mucho terreno. Me voy a concentrar en tres o cuatro puntos que creo ameritan ser aclarados más a fondo. El proyecto de resolución explica que el Partido Socialista de los Trabajadores y la Alianza de la Juventud Socialista son organizaciones hermanas del FSLN. Esto no es una expresión de sentimientos. Es una forma de resumir un elemento esencial de la línea política de la resolución. Como "defensores y compañeros de lucha del FSLN", señala la resolución, "participamos en la defensa de la revolución nicaragüense y del gobierno obrero y campesino. Y es con esa postura que colaboramos con otras fuerzas políticas para atraer a trabajadores y pequeños agricultores a la defensa de Nicaragua revolucionaria contra el gobierno de Estados Unidos y sus aliados".

¿Es cierto? Uno de los camaradas planteó esta pregunta en la discusión. ¿No existe acaso una contradicción entre reafirmar esta orientación política y ver claramente el creciente rechazo por parte de la dirección sandinista de la única perspectiva que puede hacer avanzar los intereses de los obreros y campesinos? ¿Cómo podemos oponernos a la perspectiva que está llevando a cabo la Dirección Nacional y al mismo tiempo seguir considerando al FSLN como nuestra organización hermana?

Reconocemos, igual que lo hacen los obreros y campesinos más conscientes en Nicaragua, que el FSLN es la organización que se ha ganado y que retiene el derecho de dirigir al pueblo trabajador. No es cuestión de teoría o de una preferencia abstracta sino un hecho político concreto. Los combatientes que hicieron la revolución y que han luchado por dirigirla, dentro de sus capacidades y frente a toda clase de obstáculos y presiones, hoy en día son miembros y simpatizantes del FSLN.

No se orientan a ninguna otra organización. El proyecto de resolución señala que los distintos grupos opositores que se reclaman socialistas o marxistas no ofrecen ni pueden ofrecer una alternativa clasista. Estos grupos se desprestigiaron para siempre como enemigos de los intereses del pueblo trabajador en el transcurso de la guerra, porque se abstuvieron —y en algunos casos fueron opositores activos— de la movilización revolucionaria y antiimperialista contra las fuerzas mercenarias. Es una razón importante de por qué no existen fuerzas revolucionarias hoy en Nicaragua más allá de las que integran y son leales al FSLN.

¿Es posible tener una "organización hermana" que

dirija a los trabajadores por el camino equivocado? No sería la primera vez en la historia del movimiento obrero internacional de este siglo. Tomemos un ejemplo con el que estamos familiarizados. El Partido Comunista soviético —y no estoy planteando una comparación general entre el partido soviético estalinizado y el FSLN— siguió siendo el eje de toda la política proletaria por bastante tiempo después de que sus líderes no solo hubieran abandonado el programa bolchevique, sino que hubieran declarado la guerra contra el programa y contra los cuadros que luchaban por seguir implementándolo. Por casi una década después de la muerte de Lenin, los bolcheviques-leninistas en todo el mundo consideraron al Partido Comunista soviético como su organización hermana a pesar de la traición acelerada que cometía respecto al programa de Lenin. Sin embargo, esto no continuó indefinidamente. Ya para 1933, había quedado atrás un punto álgido decisivo.[6]

La situación política en Nicaragua puede cambiar. La relación que existe entre el FSLN y los trabajadores revolucionarios en Nicaragua puede cambiar cualitativamente. Sin embargo, hoy la realidad es que la vanguardia comunista de la clase obrera en Nicaragua solo puede forjarse estando basado entre los combatientes revolucionarios que defienden y son leales al FSLN.

Convergencia de fuerzas comunistas

Esto está muy relacionado a otro aspecto de la discusión de hoy. Un par de camaradas opinaron que la resolución hace una rectificación necesaria de una previa sobrestimación de la dirección del FSLN. Una camarada sugirió que nos equivocamos al decir que el FSLN formaba parte de una convergencia comunista a nivel mundial. Además, añadió, cometimos el mismo error con Sinn Féin y otros grupos, considerándolos todos erróneamente como una convergencia internacional de fuerzas comunistas que en realidad no existía.

Esta no es la opinión expresada por el proyecto de resolución. La resolución documenta el *cambio de rumbo* del FSLN y del gobierno nicaragüense. Los acontecimientos no han seguido una línea recta que supuestamente antes no logramos distinguir pero que ahora sí podemos ver retrospectivamente. La dirección del FSLN cambió de rumbo. Antes *convergíamos*. Ahora estamos *divergiendo*. Ambas afirmaciones son ciertas.

Ahora sí hay una creciente divergencia entre el liderazgo del FSLN y la perspectiva comunista. Sin embargo, esto no significa que, con la ventaja de la visión retrospectiva, ahora podemos observar que la convergencia era en realidad una ilusión. No se puede interpretar la lucha de clases a la inversa. No podemos examinar el mundo y afirmar que toda fuerza política se encaminaba desde un principio hacia el punto donde se encuentra hoy. No es cierto. Eso es un caso extremo de sustituir los hechos con las palabras retrospectivas. Es un error pensar que si se hubiera podido señalar con precisión los defectos en los fundamentos teóricos de la dirección sandinista, si se hubiera podido diagnosticar las debilidades del análisis del FSLN, se habría podido predecir el futuro y advertir a todo el mundo.

León Trotsky luchó durante la última parte de su vida contra aquellos que pretendían explicar lo ocurrido en la Unión Soviética tratando de hallar el supuesto defecto en Lenin, el defecto en el Partido Bolchevique, el defecto en las tácticas de la oposición comunista que continuó e impulsó la lucha inconclusa de Lenin, o el defecto en el propio marxismo que "explicaría" por qué todo estaba destinado a desembocar en la consolidación de la contrarrevolución estalinista. Trotsky insistió en que la victoria del estalinismo no era inevitable. No estaba predeterminada. No pudo haberse predicho. Y los que sí la "predijeron" olvidaron que su "predicción" era en sí un hecho, un acto que los ponía al margen de la lucha en la cual se estaba decidiendo el resultado, y que así debilitaban esta lucha.

Hubo una convergencia con el FSLN. En cambio, nunca hubo una convergencia histórica con Sinn Féin. Ninguna resolución o informe adoptado por el Partido Socialista de los Trabajadores sugirió alguna vez que la hubo. Quizás algunos camaradas tuvieron una evaluación diferente en una etapa anterior, pero, de ser así, ellos estarían equivocados; en eso ahora estaríamos de acuerdo. Sinn Féin no se encaminaba hacia la posibilidad de formar parte de la resolución de la crisis de dirección comunista a nivel mundial. Como tampoco lo hacían otras organizaciones que en ciertas ocasiones fueron propuestas como posibles candidatos para esta convergencia, como el Partido Comunista de Filipinas, el Partido Comunista Dominicano o —en una época anterior— el Partido de las Panteras Negras, el Partido Comunista de China y otras más. Algunos camaradas empezaron a buscar — más precisamente, a tener la esperanza de hallar— un desarrollo hacia el comunismo por parte de estos grupos. Sin embargo, la esperanza nunca duró mucho porque faltaba la base objetiva para ello.

El afirmar ahora que nunca hubo una convergencia con el FSLN haría que comenzáramos a perder todas las conquistas y aportes a nuestro programa de la última década. Estábamos convergiendo con el FSLN. Luego la dirección en Managua cambió de rumbo. Nos estamos enfocando en ese cambio. Si lo perdemos de vista, no vamos a entender el meollo de esta resolución.

Importancia del Programa Histórico del FSLN

Lo anterior tiene que ver con el Programa Histórico del FSLN. Durante la discusión un camarada planteó que se pueden hallar importantes hebras de continuidad entre los puntos débiles del Programa Histórico del FSLN y la política que actualmente persigue la Dirección Nacional del FSLN. Desde luego, es cierto, como lo señaló el camarada, que el Programa Histórico no es un programa comunista. No pretende ser un programa comunista. Es un programa revolucionario-democrático y antiimperialista, con un contenido social de gran alcance. Fue redactado por revolucionarios que luchaban por encontrar un camino hacia la construcción de una dirección comunista basada en la vanguardia de los obreros y campesinos de Nicaragua.

El actual curso político de la Dirección Nacional del FSLN no tiene continuidad con el Programa Histórico. Hay una discontinuidad. Para respaldar su posición, el camarada leyó parte de una oración de la sección del Programa Histórico titulada "La revolución agraria", y afirmó que ésta demostraba algunos de los orígenes de la política actual hacia los llamados productores patrióticos. La parte que él leyó dice que la revolución "protegerá a los patriotas propietarios de tierras que colaboren con la guerrilla . . .".

Observemos que, a propósito, dice "propietarios de tierras", no "productores". No creo que el término *productores patrióticos* se mencione en ninguna parte de este programa o en ningún otro documento del FSLN de ese entonces. Sin embargo, escuchen el pasaje completo, que es aún más importante: "Protegerá a los patriotas propietarios de tierras que colaboren con la guerrilla, mediante la remuneración de sus tierras que excedan a lo establecido por el gobierno revolucionario". Es decir, el nuevo gobierno impondría un límite al tamaño de los terrenos privados. El límite no está especificado. Unicamente la lucha de clases decidiría los límites, aunque el programa promete que "expropiará y liquidará el latifundio capitalista y feudal" y "entregará gratuitamente la tierra a los campesinos de acuerdo con el principio de que la tierra debe pertenecer al que la trabaja".[7]

Todo lo que excediera el límite sería confiscado. La diferencia entre los grandes terratenientes que ayudaran a los guerrilleros y los que se les opusieran sería que los primeros serían indemnizados por sus tierras. Es una posición revolucionaria muy sensata, ¿no es cierto? Esta promesa no contiene nada que apunte hacia la política actual a favor de los agricultores capitalistas en Nicaragua. Si se implementara esta cláusula —si se estableciera y pusiera en vigor un límite sobre la extensión de tierras, si los "latifundios capitalistas y feudales" fueran entregados a los campesinos "de acuerdo con el principio de que la tierra debe pertenecer al que la trabaja"— eso sería un gigantesco paso de avance, ¿no?

LA LUCHA PARA PONER EN PRACTICA el Programa Histórico en Nicaragua, como lo señala el proyecto de resolución, formará parte de cualquier oposición revolucionaria que surja ante el actual rumbo de la dirección del FSLN y del gobierno. Podemos utilizar mejor este programa y el otro documento que lo complementa, "Nicaragua Hora Cero", ambos escritos por Carlos Fonseca en 1969. Los dos aparecen en la edición de Pathfinder *Sandinistas Speak* [Hablan los sandinistas]. Comparto la opinión del camarada que dijo que este libro es políticamente más sólido que el otro —el más grande y más caro— que se titula

Nicaragua: The Sandinista People's Revolution [Nicaragua: la revolución popular sandinista]. El libro más delgado tiene más vigencia porque contiene más material programático fundamental y contiene más escritos de Carlos Fonseca. Debemos promover ambos libros a la vez, porque solo se puede entender la continuidad revolucionaria del FSLN si se aprecia el lugar que ocupan el Programa Histórico y artículos como "Nicaragua Hora Cero".

Debo reconocer que soy un poco parcial a favor de los escritos de Fonseca. Tal vez sea por haber sido asignado al buró de prensa de Managua y haber vivido y trabajado en Nicaragua. Si uno lee la obra de Fonseca —parte de la cual será publicada por Pathfinder en inglés— y la compara con la obra de Lenin, o de Marx, o de algunos otros líderes comunistas, encontrará imperfecciones y debilidades. Refleja lo que era y lo que no era el FSLN cuando Fonseca estaba vivo, incluso los límites de su composición obrera y de su base en el movimiento obrero. Se pueden ver las dificultades que enfrentó Fonseca al esforzarse por entender y bregar con el estalinismo en Nicaragua y a nivel internacional. Se notará que a veces su tono es un poco estridente, donde crece un poco la retórica de la frustración.

Pero si se comparan los escritos de Fonseca con lo que hoy se ofrece en Nicaragua para justificar la trayectoria de los dirigentes del FSLN, si se los compara con el estribillo mundial anticomunista y anticubano de los perestroikistas, y se los compara con el abandono de la política obrera que predomina en los grupos que se reclaman marxistas en toda Latinoamérica y en el resto del mundo, los escritos de Fonseca son estupendos. Sus obras son poderosas, claras, inspiradoras, oportunas y educativas, escritas por un líder proletario y comunista de gran talla y valor individual. De ellas aprenderemos todos nosotros como también lo harán otros.

Es posible que yo favorezca las obras de Fonseca también porque son difíciles de conseguir, aun en Nicaragua. Los escritos de Fonseca —salvo el Programa Histórico— por lo general no se pueden encontrar en Nicaragua. Han estado agotados por varios años y no hay señales de que vayan a reeditarse. Aquí se trata de una cuestión política, no de recursos. En Nicaragua se han publicado muchos libros en los últimos años. Existen voluminosas novelas históricas del vicepresidente Sergio Ramírez, nuevas ediciones de historiadores burgueses nicaragüenses que habían estado agotadas por mucho tiempo y —mi preferida del año pasado— una novela de Gioconda Belli, destacada escritora que milita en el FSLN, acerca de una mujer burguesa de Managua en los años setenta que es poseída por el espíritu de un indio por medio de un naranjo, que se une al FSLN y muere en combate. Sin embargo, las obras de Fonseca permanecen agotadas.

Durante la discusión un camarada pronosticó que el FSLN va a reemplazar el Programa Histórico con un nuevo documento. El año pasado aparecieron artículos que especulaban en este sentido, y ciertamente parecía posible. Pero, en mi opinión, ahora es menos probable. ¿Por qué? Porque no hace falta un programa nuevo para impulsar la perspectiva que se está siguiendo. El FSLN tiene sus candidatos y su campaña electoral. Los dirigentes del FSLN definen su programa con sus acciones. El Programa Histórico tendrá su lugar permanente en las bibliotecas: incluso en forma de folletito para los que estén interesados en la historia de la revolución nicaragüense. No hay necesidad de reemplazarlo o corregirlo. Poco a poco está dejando de ser un documento viviente.

'Producto rápido' de revolución anticapitalista

Vale la pena estudiar más detenidamente una oración del proyecto de resolución. Un gobierno obrero y campesino, indica, es "la forma de gobierno que puede anticiparse como producto rápido de una victoriosa revolución anticapitalista". La palabra "rápido" aquí es nueva.

En su nota introductoria en 1978 a *Workers and Farmers Governments since the Second World War* [Gobiernos obreros y campesinos desde la Segunda Guerra Mundial], una compilación de documentos preparada por Robert Chester, Joe Hansen señaló que un gobierno obrero y campesino "es la primera forma de gobierno que puede anticiparse como producto de una victoriosa revolución anticapitalista".[8] En realidad, no es necesariamente la primera. En Cuba el gobierno obrero y campesino surgió después de un breve espacio durante el cual existió un gobierno burgués coalicionista de corte radical. En Nicaragua ocurrió algo parecido, aunque de una forma tan diferente y en un lapso tan breve que a menudo olvidamos que sí ocurrió, y simplificamos la verdadera serie de acontecimientos al decir, usando una fórmula abreviada, que el gobierno obrero y campesino subió al poder el 19 de julio de 1979. Eso simplifica demasiado lo sucedido.

Vale la pena repasar lo que realmente sucedió. En los dos meses previos al 19 de julio ocurrieron profundas insurrecciones populares en las principales ciudades de Nicaragua, coordinadas con una ofensiva militar del FSLN. Hubo huelgas generales y levantamientos armados en las ciudades, ocupaciones de tierras y otras movilizaciones en el campo. Durante esos dos meses, los líderes del FSLN estaban convencidos de que el gobierno revolucionario provisional del cual formarían parte tras la caída de la dictadura de Somoza sería al principio una coalición, un régimen compuesto en su mayoría por fuerzas burguesas. Creían que este resultado lo dictaba la correlación de fuerzas.

En efecto, sí se formó ese tipo de gobierno —aunque solo haya sido sobre papel— el 9 de julio de 1979 en Costa Rica. El FSLN y algunas de las fuerzas burguesas opositoras acordaron establecer un régimen de ese tipo para reemplazar a la dictadura somocista. Este gobierno estaría constituido por una junta de cinco miembros y un Consejo de Estado en el que las fuerzas burguesas tendrían una mayoría decisiva. El Consejo de Estado ejercería el poder de veto —con voto mayoritario de las dos terceras partes— sobre las decisiones de la junta y compartiría con ella todos los poderes legislativos. También se acordó incorporar algunas unidades de la Guardia Nacional al nuevo ejército.

Sin embargo, antes de que pudiera consolidarse el gobierno burgués de coalición, se alteró la correlación de fuerzas expresada por este acuerdo, gracias a la intervención directa del pueblo trabajador. Somoza huyó el 17 de julio dejando en su lugar a Francisco Urcuyo, quien había prometido transferir el poder a la nueva junta. No obstante, este lacayo yanqui se negó a cumplir su promesa —un grave error por parte suya— desbaratando lo concertado. Esto provocó la masiva insurrección final de los trabajadores y la ofensiva militar del FSLN en Managua, dirigida por cuadros guerrilleros y voluntarios internacionalistas. La Guardia Nacional se desintegró, decenas de miles de armas fueron capturadas y distribuidas al pueblo trabajador, y las columnas del FSLN entraron a la ciudad.

El nuevo poder gobernante era cualitativamente diferente de la coalición burguesa gubernamental proyectada en los acuerdos de Costa Rica del 9 de julio. El cambio en la correlación de fuerzas le permitió al FSLN seguir otro rumbo, y en cuestión de semanas quedó claro que era precisamente lo estaba haciendo. En las primeras semanas tras el 19 de julio, aún se daba por sentado que pronto se instalaría el Consejo de Estado dominado por fuerzas burguesas. Pero llegó y pasó la fecha señalada del 15 de septiembre sin que fuera convocado. A fines de octubre la junta anunció que el Consejo de Estado no sería convocado sino hasta mayo de 1980. En los meses siguientes el consejo fue completamente reestructurado, despojando a las fuerzas burguesas de su mayoría y dando preeminencia a las organizaciones de los trabajadores. El poder ejecutivo quedó en manos de la junta, dominada por el FSLN, y de los nueve miembros de la Dirección Nacional del FSLN.

Así podemos ver que, si bien el gobierno obrero y campesino no tomó forma definitiva inmediatamente tras la caída de Somoza, sí surgió rápidamente.

Lecciones de la Nueva Política Económica

Varios camaradas hablaron sobre diversos aspectos de las lecciones políticas que se desprenden de la Nueva Política Económica [NEP] de los bolcheviques y de su significado para la revolución nicaragüense. Quiero abordar solo uno de los problemas que se plantearon. Un camarada preguntó si no quedamos desarmados políticamente al tratar de establecer una analogía entre la NEP y la trayectoria del gobierno del FSLN en los primeros años de la revolución.

No conozco todas las analogías que han empleado camaradas de distintas partes del mundo. Aceptemos por el momento que es posible, o hasta muy probable, que se afirmaron cosas sobre este tema que eran erróneas. Pero eso no resuelve nada. Si examinamos nuevamente las resoluciones sobre Nicaragua que adoptó el Partido Socialista de los Trabajadores y los diversos artículos en la revista *New International,* que representan la continuidad de nuestro movimiento internacional respecto a la revolución nicaragüense, no encontraremos nada que hoy escribiríamos de una manera muy diferente. Aquí leo un ejemplo de la resolución del PST de enero de 1980:

> En Nicaragua todavía queda por resolverse esta contradicción fundamental entre el carácter de clase del gobierno obrero y campesino y el estado capitalista. El decir hoy que en Nicaragua existe un gobierno obrero y campesino de ninguna manera implica que el actual proceso desembocará automáticamente en un estado obrero. Aún quedan por delante los enormes conflictos de clases que darán respuesta a ese problema.
>
> A medida que los obreros y campesinos luchen por sus reivindicaciones, los imperialistas y la burguesía nicaragüense propinarán golpes. Esos golpes, a su vez, deben ser enfrentados con contragolpes. Con cada nuevo ataque a la propiedad y a los privilegios de los capitalistas, la reacción opondrá una resistencia más enconada. Surgirán divisiones abiertas en el seno del gobierno y de las demás instituciones en Nicaragua.
>
>   Por su naturaleza, el gobierno obrero y campesino es un fenómeno inestable y transitorio: o bien *avanzará* a la creación de un estado obrero o bien —si no se quiebra decisivamente el poder económico de la burguesía— *retrocederá* y abrirá paso a que se reafirme el poder político de los capitalistas y a que se refuerce el estado burgués. La forma en que se resolverá en Nicaragua esta

situación inestable depende en gran medida de
lo bien que el FSLN responda a las iniciativas
de las masas y logre educarlas, organizarlas
y movilizarlas. Deberán vencer las amenazas
contrarrevolucionarias. Y deberán estar preparados
para enfrentar una posible intervención militar
directa de Washington destinada a impedir
el triunfo de un segundo estado obrero en el
hemisferio occidental.[9]

Precisamente correcto.

Desde luego, en Nicaragua se ha invocado la NEP para justificar todo tipo de medidas que nada tienen que ver con la NEP, con Lenin o con el comunismo. Cabe añadir que se trata de una etapa que está quedando atrás muy rápidamente, ya que la dirección del FSLN recurre menos y menos a citas de Lenin para justificar su trayectoria. Pero aún ocurre de vez en cuando, y hasta hace uno o dos años era bastante común. El argumento es muy sencillo: la NEP fue el primer experimento con una "economía mixta"; el FSLN está haciendo hoy lo que el Partido Bolchevique bajo Lenin terminó por hacer en 1921.

Como explica el proyecto de resolución, esto es fundamentalmente errado. La NEP fue un repliegue necesario. Podía hacerse sin poner en peligro la dictadura del proletariado porque las industrias básicas eran propiedad del estado, la tierra estaba nacionalizada, el estado ejercía un monopolio sobre el comercio exterior, y porque existía una dirección comunista templada, de altísimo calibre, que encabezaba una revolución explícitamente socialista y que estaba decidida a subordinar su suerte al avance de la revolución mundial. En cambio, el pueblo trabajador nicaragüense todavía no ha establecido la dictadura del proletariado, ni tampoco se ha forjado una dirección comunista.

Sin embargo, las lecciones políticas que Lenin sacó de la experiencia bolchevique, tanto antes como durante la NEP, son valiosas en el caso de Nicaragua. Es aquí donde hemos planteado algunas analogías parciales, concentrándonos en dos puntos muy relacionados.

Primero, no se puede imponer una cronología preconcebida de nacionalizaciones que no surja del desarrollo de la lucha de clases en Nicaragua. Hubo quienes trataron de imponer esquemas de ese tipo. Acusaron al FSLN de traicionar la revolución porque no siguió un cierto esquema en cuanto al ritmo de la expropiación de propiedades capitalistas. Nosotros en aquel entonces rechazamos ese enfoque y lo rechazamos ahora. Los problemas que hoy enfrentan los trabajadores no se deben al hecho de que el gobierno sandinista no haya expropiado más rápidamente la propiedad capitalista en 1979 o en 1980 o en 1981. El problema es que el gobierno del FSLN ya no sigue el camino que seguía en 1979, en 1980 y en 1981. Ya no está preparando a los trabajadores nicaragüenses para seguir la vía de la revolución socialista. Ahora va en dirección opuesta.

Precio de las medidas administrativas

En segundo lugar, todo intento de resolver los problemas con medidas administrativas —en vez de buscar la forma de fortalecer la conciencia, la organización y la alianza de los obreros y campesinos— debilita a la revolución y al gobierno obrero y campesino. Fue uno de los puntos en los que Lenin hizo hincapié al explicar la necesidad del repliegue que representaba la NEP.[10]

Nuestro argumento es el mismo que el de Maurice Bishop: la revolución no puede hacerse como se hace una taza de café instantáneo.[11] Ahora comprendemos más claramente aún lo que Bishop trataba de combatir cuando recalcaba ese punto. Comprendemos mejor lo que estaba en juego. Los partidarios de Coard eran los que abogaban por el café instantáneo. A ellos se refería Maurice: a la camarilla estalinista que se coaguló en el seno del Movimiento de la Nueva Joya y que hablaba pestes de Bishop porque él se oponía al uso de medidas administrativas que no fortalecían sino que minaban la confianza y conciencia de los trabajadores.

Nosotros rechazamos el camino que representa Coard. No es —dicho sea de paso— el camino que conduce a un estado obrero, ni siquiera a un estado obrero imperfecto, a menos que uno piense que Pol Pot creó en Camboya un estado obrero sumamente imperfecto pero sumamente firme, como han argumentado algunas personas que se consideran marxistas, por más increíble que parezca. La política de Coard tampoco hubiera conducido a un estado obrero en Granada, aun si no se hubieran enviado las tropas estadounidenses.

En este sentido, la resolución subraya un hecho político importante: las recientes expropiaciones punitivas de ciertos capitalistas por el gobierno del FSLN no significan que se esté cambiando de rumbo. Vale la pena evaluarlo porque lo más probable es que éstos no sean los últimos decretos de expropiación que vayamos a ver. El gobierno usa estas expropiaciones, y la amenaza de futuros decretos, para tratar de convencer a los capitalistas de que acepten su política de concertación social. En este plan no figuran los trabajadores. Se les considera ante todo como observadores pasivos. Los ministros de gobierno les dicen a los capitalistas: "Si ustedes quieren una lucha de clases, les daremos una lucha de clases. Pero si cooperan, les regresaremos sus fincas". Esta cínica referencia a la "lucha de clases" como amenaza o pieza de regateo es lo mismo que hacen los burócratas sindicales en este país [Estados Unidos] cuando emplean tácticas ultraizquierdistas en medio de una huelga que, con su estrategia colaboracionista, están llevando a la derrota.

Pudimos verlo en el gran complejo azucarero de San Antonio en Nicaragua, que fue expropiado el año pasado. Fue una de las mayores nacionalizaciones realizadas durante la revolución desde 1979, y sin embargo no representó un avance. ¿Qué fue lo que pasó allí? Hubo una prolongada batalla política en el sindicato, en la que los partidarios del FSLN y el gobierno salieron perdiendo. Los sindicatos de la oposición dominaban políticamente, mientras que los partidarios del FSLN estaban en retirada y se los estaba echando más y más atrás. Por eso no hubo una verdadera lucha contra la descapitalización del ingenio azucarero y de los vastos cañaverales que lo rodean. En realidad, los líderes sindicales procapitalistas que constituían la oposición eran cómplices de toda esta componenda corrupta.

Era una situación crítica para los trabajadores y para todo el país, porque el complejo corría peligro de cerrar. En lugar de plantear un curso que movilizara la fuerza de los obreros, junto a lo cual un decreto de nacionalización habría sido de gran ayuda, el gobierno recurrió a un acto puramente administrativo. Al despertarse una mañana —literalmente— los obreros se enteraron de que una nueva administración, nombrada por el gobierno, había reemplazado a los gerentes privados. Era lo único que había cambiado. Los obreros quedaron nuevamente al margen del manejo de la planta, como antes, y no se planteó que eso cambiaría o que debía cambiar.

Aun así, algunos obreros de pensamiento revolucionario respondieron favorablemente a esta expropiación punitiva, de igual forma que otros apoyaron las recientes expropiaciones punitivas de algunas fincas cafetaleras capitalistas. Consideran estas expropiaciones como un golpe contra la clase capitalista y esperan que sean acompañadas de otras medidas. Pero este entusiasmo no puede durar mucho porque estas medidas administrativas no conducen a un verdadero cambio. Son simplemente un aspecto de la política general de repliegue político frente a las metas y perspectivas históricas de la revolución.

No modificariamos nada de lo que hemos dicho sobre el peligro de usar el poder gubernamental de una manera administrativa, en vez de usar ese poder para impulsar políticamente la organización y confianza política de los trabajadores, para incorporarlos cada día más hacia un mayor control sobre la actividad productiva y, al hacer esto, empezar a transformarse a sí mismos, como bien lo explicara Che. En realidad, los métodos administrativos y autoritarios estaban más generalizados en Nicaragua y causaron aún más daño político de lo que sabíamos. Esto sucedió sobre todo en la Costa Atlántica, donde la verdadera magnitud de la desastrosa política impuesta por el gobierno sandinista contra las poblaciones indígenas y negra apenas recientemente se ha conocido y aún no se conoce a cabalidad.

Otro problema semejante creó dificultades con respecto a los pequeños campesinos. El ministerio de reforma agraria adoptó la política de obligar a los campesinos a formar colectivos como condición para obtener tierra. El propósito era de emplear esta medida como palanca para tratar de impedir que los campesinos que adquirieran tierras bajo la reforma agraria se convirtieran en agricultores individuales. A los agricultores individuales se les consideraba —en el mejor de los casos— aliados poco confiables. La política agraria recurría a la presión, y no a la cooperación voluntaria de campesinos que querían formar cooperativas o granjas colectivas por convencimiento de que les sería más beneficioso.

¿Fortalece al capitalismo la repartición de tierra?

Muchos funcionarios del gobierno, incluso en el ministerio de reforma agraria, justificaron la lentitud de la repartición de tierras usando un enfoque similar. Argumentaron que la entrega de parcelas de tierra, al transformar a los sectores proletarios y semiproletarios del campo en propietarios, representaría un retroceso que debilitaría a la clase trabajadora y hasta propiciaría la expansión del capitalismo en el campo. No es casualidad que la política del gobierno, justificada por esta "teoría" ultraizquierdista, coincidía con la presión que ejercían los agricultores capitalistas que trataban desesperadamente de no perder su mano de obra agrícola barata, especialmente para las labores de temporada, las cuales dependían de la existencia de un sector grande de campesinos sin tierra. Una mayor repartición de tierras habría mermado las ganancias de estos agricultores capitalistas, que ya tenían problemas considerables con los obreros agrícolas que se estaban organizando en uniones y que luchaban por mejoras salariales y de condiciones de trabajo.

La distribución de tierra a los campesinos no conduce necesariamente al fortalecimiento del capitalismo. Es un concepto erróneo, desde varios puntos de vista. En primer lugar, como lo demostró la experiencia en Nicaragua, el hecho de *no* distribuir tierra con suficiente rapidez, y de no distribuirla bajo condiciones libremente escogidas por los campesinos, socavó el apoyo popular a la revolución y les brindó a las fuerzas contrarevolucionarias una mayor oportunidad para organizar a ciertos sectores de campesinos. Fue este peligro, como señala la resolución, lo que obligó al gobierno sandinista a modificar su política de reforma agraria, acelerando la distribución de tierras y aflojando la presión que ejercía sobre los campesinos para que aceptaran trabajar la tierra en granjas colectivas.

También se puede sacar una conclusión más general: la prolongación de la existencia de la burguesía y de su dominio sobre el comercio y la manufactura fomenta constantemente la acumulación de capital por parte de productores independientes de mercancías. En tanto las relaciones capitalistas predominen en Nicaragua, el capitalismo seguirá produciéndose y reproduciéndose en la agricultura. Las divisiones de clases reaparecerán en el campo, y la alianza obrero-campesina se verá corroída y finalmente se desintegrará. Lo que conduce a ese desenlace es la preservación del capitalismo, no la distribución de tierras a los campesinos sin tierra. Esto puede evitarse solo si se toman medidas que avancen hacia la expropiación de la clase capitalista, lo que a su vez presenta la posibilidad de eliminar la causa de este conflicto de clases entre los obreros y campesinos.

Sin embargo, no es esto lo que sucede hoy en Nicaragua. Lo que estamos presenciando es una reconfirmación de que una auténtica reforma agraria no puede limitarse a la simple distribución de tierras. Mientras el sistema de rentas e hipotecas no sea eliminado, y mientras predominen las relaciones capitalistas, reaparecerán todos los viejos problemas. Podemos apreciarlo al ver lo que sucede hoy con los pequeños campesinos en Nicaragua, incluso con los que han recibido tierras gracias a la reforma agraria. Los que tienen las peores tierras se están yendo a la ruina. No importa si la tierra se trabaja de forma individual, en cooperativas o en fincas colectivas. Muchos no logran salir a flote. No pueden conseguir un precio garantizado para sus productos. No pueden planificar. No pueden librarse de las deudas. No pueden vender sus productos a un precio que les permita comprar lo que necesitan para sobrevivir, para cultivar. Fracasan. Esto no sucede mediante desahucios hipotecarios por parte de los bancos —que no han ocurrido— pero sucede de todos modos.

Sin embargo, a un pequeño grupo de campesinos les va muy bien. Ellos logran trepar a las filas de los agricultores capitalistas. Esto también puede ocurrir en una finca colectiva, es decir en una cooperativa de productores, si se tiene buena tierra y se usan métodos y tecnología avanzados. Algunos socios le compran su parte a los otros socios. Empiezan a contratar a unos pocos trabajadores. Tienen que hacerlo. Se convierten en empresas capitalistas en todo sentido menos en el nombre, y se suman a las demás granjas capitalistas de los "productores patrióticos". Comienza una reconcentración de la tierra, y nuevamente comienza a aumentar el número de los campesinos sin tierra. A la par de todo esto, se mantendrá y propagará el arrendamiento de tierras, el comercio prestamista, la aparcería y otras formas de explotación.

La distribución de la tierra en sí no es la solución. No resuelve nada. Hace falta la expropiación de la clase explotadora para crear la posibilidad de la colaboración voluntaria entre obreros y pequeños campesinos en el desarrollo de la agricultura por vías no capitalistas y la construcción del socialismo.

LA EMANCIPACIÓN DE LA MUJER Y EL SOCIALISMO

¡Nueva edición ampliada!
Los cosméticos, la moda y la explotación de la mujer
MARY-ALICE WATERS
JOSEPH HANSEN, EVELYN REED

"Las normas de belleza y moda son inseparables de la lucha de clases" es el nuevo capítulo inicial de esta oportuna edición ampliada sobre un animado debate en los años 50 en el *Militant*, un semanario socialista. Cómo los monopolios de cosméticos y moda sacan ganancias aprovechando las inseguridades sociales de las mujeres y los adolescentes. Por qué la integración de las mujeres a la fuerza laboral y a los sindicatos es un avance importante en la lucha por su emancipación. Un clásico del marxismo sobre el origen de la opresión de la mujer y el camino a seguir para la clase trabajadora. US$15. También en inglés, francés, persa y griego.

El origen de la familia, la propiedad privada y el estado
FEDERICO ENGELS

De cómo el surgimiento de la sociedad dividida en clases dio origen a los cuerpos represivos del estado y a la opresión de la mujer que le permiten a las clases gobernantes traspasar su riqueza y privilegios. Engels explica las consecuencias para los trabajadores de estas instituciones de clase, desde sus formas antiguas hasta las modernas. US$15. También en inglés y persa.

La evolución de la mujer
Del clan matriarcal a la familia patriarcal
EVELYN REED
US$18. También en inglés, persa e indonesio.

PATHFINDERPRESS.COM

IMPERIALISMO FASE SUPERIOR DEL CAPITALISMO

La Primera y Segunda Declaración de La Habana

No hay presentación más clara de los problemas de estrategia revolucionaria que estos dos documentos de 1960 y 1962, aprobados en sendas asambleas de más de un millón de cubanos. Estas intransigentes condenas del saqueo imperialista y de "la explotación del hombre por el hombre" siguen vigentes como manifiestos de lucha revolucionaria del pueblo trabajador en todo el mundo. US$10. También en inglés, francés, persa, árabe y griego.

La marcha del imperialismo hacia el fascismo y la guerra
JACK BARNES

"Habrá nuevos Hitlers, nuevos Mussolinis. Eso es inevitable. Lo que no es inevitable es que triunfen. La vanguardia obrera organizará a nuestra clase para combatir el terrible precio que nos hacen pagar los patrones por la crisis capitalista. El futuro de la humanidad se decidirá en la contienda entre estas dos fuerzas enemigas de clase". En *Nueva Internacional* no. 4. US$14. También en inglés, francés, persa y griego.

¡EE.UU. fuera del Oriente Medio!
Cuba habla ante Naciones Unidas
FIDEL CASTRO, RICARDO ALARCÓN

Los argumentos contra la guerra de 1990–91 de Washington contra Iraq, según los presentó el gobierno cubano en Naciones Unidas. US$12. También en inglés.

Somos herederos de las revoluciones del mundo
Discursos de la revolución de Burkina Faso, 1983–87

THOMAS SANKARA

Los campesinos y trabajadores en este país de África Occidental crearon un gobierno popular revolucionario y comenzaron a combatir el hambre, el analfabetismo y el atraso económico impuestos por la dominación imperialista, así como la opresión de la mujer heredada de la sociedad de clases desde hace milenios. Cinco discursos del dirigente de esta revolución. US$10. También en inglés, francés y persa.

Habla Malcolm X

"Los imperialistas astutos saben que la única manera de hacerte correr voluntariamente hacia la zorra es mostrándote un lobo". En discursos y entrevistas, Malcolm X presenta una alternativa revolucionaria a esta trampa reformista, abordando las alianzas políticas, los derechos de la mujer, la intervención de Washington en el Congo y Vietnam, capitalismo y socialismo, y más. US$15. También en inglés.

El imperialismo, fase superior del capitalismo

V.I. LENIN

"Espero que mi folleto ayude al lector a orientarse en el problema económico fundamental: la esencia económica del imperialismo", escribió Lenin en 1917. Sin estudiar eso "es imposible comprender y emitir un juicio sobre la guerra y la política moderna". US$5. También en inglés, persa y griego.

PATHFINDERPRESS.COM

Hágase miembro del
CLUB DE LECTORES DE PATHFINDER

¡FORME UNA BIBLIOTECA MARXISTA!

25% DE DESCUENTO EN TODOS LOS LIBROS Y FOLLETOS DE PATHFINDER

30% DE DESCUENTO EN OFERTAS ESPECIALES

Obtenga su carnet anual por solo US$10. Puede adquirirlo en pathfinderpress.com o en los centros de libros de Pathfinder en el mundo.

NOTAS

En este número

1. El discurso apareció en la edición del 3 de agosto de 1980 de *Resumen Semanal Granma;* también en *Perspectiva Mundial,* 6 de octubre de 1980.
2. El discurso fue publicado en *Resumen Semanal Granma,* 16 de marzo de 1980.
3. *Proletarian Leadership in Power: What We Can Learn from Lenin, Castro, and the FSLN* (El liderazgo proletario en el poder: lo que podemos aprender de Lenin, Castro y el FSLN) por Mary-Alice Waters (Nueva York: Pathfinder, 1980, pág. 19) [impresión de 2015].

En 1984 Waters escribió un artículo especial para el tercer número de *New International,* que concluyó con una sección sobre Nicaragua que enmarcaba esa revolución en la lucha histórica de la clase obrera por el poder político desde mediados del siglo pasado, cuando nació el movimiento comunista científico. Ese artículo, "Communism and the Fight for a Popular Revolutionary Government: 1848 to Today" (El comunismo y la lucha por un gobierno popular revolucionario: de 1848 al presente), es uno de muchos que han aparecido en distintos números de *New International* que utilizan las experiencias de los obreros y campesinos de Nicaragua para enriquecer las herramientas teóricas y la herencia programática del movimiento obrero internacional. Entre otros artículos relacionados están: "Their Trotsky and Ours: Communist Continuity Today" por Jack Barnes, en el número 1 de *New International* en 1983 (en español "Su Trotsky y el nuestro: la continuidad comunista en la actualidad" apareció en la edición del 5 de marzo de 1984 de *Perspectiva Mundial*) y se editó como libro en 2002; "A Nose for Power: Preparing the Nicaraguan Revolution" (Un olfato por el poder: cómo se preparó la revolución nicaragüense) por Tomás Borge, traducido al inglés en el número 3 de *New International* en 1984; y "The Fight for a Workers and Farmers Government in the United States" (La lucha por un gobierno de obreros y agricultores en Estados Unidos) por Jack Barnes, en el número 4 de *New International* en 1985.

4. Ver la entrevista concedida por Fidel Castro a Mervyn M. Dymally y Jeffrey M. Elliot en *Nada podrá detener la marcha de la historia* (La Habana: Editora Política, 1985, pág. 129). Ver también *La revolución granadina: 1979–83* (Nueva York: Pathfinder, 1984).

5. Ver la entrevista a Víctor Tirado en la edición del 20 de marzo de 1990 del diario *Barricada*, publicado en Managua.

6. Carlos Fonseca, "Nicaragua Hora Cero", en sus *Obras*, tomo 1 (Managua: Editorial Nueva Nicaragua, 1981).

7. Ante los preparativos de la administración demócrata del presidente John Kennedy de invadir Cuba y ahogar en sangre a la revolución socialista, el gobierno cubano firmó un convenio militar de defensa mutua en 1962 con el régimen soviético, según el cual se emplazarían cohetes nucleares en Cuba. En octubre de ese año, el gobierno estadounidense anunció que sus vuelos espías sobre Cuba habían detectado la presencia de los proyectiles y que había ordenado un bloqueo naval contra la isla; Washington puso sus fuerzas armadas en estado de alerta nuclear. A los pocos días, ante esta confrontación entre potencias nucleares, Moscú llegó a un acuerdo con Washington para retirar los misiles. El primer ministro soviético Nikita Jruschov no consultó de antemano con el gobierno cubano sobre esta decisión ni sobre las condiciones de la retirada de los proyectiles. Ni siquiera le informó a La Habana acerca del pacto antes de que se hiciera público.

En una entrevista concedida en octubre de 1992 a la reportera María Shriver de la cadena televisiva NBC, a los 30 años de la Crisis de Octubre, Castro dijo que si los revolucionarios cubanos hubieran sabido en 1962 lo que saben ahora sobre la orientación política de la dirección soviética, no habrían aceptado el emplazamiento de proyectiles en territorio cubano. Opinó que Cuba había pagado un precio político inaceptable al acordar la instalación de los misiles bajo las condiciones exigidas por Moscú. Castro dijo que el gobierno cubano se había opuesto enérgicamente a la demanda de Moscú de mantener en secreto el acuerdo militar entre Cuba y la Unión Soviética. Los dirigentes cubanos habían argumentado que el tratado debía hacerse público y que había que explicar que la instalación de los misiles era una respuesta a los planes del gobierno norteamericano de invadir la isla. Los revolucionarios cubanos aceptaron los cohetes nucleares únicamente cuando se dieron cuenta que Moscú nunca accedería a divulgar el acuerdo en público. Entonces los aceptaron, dijo Castro, creyendo equivocadamente que era necesario para defender la lucha mundial por el socialismo.

Pero al aceptar la instalación de los proyectiles en forma secreta, dijo Castro a la reportera, la revolución perdió un poco del prestigio moral y político que había ganado entre los obreros y campesinos de América y del mundo. Cuba tenía el derecho soberano e incondicional de suscribir con cualquier gobierno un convenio de defensa mutua contra agresiones exteriores, agregó Castro. Pero el carácter secreto del acuerdo opacó la claridad de sus objetivos políticos ante los ojos de cientos de millones de trabajadores en el mundo. Además, puntualizó el líder cubano, la política que el gobierno soviético le impuso a Cuba resultó ser, bajo estas condiciones, un caso de puro aventurismo que llevó al mundo al borde de la guerra nuclear.

"Bastaba con que Jruschov hubiera dicho que estaba dispuesto a retirar los proyectiles con garantías que fuesen satisfactorias a Cuba", dijo Castro a Shriver. "Pero había que añadirle

añadirle una frase: Nosotros estamos dispuestos a retirar los proyectiles si Estados Unidos da garantías satisfactorias a Cuba, y si Cuba hubiera podido tomar parte en esa discusión y hubiera podido presentar cuáles eran las garantías satisfactorias para el país". Ver *Misiles en el Caribe* (La Habana: Editora Política, 1993).

Lo que impidió una invasión norteamericana fue la rápida movilización armada del pueblo trabajador en Cuba en defensa de su revolución. Esta respuesta convenció a Washington de que las fuerzas estadounidenses sufrirían enormes bajas en una invasión y que provocaría consecuencias políticas desestabilizadoras tanto en Estados Unidos como en América Latina.

8. La entrevista fue concedida al diario mexicano *El Sol de México* y fue reproducida por el periódico cubano *Granma Internacional* en sus ediciones del 5 y del 12 de mayo de 1993.

9. *New York Review of Books*, 3 de marzo de 1994.

10. Ver *50 años de operaciones encubiertas en EE.UU.*, por Larry Seigle, Farrell Dobbs y Steve Clark (Nueva York: Pathfinder, 2014).

11. Se puede encontrar una descripción más detallada de la matanza en Iraq y sus lecciones políticas en el artículo "Los cañonazos iniciales de la tercera guerra mundial" por Jack Barnes, en el número 1 de la revista *Nueva Internacional* (1991).

12. Poco antes de que Angola alcanzara su independencia del gobierno colonial portugués el 11 de noviembre de 1975, tropas sudafricanas invadieron y atacaron al nuevo gobierno. Las fuerzas del apartheid se aliaron con la derechista Unión Nacional por la Independencia Total de Angola (UNITA), organización financiada por Washington. Voluntarios cubanos respondieron a la solicitud de ayuda internacional del gobierno angolano para contrarrestar la agresión. Las tropas sudafricanas tuvieron que retroceder, pero UNITA continuó sus incursiones y acciones armadas contrarrevolucionarias a lo largo de los siguientes doce años. A comienzos de 1988, fuerzas cubanas, angolanas y namibias asestaron una rotunda derrota militar

a las tropas sudafricanas, que pretendían capturar el pueblo de Cuito Cuanavale, en el sur de Angola. Este enfrentamiento, junto con la enérgica campaña de las tropas cubanas y angolanas para reforzar la defensa del sur de Angola, condujo a un acuerdo en diciembre de 1988, en que Pretoria accedió a retirar sus tropas de Angola y a iniciar negociaciones que culminaron con la independencia de Namibia en marzo de 1990.
  13. Para leer más sobre la perspectiva comunista en la lucha por la liberación nacional y la traición contrarrevolucionaria de ésta por los estalinistas, ver *Su Trotsky y el nuestro* por Jack Barnes (Nueva York: Pathfinder, 2002); el artículo en inglés "Communism and the Fight for a Popular Revolutionary Government: 1848 to Today" (El comunismo y la lucha por un gobierno popular revolucionario: de 1848 hasta hoy) por Mary-Alice Waters en el número 3 de *New International*; las tesis y el informe de V.I. Lenin sobre la cuestión nacional y colonial en *Discursos pronunciados en los congresos de la Internacional Comunista* por V.I. Lenin (Moscú: Editorial Progreso), y en el primer tomo de *Los cuatro primeros congresos de la Internacional Comunista* (México: Editorial Siglo XXI, 1981); estos dos describen los fundamentos programáticos de la perspectiva comunista. Ver también *El programa de transición* (Barcelona: Editorial Fontamara, 1977), *La Internacional Comunista después de Lenin* (Madrid: Akal Editor, 1977) y *La segunda revolución china* (Buenos Aires: Editorial Pluma, 1976) por el líder comunista León Trotsky. Sobre la experiencia en Cuba, ver la obra en inglés *Dynamics of the Cuban Revolution: A Marxist Appreciation* (Dinámica de la revolución cubana: una evaluación marxista) por Joseph Hansen (Nueva York: Pathfinder, 1994).
  14. Bajo el título "Cuba jamás adoptará métodos del capitalismo", el discurso de Fidel Castro fue reproducido en el número de septiembre de 1988 de *Perspectiva Mundial*.
  15. Para más lectura sobre las revoluciones de Hungría y Baviera en 1919, así como las lecciones que sacó sobre su derrota la Internacional Comunista en la época de Lenin, ver *Revolutionary Continuity: Birth of the Communist Movement, 1918–1922*

(Continuidad revolucionaria: inicios del movimiento comunista, 1918–1922) por Farrell Dobbs (Nueva York: Pathfinder, 1983). Sobre la experiencia de otros gobiernos de obreros y campesinos en este siglo, ver *The Workers and Farmers Government* (El gobierno de obreros y agricultores) por Joseph Hansen y *The Workers and Farmers Government in the United States* (El gobierno de obreros y agricultores en Estados Unidos) por Jack Barnes, ambos publicados por Pathfinder.

16. Unos 150 ex soldados del FSLN que se llamaron el Frente Revolucionario de Obreros y Campesinos se apoderaron del pueblo de Estelí en el norte de Nicaragua, exigiendo que el gobierno cumpliera su promesa de entregar tierras, préstamos y viviendas a las tropas desmovilizadas. Estas acciones suscitaron muy poco apoyo popular, por ser una aventura armada aislada que incluyó robos de tiendas. El comandante del ejército, Humberto Ortega, envió tropas para retomar Estelí, matando a cerca de sesenta de los alzados.

17. Chamorro hizo el anuncio con Humberto Ortega sentado a su lado durante la celebración de las fuerzas armadas. Más tarde se anunció que Ortega se retiraría del ejército en febrero de 1995.

18. Carlos Marx, "La guerra civil en Francia", en *Obras escogidas*, tomo 2, de Marx y Engels (Moscú: Editorial Progreso, 1973), págs. 237, 241.

19. Carlos Marx, "Tesis sobre Feuerbach", en *Obras escogidas*, tomo 1, de Marx y Engels (Moscú: Editorial Progreso, 1973), pág. 10.

20. *Primera y Segunda Declaración de La Habana* (Nueva York: Pathfinder, 2007), pág. 77.

1979: El carácter revolucionario del Frente Sandinista de Liberación Nacional
por Jack Barnes

1. Cuando se dio este informe, el Partido Socialista de los Trabajadores era una organización fraterna de la Cuarta In-

ternacional. Durante tres décadas existieron numerosas diferencias en la Cuarta Internacional en relación a las tradiciones proletarias del PST, pero a partir de 1979 el PST divergió marcadamente —en su trayectoria y en su carácter— de los organismos directivos de la Cuarta Internacional. Esta divergencia acelerada giraba en torno a la evaluación política de los triunfos revolucionarios en Granada y Nicaragua, y al carácter de los gobiernos obrero-campesinos surgidos tras estos triunfos; a la importancia y el peso históricos de la dirección comunista en Cuba y de su trayectoria política; a la importancia de defender los logros de la revolución iraní de 1979 frente a la agresión imperialista; y a la tarea necesaria de que las fuerzas comunistas en todo el mundo se orientaran resueltamente a la construcción de partidos que fueran proletarios tanto por su composición y dirección como por su programa y sus perspectivas. Ocurrió un proceso paralelo con organizaciones comunistas en varios otros países.

A fines de los años ochenta el PST y las Ligas Comunistas en Australia, el Reino Unido, Canadá, Islandia, Nueva Zelanda y Suecia decidieron poner fin a su afiliación, fuera ésta fraternal o estatutaria, con la Cuarta Internacional. Hacía tiempo que estos partidos —por sus actividades políticas, su colaboración internacionalista y el lugar que ocupaban en relación a la continuidad y tradición comunistas— eran organizaciones comunistas que ya no se consideraban trotskistas y que estaban separadas del movimiento trotskista mundial y de sus diversos partidos y agrupaciones internacionales rivales.

2. La Fracción Bolchevique, de la cual el trotskista argentino Nahuel Moreno (1924–1987) era la principal figura pública, se escindió del Secretariado Unificado inmediatamente antes del Congreso Mundial de la Cuarta Internacional en noviembre de 1979. A mediados de 1979 los partidarios de Moreno en varios países organizaron la Brigada Simón Bolívar, una columna armada que entró a Nicaragua en julio de 1979 después de la caída de Somoza. Usurpando el nombre y la bandera del FSLN, la brigada se negó a actuar bajo el

mando de los sandinistas y llevó a cabo actos provocadores que perjudicaron la lucha revolucionaria, especialmente en la ciudad de Bluefields en la Costa Atlántica.

El Comité Organizador para la Reconstrucción de la Cuarta Internacional, cuya figura principal es Pierre Lambert de la Organización Comunista Internacionalista de Francia, se formó en 1972. Esta corriente internacional surgió de las fuerzas que rehusaron participar en 1963 en una reunificación de la Cuarta Internacional, la cual había sufrido una escisión a principios de los años cincuenta. El CORCI negaba que en Cuba hubiera ocurrido una revolución socialista y adoptó una postura sectaria hacia la lucha de clases que se desarrollaba en Nicaragua.

3. El nuevo gobierno encabezado por los sandinistas expulsó del país a los integrantes de la Brigada Simón Bolívar que no eran nicaragüenses.

4. El 4 de noviembre de 1979, un grupo de estudiantes ocupó la embajada estadounidense en Teherán —tildada de "nido de espías"— como expresión de la voluntad popular de defender la revolución iraní, la cual en febrero de ese año había tumbado a la monarquía del sha que Washington respaldaba. Se organizaron enormes movilizaciones en distintas ciudades y pueblos iraníes en apoyo a la ocupación de la embajada. Los estudiantes mantuvieron la ocupación por más de un año. Esta acción fue una respuesta al hecho de que unas semanas antes el gobierno norteamericano había invitado al depuesto sha a Estados Unidos. Muchos trabajadores y jóvenes en Irán interpretaron la invitación como un nuevo paso importante hacia una contrarrevolución. Veintiséis años antes, la CIA había organizado un golpe de estado, utilizando la embajada estadounidense, para reimponer al régimen brutal del sha, quien se había visto obligado a huir del país tras un auge de movilizaciones populares.

5. La junta original estaba compuesta por Daniel Ortega, Moisés Hassán y Sergio Ramírez del FSLN, y los personajes burgueses Violeta Chamorro y Alfonso Robelo. Chamorro y

Robelo renunciaron en abril de 1980. La Dirección Nacional del FSLN los reemplazó en mayo de 1980 con Arturo Cruz, entonces presidente del Banco Central, y Rafael Córdova Rivas, un abogado liberal. Chamorro es viuda de Pedro Joaquín Chamorro, director del diario opositor liberal *La Prensa*, quien en enero de 1978 fuera asesinado por Somoza. En febrero de 1990 fue electa presidenta de Nicaragua. Robelo es un empresario millonario que llegó a ser dirigente de uno de los sectores de las fuerzas armadas de los contras basadas en Costa Rica. Regresó a Nicaragua en 1989.

6. Ver "Nicaragua: cómo llegó al poder el gobierno obrero y campesino" en este número.

7. Las primeras iniciativas del gobierno obrero y campesino iban dirigidas a garantizarle al pueblo trabajador productos alimenticios básicos a precios que estuvieran a su alcance. Con ese fin se creó la Empresa Nicaragüense de Alimentos Básicos (ENABAS) en septiembre de 1979. En los primeros años, ENABAS intentó diversos medios: fijó topes a los precios de los artículos de primera necesidad, subvencionó los precios de los alimentos básicos, abasteció las tiendas en los centros de trabajo, abasteció de mercancías a los comerciantes minoristas a precios de mayoreo (expendios populares) y creó "tiendas populares" estatales. En 1982 se introdujeron también las cartillas de racionamiento. En un principio, ENABAS esperaba controlar el 40 por ciento del mercado total, lo cual, según las expectativas del gobierno, había de darle una gran ventaja para combatir a los especuladores y acaparadores, y contribuir así a estabilizar los precios. En 1980 ENABAS logró comprar solo el 12 por ciento de la producción de frijol y maíz. Sí consiguió proveer un 40 por ciento de los alimentos básicos vendidos, aunque para ello tuvo que recurrir principalmente a la importación.

Sin embargo, para mediados de los años ochenta, la dirección del FSLN ya estaba abandonando la política anterior de tratar de ofrecerle a todo nicaragüense productos de primera necesidad a precios subvencionados. Disminuyó también el control gubernamental sobre las exportaciones. Este retroceso reflejaba la trayectoria general del FSLN, que se alejaba de la perspectiva de movilizar al pueblo trabajador para ampliar el control obrero sobre la producción y distribución capitalistas.

8. El 30 de agosto de 1979, el senador demócrata Frank Church declaró en un discurso haber "descubierto" que había tropas de combate soviéticas en Cuba. El 1 de octubre, el presidente Carter anunció una serie de medidas militares: un simulacro de asalto anfibio en la base naval norteamericana en Guantánamo, Cuba; la creación de una Fuerza Conjunta para el Caribe estacionada en Cayo Hueso, Florida; una escalada de vuelos espías sobre territorio cubano. En los círculos gobernantes de Estados Unidos se habló de imponerle a Cuba un bloqueo naval total. Estas acciones ocurrieron tras las victorias revolucionarias en Granada y Nicaragua.

En noviembre de 1978 la administración Carter había incrementado sus amenazas contra Cuba, alegando que Cuba había recibido de la Unión Soviética aviones de caza MIG-23 que supuestamente eran capaces de lanzar armas nucleares. Washington aumentó sus vuelos espías, efectuó maniobras navales cerca de la costa cubana, y en agosto de 1979 suspendió los viajes a Cuba destinados a reunificar familias.

En respuesta a la escalada de amenazas y provocaciones imperialistas, el gobierno cubano organizó dos Marchas del Pueblo Combatiente: el 19 de abril de 1980 se movilizó un millón de personas en La Habana y el 17 de mayo marcharon cinco millones en diversas ciudades de Cuba. En la marcha del Primero de Mayo salió a la calle un millón y medio de personas en La Habana. En septiembre de 1980, el presidente cubano Fidel Castro anunció que se formarían las Milicias de Tropas Territoriales. La milicia, organizada a principios de 1981, contaba en enero de 1990 con un millón y medio de obreros, campesinos, estudiantes y amas de casa.

9. El 15 de octubre de 1979, un grupo de oficiales del ejér-

cito salvadoreño lanzó un golpe militar y derrocó al régimen de Carlos Humberto Romero. La maniobra pretendía contener el auge revolucionario que había ido creciendo rápidamente desde la victoria nicaragüense. Aunque la mayoría de las fuerzas revolucionarias se opuso al nuevo régimen, el Partido Comunista Salvadoreño le ofreció su apoyo, como también hicieron otras organizaciones opositoras.

10. Ver *Dynamics of the Cuban Revolution: A Marxist Appreciation* (Dinámica de la revolución cubana: una evaluación marxista) por Joseph Hansen (Nueva York: Pathfinder, 1978), pág. 91 [impresión de 2010].

11. En Argelia, el Frente de Liberación Nacional (FLN) dirigió una coalición de fuerzas diversas en la guerra independentista contra Francia que comenzó en 1954. Argelia ganó la independencia en 1962. La dirección del FLN era muy heterogénea: incorporaba un sector pequeñoburgués radical dirigido por Ahmed Ben Bella así como un sector burgués dirigido por Mohammed Khider, Ferhat Abbas y otros. Poco después de la independencia, subió al poder un gobierno obrero y campesino, dirigido por Ben Bella. Al principio este gobierno movilizó a los trabajadores en defensa de sus intereses. Sin embargo, el gobierno revolucionario abandonó este rumbo anticapitalista y en junio de 1965 fue derrocado.

El Movimiento 26 de Julio, fundado en 1956 por veteranos del asalto al cuartel Moncada en Santiago de Cuba en 1953, estaba dirigido por Fidel Castro, jóvenes activistas del ala izquierda del Partido Ortodoxo (un partido burgués) y otras fuerzas que luchaban por derrocar a la dictadura de Fulgencio Batista. Tras el triunfo revolucionario sobre Batista del 1 de enero de 1959, el ala izquierda del Movimiento 26 de Julio —dirigida por Fidel Castro, Ernesto Che Guevara y otros revolucionarios— utilizó las movilizaciones de masas para realizar medidas a favor de los obreros y campesinos, entre ellas la primera fase de una profunda reforma agraria. En este proceso, las fuerzas burguesas fueron eliminadas del gobierno de coalición y hacia fines de 1959 subió al poder un gobierno obrero y campesino. Durante los siguientes doce meses, al evidenciarse más y más la tendencia y las acciones prosocialistas del ala izquierda en el seno del Movimiento 26 de Julio, del Ejército Rebelde y del gobierno encabezado por Castro y Guevara, diversas fuerzas burguesas entraron en conflicto con el régimen obrero y campesino. Estas fuerzas fueron derrotadas y, al movilizarse los trabajadores para expropiar las empresas industriales y comerciales de los capitalistas cubanos y extranjeros, se estableció un estado obrero hacia fines de 1960.

Para mayor información sobre el carácter y la trayectoria de los liderazgos de Ben Bella y de Castro, ver *For a Workers and Farmers Government in the United States* (Por un gobierno de obreros y agricultores en Estados Unidos) por Jack Barnes (Nueva York: Pathfinder, 1985); *The Workers and Farmers Government* (El gobierno de obreros y agricultores) por Joseph Hansen (Nueva York: Pathfinder, 1974); y *Dynamics of the Cuban Revolution: A Marxist Appreciation* (Dinámica de la revolución cubana: una evaluación marxista) por Joseph Hansen (Nueva York: Pathfinder, 1978).

12. "Dualidad de poderes" (a veces se dice "doble poder") es el término que el líder bolchevique V.I. Lenin utilizó para describir el equilibrio político y militar que existió entre las clases en Rusia en los meses posteriores a la revolución que en febrero de 1917 había derrocado al zar, sustituyéndolo con un Gobierno Provisional dominado por la burguesía. "El rasgo más notable de nuestra revolución es que ha dado origen a un *doble poder*", escribió Lenin a comienzos de abril de 1917. "¿Qué es este doble poder? Junto al Gobierno Provisional, el gobierno de *la burguesía,* ha surgido *otro gobierno,* débil e incipiente todavía, pero sin duda un gobierno que existe realmente y se desarrolla: los Soviets de Diputados Obreros y Soldados. . . .

"La burguesía es partidaria del poder exclusivo de la burguesía.

"Los obreros con conciencia de clase son partidarios del poder exclusivo de los Soviets de Diputados Obreros, Trabajadores Rurales, Campesinos y Soldados, del poder exclusivo que se alcanzará, no mediante acciones aventureras, sino *esclareciendo* la conciencia del proletariado, *emancipándolo* de la influencia de la burguesía.

"La pequeña burguesía —los 'socialdemócratas', los socialistas revolucionarios, etc., etc.— vacila y por ello *entorpece* esta labor de esclarecimiento y emancipación.

"Tal es la verdadera alineación clasista de fuerzas, que determina nuestras tareas". Ver "El doble poder" en las *Obras completas* de V.I. Lenin, tomo 24, págs. 453–456 (Madrid: Akal Editor, 1977).

13. En abril de 1961, 1 500 mercenarios de origen cubano, organizados por el gobierno de Estados Unidos, invadieron a Cuba en la Bahía de Cochinos. Los invasores se toparon inmediatamente con la firme resistencia de miles de milicianos y soldados. Setenta y dos horas después, los últimos invasores se rindieron en Playa Girón, que es el nombre con el que los cubanos recuerdan la batalla. Los revolucionarios nicaragüenses que en ese momento vivían en Cuba participaron en la defensa militar de la isla. Uno de ellos, Carlos Ulloa, murió en acción.

14. Prefacio de Joseph Hansen al libro *Che Guevara Speaks* (Habla Che Guevara; Nueva York: Pathfinder, 1967, 2000), pág. 10–11 [impresión de 2017].

Nicaragua: Cómo llegó al poder el gobierno obrero y campesino

1. Ver la nota 5 en la pág. 384.

2. Ver el "Estatuto Sobre Derechos y Garantías de los Nicaragüenses", reproducido en el número del 24 de septiembre de 1979 de *Perspectiva Mundial*.

3. Edén Pastora, quien encabezó un comando del FSLN que capturó el Palacio Nacional de Somoza en 1978, fue vi-

ceministro de defensa hasta que se fue de Nicaragua en 1981. Al año siguiente rompió con la revolución y formó una fuerza armada contrarrevolucionaria basada en Costa Rica.

4. Esta cifra se basa en cálculos ofrecidos por el gobierno revolucionario en aquel entonces. En realidad, cuando se recopilaron las cifras exactas sobre la extensión de tierra que se había confiscado, resultó ser un poco mayor del 20 por ciento.

5. Para más información sobre ENABAS, ver la nota 7 en la pág. 385.

6. Ver la nota 8 en la pág. 386.

7. A principios de 1983, el nuevo gobierno ya había construido 8 mil viviendas y había entregado 18 mil parcelas de tierra a familias para que construyeran sus propias casas. A pesar de los primeros pasos que dio en 1983 hacia una profunda reforma habitacional que habría convertido a decenas de miles de inquilinos en propietarios, los dirigentes retrocedieron de esta perspectiva ante la presión de la guerra contrarrevolucionaria, la crisis económica y la polarización de clases en Nicaragua.

8. Ver *El programa de transición* (Barcelona: Editorial Fontamara, 1977), pág. 59. El Programa de Transición para la Revolución Socialista fue redactado por León Trotsky —uno de los principales líderes de la revolución bolchevique en Rusia en octubre de 1917— y adoptado por el PST en su congreso de fundación en 1938. Más tarde fue adoptado como parte del programa de la Cuarta Internacional, la organización comunista mundial que el PST ayudó a iniciar y a dirigir políticamente.

9. Ver la "Resolución sobre la táctica de la Internacional Comunista", adoptada en su Cuarto Congreso en 1922, en *Los cuatro primeros congresos de la Internacional Comunista*, tomo 2, (Buenos Aires: Siglo XXI, 1973), pág. 187.

10. Las lecciones sobre la derrota del gobierno obrero y campesino en Argelia son tratadas en el artículo "El gobierno obrero y campesino: una poderosa arma anticapitalista

para el pueblo trabajador", por Larry Seigle, que aparece en este número.

11. Un año después de la guerra civil nicaragüense de 1926, el general Augusto César Sandino repudió la traición a la soberanía de Nicaragua. Frente a la ocupación de Nicaragua por los marines norteamericanos, Sandino dirigió un ejército de obreros y campesinos en una lucha guerrillera que duró seis años. Los marines fueron expulsados, pero Sandino fue asesinado el 21 de febrero de 1934, por orden de Anastasio Somoza García, a quien Washington había instalado como jefe de la Guardia Nacional.

12. Carlos Fonseca Amador explica el origen político del Frente Sandinista de Liberación Nacional en el artículo "Nicaragua Hora Cero" que aparece en el libro *Carlos Fonseca: Obras* (Managua: Editorial Nueva Nicaragua, 1982), pág. 75.

13. Ver la nota 4 en la pág. 384.

14. La entrevista apareció en el diario cubano *Granma* el 7 de octubre de 1979.

15. En los años setenta Cuba proporcionó una enorme ayuda material y militar para defender la soberanía de Angola —que había ganado su independencia en 1975— ante una invasión sudafricana apoyada por Washington, y ayudó a frenar la invasión de Etiopía por tropas somalíes respaldadas por el gobierno norteamericano. La revolución cubana había dado ayuda a los movimientos de liberación en Africa desde los años sesenta, apoyando las luchas en Mozambique, Angola, Guinea-Bissau, Sudáfrica, Argelia, el Congo (Zaire), Camerún, Sierra Leona y Guinea.

16. Durante la multitudinaria celebración del 26 de julio de 1979 en Holguín, Cuba, una semana después del triunfo insurreccional sobre Somoza, el presidente cubano Fidel Castro retó a los gobiernos del mundo a un concurso para ver quién ofrecería la mayor cantidad de ayuda a Nicaragua revolucionaria para comenzar la reconstrucción del país, devastado por la dominación imperialista. Su discurso —pronunciado con motivo del 26 aniversario del asalto al cuartel Moncada,

que iniciara la revolución cubana— fue dedicado completamente a la revolución en Nicaragua. Los invitados de honor al mitin fueron 26 jóvenes comandantes sandinistas que habían dirigido diversos frentes de batalla durante la ofensiva que derrocó a Somoza. El discurso se publicó en el número del 3 de septiembre de 1979 de *Perspectiva Mundial*.

17. El Frente Obrero fue el principal objeto de la campaña contra el ultraizquierdismo. Era el ala sindical del Movimiento de Acción Popular, un grupo centrista de origen maoísta que se había escindido del FSLN. El MAP organizó un grupo armado durante la insurrección llamado Milicias Populares Antisomocistas (MILPAS).

18. Ver la nota 1 en la pág. 382 sobre la relación entre el PST y la Cuarta Internacional.

19. Ver la nota 2 en la pág. 383 sobre el origen y la evolución de la Fracción Bolchevique.

La Organización Socialista de los Trabajadores era un grupo trotskista sectario en Costa Rica. Sostenía que el FSLN era el principal obstáculo al avance de los obreros y campesinos de Nicaragua. Su dirigente principal era Fausto Amador, que en un momento anterior había sido miembro del FSLN pero que había roto con el Frente en 1969. El Grupo Revolucionario Socialista era un grupito, formado por sus seguidores en Nicaragua, que existió por breve tiempo. Amador mantuvo su oposición a los sandinistas aún después de que derrocaran a Somoza; no regresó a Nicaragua a participar en la revolución, y se fue yendo progresivamente a la derecha burguesa, identificándose abiertamente con la política de las fuerzas armadas contrarrevolucionarias. En 1987 Amador participó junto a contrarrevolucionarios declarados en un Simposio sobre Centroamérica que tuvo lugar en Washington, D.C.

La Liga Marxista Revolucionaria era otro grupo trotskista sectario en Nicaragua. Se formó en los años setenta y dejó de existir para mediados de los ochenta.

20. Ver la nota 7 en la. pág. 378 sobre la llamada crisis de los misiles en Cuba.

La confrontación que se avecina en el Caribe

1. Desde los primeros años de la revolución, el gobierno norteamericano ha utilizado la política de inmigración como un arma contra Cuba. El gobierno cubano siempre ha planteado que todo ciudadano cubano tiene la libertad de irse del país si así lo desea. En cambio, Washington ha impuesto severas restricciones a fin de ejercer presiones políticas sobre Cuba.

El 1 de abril de 1980, seis cubanos, conduciendo un autobús, derribaron el portón de la embajada peruana en La Habana, matando a un guardia cubano. Cuando el gobierno peruano se negó a entregar a los culpables, el gobierno de Cuba retiró a los guardias apostados alrededor de la embajada. En cuestión de días, diez mil cubanos que querían emigrar abarrotaron el edificio de la embajada.

Ante la estridente propaganda de la administración Carter, Cuba permitió que botes privados norteamericanos recogieran a todos lo que quisieran salir de Cuba por el puerto de Mariel. A pesar de sus advertencias, Washington no pudo impedir la salida de la flotilla y le salió el tiro por la culata. Entre abril y septiembre, al concluir el puente marítimo, unos 125 mil cubanos emigraron a Estados Unidos.

El contraste entre la voluntad cubana de abrir sus puertas y la actitud de Washington, que se mostraba renuente a recibir a las propias personas que al principio había alentado a abandonar el país, representó una derrota para el gobierno norteamericano y una victoria para la revolución. También fue un triunfo la movilización de millones de trabajadores cubanos en apoyo a la revolución en medio de esos sucesos.

2. El discurso de Castro del Primero de Mayo ante un millón y medio de personas en la Plaza de la Revolución apareció en el número del 2 de junio de 1980 de *Perspectiva Mundial*.

3. El 17 de mayo de 1980, un jurado en Tampa, Florida, compuesto exclusivamente por blancos, absolvió a cuatro policías de Miami acusados de haber matado a golpes a Arthur McDuffie, un hombre negro, cinco meses antes. El veredicto provocó una rebelión en la comunidad negra de Miami que

fue reprimida salvajemente por miles de policías y tropas de la Guardia Nacional. En el transcurso de tres días, 16 personas fueron muertas, 300 resultaron heridas y más de 1 200 fueron arrestadas.

4. Luego de las victorias revolucionarias en Nicaragua y Granada, Washington desató en 1980 una campaña sistemática para derrocar al gobierno del primer ministro Michael Manley de Jamaica. A la clase dominante norteamericana le desagradaba el gobierno de Manley porque mantenía relaciones con Cuba, Nicaragua y Granada, y porque se negaba a aceptar sin titubeos todas las exigencias de austeridad del Fondo Monetario Internacional. Washington ejerció presiones económicas contra Jamaica, lanzó una campaña de difamación en los medios de difusión, y alentó la formación de pandillas de derechistas y matones armados, causando la muerte de casi 900 personas.

A raíz de esta injerencia, y el hecho de que el régimen de Manley no le ofreció una perspectiva de lucha al pueblo trabajador de Jamaica, el primer ministro fue derrotado en las elecciones de noviembre de 1980 y sustituido por el candidato abiertamente proimperialista Edward Seaga.

Guerra y revolución en Centroamérica y el Caribe: Eje de la política mundial

1. En 1978 el Partido Socialista de los Trabajadores respondió a las nuevas oportunidades que se les presentaban a los comunistas en Estados Unidos para realizar actividades políticas centralizadas y construir el partido en el seno de la clase obrera industrial y en los sindicatos industriales. Debido a los efectos combinados de la cacería de brujas macartista al comienzo de los años cincuenta junto con la relativa expansión de la economía capitalista por un cuarto de siglo tras la Segunda Guerra Mundial, el partido había tenido que replegarse temporalmente de su eje centralizado de trabajo político comunista en los sindicatos industriales. Los cambios

producidos por la recesión de 1974–75, la primera recesión mundial desde la Gran Depresión de los años treinta, así como los cambios en la conciencia de la clase obrera —fruto de las conquistas de las batallas por los derechos civiles, del movimiento contra la guerra en Vietnam y de las luchas por los derechos de la mujer— indicaron nuevas posibilidades para armonizar la composición social y la actividad organizada del partido con su programa y principios proletarios.

Cuando se dio este informe, el PST contaba con grupos organizados (fracciones) de miembros del partido en nueve sindicatos industriales.

Para leer más acerca del lugar que ocupa la actividad política en los sindicatos en relación a la construcción de un partido comunista, ver *El rostro cambiante de la política en Estados Unidos: la política obrera y los sindicatos* por Jack Barnes (Nueva York: Pathfinder, 1999, 2011).

2. En las elecciones presidenciales del 4 de noviembre de 1984, participó cerca del 80 por ciento de los votantes empadronados. El FSLN ganó el 67 por ciento de los votos. Daniel Ortega y Sergio Ramírez resultaron electos presidente y vicepresidente. Aunque las principales fuerzas opositoras burguesas rehusaron participar en las elecciones, tres partidos capitalistas figuraron en la papeleta electoral, recibiendo el 29 por ciento de la votación.

3. El 4 de febrero de 1962, casi un millón de cubanos se congregaron en La Habana para protestar contra la decisión, instigada por Washington, de excluir a Cuba de la Organización de Estados Americanos. La respuesta de Cuba, presentada por Fidel Castro, fue el manifiesto conocido como la Segunda Declaración de La Habana. Ver *La Primera y Segunda Declaración de La Habana* (Nueva York: Pathfinder, 1997, 2007, 2017).

4. De los escritos de Lenin sobre la Nueva Política Económica (NEP) se encuentran extensos materiales en los tomos 34, 35 y 36 de sus *Obras completas*. Acerca de la experiencia de la NEP en relación a la estrategia comunista de hoy, ver *For a Workers and Farmers Government in the United States* (Por un

gobierno de obreros y agricultores en Estados Unidos) por Jack Barnes (Nueva York: Pathfinder, 1985); "The Fight for a Workers and Farmers Government in the United States", (La lucha por un gobierno de obreros y agricultores en Estados Unidos) por Jack Barnes, en el número 4 de *New International* (1985); "La política de la economía: Che Guevara y la continuidad marxista" por Steve Clark y Jack Barnes, en el número 2 de *Nueva Internacional* (1991).

5. El juicio contra Bernard Coard y sus partidarios, caracterizado por descarados abusos de sus derechos, comenzó en abril de 1986. Los 14 acusados, Coard entre ellos, fueron condenados a muerte. En agosto de 1991, el primer ministro granadino Nicholas Brathwaite conmutó las sentencias a cadena perpetua.

Se puede hallar una apreciación más completa de las conquistas y del derrocamiento de la revolución en Granada en El segundo asesinato de Maurice Bishop por Steve Clark, en la edición de agosto de 1987 de *Perspectiva Mundial*. (Nueva York: Pathfinder, 2012).

6. La entrevista completa se publicó en la edición del 10 de febrero de 1984 de la revista cubana *Bohemia*. Los extractos principales aparecen en inglés en *War and Crisis in the Americas: Fidel Castro Speeches, 1984–85* (Guerra y crisis en las Américas: discursos de Fidel Castro, 1984–85; Nueva York: Pathfinder, 1985).

Los acuerdos de paz de 1987: Una nueva situación en Nicaragua

1. El 7 de agosto de 1987, los presidentes de Nicaragua, Honduras, Costa Rica, El Salvador y Guatemala firmaron los acuerdos de paz en Ciudad de Guatemala. El pacto estipulaba que para el 7 de noviembre del mismo año, cada uno de los cinco gobiernos establecería un alto el fuego con las fuerzas militares "irregulares" que combatían en su propio país, concedería plena amnistía a los alzados en armas, y eliminaría

todas las restricciones a los derechos democráticos impuestas como parte del estado de emergencia de 1982 en respuesta a la guerra de los contras. El gobierno de Nicaragua inmediatamente cumplió con el acuerdo.

2. En diciembre de 1984 el FSLN cambió su oposición inicial a la autonomía de los pueblos de la Costa Atlántica y comenzó a promover esta demanda, lo cual condujo a la promulgación de la Ley de Autonomía en 1987. Este proceso se describe en el artículo "Defendamos a Nicaragua revolucionaria: La erosión de los cimientos del gobierno obrero y campesino", en este número.

3. El comunismo de guerra fue la política adoptada por la joven república soviética para asegurar su supervivencia durante la guerra civil instigada por los capitalistas y terratenientes, y durante la intervención imperialista de 1918–20. La esencia de esta política era la requisa obligatoria de las cosechas de cereales de los campesinos para aprovisionar al Ejército Rojo y a la clase obrera en las ciudades. La matanza de millones de obreros y la terrible destrucción material, causadas por la guerra, provocaron una precipitosa baja de la producción industrial, lo que significó que muy pocos artículos de consumo manufacturados podían ser ofrecidos a los campesinos a cambio de sus cosechas y su ganado.

Al terminar la guerra civil, muchos campesinos que habían aceptado las requisas, al considerarlas como un mal necesario para impedir el regreso de los grandes terratenientes, se tornaron más y más hostiles hacia esa política y en algunos casos hubo rebeliones abiertas. Para volver a forjar la alianza obrero-campesina, sobre cuya base descansaba la república soviética, la dirección del Partido Comunista abandonó el comunismo de guerra en 1921 e instituyó la Nueva Política Económica (NEP). La NEP autorizaba el comercio privado en el campo, permitiendo que los campesinos vendieran sus productos en el mercado después de haberle entregado al gobierno una cantidad determinada para satisfacer las necesidades alimenticias básicas.

4. A fines de 1986 surgió una serie de revelaciones sobre un operativo norteamericano para financiar secretamente a los contras nicaragüenses recurriendo a la venta ilegal de armas a Irán, supuestamente a cambio de rehenes norteamericanos en Líbano. El escándalo llegó a conocerse como Irán-Contra o *Contragate*. La sección "En este número" de la presente edición comenta este tema más a fondo.

5. El 21 de septiembre de 1987, un helicóptero militar norteamericano atacó a un barco iraní en el Golfo Pérsico sin previo aviso, matando a cinco personas. El ataque fue efectuado por fuerzas norteamericanas desplegadas en esa región para apoyar al régimen iraquí en su guerra contra Irán, iniciada en 1980. La guerra entre Irán e Iraq terminó en 1988.

El 17 de septiembre de 1987, agentes del FBI secuestraron a un ciudadano libanés en el Mar Mediterráneo. El prisionero, capturado ilegalmente en aguas internacionales, fue llevado a Estados Unidos bajo cargos de piratería aérea.

6. En julio de 1987 el juez federal Robert Bork fue propuesto por el presidente Ronald Reagan para la Corte Suprema de Estados Unidos. La nominación de Bork provocó mucha oposición pública por sus ideas derechistas —expuestas abiertamente durante las audiencias congresionales— respecto al derecho al aborto y otros derechos democráticos, la acción afirmativa y otros temas diversos. La nominación de Bork fracasó en octubre al ser rechazada por el Comité Judicial del Senado.

Defendamos a Nicaragua revolucionaria: La erosión de los cimientos del gobierno obrero y campesino

1. Acerca de la importancia crítica de la alianza obrero-campesina en la lucha por un gobierno obrero y campesino, ver *For a Workers and Farmers Government in the United States* (Por un gobierno de obreros y agricultores en Estados Unidos) por Jack Barnes (Nueva York: Pathfinder, 1985); "The

Fight for a Workers and Farmers Government in the United States" (La lucha por un gobierno de obreros y agricultores en Estados Unidos) por Barnes, en el número 4 de *New International* (1985); "Communism and the Fight for a Popular Revolutionary Government: 1848 to Today" (El comunismo y la lucha por un gobierno popular revolucionario: de 1848 al presente) por Mary-Alice Waters, en el número 3 de *New International* (1984); y *Su Trotsky y el nuestro* por Barnes (Nueva York: Pathfinder, 2002)

2. Ahmed Ben Bella, uno de los principales dirigentes del ala izquierda del Frente de Liberación Nacional (FLN), fue depuesto el 19 de junio de 1965 en un golpe de estado dirigido por el entonces ministro de defensa y vicepresidente, Houari Boumédienne, y permaneció en prisión hasta 1980.

Maurice Bishop, fundador y principal dirigente del Movimiento de la Nueva Joya de Granada, así como primer ministro del Gobierno Popular Revolucionario, fue derrocado y asesinado en octubre de 1983 por la camarilla estalinista dirigida por Bernard Coard. Unos días después, el 25 de octubre, Washington invadió la isla.

3. Acerca de las lecciones que los revolucionarios pueden sacar de la derrota del gobierno obrero y campesino en Argelia, ver "El gobierno obrero y campesino: una poderosa arma anticapitalista para el pueblo trabajador", por Larry Seigle, en este número.

4. Ver el Programa Histórico, redactado en 1969 por el fundador del FSLN Carlos Fonseca, en este número.

5. Sobre la experiencia de la clase obrera en la transición desde un gobierno obrero y campesino hacia la consolidación de un estado obrero, ver *For a Workers and Farmers Government in the United States* (Por un gobierno de obreros y agricultores en Estados Unidos) por Jack Barnes (Nueva York: Pathfinder, 1985).

6. Fidel Castro reafirmó el compromiso de los comunistas cubanos con esta perspectiva en su discurso de clausura del Cuarto Encuentro Latinoamericano y del Caribe por la Solida-

ridad, la Soberanía, la Autodeterminación y la Vida de Nuestros Pueblos, celebrado en La Habana en febrero de 1994.

7. El texto íntegro de esta resolución aparece en este número.

8. Ver la nota 8 en la pág. 386.

9. Ver la entrevista concedida por Tomás Borge a Rodolfo Matarollo, que apareció en el número 42 de la revista argentina *Crisis* bajo el título "La crítica es un arma necesaria". Extractos de la entrevista se publicaron en inglés bajo el título "Tomás Borge on the Origins of Marxism in Nicaragua" (Tomás Borge habla sobre el origen del marxismo en Nicaragua) en la edición del 14 de noviembre de 1986 del *Militant*.

10. Sobre el sistema de rentas e hipotecas, ver "Forjando una combativa alianza de obreros y agricultores: la respuesta a la crisis que enfrentan los agricultores explotados" por Doug Jenness, publicado en *Perspectiva Mundial* en dos partes, en los números del 19 de agosto y del 9 de septiembre de 1985.

11. Ver "Nicaragua: Sugar harvest under way at recently nationalized mill" (Nicaragua: echan a andar zafra en ingenio recién nacionalizado) por Larry Seigle, en el *Militant* del 23 de diciembre de 1988. Para más detalles de fondo sobre la situación del ingenio San Antonio, ver "Debate sindical en ingenio estatal" por Harvey McArthur y Larry Seigle, en el número de octubre de 1988 de *Perspectiva Mundial*.

12. Acerca del debate sobre la cuestión colonial en el Segundo Congreso de la Internacional Comunista en 1920, ver *Los cuatro primeros congresos de la Internacional Comunista*, primera parte, en la sección "Tesis y adiciones sobre los problemas nacional y colonial" (Mexico: Siglo XXI Editores, 1981). Sobre el congreso de los pueblos oprimidos auspiciado por la Internacional Comunista unos meses más tarde en la ciudad de Bakú, ver *To See the Dawn: Baku 1920—First Congress of the Peoples of the East* (Ver el amanecer: Bakú 1920: Primer congreso de los pueblos de oriente; Nueva York: Pathfinder, 1993).

13. Ver la nota 1 en la pág. 396.

14. En enero de 1992 se firmó un acuerdo entre el Frente

Farabundo Martí para la Liberación Nacional (FMLN) y el gobierno de El Salvador. El pacto puso fin a más de una década de guerra civil, que había cobrado 75 mil vidas, en su gran mayoría víctimas del gobierno y sus escuadrones de la muerte. El convenio reflejó la incapacidad del gobierno salvadoreño y de Washington de doblegar la resistencia del pueblo trabajador en ese país, a pesar de muchos años de represión salvaje. No obstante, el FMLN tampoco había podido sentar las bases para una insurrección victoriosa contra el régimen capitalista-latifundista.

El acuerdo de 1990 estipuló el desmantelamiento del aparato militar del FMLN y la reincorporación de sus miembros a la vida política legal. El gobierno accedió a reducir sus fuerzas armadas a menos de la mitad de su tamaño anterior, destituir a oficiales culpables de violar los derechos humanos, y disolver la Policía de Hacienda, la Guardia Nacional y la Policía Nacional, creando una nueva fuerza policial a la cual podrían ingresar miembros del FMLN.

Ya para 1990, la dirección del FMLN había rechazado su meta original, que planteaba la lucha por arrebatarles el poder a las clases explotadoras de El Salvador y utilizar este poder para promover los intereses de los obreros y campesinos. Joaquín Villalobos, uno de los principales comandantes del FMLN, explicó esta evolución. "En El Salvador hay que eliminar los extremos", afirmó en una entrevista aparecida en el *New York Times* en marzo de 1991. "En nuestro caso, significa el pensamiento del estalinismo dogmático y del comunismo clásico y tradicional. En el otro extremo está la derecha ortodoxa, que en El Salvador es algo como de la Edad de Piedra". Villalobos declaró que le gustaría que El Salvador siguiera como modelo a Alemania, Japón o Costa Rica.

En 1993 salió a la luz pública la complicidad del gobierno norteamericano en las peores masacres de obreros y campesinos salvadoreños en los años ochenta. Al mismo tiempo, recrudecieron los asesinatos de conocidos dirigentes del FMLN a manos de los escuadrones de la muerte.

Por otro lado, en las elecciones municipales y nacionales realizadas en marzo de 1994, la derechista Alianza Republicana Nacionalista (ARENA) —el partido gobernante— derrotó al FMLN. La Asamblea Legislativa quedó compuesta por 39 diputados de ARENA, 21 del FMLN, 18 del Partido Demócrata Cristiano, uno de Convergencia Democrática y uno del Movimiento Unidad. Además, ARENA ganó unos 200 de los 262 municipios del país. En la segunda vuelta de las elecciones, realizada en abril, el candidato presidencial de ARENA, Armando Calderón, obtuvo el 68 por ciento de los votos; Rubén Zamora, candidato de una coalición encabezada por el FMLN, obtuvo el 32 por ciento. Calderón, a quien el gobierno norteamericano asoció en noviembre de 1993 con los escuadrones de la muerte, asumió la presidencia en junio de 1994.

La derrota electoral reflejó el hecho de que el pueblo trabajador no vio que el FMLN presentara un programa político fundamentalmente distinto del de los partidos burgueses. Una de las propuestas fundamentales de la campaña electoral del FMLN era la de "concertación", es decir, la búsqueda de un "pacto social" entre las clases obrera y patronal encaminado a "asegurar la gobernabilidad" del país.

Asimismo, la derrota aceleró los desacuerdos y luchas facciosas al seno del FMLN. La crisis salió a la luz pública el 1 de mayo, cuando siete diputados de la fracción del FMLN en la Asamblea Legislativa —miembros de Resistencia Nacional y de la Expresión Renovadora del Pueblo (ERP), dirigida por Villalobos— rechazaron una decisión de la Comisión Política del FMLN y votaron a favor de Mercedes Salguero de ARENA como presidenta de la asamblea. En esa sesión, y con el apoyo de los diputados de ARENA, dos ex comandantes guerrilleros, Ana Guadalupe Martínez de la ERP y José Eduardo Sancho de RN, fueron elegidos vicepresidenta y secretario de la asamblea, respectivamente.

15. Tropas norteamericanas invadieron Granada el 25 de octubre de 1983. La invasión, que llegó a involucrar a más de siete mil tropas, empezó seis días después del asesinato del

Notas para las páginas 271–74   403

primer ministro Maurice Bishop.

En abril de 1965, más de veinte mil tropas norteamericanas invadieron República Dominicana para aplastar una rebelión popular. Miles de dominicanos perdieron la vida. El país fue ocupado y Joaquín Balaguer asumió la presidencia tras elecciones fraudulentas. Las últimas tropas norteamericanas partieron en septiembre de 1966.

16. Michael Manley llegó a ser primer ministro de Jamaica al triunfar el Partido Nacional Popular (PNP) en las elecciones parlamentarias realizadas en febrero de 1989. Manley, buscando estrechas relaciones con el gobierno de Estados Unidos, prometió cumplir el pago de la enorme deuda externa de Jamaica e impuso severas medidas de austeridad. El PNP de Manley había gobernado el país entre 1972 y 1980, cuando instituyó ciertas reformas sociales y estableció relaciones diplomáticas con Cuba. Fue depuesto mediante una sangrienta campaña de terrorismo callejero instigada por Washington.

El dirigente peronista Carlos Menem asumió la presidencia de Argentina en julio de 1989 y reinició los pagos por concepto de intereses sobre la deuda externa del país, que el gobierno anterior había suspendido en abril de 1988. Menem ha decretado drásticas medidas de austeridad, privatizando importantes sectores industriales y servicios públicos, aumentando los impuestos, despidiendo a decenas de miles de obreros y devaluando la moneda argentina.

17. El grupo Organizaciones Antiimperialistas del Caribe y Centroamérica, fundado en La Habana en 1984, contaba con miembros en más de veinte países de habla inglesa, española, francesa, holandesa y criolla. Sus reuniones y logros políticos están documentados en *One People, One Destiny: The Caribbean and Central America Today* (Un pueblo, un destino: el Caribe y Centroamérica en la actualidad), editado por Don Rojas (Nueva York, Pathfinder, 1988).

18. Entrevista a Tomás Borge realizada por Carlos F. Chamorro, publicada el 7 de marzo de 1989 en *Barricada*.

19. Para más lectura sobre los efectos del mercado al re-

producir relaciones sociales capitalistas en una sociedad en tránsito del capitalismo al socialismo, ver "Che Guevara, Cuba y el camino al socialismo", en el número 2 de *Nueva Internacional* (1991); también *El socialismo y el hombre en Cuba* (Nueva York: Pathfinder, 1992); *Che Guevara and the Cuban Revolution: Writings and Speeches of Ernesto Che Guevara* (Che Guevara y la revolución cubana: escritos y discursos de Ernesto Che Guevara; Nueva York, Pathfinder, 1987); y *Che Guevara: economía y política en la transición al socialismo* (Nueva York: Pathfinder, 1997), anteriormente editado como *El pensamiento económico de Ernesto Che Guevara*, por Carlos Tablada. Para una evaluación de este tema durante los años treinta, tras la consolidación de una casta burocrática privilegiada en la Unión Soviética bajo Stalin, ver *La revolución traicionada: ¿Qué es y adónde va la Unión Soviética?* (Nueva York: Pathfinder, 1992) por León Trotsky.

20. Ver la nota 3 en la pág. 397.

21. El Partido Comunista de Cuba inició el proceso de rectificación en 1986 para combatir las crecientes consecuencias negativas de la política de administración y planificación económica que la dirección cubana había adoptado a comienzos de los años setenta siguiendo el ejemplo del régimen estalinista soviético. A comienzos de los años ochenta esa política había causado una creciente desmovilización y desmoralización política del pueblo trabajador en Cuba. Ante esta desorientación política, los comunistas cubanos empezaron a buscar la perspectiva que Ernesto Che Guevara había promovido a principios de los años sesenta y que en esos años se había llevado a cabo de forma limitada.

Sin embargo, a fines de los años ochenta la revolución cubana enfrentó presiones políticas enormes, como resultado de las derrotas de los gobiernos obrero-campesinos en Nicaragua y Granada y del reflujo consiguiente de las luchas revolucionarias en otras partes de Centroamérica y el Caribe. A comienzos de los años noventa, Cuba también se vio impactada por el cese de la ayuda y de los términos favorables que gozaba en sus relaciones comerciales con los países de Europa oriental y la Unión Soviética, de los cuales recibía el 85 por ciento de sus importaciones. Esta situación provocó escaseces y trastornos económicos que frenaron el ímpetu de la rectificación, poniendo fin a muchas de sus medidas esenciales, tales como las microbrigadas y los contingentes voluntarios de construcción. Ante estas condiciones, la dirección cubana se ha visto forzada a retroceder de diversos aspectos de la rectificación —a la vez que lucha bajo el lema "Socialismo o muerte"— para poder mantener una trayectoria revolucionaria que puedan seguir los trabajadores cubanos. Para mayor información, ver *Che Guevara y la lucha por el socialismo hoy: Cuba enfrenta la crisis mundial de los años 90* (Nueva York: Pathfinder, 1992) por Mary-Alice Waters; "Cuba's Rectification Process: Two Speeches by Fidel Castro" (El proceso de rectificación en Cuba: dos discursos de Fidel Castro), que incluye el prefacio "Cuba: A Historic Moment" (Cuba: Un momento histórico) por Waters, en el número 6 de *New International* (1987); *In Defense of Socialism: Four Speeches on the Thirtieth Anniversary of the Cuban Revolution* (En defensa del socialismo: cuatro discursos con motivo del trigésimo aniversario de la revolución cubana) por Fidel Castro, (Nueva York: Pathfinder, 1989); y el número 2 de *Nueva Internacional*, titulado "Che Guevara, Cuba, y el camino al socialismo".

22. Durante la guerra mercenaria impulsada por Washington contra Nicaragua, estas organizaciones estalinistas rehusaron movilizar sus fuerzas en defensa de la revolución y la soberanía de Nicaragua. Se alinearon con los opositores burgueses de la revolución al tiempo que argumentaron demagógicamente que el gobierno obrero y campesino era en realidad un gobierno burgués o pequeñoburgués que debía ser derrocado por la clase obrera.

El Partido Socialista Nicaragüense (PSN), fundado en los años cuarenta, era el partido estalinista tradicional en Nicaragua. Muchos jóvenes de ideas revolucionarias ingresaron por un tiempo al PSN en los años cincuenta. En las dos décadas siguientes rechazaron a ese partido y optaron por unirse al

FSLN. El PSN, con miras a socavar al gobierno obrero y campesino que había sustituido a Somoza, aprovechó su influencia en el sindicato de obreros de la construcción, SCAAS, organizando actos provocadores en diversos centros de trabajo para tratar de desprestigiar al gobierno. A fines de los años ochenta, ante la crisis de los regímenes estalinistas de la Unión Soviética y Europa oriental, el PSN se declaró socialdemócrata. En 1990 se incorporó a la Unión Nacional Opositora (UNO), la coalición electoral orquestada por Washington. Tras asumir la presidencia del país, Violeta Chamorro nombró a dirigentes del PSN a varios altos cargos en los ministerios de reforma agraria y de educación.

El Partido Comunista de Nicaragua (PCN) surgió de una escisión en el PSN en los años sesenta. Luego del triunfo revolucionario de 1979, el PCN halló cada vez más puntos de coincidencia con sectores burgueses que se oponían al FSLN y al gobierno revolucionario. Cuando se realizaron las elecciones presidenciales de 1990 en Nicaragua, el PCN ya había ingresado a la UNO. Actúa al unísono con los elementos más derechistas de la UNO, como el vicepresidente Virgilio Godoy.

El Partido Marxista-Leninista, mejor conocido como Movimiento de Acción Popular-Marxista-Leninista (MAP-ML), se originó tras una escisión ocurrida en el FSLN en 1971–72. En un principio adoptó posiciones maoístas y luego llegó a la conclusión de que tanto China como la Unión Soviética eran sociedades de capitalismo de estado. A diferencia del PSN y del PCN, el MAP no se unió a la UNO en las elecciones de 1990. Postuló su propia lista electoral.

23. Washington decidió finalmente que podría conseguir sus propósitos únicamente con una intervención militar directa en Panamá. El 20 de diciembre de 1989, Guillermo Endara fue proclamado presidente en una base militar estadounidense en la zona del canal, y poco después las tropas norteamericanas comenzaron un ataque masivo contra las bases militares y los barrios obreros panameños. En poco tiempo las fuerzas norteamericanas alcanzaron 26 mil efectivos,

contando los 12 mil estacionados allí desde antes del 20 de diciembre. Después de instalar a este régimen sumiso, lanzaron una arremetida contra las organizaciones populares y contra el espacio político existente para las luchas por la soberanía nacional y la justicia social. Washington así también debilitó los tratados del Canal de Panamá, aseguró el mantenimiento de las 13 bases militares norteamericanas en ese país y fortaleció la dominación norteamericana en la región. Miles de civiles panameños quedaron muertos, heridos o desamparados a consecuencia de los bombardeos y ataques de artillería contra la capital. Ver *Panama: The Truth About the U.S. Invasion* (Panamá: La verdad sobre la invasión norteamericana) por Cindy Jaquith, Don Rojas, Nils Castro y Fidel Castro (Nueva York: Pathfinder, 1990).

24. El *Militant* y *Perspectiva Mundial* abrieron una oficina de prensa en Managua poco después de la victoria del 19 de julio de 1979. Luego de diez años y medio de actividad continua, cerraron la oficina en diciembre de 1990.

Se está perdiendo una oportunidad histórica
por Larry Seigle

1. Ver *Thomas Sankara, Somos herederos de las revoluciones del mundo* (Nueva York: Pathfinder, 2007), págs. 18, 74, 82–83.

2. Ver la resolución "Defendamos a Nicaragua revolucionaria: La erosión de los cimientos del gobierno obrero y campesino" en este número.

3. Ver "Nicaragua: Cómo llegó al poder el gobierno obrero y campesino" en este número.

4. Ver el artículo, "Atlantic Coast residents discuss how to control food prices", (Habitantes de la Costa Atlántica debaten cómo controlar precios de alimentos), en el número del 12 de mayo de 1989 del *Militant*.

5. El discurso de Fidel Castro, pronunciado el 5 de diciembre de 1988, fue publicado en su totalidad en el número de febrero de 1989 de *Perspectiva Mundial*.

6. Ver *Carlos, el amanecer ya no es una tentación* (La Habana: Casa de las Américas, 1980) por Tomás Borge, pág. 27.

7. "Nicaragua Hora Cero" en *Obras*, tomo 1, de Carlos Fonseca (Managua: Editorial Nueva Nicaragua, 1981), pág. 82.

8. *Obras*, tomo 1, de Carlos Fonseca (Managua: Editorial Nueva Nicaragua, 1981), págs. 267–69.

9. La entrevista concedida a Carlos F. Chamorro por Tomás Borge apareció en *Barricada* el 7 de marzo de 1989 bajo el título "Concertación es discutir la desconfianza histórica".

10. Ver "La ley del valor bajo el socialismo" por José Stalin en *Economic Problems of Socialism in the U.S.S.R.* (Problemas económicos del socialismo en la URSS; Pekín: Foreign Language Press, 1972). También se puede encontrar en *La construcción del socialismo en la URSS y China* por José Stalin y Mao Tse-tung (Buenos Aires: Siglo XXI, 1976).

11. Ver *El socialismo y el hombre en Cuba* (Nueva York: Pathfinder, 1992) por Ernesto Che Guevara, pág. 64.

12. Ver nota 21 en la págs. 404.

13. La entrevista a Luis Carrión, realizada por Ralf Leonhard, apareció bajo el título "Enfrentados con la realidad" en el número de julio de 1989 de *Pensamiento Propio*.

14. En una reunión celebrada en Tela, Honduras, en agosto de 1989, los presidentes de Nicaragua, Honduras, El Salvador, Costa Rica y Guatemala decidieron poner en vigor un convenio suscrito en febrero de 1989 para desmovilizar a la contra para fines de ese año.

15. Este discurso, pronunciado el 1 de diciembre de 1961, aparece en *Selected Speeches of Fidel Castro* (Discursos escogidos de Fidel Castro; Nueva York: Pathfinder, 1992). Fue parte de una amplia discusión política para unificar a todos los revolucionarios cubanos en un solo partido comunista. Este proceso culminó con la fundación del Partido Comunista de Cuba en octubre de 1965. El discurso también aparece en *La revolución cubana* (México: Ediciones Era, 1972), pág. 439.

El gobierno obrero y campesino: Una poderosa arma anticapitalista para el pueblo trabajador
por Larry Seigle

1. Ver "Defendamos a Nicaragua revolucionaria: La erosión de los cimientos del gobierno obrero y campesino", en este número.

2. La Alianza de la Juventud Socialista —una organización juvenil independiente en solidaridad política con el Partido Socialista de los Trabajadores— votó en abril de 1992 a favor de disolverse como organización. Determinó que en ese momento sería la forma más eficaz de atraer a otros jóvenes interesados en la campaña presidencial socialista de James Warren y Estelle DeBates, los candidatos del PST, e involucrarlos en actividades políticas. En el transcurso del siguiente año, varios de los antiguos miembros de la AJS que no habían militado en el PST se afiliaron al partido, como también lo hicieron otros jóvenes que colaboraban —como parte del movimiento socialista— en la campaña electoral y en diversas actividades en defensa de la revolución cubana, contra la brutalidad policiaca, por el derecho al aborto y en solidaridad con obreros en huelga. A comienzos de 1994, jóvenes miembros del PST ya trabajaban con jóvenes afiliados a grupos independientes de jóvenes socialistas en Nueva York, Minneapolis y varias otras ciudades del país; estos grupos han formado una alianza de grupos de jóvenes socialistas y han dado pasos hacia la fundación de una organización de la juventud socialista a nivel nacional.

3. Ver "The Algerian Revolution and the Character of the Ben Bella Regime" (La revolución argelina y el carácter del régimen de Ben Bella) por Joseph Hansen, en *The Workers and Farmers Government* (El gobierno obrero y campesino; Nueva York: Pathfinder, 1974), pág. 25–26 [impresión de 2015].

4. El texto íntegro de este documento aparece en este número.

5. Una historia detallada del golpe de estado contrarrevolucionario que derrocó al gobierno obrero y campesino dirigido por Maurice Bishop en Granada puede encontrarse en el artículo de Steve Clark titulado "El segundo asesinato de Maurice Bishop" en el número de agosto de 1987 de *Perspectiva Mundial*.

6. El "punto álgido decisivo" se refiere a la respuesta de la Internacional Comunista (Comintern) y del Partido Comunista Alemán —ambos cada vez más estalinizados— ante el ascenso y triunfo del fascismo en Alemania. Adolfo Hitler y el partido nazi lograron subir al poder en 1933 debido, en gran parte, a las políticas planteadas por la dirección de la Comintern y aplicadas en ese entonces por el Partido Comunista Alemán. Entre 1929 y 1933 estas políticas se caracterizaron por esfuerzos encaminados a impedir la unidad en la acción —necesaria ante el creciente peligro fascista— entre los millones de obreros que apoyaban al Partido Comunista y los millones que apoyaban al Partido Socialdemócrata. La Internacional Comunista, dirigida por Stalin, caracterizaba al Partido Socialdemócrata como "social-fascista".

Esta derrota en Alemania fue la peor que sufrió la clase obrera en el siglo XX. Fue acompañada de la supresión de las instituciones democrático-burguesas y del derecho a organizar actividades sindicales y políticas, conquistas por las cuales el movimiento obrero en Alemania había luchado durante casi un siglo para ganar y defender; también fueron destruidos violentamente los sindicatos y los dos partidos obreros de masas en Alemania, el Socialista y el Comunista. Otra consecuencia de esta derrota fue la carnicería interimperialista de la Segunda Guerra Mundial y la exterminación de millones de judíos, gitanos y otros más en campos de concentración genocidas. En los días y meses posteriores al triunfo de los nazis en 1933, la Comintern trató de encubrir su responsabilidad por esta catástrofe. Ni uno solo de los partidos afiliados a ella protestó contra esta política o pidió siquiera que fuera examinada y debatida. Estos hechos demostraron que la labor que los auténticos comunistas habían realizado para tratar de reformar a los Partidos Comunistas y a la Comintern ahora tenía que ser sustituida por la tarea de forjar nuevos partidos y una nueva Internacional. Para leer más acerca de estos sucesos, ver *The Struggle Against Fascism in Germany* (La lucha contra el fascismo en Alemania) por León Trotsky (Nueva York: Pathfinder, 1971).

7. Ver el Programa Histórico del FSLN en este número.

8. Reproducido también en *For a Workers and Farmers Government in the United States* (Por un gobierno de obreros y agricultores en Estados Unidos; Nueva York: Pathfinder, 1985), pág. 48 [impresión de 2016].

9. El texto íntegro de esta resolución aparece en este número.

10. Ver la nota 3 en la pág. 397.

11. Ver la entrevista a Maurice Bishop realizada el 15 de julio de 1980, que apareció en el número de *Perspectiva Mundial* del 22 de septiembre de ese año. También aparece en *Maurice Bishop: discursos escogidos, 1979–83* (La Habana: Ediciones Casa de las Américas, 1986), pág. 440.

DEFENSA DE LAS LIBERTADES CONSTITUCIONALES

Bajo la constitución, "el poder de censura está en manos del pueblo frente al gobierno y no del gobierno frente al pueblo".
—James Madison, 1794

50 años de operaciones encubiertas en EE.UU.
La policía política de Washington y la clase obrera norteamericana

LARRY SEIGLE, FARRELL DOBBS
STEVE CLARK

Cómo los trabajadores con conciencia de clase han luchado contra los intentos de expandir el "estado de seguridad nacional" que es esencial para mantener el dominio capitalista. US$10. También en inglés y persa.

FBI on Trial
The Victory in the Socialist Workers Party Suit Against Government Spying

(El juicio contra el FBI: La victoria en la demanda judicial del Partido Socialista de los Trabajadores contra el espionaje del gobierno)

MARGARET JAYKO

Relata la victoria histórica en la lucha por los derechos políticos. Incluye el texto del fallo de 1986 de la corte federal contra el espionaje del gobierno y fragmentos del testimonio de dirigentes del PST Farrell Dobbs y Jack Barnes en el juicio. En inglés. US$17

El socialismo en el banquillo de los acusados
Testimonio en el juicio por sedición en Minneapolis

JAMES P. CANNON

El programa revolucionario de la clase trabajadora, presentado en una corte federal en respuesta a cargos fabricados de "conspiración sediciosa", en vísperas del ingreso de Washington a la Segunda Guerra Mundial. Los acusados eran dirigentes del movimiento obrero en Minneapolis y del Partido Socialista de los Trabajadores. US$15. También en inglés, francés y persa.

LA REVOLUCIÓN RUSA Y LA LUCHA CONTRA LA OPRESIÓN NACIONAL

La última lucha de Lenin
Discursos y escritos, 1922–23
V.I. LENIN

En 1922 y 1923, V.I. Lenin, dirigente central de la primera revolución socialista, libró su última batalla política, la cual se perdió tras su muerte. Era una lucha para decidir si esa revolución y el movimiento comunista internacional mantendrían el curso proletario que había llevado al poder a los trabajadores y campesinos en Rusia en 1917. US$17. También en inglés, persa y griego.

To See the Dawn
Baku, 1920—First Congress of the Peoples of the East
(Para ver el amanecer. Bakú, 1920: Primer Congreso de los Pueblos de Oriente)

¿Cómo pueden librarse de la explotación imperialista los campesinos y trabajadores del mundo colonial? ¿Cómo pueden superar las divisiones nacionales, religiosas y de otra índole atizadas por las clases dominantes y luchar por sus intereses de clase comunes? Conforme resonaba el ejemplo de la Revolución de Octubre por el mundo, los 2 mil delegados a este congreso debatían estos problemas. En inglés. US$17

La revolución traicionada
¿Qué es y adónde va la Unión Soviética?
LEÓN TROTSKY

En 1917 los trabajadores y campesinos de Rusia hicieron una de las revoluciones más profundas de la historia. Sin embargo, al cabo de 10 años, una capa social privilegiada, cuyo principal vocero era José Stalin, ya consolidaba una contrarrevolución política. Un estudio clásico del estado obrero soviético y su degeneración. US$17. También en inglés, persa y griego.

PATHFINDERPRESS.COM

Nueva Internacional
UNA REVISTA DE POLÍTICA Y TEORÍA MARXISTAS

NUEVA INTERNACIONAL Nº. 1
Los cañonazos iniciales de la Tercera Guerra Mundial: El ataque de Washington contra Iraq
JACK BARNES

La mortífera agresión contra Iraq en 1990–91 anunció crecientes conflictos entre las potencias imperialistas, una mayor inestabilidad del capitalismo y más guerras. También incluye:
1945: Cuando las tropas norteamericanas dijeron '¡No!' por Mary-Alice Waters
Lecciones de la guerra Irán-Iraq por Samad Sharif

US$14. También en inglés, francés y persa.

NUEVA INTERNACIONAL Nº. 6
Ha comenzado el invierno largo y caliente del capitalismo
JACK BARNES

Explica que la crisis capitalista global de hoy es la etapa inicial de décadas de convulsiones económicas, financieras y sociales y de batallas de clases. Los trabajadores con conciencia de clase necesitamos trazar un curso revolucionario para afrontar esta coyuntura histórica del imperialismo. US$14. También en inglés, francés, persa, árabe y griego.

NUEVA INTERNACIONAL Nº. 5
El imperialismo norteamericano ha perdido la Guerra Fría
JACK BARNES

El colapso de los regímenes en la URSS y Europa Oriental, que falsamente se autodenominaban comunistas, no significó la derrota de los trabajadores y agricultores en esos países. En los actuales conflictos y guerras capitalistas, ellos se han sumado a trabajadores en otras partes del mundo en la lucha contra la explotación. US$14. También en inglés, francés, persa y griego.

INDICE

A

Abbas, Ferhat, 120, 387
Aborto, 36, 262–64, 301
AFL-CIO, 114. *Ver también* Sindicatos, en Estados Unidos
Africa: ayuda cubana a, 33, 48, 50, 133, 156, 245–46, 380–81, 391; luchas revolucionarias en, 245, 288
Agencia Central de Inteligencia (CIA), 22, 194–95, 196, 212, 384
Alemania, 43, 53, 381; ascenso de Hitler, 410–11
Alfabetización, campaña de, 14, 16–17, 86, 87, 115–16, 157, 262, 290; y Programa Histórico, 20, 170
Alianza de la Juventud Socialista (AJS), 284, 306, 331, 347, 409
Alianza obrero-campesina, 20, 37, 165, 187, 190, 275, 398–99; su debilitamiento en Nicaragua, 39, 236, 250–52, 257, 258, 371; y eliminación del capitalismo, 204; como reto fundamental, 206, 250, 309–10
Altamirano, Eli, 327
Amador, Fausto, 392
Ambiente, su destrucción, 272
América Latina: burguesías de, 131; crisis social en, 42, 59–60, 160, 271–72; deuda externa, 270–72; ejemplo de Cuba para, 4, 156, 200, 201, 204, 306–8; merman avances revolucionarios en, 269–71; solidaridad con Nicaragua en, 102, 128, 154–55. *Ver también* Centroamérica y el Caribe
AMNLAE (Asociación de Mujeres Nicaragüenses Luisa Amanda Espinoza), 87, 91, 103, 137, 144, 262; su degeneración, 39, 264
Angola, 33, 48, 50, 156, 245, 380–81, 391
Antiguerra, movimiento (Centroamérica): participación sindical en, 27, 163–64, 188–89; protestas callejeras, 27, 164, 188–89, 228
Antiguerra, movimiento (Vietnam), 27, 31, 150
Arabia Saudita, 28
Arce, Bayardo, 54
Argelia, gobierno obrero-campesino en, 88, 122–23, 285, 300, 387; carácter del régimen de Boumédienne, 237, 324; su derrocamiento, 43, 118, 237, 324, 340–41, 387, 399; figuras burguesas en, 119–20; su repliegue político, 122–23, 336–37, 340, 342

415

Argentina, 59–60, 111, 271, 403
Asociación de Trabajadores del Campo (ATC), 111, 114, 137–38, 144, 268; su formación, 91, 103, 106–7, 247; su papel de vanguardia, 247, 261–62, 266; y política del pacto social del FSLN, 316–18
Asociación Internacional de Trabajadores, 63
Atención médica, 15, 17, 84, 112; y Programa Histórico, 172
Autonomía, proceso de. *Ver* Costa Atlántica de Nicaragua, proceso de autonomía

B

Bahía de Cochinos, 389
Balaguer, Joaquín, 403
Baltodano, Duilio, 327
Baltodano, Mónica, 264
Banca, 84, 85, 110, 114, 122, 143, 168, 253
Banco Mundial, 55
Barbados, 200
Barricada, 112, 139, 140, 274, 311
Barricada Internacional, 57
Batista, Fulgencio, 19, 91, 208, 327, 387
Belice, 158
Belli, Gioconda, 360
Ben Bella, Ahmed, 43, 88, 118, 324, 341, 387, 388, 399; y repliegue del gobierno obrero y campesino, 122–23, 336–37, 342
Bishop, Maurice, 9, 50, 211, 217, 245, 288, 324, 341; su asesinato, 26–27, 43–44, 191, 211, 214, 217, 237, 341, 399, 402–3; como dirigente proletario revolucionario, 42, 43, 63, 200, 211, 212, 213, 214, 215, 341, 366–67
Boland, Enmienda, 27, 30
Bolcheviques, 60, 63, 189, 203, 206, 355; y NEP, 206, 363, 365–66
Borge, Tomás, 108, 343; sobre Cuba y Fonseca, 248, 307; justifica repliegue político del FSLN, 46, 273, 274–75, 311; y proceso de autonomía, 222, 325
Bork, Robert, 228, 398
Bosch, Orlando, 22
Boumédienne, Houari, 118, 123, 337, 342, 387, 399
Brathwaite, Nicholas, 396
Brigada Simón Bolívar, 77–78, 147–48, 383–84
Burbach, Roger, 348
Burkina Faso, 288
Bush, George, 28

C

Camboya, 244–45, 367
"Camino de Managua" hacia política comunista, 7, 229, 329, 346–48
Campesinos y agricultores, 35, 54–55, 195–96; agricultores capitalistas, 39, 257–58, 310–11, 323, 372; y campaña de alfabetización, 14, 86, 115–16; creciente diferenciación social entre, 235–36, 250, 257, 309, 323–24, 372; enfoque administrativo hacia, 369–70; influencia contrarrevolucionaria y capitalista sobre, 256, 258; sus luchas por tierras, 14, 15, 247, 255–56, 290, 316–17; su migración a Managua, 250–51; Programa Histórico sobre, 169. *Ver también* Alianza obrero-campesina; Cooperativas; Reforma agraria; Terratenientes
Cannon, James P., 285
Capitalismo: anarquía de produc-

ción en, 21, 168, 315; su ciclo comercial, 272, 319; su crisis mundial, 59–60, 271–72, 318–19; y democracia, 276; explotación de trabajadores en, 39, 59, 271–72, 310–11, 314, 316–17; mecanismos de mercado del, 40, 52, 273–74, 275–76, 279, 303–4, 312–14, 403–4; relaciones sociales en la tierra, 257–58, 309, 323–24, 370–72. *Ver también* Imperialismo norteamericano
Capitalistas nicaragüenses, 314; apoyo de Washington a, 44, 130; curso inicial del FSLN hacia su expropiación, 38, 98, 111–12, 114–15, 119, 123, 127, 143, 144, 190, 240–41, 243, 246–48, 256, 290–91, 364, 366, 371, 372; expropiaciones punitivas contra, 253–54, 282–83, 367–69; su oposición al FSLN, 55, 79, 121, 137–38, 195–96, 223–24, 326–27, 344; poder económico y social, 93, 117–19, 135–36, 195, 249, 251–52; Programa Histórico sobre, 168. *Ver también* Campesinos y agricultores, agricultores capitalistas; Concertación, política de pacto social; Nacionalizaciones; "Productores patrióticos"; Somoza y somocismo, oposición burguesa a
Carpio, Salvador Cayetano, 26, 205, 209–11
Carrión, Luis, 314–16
Carter, James, 24, 79, 84, 155; y Cuba, 154, 160, 161, 386; y Nicaragua, 22, 130, 133, 134
Casey, William, 27
Castro, Fidel, 92, 118, 121, 122, 124, 162, 270, 387, 388; sobre ayuda cubana a Nicaragua, 18, 134, 391–92; sobre ayuda cubana a revolucionarios salvadoreños, 133; sobre capitalismo, 399–400; y continuidad comunista, 60, 63, 285; sobre crisis de los misiles de 1962, 379–80; sobre derrota de Granada, 10, 219; sobre errores "utópicos" en Cuba en década de 1960, 206; sobre estratagemas estalinistas, 41–42; y proceso de rectificación de Cuba, 49, 313, 322; sobre revolución en las Américas, 42, 50, 65; sobre socialismo y comunismo, 160, 241, 286, 295, 305, 328; sobre los "tres gigantes", 3–4, 157, 158
Castro, Raúl, 25
Centroamérica y el Caribe: campaña guerrerista de Washington en, 21–24, 153–54, 191–93, 197–98; al centro de política mundial, 190–91; crisis social en, 271–72; explotación imperialista de, 158; impacto de revolución nicaragüense, 96–97, 128, 198–99; unidad de, 176. *Ver también* América Latina; El Salvador; Nicaragua
Chamorro, Pedro Joaquín, 385
Chamorro, Violeta, 46, 47, 57, 382, 384–85, 389, 406
Che Guevara and the Cuban Revolution (Che Guevara y la Revolución Cubana, Guevara), 313–14
Che Guevara: Economía y política en la transición al socialismo (Tablada), 314
Che Guevara Speaks (Habla Che Guevara), 97–98
China, 43
Chomsky, Noam, 11–12, 61
Church, Frank, 386

Círculos infantiles, 175, 262
CISPES (Comité en Solidaridad con el Pueblo de El Salvador), 350–51
Clase trabajadora: en América Latina, 59–60, 271–72; y crisis económica capitalista, 39, 59; en Estados Unidos, 79–80, 96–97, 128, 163–64, 185–87, 188–89, 228, 284; su fortalecimiento a nivel mundial, 61; y sistema de salarios, 314
Clase trabajadora nicaragüense, 35–36; su capacidad revolucionaria, 35–36, 135, 196, 237–38, 240, 265, 268, 302, 321–22; su crecimiento, 124, 309; su desorientación política, 45, 213, 224, 236, 240, 266, 272, 318; efectos de crisis económica sobre, 39, 55, 59, 250–51, 265; luchas por, 14–15, 55–56, 247, 254–55, 290, 316–17; y Programa Histórico, 171–72
Coalición Arco Iris, 350
Coard, Bernard, 43–44, 191, 199, 211–12, 213–16, 237, 324, 341, 367; su juicio, 396
Comercio exterior: control sobre, 111, 168, 252–53, 290; monopolio de, 122, 143, 275, 334, 365
Comité Organizador para la Reconstrucción de la Cuarta Internacional, 77–78, 384
Comités de Defensa Sandinista (CDS), 109–10, 113, 137–38, 143, 144, 262; su degeneración, 39, 267; su formación, 14, 85, 87, 91; sus tareas, 115, 135, 246–47
"Communism and the Fight for a Popular Revolutionary Government: 1848 to Today" (El comunismo y la lucha por un gobierno popular revolucionario: de 1848 al presente, Waters), 377, 381, 399
Comuna de París, 64
Comunismo de guerra, 37, 206, 225, 397
Concertación, política de pacto social, 40, 51–52, 54, 240, 253, 275; justificaciones del FSLN, 272–74, 314–15, 316–18; sus premisas utópicas, 54, 59, 274
Congreso Nacional Africano (Sudáfrica), 288
Conscripción militar nicaragüense, 16, 267
Consejo de Asistencia Mutua Económica (CAME), 49
Consejo de Estado, 82–83, 103–7, 120, 362–63
Contragate. Ver Irán-contra, escándalo
Control obrero, 21, 35, 86, 114, 138, 143, 240, 301, 313; repliegue del FSLN sobre, 252, 386
Cooperativas agrícolas, 111, 169, 256, 257, 262, 369–70, 372
Coors, Joseph, 27–28
Córdova Rivas, Rafael, 385
Corrupción, 49; y degeneración política del FSLN, 53–54; de régimen somocista, 111, 130, 168, 173–74
Costa Atlántica de Nicaragua, 15, 16, 247; ayuda cubana a, 17–18, 303–4; discriminación contra negros e indígenas, 15, 16, 20, 39, 174, 247, 258–59, 261, 263, 289; enfoque administrativo inicial del FSLN hacia, 16, 258–59, 301, 369; y guerra contrarrevolucionaria, 16, 259–60; proceso de autonomía, 34, 36, 222, 225, 238, 259–61, 265, 324, 397; Programa Histórico sobre,

20, 174; y repliegue político del FSLN, 39
Costa Rica, 222, 396–97
Cristiani, Alfredo, 40
Cruz, Arturo, 385
CST (Central Sandinista de Trabajadores). *Ver* Sindicatos
Cuarta Internacional, 203, 411; condena Brigada Simón Bolívar, 78, 147–48; diferencias sobre Nicaragua y Cuba, 77–79, 98–100, 383; oportunidad y prueba para, 99–100, 145–46, 151–52; Partido Socialista de los Trabajadores y, 382–83, 390
Cuba Will Never Adopt Capitalist Methods (Cuba jamás adoptará los métodos del capitalismo, Castro), 314, 381
Cuba y la revolución cubana: actos terroristas contra, 22; su ayuda a Africa, 33, 48, 50, 133, 156, 245–46, 380–81, 391; y el "camino cubano", 187, 200–201, 202–3, 208, 248, 277, 322; campaña norteamericana sobre "brigada de combate" soviética, 112–13, 132–33, 159, 386; coalición gubernamental post-1959, 83–84, 87, 89–92, 94, 119–20, 121, 361, 387; crisis de los misiles (1962), 152, 378–80; sobre derrota de Granada, 217–18, 219; desarraigó el racismo, 155; destino vinculado a lucha mundial, 51, 96, 134; su ejemplo, 4, 63, 143, 156, 187, 190, 200, 201, 204, 243, 282, 288, 304–5, 322, 328, 352; embargo norteamericano contra, 156, 161, 164, 196; errores "utópicos", 206; éxodo de Mariel (1980), 159–60, 393; y forja de dirección comunista mundial, 42, 97–98, 146, 187–88, 200, 202–5, 327–28; fortalecimiento de su defensa, 24–25, 48, 155, 162–63, 246, 386; gobierno obrero y campesino, 43, 88–89, 118, 119–20, 122, 300, 361, 387–88; golpe al estalinismo, 41–42, 126, 146, 201, 202, 306; su internacionalismo, 48, 118, 156, 157, 197, 204–5, 207; izquierda pequeñoburguesa sobre, 99, 186; sus lecciones, 42, 124, 143, 145, 189–90, 243, 277–78; logros sociales, 156; maniobras bélicas norteamericanas después de 1979, 4, 23, 128, 154, 246, 386; Marcha del Pueblo Combatiente (1980), 24, 155, 246, 386; Milicias de Tropas Territoriales, 24, 48, 246, 386; política de emigración, 393; proceso de rectificación, 49–51, 277, 313, 404–5; solidaridad internacional con, 112, 149, 329–30, 345, 352; y Unión Soviética, 24–25, 48, 49, 50, 133, 204, 207, 320, 378–80, 404; y Vietnam, 198; vuelos norteamericanos espías, 159, 164, 386. *Ver también* Revoluciones cubana y nicaragüense
Cuerpos de Paz norteamericanos, 175
Cuestiones nacional y colonial: enfoque comunista, 260, 306, 381, 400; y lucha por socialismo, 19, 187, 310; y Programa Histórico, 176
Cuito Cuanavale, 33, 50, 381
Cultura, 170–71. *Ver también* Educación

D

Democracia obrera, 96, 109–10, 138–39; y democracia burgue-

sa, 335; necesidad de consejos de obreros y campesinos, 139, 142, 149
Democracia y revolución en las Américas: agenda para un debate (Núñez y Burbach), 348
Demócrata-cristianos. *Ver* Partido Social Cristiano
Deportes, 173
Derechos democráticos: su ampliación tras revolución, 106–7, 113–14, 142, 289; ataques de Washington contra, 31–32; capitalismo y, 276; Programa Histórico sobre, 20, 167
Desempleo, 42, 213, 272; en Nicaragua, 52–53, 54, 102, 130, 172, 309
Devaluación de moneda, 265
Dictadura del proletariado, 65, 365; Nicaragua y, 333–34, 365–66
Dobbs, Farrell, 285
Dong, Pham Van, 85, 112
Dorticós, Osvaldo, 120
Draper, Theodore, 30
Drogas, 173
Duarte, José Napoleón, 193

E

"Economía mixta", 35, 143, 226, 248, 273, 276, 365
Educación, 15, 84, 112; y Programa Histórico, 170–71. *Ver también* Alfabetización, campaña de
Ejército Popular Sandinista, 14, 32, 85, 104, 110, 113, 116, 135, 144, 246, 290; ayuda cubana al, 17–18, 33; y ejército post-1990, 47, 56, 57, 382; y Programa Histórico, 177. *Ver también* Conscripción militar
Ejército Rebelde (Cuba), 90, 208, 388

Electrificación, 14, 168, 251
El Salvador: y acuerdos de Guatemala, 222, 396–97; golpe militar de 1979, 85, 113, 386–87; impacto de Nicaragua sobre, 128, 192; imperialismo norteamericano y, 22–23, 134, 154, 161, 162, 191, 193–94, 401; lucha revolucionaria en, 5, 26, 153, 158, 186, 190, 192–93, 245, 269–70, 287, 350–51, 401; solidaridad cubana con lucha en, 96, 113, 133; trabajo de solidaridad con, 350–52. *Ver también* Frente Farabundo Martí para la Liberación Nacional (FMLN)
ENABAS (Empresa Nicaragüense de Alimentos Básicos), 111, 385
Endara, Guillermo, 406
Engels, Federico, 60, 63–64, 145, 244
Escalante, Aníbal, 205, 219
España, 53
Estalinismo: su ascenso, 202, 298, 312; y bolchevismo, 203, 306, 355–56; captando alas del, 203–4; colapso de aparatos estatales, 37, 41, 61–62, 404–5; sobre cuestión nacional, 260–61; su etapa de perestroika, 278–80; FSLN soslaya, 19–20, 40–41, 126, 359; golpe de Cuba contra, 40–42, 126, 146, 200–201, 202–3, 306–7; y Granada, 9–10, 43–44, 50, 199–200, 211–17, 270; impostores del marxismo, 61, 203, 306; influencias sobre FSLN, 10, 278–80; su mito de que "la revolución no es posible", 41, 306, 307–8; perspectiva de coexistencia pacífica, 129, 134, 279, 280, 319–20; y revolución nicaragüense, 10–11, 134,

151. *Ver también* Carpio, Salvador Cayetano; Coard, Bernard; Escalante, Aníbal; Partido Socialista Nicaragüense; Partido Socialista Popular (Cuba)
Estalinistas nicaragüenses, 280–81; ataques contra FSLN, 58, 141, 405–6; integra coalición UNO, 44–45, 327, 406; sindicatos dirigidos por, 113–14, 255. *Ver también* Partido Socialista Nicaragüense
Estatuto Sobre Derechos y Garantías de los Nicaragüenses, 107
Etiopía, 245–46

F

FLN (Frente de Liberación Nacional, Argelia), 88, 120, 237, 387
FMLN. *Ver* Frente Farabundo Martí para la Liberación Nacional
Fondo Monetario Internacional (IMF), 39, 55, 394
Fonseca, Carlos, 85, 116, 358–60; como comunista y marxista, 7, 60, 92, 229, 248, 305–8, 310, 322, 359; FSLN rechaza curso de, 293–94, 322, 348, 359–60; impacto de revolución cubana sobre, 19, 42, 305–8; y Programa Histórico del FSLN, 19, 20–21, 60, 165–78, 248, 294; rompe con estalinismo, 19–20, 126, 307–8; y Sandino, 248, 305, 308–9
Fracción Bolchevique, 77–78, 147–48, 383
Frente Clara Elisabeth Ramírez (El Salvador), 209
Frente Democrático Revolucionario (FDR, El Salvador), 191, 192, 210

Frente Farabundo Martí para la Liberación Nacional (FMLN), 26, 40, 191, 192, 270, 287, 351, 401–2; curso estratégico, 209–11, 401; esfuerzos de unificación, 204, 205–6, 208, 209, 210; partidarios de Carpio en, 26, 205, 209–11; repliegue político, 401. *Ver también* El Salvador
Frente Obrero, 392
Frente Sandinista de Liberación Nacional (FSLN): condena huelgas, 254–55; consenso de dirección para curso colaboracionista de clases, 44, 272–73, 297, 326, 341; continuidad con Sandino, 248, 305, 308–9; y convergencia comunista, 97–98, 202–3, 354–56; corrupción en, 54; sus cuadros, 35–36, 134–35, 238, 268, 296, 302–3, 321–22, 328; curso anticapitalista inicial, 5, 10, 13–15, 19, 34, 38, 40–41, 58, 84–85, 87, 102–3, 110–16, 121–22, 125–26, 135, 142, 144, 157, 246–48, 291, 301, 322, 348; su curso de "unidad nacional", 34, 224, 240, 268–69, 344; tras derrota electoral de 1990, 46–47, 51–54; deviene obstáculo para dirección comunista, 58, 281, 293–94, 296–97, 318, 325; diferenciación de clases dentro del, 53–54, 56–57, 225, 249, 271; Dirección Nacional, 108–9, 249, 263, 273, 325, 326, 341, 343, 353, 357, 363, 385; división en tres tendencias, 124–25, 140, 205; esfuerzos para forjar partido de vanguardia, 126–27, 134, 139, 144, 149; formación y orígenes, 13, 19–20, 124, 359; y gobierno revolucionario inicial, 81–84,

103-7, 120, 125, 126, 361-63; ilusiones en opinión pública mundial burguesa, 277, 283; e insurrección de 1979, 13-14, 58, 80-81, 101-3, 121-22, 125-26, 208-9, 287, 361-62; su internacionalismo, 20-21, 97, 176, 287-89; justificaciones teóricas de su curso, 273, 274-75; su línea de concertación, 40, 51-53, 54, 235-36, 239, 240, 272-74, 310-11, 314-15; lucha contra somocismo, 13-14, 21, 125, 126, 166, 177, 248, 322, 361-62; sobre "marco geopolítico", 318, 321; y marxismo, 40, 60, 124, 248, 281, 305-7, 310, 311, 322; medidas administrativas por, 140, 142, 223-24, 367-71, 392; necesidad de oposición comunista a su curso hacia la derecha, 281-82, 297-98, 358; como parte de corriente marxista inspirada por Cuba, 19, 42, 92, 118, 124, 126, 133, 157, 206, 304-8, 322; como partido hermano del Partido Socialista de los Trabajadores, 146-47, 148-49, 284-85, 352-54; su perspectiva de "economía mixta", 35, 143, 226, 248, 273, 276, 365-66; perspectiva del "tercer camino", 40, 276, 278; su política sobre Costa Atlántica, 15, 16, 258-61; rechaza "camino cubano", 277-78, 281, 294, 295, 304, 318, 325, 348; rechaza curso anticapitalista, 10-11, 13, 38-41, 43, 44, 50, 51-53, 235-36, 240, 264-67, 273, 279-80, 293-94, 301, 303-4, 310-11, 314-16, 385-86; rechaza forjar partido comunista, 38, 238-39; su repliegue sobre derechos de la mujer, 39, 224, 262-64; su ruptura inicial con estalinismo, 19-20, 40-41, 126, 203, 359; y socialdemocracia internacional, 10, 53; transformado en partido electoral burgués, 10, 44, 51-52, 58, 239, 264, 345-46; como vanguardia revolucionaria, 58, 92-93, 94, 97-100, 104-5, 110, 117-18, 123, 125-26, 134-35, 165, 196, 353-54. *Ver también* Ejército Popular Sandinista; Gobierno obrero y campesino nicaragüense; Milicias; Nicaragua; Policía sandinista; Revolución nicaragüense; Sandino

Fuerzas Populares de Liberación (FPL, El Salvador), 209

G

Gairy, Eric, 211

Gobierno obrero y campesino: su carácter inestable y transitorio, 18, 34, 88, 89, 119, 123, 299, 364-65; Comintern inicial sobre, 117, 118; en Cuba, 43, 88-89, 118, 119-20, 122, 300, 361; curso hacia estado obrero, 123, 138, 143-45, 157, 226, 240-41, 242, 364-65; derrocamientos "calientes" y "fríos" de, 337, 340-43; derrotas de, 43-44, 236-37, 324, 340-42; su dinámica anticapitalista, 18, 117-18, 324-25, 338; como elemento teórico fundamental, 298-99, 333, 336; individuos en liderazgo de, 338, 343-44; Joseph Hansen sobre, 87-88, 285, 336-37, 339, 342, 361, 382, 388; ministros burgueses en, 119-20, 136-37; necesidad de democracia obrera institucionalizada, 138-39, 149, 240;

necesidad de partido comunista en, 139, 145, 207–8, 226, 280–81, 338–39; no hay transición automática, 18–19, 86, 88–89, 94, 123, 136, 299, 364; sin plazos para, 299, 361, 366; y revoluciones anticapitalistas, 242, 361 *Ver también* Argelia, gobierno obrero y campesino en; Granada; Gobierno obrero y campesino nicaragüense

Gobierno obrero y campesino nicaragüense: curso anticapitalista inicial, 5, 14–15, 34, 38, 40–41, 58, 84–86, 87, 91–92, 110–16, 120–22, 135, 144, 157, 246–48, 291, 301, 322, 347–48; descenso y caída, 10–11, 43, 44, 235, 236–37, 249, 291, 325–26, 338–43; su establecimiento, 14, 86–88, 116–19, 128, 241–42, 290–91, 363; manifestaciones de masas en, 85, 112, 116, 247, 256; medidas económicas, 14, 39, 40, 84, 110–11, 114–15, 135, 143, 242–43, 252–53; oportunidad tras victoria sobre guerra contrarrevolucionaria, 35–36, 37–38, 237–38, 265, 268, 302; sin plazos predeterminados para, 43, 144–45, 243–44, 299, 361, 366; política exterior antiimperialista, 20, 84–85, 112–13, 175–76, 289, 324, 325; preparación de defensa, 18, 85, 86, 162, 196, 269; y Programa Histórico, 20–21, 168; sus tareas, 93, 94–95, 118–19, 123–24, 139, 143–45, 196, 224–26, 240–41, 250, 251–52, 257–58, 301, 369; transición hacia estado obrero, 18–19, 123–24, 125–26, 136–37, 139, 143–45, 157, 190, 226, 240–41, 242, 248, 265, 291, 366.

Ver también Gobierno obrero y campesino; Nicaragua; Revoluciones cubana y nicaragüense

Gorbachov, Mijaíl, 279, 312, 319, 320

Granada, 62, 63, 162, 300, 396; amenazas militares norteamericanas, 22, 23; Cuba y, 4–5, 10, 65–66, 96, 133, 153, 157, 217–18, 219–20, 245–46; derrota de revolución en, 9–10, 26–27, 191–92, 237, 270, 341, 399; gobierno dirigido por Coard, 324; su impacto en el mundo, 191–92, 199–200, 245; su impacto en Estados Unidos, 155–56 157–58, 186–87; e invasión norteamericana, 9, 10, 191, 192, 199, 215, 216, 218, 399, 402–3; izquierda pequeñoburguesa sobre contrarrevolución en, 216–17; lecciones de derrota en, 10, 200, 211–18, 219–20; sus logros sociales, 212–13; Nicaragua y, 128, 287–88; significado histórico de revolución, 3–4, 5, 65–66, 153, 157–58, 200–201; traición estalinista en, 43–44, 50, 199, 211–17, 270, 324

Gran Bretaña, 53

Grupo Socialista Revolucionario (GRS, Nicaragua), 147, 392

Guadalupe y Martinica, 158

Guantánamo, base naval, 23, 159, 164, 196, 386

Guardia Nacional somocista: su abolición, 14, 173, 177, 290; acuerdo inicial de incorporar, 81, 103, 362; su desintegración, 81, 103, 104, 362; y ejército contra, 22, 132; y Programa Histórico, 173, 177

Guatemala, 222, 396; lucha revolucionaria en, 5, 26, 96, 158,

192, 197, 198, 245
Guerra contrarrevolucionaria, 299–301, 408; y acuerdos de Ciudad de Guatemala, 33, 34, 35, 221–22, 225–26, 227, 265, 396–97; y Costa Atlántica, 16, 259, 260; y estado de emergencia, 34, 221, 222–23; muerte y destrucción por, 13, 32–33, 36, 249, 300; organizada por Washington, 21–22, 23, 191, 194–96, 249, 268; victoria del gobierno revolucionario en, 13, 32–34, 222, 224, 226, 237–38, 256, 264–65, 300–301
Guerra del Golfo (1990–91), 32
Guevara, Ernesto Che, 120, 124, 241, 387; y continuidad comunista, 60, 63, 240, 285; traza curso comunista para revolución cubana, 49, 313–14, 369, 404

H

Haití y haitianos, 60, 160–61
Hansen, Joseph, 97–98; sobre gobierno obrero y campesino, 87–88, 285, 336–37, 339, 342, 361, 382, 388
Hasenfus, Eugene, 22, 30
Hassán, Moisés, 384, 389
Hitler, Adolfo, 410
Honduras, 158, 222, 396–97; y ataques de Washington contra Nicaragua, 23, 132, 191, 194–95, 222
Hungría, 43, 381

I

Iglesia católica, jerarquía de, 82, 106, 136, 194, 195
Imperialismo norteamericano: ataque e invasión de Panamá, 283, 406–7; ataques contra Irán, 79–80, 132, 227, 384, 398; ataques y amenazas contra Cuba, 4, 22, 23, 112, 128, 132–33, 154–56, 158–61, 164, 196–97, 246, 378–80, 386, 389; campaña bélica en Centroamérica y el Caribe, 21–24, 153–54, 190–92, 197–98; debates tácticos dentro de, 227–28; y El Salvador, 22–23, 134, 154, 161, 191, 192–94, 400–402; "enemigo de la humanidad", 287; y guerra del Golfo de 1990–91, 32; y Honduras, 23, 132, 191, 193, 222; sus intereses de clase, 31–32, 60, 153, 158, 227–28, 283; intervención en Jamaica, 161–62, 394; invasión de Granada, 9–10, 191–92, 199–200, 215–16, 271, 399, 402–3; invasión de República Dominicana, 191, 270, 403; sus operaciones encubiertas, 27–31
Imperialismo norteamericano y Nicaragua: apoyo de Washington a Somoza, 13, 21, 102, 126, 127, 141, 150, 154, 161, 165–66, 175–76; crisis con derrota de contras, 222, 226–27; curso bipartidista norteamericano, 27, 29–30, 31, 35, 282–84; y elecciones de 1990, 44, 47; esfuerzos iniciales de Washington contra revolución, 21, 79, 80, 127–32; guerra contrarrevolucionaria, 21–22, 23, 191, 194–96, 223, 249–50, 268, 270; intentos de Washington de impedir victoria de revolución de 1979, 21, 80–81, 127; ningún arreglo es posible, 35, 128, 226–27, 282–83; objetivos de Washington de impedir "otra Cuba", 95–96, 124, 128, 154, 190, 199

Imperialismo. *Ver* Capitalismo; Imperialismo norteamericano
Impuestos, 143, 168, 173
Indígenas. *Ver* Costa Atlántica de Nicaragua
Indochina, 84, 192. *Ver también* Vietnam
Inflación, 253, 272
INRA (Instituto Nacional de Reforma Agraria, Cuba), 91
INRA (Instituto Nicaragüense de Reforma Agraria), 83, 84, 105, 108-9, 111
Internacional Comunista, 63-64, 189, 202, 203, 285, 295, 381-82; sobre cuestiones nacional y colonial, 260, 306, 400; su degeneración estalinista, 410-11; sobre gobiernos obreros y campesinos, 117, 118
Irán: revolución de 1979 en, 154, 192, 244, 384; toma de embajada norteamericana, 79, 132, 384
Irán-contra, escándalo, 27-32, 35, 60, 227, 398
Irán-Iraq, guerra, 227, 398
Iraq, 32
Israel, 32, 111, 193
Izquierda pequeñoburguesa, 131; sobre Cuba, 186, 347-48; y degeneración del FSLN, 9-11, 347-50; sobre Granada, 216-17

J

Jamaica, 199-200, 271, 403; intervención norteamericana en, 161-62, 394
Jornada de ocho horas, 172
Jruschov, Nikita, 378, 379-80
Judicial, sistema, 82, 90-91, 106, 107

Juegos de azar, 173
Junta de Reconstrucción Nacional, 82-83, 105-7, 143, 384-85, 389
Juventud Sandinista 19 de Julio (JS-19), 87, 91, 103, 137, 144; su degeneración, 39; mujeres en, 264

K

Kennedy, John F., 378, 380
Khider, Mohammed, 120

L

Lacayo, Antonio, 47, 52
Lambert, Pierre, 384
Larios, Bernardino, 107-8, 109
Lenin, V.I., 60, 63-64, 94, 202, 203, 295, 298, 312-13, 354, 355, 359; FSLN y, 124, 365; sobre NEP, 206, 275, 311, 365, 366; sobre poder dual, 388-89
Liga de Acción Socialista (Canadá), 306
Liga Marxista Revolucionaria (LMR, Nicaragua), 147, 148, 392
Ligas comunistas, 8, 306, 383
López-Fresquet, Rufo, 91
Luxemburgo, Rosa, 63

M

Malcolm X, 64
Managua, buró de. *Ver Militant/ Perspectiva Mundial*, buró de Managua
Mandela, Nelson, 64
Manley, Michael, 161-62, 271, 394, 403
Maoístas, 406
MAP (Movimiento de Acción Popular), 392, 406
Marx, Carlos, 60, 63-65, 240, 359

426   Indice

Marxismo: Cuba y, 92, 124, 187–88, 190, 200, 327–28, 347; Fonseca y, 19–20, 60, 248, 281–82, 305–8, 359–60; impostura estalinista de, 61, 203, 306; su rechazo por FSLN, 40, 278, 281, 296–97, 311, 314. *Ver también* Socialismo
Masas, organizaciones de, 83, 93–94, 102–3, 116–17, 135, 149, 224, 261–62; campaña capitalista contra, 136, 139; sobre Consejo de Estado, 105, 106–7; y democracia obrera, 96, 109–10, 138–39; pierden importancia, 266–68; y transición a estado obrero, 138, 338
Maternidad, licencia de, 175
Maurice Bishop Speaks (Habla Maurice Bishop), 220
Mayorga, Roberto, 108
McFarlane, Robert, 29
Menem, Carlos, 59, 271, 403
México, 59
Milicias: en Cuba, 24, 48, 91, 162, 246, 386; su declive, 39, 267–68; en Granada, 162, 213–14; en Nicaragua, 14, 18, 85, 102–3, 104, 108, 113, 125, 135, 144, 162, 246, 290; Programa Histórico sobre, 177–78
Militant/Perspectiva Mundial, 229, 285, 293, 294–95, 303, 316, 330, 332; su apoyo al FSLN en elecciones de 1990, 45; buró de Managua, 6, 39, 66–67, 285, 294, 359, 407
MILPAS (Milicias Populares Antisomocistas), 140, 392
Ministerio de Defensa, 107–8
Ministerio de Desarrollo Agropecuario, 109, 369
Ministerio de la Vivienda, 115
Ministerio del Interior, 91, 108

Ministerio del Transporte, 303
Ministerio de Planificación, 108
Miró Cardona, José, 120
Miskitos, 174, 259–60. *Ver también* Costa Atlántica de Nicaragua
Moneda, controles de, 112, 168; aflojan, 253. *Ver también* Devaluación de moneda
Montes, Mélida Anaya, 26, 210
Moreno, Nahuel, 78, 383
Movimiento de la Nueva Joya (NJM), 5, 157, 162; base estrecha de militantes, 215, 341; facción de Coard en, 26–27, 50, 211–12, 213–14, 215–16, 237, 341, 367, 399
Movimiento No Alineado, 132, 246
Movimiento Obrero Revolucionario (MOR, El Salvador), 209
Movimiento Patriótico Maurice Bishop (Granada), 218
Movimiento Pro-Independencia (MPI, Puerto Rico), 307
Movimiento 26 de Julio, 89, 90, 92, 120, 124, 126, 202, 387–88; y forja de partido comunista, 204–5, 208, 327–28
Mujeres, 301, 302; en clase obrera mundial, 61; medidas revolucionarias iniciales, 14, 15, 35–36, 106–7, 247, 261–62, 289; y Programa Histórico, 20, 174–75; repliegue del FSLN sobre, 39, 224, 262–64. *Ver también* AMNLAE (Asociación de Mujeres Nicaragüenses)

N

Nacionalizaciones, 110, 246, 247, 339; de bancos y aseguradoras, 14, 84, 85, 114; de bienes somocistas, 84, 110–11, 256; en Cuba, 122; curso necesario

hacia, 143, 251, 257, 321; de medios de prensa, 111-12; métodos administrativos en, 253-54, 282-83, 367-69; sin plazos, 299, 361, 366; y Programa Histórico, 21, 167, 168; de propiedad imperialista, 85, 114-15; en Rusia, 275; de tierras, 256, 257, 275, 365
Namibia, 50, 288, 380-81
Negros estadounidenses: impacto de Nicaragua, Grenada, Cuba, 155, 157-58, 187, 200, 219; sus luchas, 21, 31, 176; rebelión de Miami (1980), 161, 393-94
Negros nicaragüenses, 16, 20, 174, 258-60, 263, 289, 369
New International, 6-7
New International no. 3, 377-78, 399
New International no. 4, 396, 399
New International no. 6, 405
New Yorker, 30
New York Times, 39
Nicaragua: su atraso económico, 36, 60, 248, 274, 309; ayuda de gobiernos capitalistas, 36, 47, 130, 132-33, 143, 320; y crisis capitalista mundial, 130, 271-72; crisis económica en, 47, 54-55, 93, 129-30, 135-36, 250-51, 271-72; deuda externa, 55, 111, 143, 150, 271-72; elecciones de 1984, 195-96, 395; elecciones de 1990, 44-48, 277, 326-27, 406; su estructura de clases, 124, 248, 308-9; gobierno de Chamorro, 46-48, 52, 54, 55-58; lucha dirigida por Sandino, 5, 248, 305, 308-9, 391; terremoto de 1972, 130; uno de "tres gigantes", 3-4, 157, 201. *Ver también* Costa Atlántica de Nicaragua; Guerra contrarrevolucionaria; Imperialismo norteamericano y Nicaragua; Revoluciones cubana y nicaragüense

Nicaragua: labor de solidaridad y defensa, 149-50, 288-89; en América Latina, 102, 128; y esfuerzos de ayuda material, 133-34, 150, 164; en Estados Unidos, 7, 283-84; PST/AJS y, 284-85, 328-29, 344-51, 352; y repliegue político del FSLN, 328-30, 345-46, 347-52
"Nicaragua: Hora Cero" (Fonseca), 358-59, 378, 391, 408
Nicaragua: The Sandinista People's Revolution (Nicaragua: revolución popular sandinista), 7, 359
North, Oliver, 27, 28, 29-30
Nueva Internacional, 7, 285
Nueva Internacional no. 1, 380
Nueva Internacional no. 2, 396, 404, 405
Nueva Política Económica (NEP, Rusia), 206, 274-75, 311, 363-66, 395-96, 397; dirigentes del FSLN sobre, 206, 274-75, 311, 365
Nuevo Diario, El, 57-58
Núñez, Orlando, 348

O

Oposición bolchevique-leninista, 312-13, 354, 355-56
Organización de Estados Americanos (OAS), 127
Organizaciones Antiimperialistas del Caribe y Centroamérica, 271, 403
Organización Popular del Africa Sudoccidental (SWAPO, Namibia), 288
Organización Socialista de los

428 Indice

Trabajadores (OST, Costa Rica), 147–48, 392
Ortega, Daniel, 150, 325, 326, 384, 389, 395; creciente peso en dirección del FSLN, 343–44; curso colaboracionista de clases, 46, 52, 54, 61, 254, 257, 263, 277, 279–80
Ortega, Humberto, 108, 343; jefe del ejército bajo Chamorro, 46–47, 56, 57, 382

P

Pacto social. *Ver* Concertación, política de pacto social
Panamá, 198; ataques e invasión norteamericana, 283, 406–7; y esfuerzos de Washington contra Nicaragua, 21, 22, 127
Partido Acción Nacional, 327
Partido Comunista Chino, 356
Partido Comunista de Alemania, 410
Partido Comunista de Cuba, 203, 327–28, 408
Partido Comunista de El Salvador, 204, 387
Partido Comunista de Filipinas, 356
Partido Comunista de la Unión Soviética, 25, 320, 354
Partido Comunista de Nicaragua (PCN), 281, 327, 406
Partido Comunista de República Dominicana, 356
Partido Conservador Democrático (PCD), 136
Partido de las Panteras Negras, 356
Partido Marxista-Leninista de Nicaragua, 281
Partidos comunistas: "camino de La Habana" hacia, 306–7, 347; "camino de Managua" hacia, 7, 63, 229, 329, 346–49; y continuidad comunista, 60–62, 63–64, 146, 189, 202–3; y convergencia de fuerzas comunistas, 97–98, 202–3, 339, 354–56; y crisis de liderazgo mundial, 145–46, 151–52; al dirigir transición hacia estado obrero, 139, 145, 207–8, 226, 280; su estrategia y tácticas, 8, 124–25, 141–42, 189–90, 204–5, 206, 207, 209–10; y forja de dirección comunista mundial, 8–9, 42, 97–98, 146–47, 187–88, 200, 202–6, 327–28; FSLN rehúsa construir, 40, 238–39; lecciones de derrota nicaragüense para, 9, 286, 292–93, 330; necesidad de, 38, 58, 65–66, 126–27, 134–35, 139, 144, 145, 149, 208, 209, 244, 277–78, 280–81, 286, 295–98, 327, 328; su proletarización, 187, 204–5, 207–8
Partido Social Cristiano Nicaragüense (PSCN), 113–14, 136
Partido Socialista de los Trabajadores (PST, Estados Unidos): y convergencia comunista, 202, 354–56; y Cuarta Internacional, 382–83, 390; y defensa de Cuba, 329–30, 345, 352; y labor de defensa de Nicaragua, 6–7, 66, 284–85, 328–30, 344–46, 349–50, 352; y labor de solidaridad con El Salvador, 350–52; como organización hermana del FSLN, 146–47, 148–49, 284–85, 352–54; reclutamiento al, 229, 286, 306, 347–48; viraje a sindicatos industriales, 185–86, 187–88, 189, 394–95.
Ver también Partidos comunistas
Partido Socialista Nicaragüense (PSN), 19–20, 126, 141, 203–4,

281, 405–6. *Ver también* Estalinistas nicaragüenses
Partido Socialista Popular (PSP, Cuba), 19, 204
Partido Socialista Puertorriqueño, 307
Pastora, Edén, 108, 205, 389–90
Pathfinder, 7, 220, 229, 285, 330, 358–59
Paz: mediante revolución socialista, 151; no se puede comprar con el imperialismo norteamericano, 35, 226–27, 283; perspectiva estalinista sobre, 129, 134, 279, 280, 319; Programa Histórico sobre, 176. *Ver también* Antiguerra, movimiento; Concertación, política de pacto social
Pazos, Felipe, 120
Perestroika, 278–79, 280, 322, 359
"Piñata", 54
Planificación: y capitalismo, 168, 253, 273–74, 315; en Cuba, 48, 313; pasos iniciales hacia, 108, 110, 114; y Programa Histórico, 168; y transición hacia estado obrero, 138, 143, 240–41, 250, 251, 321
Poder dual, 89–90, 104, 388–89
Poindexter, John, 28
Policía sandinista, 14, 108, 113, 135, 290
Pol Pot, 244–45, 367
Posada, Luis, 22
Precios, controles de, 115, 253, 290, 385
Prensa, La, 53, 136, 194, 195
"Productores patrióticos", 254, 273, 275, 310–11, 316, 318, 357–58, 372
Programa de Transición (Trotsky), 117, 118, 381, 390

Programa Histórico, 20–21, 165–78, 357–60; y continuidad marxista, 60, 281–82, 328, 358–59; FSLN rechaza su curso, 52, 238, 271, 294, 302, 357–58, 366; orienta curso inicial de revolución, 19, 20–21
"Proletarian Leadership in Power: What We Can Learn from Lenin, Castro, and the FSLN" (El liderazgo proletario en el poder: lo que podemos aprender de Lenin, Castro y el FSLN, Waters), 8
Prostitución, 173, 174
Puerto Rico, 158; y campaña guerrerista de Washington, 22, 23, 163, 191; lucha independentista en, 288, 306–7

R
Racionamiento, 252, 303, 385
Ramírez, Sergio, 326, 344, 360, 384, 389, 395
Reagan, Ronald, 29, 398
Reforma agraria: argumentos ultraizquierdistas contra, 369–70; ATC en vanguardia de, 111, 247, 261–62, 266; como desafío fundamental, 34, 35, 251, 301; eliminación del capitalismo, 323–24, 371; medidas iniciales del gobierno del FSLN, 14, 15, 84, 110–11, 114, 247, 255–56, 289, 290, 390; en 1985–86, 34, 265; y Programa Histórico sobre, 20, 168, 169, 357–58; su retroceso y suspensión, 39, 224, 256–57, 369–72
Reforma urbana, 172. *Ver también* Vivienda
Religión, 175
Rentas e hipotecas, sistema de, 250, 257, 371, 400

República Dominicana, 191, 270, 403
Revolucionarios de acción, 146
Revoluciones cubana y nicaragüense, 112–13, 320–21; ayuda cubana a Nicaragua, 16–18, 33, 37, 116, 132–34, 197, 245–46, 288, 303–4, 320–21; comparación entre, 89–92, 119–20, 122–24, 203–5, 320–21; defensa cubana de Nicaragua, 96, 133, 152, 154, 162; extensión de revolución cubana, 95, 126, 151, 153, 157, 158, 236, 286, 322, 328, 365; impacto en Cuba de derrotas en Nicaragua/Grenada, 9, 26–27, 50, 404; impacto en Cuba de revolución nicaragüense, 3–4, 5, 48, 65, 96, 142, 157–58, 200–201; y "tres gigantes", 3–4, 157, 201
Revolución nicaragüense, 333–36; y acuerdos de Costa Rica (1979), 82, 103–4, 121–22, 362; su carácter anticapitalista, 4–5, 10, 13–15, 20–21, 34, 58, 86–87, 102–3, 116; su contexto internacional, 8–9, 10–12, 59–60, 244–46, 269–71, 318–19; destruye aparato represivo burgués, 14, 81, 104, 249, 290; y extensión de revolución cubana, 95, 126, 151, 153, 157–58, 236, 286, 322, 328, 365; impacto de lucha de clases mundial, 5–6, 20–21, 95, 96–97, 128, 151–52, 158, 186–87, 192, 198–99, 244–46, 288–89, 345–46; insurrección de 1979, 13–14, 40–41, 58, 80–81, 94, 101–5, 117, 120, 121–22, 125–26, 192, 208–9, 242, 287, 361–62; y régimen de coalición burgués, 81–84, 88, 92, 105–6, 121–22, 125, 138, 361–63

Revolución rusa (1917), 62, 63, 145, 243, 306, 388; degeneración estalinista, 202. *Ver también* Unión Soviética
Robelo, Alfonso, 93, 384–85, 389
Romero, Carlos Humberto, 387
Ruiz, Henry, 108

S
Sandinistas Speak (Hablan los sandinistas), 7, 358–59
Sandino, Augusto César, 391; carácter de clase de su lucha, 5, 124, 248, 305, 308; FSLN y, 248, 305, 308–9
Sankara, Thomas, 64, 288
Santa Lucía y Dominica, 158
Seaga, Edward, 394
Sectarismo, 95, 131, 186, 335, 366; y demanda por "asamblea constituyente", 138; estalinista, 20, 210; en movimiento trotskista, 77–79, 98–100, 147–48, 384, 392; organizaciones sectarias, 140–42. *Ver también* Ultraizquierdismo
Segunda declaración de La Habana, 65, 201, 395
"Segundo asesinato de Maurice Bishop", "El (Clark), 10, 396, 410
Seguridad social, 84, 112, 115; Programa Histórico sobre, 171–73
Sindicatos: ampliación de su papel, 105–7, 109–10, 116, 143, 144, 206; ataques capitalistas contra, 254, 316–17; crecimiento después de 1979, 14, 85, 87, 91, 103, 114, 247; en década de 1990, 55–56; democracia dentro de, 109–10, 137–38; dirigidos no por FSLN, 113–14, 255;

en Estados Unidos, 27, 163–64, 188–89, 394–95; lucha por su unidad, 113–14, 255; su repliegue político, 39, 253–55, 266–68, 302, 316–17
Sinn Féin, 354–55, 356
Socialdemocracia, 10, 53, 151, 201, 260
Socialismo, 87, 240–41, 242; y mecanismos capitalistas, 273–74, 311–14, 403–4; y perspectiva del "tercer camino" del FSLN, 40, 276, 278; revoluciones socialistas posibles, 12–13, 61–63, 64–65. *Ver también* Castro, Fidel, sobre socialismo y comunismo
"Socialismo y el hombre en Cuba, El" (Guevara), 314
Somalia, 245
Somoza y somocismo, 93, 111, 129–30, 135, 165–66, 263, 385, 391; apoyo de Washington a, 13, 21, 102, 126, 127, 141, 150, 154, 161, 165–66, 175, 289; su derrocamiento, 15, 40, 80–81, 101–2, 103–4, 154, 242, 244, 288, 290, 296, 335, 362, 363; lucha del FSLN contra, 13–14, 21, 125, 126, 177, 247–48, 322, 361–62; medidas contra, 14, 20, 54, 84, 102–3, 110–12, 166, 255–56; oposición burguesa a, 44–45, 81–84, 94, 103–4, 104–5; régimen terrateniente-capitalista corrupto, 4, 13, 102, 130, 165–66, 167, 242, 289
Stalin, José, 298, 312. *Ver también* Estalinismo
Sudáfrica, 245, 288, 380–81
Suecia, 53, 277, 322
Sumos, 174
Su Trotsky y el nuestro (Barnes), 378, 381, 399

T

Terratenientes, 4, 252, 253, 256; "patrióticos", 15, 34, 169, 275, 357–58
Tirado, Víctor, 11
Trotsky, León, 60, 63, 124, 146; sobre degeneración estalinista, 298, 355–56; sobre Programa de Transición, 118, 390

U

Ulloa, Carlos, 389
Ultraizquierdismo, 137, 140–42, 210, 224, 280–81, 370. *Ver también* Sectarismo
Ultraizquierdistas, 58; medidas administrativas contra, 140, 142, 223–24, 392
UNAG (Unión Nacional de Agricultores y Ganaderos), 247, 258, 262, 268
Under Fire: An American Story (Bajo el fuego: una historia americana, North), 29–30
Unión Soviética: degeneración estalinista, 298, 312, 354; crisis y colapso de régimen estalinista, 37, 41, 50, 61, 404–5; y Cuba, 24–25, 48, 49, 50, 133–34, 204, 207, 319, 320, 378–80, 404–5; y El Salvador, 113; establecimiento de estado obrero, 43; necesidad de defenderla, 334; NEP en, 206, 274–75, 311, 363–66, 395–96, 397; y Nicaragua, 36–37, 133, 134, 318, 319–20; perestroika en, 278–80; perspectiva de coexistencia pacífica, 129, 134, 278–79, 280, 319–20. *Ver también* Estalinismo; Revolución rusa
UNITA (Unión Nacional para la Independencia Total de Angola), 380
UNO (Unión Nacional Oposito-

ra), 44–48, 58, 327, 406
Urcuyo, Francisco, 103–4, 362
Urrutia, Manuel, 90, 120

V
Valdés, Ramiro, 91
Vietnam, 43; Chomsky sobre, 11–12; lucha revolucionaria en, 62, 63, 198, 245; solidaridad nicaragüense con, 85, 112
Vietnam, guerra de: durante expansión económica, 188; y síndrome de Vietnam, 128, 154. *Ver también* Antiguerra, movimiento (Vietnam)
Villalobos, Joaquín, 401
Vivienda, 15, 115, 390; alquileres, 15, 115; y Programa Histórico, 172

W
Walsh, Lawrence, 28, 30–31
Watergate, caso, 31
Weinberger, Caspar, 28
Wheelock, Jaime, 109, 254–55, 322

Y
Yugoslavia, 43

Z
Zambos, 174
Zimbabwe, 192
Zimmermann, Matilde, 303

PROGRAMA Y CONTINUIDAD COMUNISTA

The Transitional Program for Socialist Revolution

(El programa de transición para la revolución socialista)

LEÓN TROTSKY

El programa del Partido Socialista de los Trabajadores, redactado por el dirigente bolchevique León Trotsky en 1938 sigue guiando al PST y a comunistas por todo el mundo. El partido "combate intransigentemente a todas las agrupaciones políticas que están atadas a las faldas de la burguesía. Su tarea: la abolición del dominio capitalista. Su objetivo: el socialismo. Su método: la revolución proletaria". En inglés y persa. US$17

En defensa del marxismo

Contra la oposición pequeñoburguesa en el Partido Socialista de los Trabajadores

LEÓN TROTSKY

Una repuesta a aquellos en el movimiento obrero revolucionario a fines de los años 30 que claudicaron ante el patriotismo burgués cuando Washington se aprestaba a ingresar a la Segunda Guerra Mundial. Trotsky explica que solo un partido que luche por integrar a trabajadores a sus filas y dirección puede mantener un rumbo comunista. Trotsky defiende las bases materialistas y dialécticas del marxismo. US$17. También en inglés, francés y persa.

The First Ten Years of American Communism

A participant's account

(Los primeros diez años del comunismo americano: Relato de un partícipe)

JAMES P. CANNON

En inglés. US$17

PATHFINDERPRESS.COM

AMPLÍE SU BIBLIOTECA REVOLUCIONARIA

El trabajo, la naturaleza y la evolución de la humanidad
La visión larga de la historia
FEDERICO ENGELS, CARLOS MARX
GEORGE NOVACK
MARY-ALICE WATERS

Sin comprender cómo el trabajo social transforma la naturaleza, cómo ha sido la fuerza motriz de la evolución de la humanidad a lo largo de milenios, no podremos ver más allá de la explotación de clase de la época capitalista que deforma cada aspecto de las relaciones, las ideas y los valores humanos. US$12. También en inglés y francés.

En defensa de la clase trabajadora norteamericana
MARY-ALICE WATERS

Basándose en las mejores tradiciones combativas de trabajadores de todos los colores de piel y orígenes nacionales, decenas de miles de trabajadores en Virginia del Oeste, Oklahoma, Florida y otros estados libraron huelgas victoriosas en 2018 y restauraron el derecho a votar para ex presos. Los que Hillary Clinton tacha de "deplorables" han comenzado a resistir. US$7. También en inglés, francés, persa y griego.

Puerto Rico: La independencia es una necesidad
RAFAEL CANCEL MIRANDA

Este dirigente independentista puertorriqueño, uno de los cinco encarcelados por Washington por más de 25 años, hasta 1979, habla sobre la realidad brutal del coloniaje norteamericano, el ejemplo de la revolución socialista cubana y la lucha actual por la independencia. US$5. También en inglés y persa.

El segundo asesinato de Maurice Bishop
STEVE CLARK

Examina los logros de la revolución de 1979–83 en la isla caribeña de Granada. Explica el origen de la contrarrevolución que en 1983 llevó al asesinato de Bishop y a la destrucción del gobierno de trabajadores y agricultores por parte de una facción política en el gobernante Movimiento de la Nueva Joya. US$6. También en inglés y francés.

La revolución granadina, 1979–83
Discursos de Maurice Bishop y Fidel Castro

El triunfo en 1979 de la revolución en la isla caribeña de Granada bajo la dirección de Maurice Bishop infundió esperanzas a millones en las Américas. Valiosas lecciones del gobierno de trabajadores y agricultores destruido en 1983 por una contrarrevolución estalinista. US$10

Libros de Pathfinder **en formato e-book** para personas no videntes, de baja visión o con otros retos para leer libros impresos.

Para obtener una lista de estos libros visite:
pathfinderpress.com/
collection/books-for-the-blind.

Para inscribirse, visite
bookshare.org.

PATHFINDERPRESS.COM

NUEVA INTERNACIONAL POR EL MUNDO

Nueva Internacional también se edita en inglés como *New International* y en francés como *Nouvelle Internationale*. Pathfinder Press las distribuye a nivel mundial.

ESTADOS UNIDOS
(y América Latina, el Caribe y el este de Asia)

> Pathfinder Books, 306 W. 37th St., 13th Floor
> New York, NY 10018

CANADÁ

> Pathfinder Books, 7107 St. Denis, Suite 204
> Montreal, QC H2S 2S5

REINO UNIDO
(y Europa, África, el Medio Oriente y el sur de Asia)

> Pathfinder Books, 5 Norman Rd.
> Seven Sisters, London N15 4ND

AUSTRALIA
(y Nueva Zelanda, el sureste de Asia y Oceanía)

> Pathfinder Books, Suite 2, First floor, 275 George St.
> Liverpool, Sydney, NSW 2170
> Dirección Postal: P.O. Box 73, Campsie, NSW 2194

¡AMPLÍE SU BIBLIOTECA!
ÚNASE AL CLUB DE LECTORES DE PATHFINDER
$10 POR AÑO
25% DESCUENTO PARA TODOS LOS TÍTULOS
30% DESCUENTO PARA LOS LIBROS DEL MES

Válido en pathfinderpress.com y los centros locales de libros Pathfinder

Visite: pathfinderpress.com/products/pathfinder-readers-club